匡亚明 主编 中国思想家评传丛书

潘季驯评传

贾征 著

南京大学中国思想家研究中心
南京大学出版社

中国思想家评传丛书

《中国思想家评传丛书》序

匡 亚 明

伟大的中华民族在长达五千年连绵不断的曲折发展过程中，像滚滚东流的长江那样，以磅礴之势，冲破了重重险阻，奔腾向前，现在更以崭新面貌，雄姿英发，屹立于世界民族之林。这是人类历史上的一个奇迹。产生这一奇迹有诸多原因，其中十分重要的一点，就是我们勤劳、勇敢、智慧的各族人民，在长期的生产活动、社会活动、思维活动和对外交往以及抗击外来侵略过程中，逐渐创造、积累、发展了具有以生生不息的内在思想活力为核心的优秀传统思想文化。这是一种伟大、坚强的精神支柱，是我们民族凝聚力和生命力之所在，是历史留给我们所有海内外炎黄子孙引以自豪的无价之宝。

当然，和各国各种不同传统思想文化一样，在中华民族的思想文化传统中，也是既有精华，又有糟粕，因而全盘肯定或全盘否定，不对；一知半解、信口开河或裹足不前、漠然置之，也不对。郑重而严肃的态度应该是对它进行实事求是的科学的研究和分析，取其精华，弃其糟粕，继承和弘扬这份瑰宝，振兴中华，造福人类。人类历史发展的连续性，就是在不断去粗取精、继往开来和改革创新过程中实现的。继往是为了开来，开来不能离开继往。民族虚无主义和复古主义，都是违背历史发展的辩证规律的。

现在我们国家正处在一个新的继往开来迈向四化的关键时刻。继往就是继民族优秀传统之往，开来就是开社会主义现代化建设之来。对中国传统思想文化从广度和深度上进行系统研究，实现去粗取精的要求，正是继往开来必须完成的紧迫任务。我认为这是中国各族人民，首先是文化界、学术界、理论界义不容辞的光荣职责。但面对这一时间上长达五千年，内容上涉及人文科学、自然科学等各个领域的传统思想文化，将从何着手呢？毛泽东同志早在1938年就说过："从孔夫子到孙中山，我们应当给以总结，承继这一份珍贵的遗产。"[①]这是很有远见而又切合实际的英明建议。从孔子到孙中山这两千余年是中国历史上思想文化最丰富的时期，如果总结了这段历史，也就基本上总结了五千年传统思想文化的主要内容。当然，基本上不等于全部。孔子以前和孙中山以后的情况，可以另行研究。因此，我认为首先最好是在时间上从孔子开始到孙中山为止，方法上采取《中国思想家评传丛书》的形式作为实现这一任务的开端。这就是从这段历史的各个时期、各个领域和各个

① 毛泽东《中国共产党在民族战争中的地位》，《毛泽东选集》第2卷，人民出版社1952年版，第522页。

学科(包括文、史、哲、经、教、农、工、医、政治等等)有杰出成就的人物中,遴选二百余人作为传主(一般为一人一传,少数为二人或二人以上合传),通过对每个传主的评述,从各个侧面展现那些在不同时期、不同领域中有代表性人物的思想活力和业绩,从而以微见著、由具体到一般地勾勒出这段历史中中国传统思想文化的总体面貌,揭示其积极因素和消极因素的主要内涵,以利于开门见山、引人入胜地批判继承、古为今用,也为进一步全面系统地总结中国传统思想文化打下基础。自从毛泽东同志提出上引建议后,半个世纪以来,不少专家学者已从各个方面做了许多工作,但对全面完成这个任务来说还远远不够,还要在深度和广度上继续努力。作为"抛砖引玉",本《丛书》只是这个继续努力所应完成的工作的一部分。《丛书》凡二百部,约四千万言,自1990年开始陆续出版,争取十到十五年全部出齐。

《丛书》所以用"中国思想家评传"命名,主要是考虑到中国传统思想文化中的核心是生生不息的内在思想活力,而历史事实也反复证明,凡是在各个不同时代不同领域和学科中取得成就者,大多是那些在当时历史条件下自觉或不自觉地认识和掌握了该领域事物发展规律的具有敏锐思想的人。他们取得成就的大小,取决于思想上认识和反映这些规律的程度如何。思想并非先验之物,它所以能反映和掌握这些规律,主要是通过社会实践和对前人思想成果的借鉴和继承。思想一旦形成,反过来在一定程度上又对实践起决定性指导作用。

韩愈说的"行成于思,毁于随"[①],列宁说的"没有革命的理论就不会有革命的运动"[②],这些话,虽所处时代和所持立场不同,所要解决的问题的性质也不同,但就认识论中思与行、理论(思想的高度概括)与实践的关系而言,确有相通之处,即都强调思想对实践的指导意义和作用。因此我们以"中国思想家评传"命名,就是力图抓住问题的核心,高屋建瓴地从思想角度去评述历史人物,以便对每个传主在他所处时代的具体情况下,如何在他所从事的领域中,克服困难,施展才华,取得成功,做出贡献,从思想深处洞察其底蕴。历史上各个时代富有思想因而能在有关方面取得成就的人,直接阐述自己思想观点的论著虽亦不少,但大量的则是其思想既来自实践(包括对前人、他人实践经验的吸取)、又渗透在自己创造性实践之中,集中凝聚在他自己的业绩和事功上,而没有留下论著。另一些人却只留下著作而无其他功绩,对这些人来说,他那些有价值的著作就理所当然地是他的伟大业绩和事功。如果论述一个人的思想而不联系他的业绩(包括著作),必将流于空洞的抽象;同样,如果只讲一个人的具体业绩而不结合他的思想活动,又必将成为现象的罗列。评价思想和评价业绩,两者不应偏废。而不断在实践中丰富和深化的思想活力则是经常起主导作用的因素,强调这个因素,引起人们的正视和反思,正是我们的主旨和目的。当然,思想和思想家,思想家和实践家,都是既有区别又有联系的不同概念,忽视这一点是不对的。《丛

① 韩愈《进学解》,中华书局《四部备要》东雅堂本《韩昌黎全集》卷十二,第3页。

② 列宁《怎么办》,《列宁选集》第1卷,人民出版社1976年版,第241页。

书》的重点则是放在两者的联系和结合上。至于如何使两者很好联系和结合而又着意于剖析其思想活力,各占多少篇幅或以何种方式表达,则自当由作者根据传主的具体情况创造性地作出妥善安排。

自从人类历史上产生了马克思主义,不仅全人类解放和发展有了划时代的明确方向,学术研究也有了更严密的科学方法,即辩证唯物主义和历史唯物主义的世界观和方法论。根据这一科学方法,在研究和总结中国传统思想文化,特别是联系到《丛书》的撰著时,我认为下列几点应特别引起重视。

一、坚持实事求是的原则。实事求是是贯串在马克思实际活动和理论研究中的主线,离开了它也就离开了马克思主义。只有切实掌握了客观情况,才能得出正确的认识和判断。前者为“实事”,后者为“求是”,二者相结合,就叫实事求是。事不实则非夸即诬。为了弄清情况,就必须对情况的本质与现象、整体与局部、真与伪、精与粗,作出区别、梳理和取舍,这样才能掌握情况的实质,达到“实事”的要求;然后进一步加以分析研究,找出事物本身固有的真相而非主观臆测的假象,并验证其是否符合人民利益和人类历史前进方向,是否反映科学、技术、文化、艺术的发展规律,这样才能得出正确的认识和判断,达到“求是”的要求。实事求是是治学的基本功夫,是对每个传主的功、过、是、非作出公正评价的必要前提。不论古今中外,对历史人物过高或过低的不公正评价,大都由于未能认真坚持实事求是原则的缘故。

二、坚持批判继承的原则。马克思主义学说就是批判的学说,而批判是为了继承、发展和创新。这就需要我们在实事求是的基础上,既要继承发扬传主业绩和思想中的积极因素,又要批判清除其消极因素。凡传主业绩和思想中体现了诸如爱国主义、民主意识、科学见解、艺术创造和艰苦奋斗、克己奉公、追求真理的精神，即在符合历史前进要求的“立德”、“立功”、“立言”诸方面有显著成就等积极因素者，必须满腔热情地加以继承和弘扬，并紧密结合当前社会主义建设实际，使之深入人心，蔚然成风；凡反映有诸如封建迷信、专制独裁、愚昧落后、丧失民族尊严和违背科学进步等消极因素者，必须以历史唯物主义的观点加以批判，清除其一定程度上至今尚起作用的消极影响，而消极因素经过彻底批判后可转化为有益的教训；凡积极因素和消极因素相混者，更当加以认真清理和扬弃，既发扬其积极因素又摒弃其消极因素。我们力求一点一滴、切实认真地探索各个传主思想和业绩中珍贵的积极因素，使之成为全国各族人民正在从事的继往开来伟大历史工程的组成部分。

三、坚持“百花齐放”、“百家争鸣”的原则。“百花齐放”和“百家争鸣”，是发扬学术民主、促进学术繁荣的正确原则和巨大动力。前者强调一个“齐”字，后者强调一个“争”字，是表示学术上平等、民主和自由的两种不同状态；前者突出的是统一与和谐，后者突出的是区别与争论；两种状态又统一于不断地相互促进和相互补充、转化的持续发展提高过程之中。“百花齐放”、“百家争鸣”的原则体现在撰著评传时，应从“齐放”和“争鸣”出发，综合中外各个时期对有关传主的不同评价，吸取符合客观存在的对的东西，摒弃其违反客观存在的不实的东西，然后创造性地提出经过自己独立思考的、赶前人或超前人的一家之言。同时，对整个《丛书》而言，也有个共性、个性又统一又区别的问题。这就是一方面作者应把“实事求是”、“批判继承”和“百花齐放”、“百家争鸣”这几点作为大家的共性(统一与共识);另一方面,对每部评传的立意、结构和行文(文体、文风和文采等),则主要是作者的创造性思维劳动和雅俗共赏的文字表达艺术的成果,是彼此的个性(区别),不宜也不应强求一律。评传作者都有充分自由去发扬这一个性,力求在对每一传主的评述中探索和展示其积极因素,使之和正在变革中国面貌的伟大社会主义建设实践融为一体,丰富其内容,促进其发展,而不是仅仅停留在对传主思想业绩的一般性诠释上。

我认为,以上三点大体上可以表达《丛书》所遵循的主要指导思想,但也不排除用其他思想和方法得出的有价值的研究成果。

感谢所有关心和支持《丛书》工作的单位和个人,特别感谢《丛书》的名誉顾问和学术顾问。他们的热情关心、支持和指教,使《丛书》工作得以顺利进行。更要感谢所有承担评传撰著任务的老中青学者,他们都以严谨的治学态度,作出了或正在作出对学术、对民族、对历史负责的研究成果。没有他们的积极合作,《丛书》工作的开展是不可能的。《丛书》副主编和中国思想家研究中心、南京大学出版社,在制定《丛书》规划,约请和联系国内外学者,审定书稿以及筹划编辑出版等方面,克服重重困难,做了大量工作,他们的辛勤劳动是《丛书》能按预定计划出版的必要前提。

现在《丛书》开始出版了,我作为年逾八旬的老人,看到自己迫于使命感而酝酿已久的设想终于在大家支持合作下实现,心情怡然感奋,好像回到了青年时代一样,体会到“不知老之将至”的愉悦,并以这种愉悦心情等待着《丛书》最后一部的问世;特别盼望看到它在继承中华民族传统思想文化的珍贵遗产方面，在激励人心、提高民族自尊心和爱国主义思想方面，在促进当前建设有中国特色的继往开来的社会主义现代化物质文明和精神文明的历史性伟大事业中，能起到应有的作用。我以一颗耄耋童心，默默地祝愿这一由一批老中青优秀学者经长年累月紧张思维劳动而作出的集体性学术成果能发出无私的熠熠之光，紧紧伴照着全民族、全人类排除前进道路上的各种障碍，走向和平、发展、繁荣、幸福的明天！

热诚欢迎国内外同仁和各界人士不吝赐教，以匡不逮。是为序。

1990年10月7日

内 容 简 介

潘季驯(1521～1595)是16世纪中国明代杰出的治河专家。他一生中曾四次主持治理黄河和运河,前后持续27年。在长期的治河实践中,他认真汲取前人认识黄河、治理黄河的积极成果,全面总结了中国历史上治河实践中的丰富经验,形成了一套系统的"筑堤束水、借水攻沙"的"治黄"理论和"堤防修守"的完备措施,深刻地影响了后代的"治黄"思想和实践,为我国古代的治河事业做出了重大的贡献。

本书是作者根据近年来的研究成果而写成的关于潘季驯的综合性评传。全书共分12章,分别从生平概略、治河的历史背景、前期治河活动和后期治河活动、交友和著述、工程技术思想、工程管理思想、哲学思想、科学思维及历史地位诸方面对潘季驯的一生作了评述。

A Brief Introduction

Pan Jixun(1521～1595), an extraordinary expert at controlling rivers in the Ming dynasty of 16th century China. He was four times in charge of controlling Huang River and the Grand Canal, which had been lasted for 27 years. During his ceaseless practice, he had been earnestly drawing beneficial achievements in researching and controlling Huang River out of the former generations. Thanks to his allsided generalization of rich experiences from the practice in controlling rivers throughout Chinese history, the distinguished expert had formed a system of "building dams to control water, utilizing water to stabilize sand", which appeared to be not only a theory for controlling the Huang River, but also a perfect measure for maintaining dams. His great achievement in the course of controlling rivers had a profound effect upon the theory and practice in controlling the Huang River afterwards.

This book is a comprehensive critical biography of Pan Jixun based on the writer' s recently research works. The whole book is divided into 12 chapters such as a brief introduction to his life, historical background of controlling rivers, his activities in controlling rivers both at the early stage and at the late stage, his friendship and works, his thoughts of engineering technique, thoughts of project management, philosophical thoughts, scientific thinking methods and his standing in the history.

目　次

A CRITICAL BIOGRAPHY OF PAN JIXUN

CONTENTS

序

伟大的黄河，像一条狂放不羁的巨龙，千百年来横卧在祖国中部辽阔的大地上。它出昆仑，绕积石，穿峡谷，跃龙门，跨平原，滚滚东流，一泻万里，塑造了祖国壮丽的山川，抚育了中华民族的成长，成为中华文明形成的摇篮。

黄河是我国的第二条大河。虽然它不是我国最长的河流，也不是径流量最大的河流，但从历史地理的角度评价，它在我国河流中却具有首要的地位。它一方面是我们民族文化的摇篮，而另一方面，黄河又以善淤、善决、善徙闻名。黄河的巨大含沙量在世界上无出其右，它无疑也是全世界变迁最大的河流。据文献资料记载，在 1949 年新中国成立以前约 3000 年间，黄河下游决口泛滥约有 1500 余次，较大的改道有二三十次，其中有 6 次重大的改道，其洪水遍及范围，北到海河，南达淮河，有时还越淮而南，波及苏北地区，纵横 25 万平方公里。因此，黄河又是一条举世闻名的害河。

为了驯服黄河，造福于人民，早在 4000 多年前的原始社会末期，我们的祖先就开始了与黄河水旱灾害的斗争，并在防洪、灌溉、航运等方面都获得了重要的成就。与此相适应,古往今来,各方面的仁人志士,从不同角度提出过许多著名的治河方略和主张,涌现出一大批知名的科学家和著名治河人物。虽然由于历史条件的限制,我们的前人并未能扭转黄河危害的历史,但他们所提出的治河思想和在治河活动中表现出来的光辉业绩,却是永远不能磨灭的。本书所介绍的潘季驯,就是他们当中的一个杰出代表。

潘季驯(1521～1595年),字时良,号印川,浙江省湖州府乌程县人(今浙江省湖州市吴兴县),明朝嘉靖二十九年进士,曾历任江西、广东等地官职。从嘉靖四十四年(1565年)冬开始,经隆庆到万历(1592年)止,他奉三朝简命,先后四次出任总理河道都御史,为我国古代的治河事业做出了重大的贡献。在治河实践中,潘季驯辩证地处理了黄、淮、运河三者的关系,优先对黄河采取了坚筑堤防、稳定河床的治理措施,不仅保证了南北大运河的畅通,而且使北宋以来黄河多支分流、不停游荡的局面基本上得到控制,近200年没有发生改道。在治河理论上,他全面总结了历史上的治水经验,系统地提出了以"筑堤束水、借水攻沙"为核心内容的治河思想,把治理多泥沙河流的措施由单纯治水转移到水流、泥沙二者并治的轨道上,对300多年来治理黄河的活动产生了重大的影响。对于这样一位对中国古代治河事业做出突出贡献的水利专家,理应予以历史的肯定。

自潘季驯去世400年来,人们对他的评价之词纷纷扬扬,不计其数,总的趋势是充分肯定他在治河史上的贡献,承认他是一位杰出的水利专家。但是说他是一位"思想家",并且要从思想史的角度给他写评传,可能就要引起人们的一些非议。

因为"思想家"通常是指在社会发展的某一历史时代对创建思想体系、揭示认识和思维发展规律做出过突出贡献的专家或学者。潘季驯属于这样的人物吗？笔者对此的回答是肯定的。因为，我们所讲的思想体系和认识规律并不是一个空洞的概念体系，它实际上总要来源于某个具体的生活实践领域，表达人们对于该领域内事物发展规律的认识和掌握的程度。而且历史事实也反复证明，凡是在各个不同时代、不同领域和学科中取得成就者，大多是那些在当时历史条件下自觉或不自觉地认识和掌握了该领域事物发展规律的具有敏锐思想的人。他们取得成就的大小，取决于思想上认识和反映这些规律的程度。因此笔者十分赞同著名理论家匡亚明教授的观点："纵观历史，凡在文、史、哲、经、教、兵、农、工、医等各学科领域中有突出成就的代表人物，无不是在该领域中能掌握其特有发展规律的思想家。"这其中当然也应当包括水利事业方面的专家。正是基于这个理由，水利专家潘季驯被荣幸地纳入了《中国思想家评传丛书》的传主行列。

笔者认为，匡亚明教授对于中国文化史上"思想家"含义的界定，不仅扭转了长期以来人们的狭隘理解，而且极大地开拓了思想史研究的新领域，极大地丰富了中国思想文化历史研究的内容。仅以中国水利思想史的研究为例，纵观中国古代社会的历史，人类防洪、治河、灌溉、航运，从事水利活动的思想和实践，就在中国古代科学文化发展的历史中，占据了一个非常重要的位置。早在远古时期，我们中华民族由野蛮时代进入到文明社会的一个重大事件，就是"大禹治水"。在奴隶社会和封建社会的几千年漫长历史中，伴随着人类的农耕生产、围土定居、划土封疆，人们每时每刻都在同制约着自己生存的水资源环境进行着顽强的斗争。这样,天长日久,就从中涌现出无数个可歌可泣的治水人物,形成了源远流长的治水思想和水利文化。因此我们看到,在记录封建社会漫长历史的官编史籍《二十五史》中,每一部正史都记载了大量的治水活动、治水思想和治水人物,其中《史记》中有专门的《河渠书》,《汉书》中有专志《沟洫志》,宋、金、元、明、清等正史中也都有《河渠志》,再加上有关的水利专著如河道史、地区水利史、渠塘史、闸坝史,水利总集如《行水金鉴》、《续行水金鉴》、《再续行水金鉴》等,还有其他方面的大量治河专著、水利图说等。据有关专家统计,这方面与水利活动直接相关的水利典籍,总字数可达一亿字以上,所以说这里也是一座巨大的科学文化宝库。可惜的是,长期以来人们对于这座巨大文化宝库的挖掘和研究甚少,思想界、文化界对于这个领域的注意也不够,以至于谈起中国古代科学史上的成就和人物,人们很少会想得起水利活动方面的成就和代表人物,更毋论他们在思想上的贡献了。这不能不说是一种严重的缺憾。

正是基于这种情况,笔者近些年来着重进行了中国水利思想史方面的研究,并以明代潘季驯的治河思想为突破口,探讨中国水利史与当时的政治、经济、文化等社会因素的关系,把潘季驯所代表的治河理论看作中华民族理论思维历史发展过程中的一个逻辑环节,从中抽象出他们立足于具体治河理论基础之上的一般思维模式,以试图揭示中国传统科学思维方法所独具的特色,为今天的水利事业和思想文化事业服务。《潘季驯评传》就是这项研究的一个成果。

1994年12月

第一章　太湖之子

一、乡情和家世

潘季驯，字时良，号印川，浙江省湖州府乌程县人。明正德十六年四月二十三日出生在一个未仕秀才的家庭里，父潘夔，母闵氏。①

潘季驯的家乡湖州府，位于浙江省北部，太湖之滨，是一个历史悠久的府治。辖地六州一府，秦代属会稽郡，三国时属吴兴郡，唐代以后为湖州治，明代为湖州府。府城内有一府治、二县治（乌程县、归安县），乌程县治也就是湖州府治的所在地。

---

① 潘季驯生于明正德十六年阴历四月二十三日，换算成公历，应为 1521 年 5 月 28 日。为了叙述方便，且防止换算错讹，后面文中一律照用阴历日期，特作说明。

湖州府城所在位置，地理风水十分奇妙。出城向西约五50步，有一大溪，曰“苕溪”，出自天目山之阴坡，一路蜿蜒曲折，两岸芦苇护送，到湖州城外后，中分一支，悄悄流入城西之清源门，其流混浊；出城东南约一里，有一大溪，曰“霅溪”，由上游诸山中三条小溪汇合而成，一路喧喧嚷嚷，直泻而下，匆匆涌入城南之安定门，其流清纯。清浊二流在城南安定门内的江子汇为一体，然后向东流出临湖门，合诸水入太湖。整个湖州府城，外有诸溪团团环绕，内有苕、霅二水穿城而过，所到之处，芳草萋萋，流水潺潺，故民间戏谓之“水晶宫”。[1] 放眼远眺，府城西南两面靠山，其山势大多峰峦叠秀，碧绿清幽，历代文人的碑刻墨迹，亭榭寺观，杂出其间；东北两面临湖，其临湖的地面平整如毯，一望无际，处处皆良田沃壤。向北行18里即到了太湖边。

太湖衔远山，吞日月，汇三江之水，跨江浙两省，长500里，周3.6万顷。湖面汪洋浩瀚，气象万千。湖边曲折迂回，支港繁多。其中湖州境内的大钱湖、小梅港诸口，历来为江南运河的漕运关卡，浙西交通的襟喉要地。湖州不仅历史悠久，而且物产丰饶，民风淳朴，是江南著名的蚕桑鱼米之乡，诗书礼仪之邦。历代文人墨客都对此赞不绝口。苏轼《墨妙亭记》中称：“吴兴民足，鱼稻茭蒲之利，寡求而不争。”王稺《登喜留亭记》曰：“其产多蚕桑竹木鱼稻果菇之利，俗号殷富。”李心传《南林抱国寺记》说：“乌程之南林耕桑之富甲于浙右，土润而物丰，民信而俗朴，行商坐贾之所萃。”这都是在描绘物产

① [明]董斯张《吴兴备志》卷二七：“吾郡称水晶宫。湖州四面皆水，谓之水晶宫。”

丰富之貌。由于土地肥沃，环境优雅，造就了乌程地面勤劳淳朴的民情风俗。如茅瑞徵《吴兴掌故序》中言："吴兴风俗最近古朴，其土人雅称，率素润达而峭直，其里闾力本务樯，惟斤斤以勤俭，长子孙无敢傲康以坠先业。"《西吴枝乘》中赞叹："湖民力本射利，计无不悉，尺寸之堤，必树之桑，环堵之隙，必课以蔬，富者田连阡陌，桑麻万顷，而别墅山庄求竹木之胜无有也。"经济上的富饶也促进了文化的进步。湖州地面历来是出才子佳人的地方，学习风气十分浓厚。正如王十朋《湖州偈庙文》所赞："湖学之胜，东南鲜伦，风似邹鲁，民同蜀闽。"赵孟頫《吴兴赋》所述："家有诗书之声，户习廉耻之道。"史俨之《进士题名碑》所评："吴兴世风之胜，甲于浙西，……士由科第奋兴，肩背相望。"①

优美的环境，肥沃的土地，顺畅的交通，再加上人民的勤劳和文化的进步，使得以乌程为中心的湖州地区很早就与杭州府和嘉兴府并驾齐驱，成为江南首屈一指的富庶之地。特别是到了明代中叶，随着商业贸易的日益刺激，这里的经济更是出现了带有资本主义萌芽性质的专业化地区分工。如《归安县治》中所描述的："东乡业织，南乡业桑、蓄鱼，西乡业薪竹，北乡业蔬蓏。"诸产业中最发达的要数丝织业，明代产丝的中心地区主要是湖州。朱国桢《涌幢小品》中说："湖地宜蚕，新丝妙天下。"《西吴里语》中说："（湖丝）合郡俱有，而独胜于归安，湖丝遍天下。"蚕丝业的发展，不仅大大促进了商业性的种桑专业，而且还促进了该地区的商业贸易活动和市镇建设。如《吴兴备治》所记："（隆庆时）归安菱湖市廛家，主四

① 以上赞言均引自《浙江通志》卷九九，《乌程、归安风俗》。

方鬻丝者多，廛归溪，四五月间，溪上乡人货丝船排比而泊。”菱湖镇是湖丝的贸易中心，因为商业交易的刺激而发展得异常繁荣，“正、嘉、隆、万间，第宅连云，阛阓列螺，舟航集鳞，桑麻环野，西湖之上无隙地无剩水矣。遂为归安雄邑。”①类似菱湖镇这样的商业市镇在湖州地区比比皆是。如据万历《湖州府治》记载，仅乌程县就有乌镇、南浔两镇，箐山、妙喜两市。其中的乌镇与嘉兴府的青镇夹河相望，万历时就达到“居民殆万家”的规模，史书上说它百货骈集，街市十八里，列置四门，名为镇，实具郡邑城郭之势。②

丰饶的物产，发达的经济，带来一片繁荣的景象，使这个地方真正变成了“人间天堂”。北宋诗人梅尧臣曾写下《游霅溪诗》一首，对当时乌程县内霅溪两岸风景如画的自然和人文景观作了这样的描述：“共爱霅溪风物美，春来清可鉴须眉，萍生楚客将归日，花暖吴蚕始浴时，邻水竹楼通市陌，跨桥云屋接川湄，画船载酒期君醉，已是无谋任翦夷。”③

鸟瞰乌程风光，山清水秀，人杰地灵。潘季驯就出生在这样一片绿土上。

潘家在乌程历史上乃一大姓，“世号鼎族”。据明人王世贞《潘儆庵墓志铭》④、申时行《潘公传》⑤、王锡爵《潘公墓志

① 《菱湖镇志》卷一，转引自《明清社会经济形态的研究》，上海人民出版社1957年版，第20页。

② 万历《湖州府志》卷三，《乡镇》。

③ 《浙江通志》卷一二，《湖州府山川》。

④ 见王世贞《弇州山人续稿》卷一一五。

⑤ 见申时行《赐闲堂集》，另见民国版《河防一览》附录。

铭》[①]所共载，潘氏祖先本姬姓，裔出周文王子毕公，毕公食采于潘，子孙因以为姓氏。至荥阳侯而潘氏始彰显。至西晋时，中书令潘尼[②]与其叔父散骑侍郎潘岳[③]齐名于朝中，后以避乱病死坞壁间。潘尼死后，其子潘攻率家渡江徙吴，兴之于乌程，遂长期定居此地。潘氏家族定居乌程后，由于远离中原，一直未能再显。又过了七世，至石晋时期(936～946年)才出了一个孝子，叫潘综。潘综因以纯孝闻名乡里，他死后，乌程人为纪念他，在县城北郭建了一座白华坊，"以潘综纯孝居此故名"，里名迄今未泯。[④] 潘综之后，又过了26世，潘家传人万一公始迁到乌程之汇萡。这大约就是后来潘季驯的出生地。[⑤] 又过了六世，潘家传人为南葵公潘孝，孝又号蔡奄公，娶妻钱氏，又继朱氏，共生子四人。其中最小的儿子叫潘夔，又号僦庵公，他就是潘季驯的父亲。

据《潘公墓志铭》记载，潘夔出生时，潘家虽然已是"彬彬诗礼名族"，但仍未有一人得志于科举。据说潘夔小时

---

① 见《明文海》卷四四八，《名臣》，中华书局本。

② 潘尼，字正叔。祖勗，汉东海相。父满，平原内史。并以学行称。潘尼少有清才，与潘岳俱以文章见知。性静退不竞，唯以勤学著述为事。事迹见《晋书》卷五五，《潘尼传》。

③ 潘岳，字安仁，荥阳中牟人，祖瑾，安平太守，父芘，琅琊内史。岳少以才颇见称，乡邑号为奇童，历史上人们常以"貌比潘安"来形容男子的美貌，这个潘安，就是潘岳。事迹见《晋书》卷五五，《潘岳传》。

④ 见《吴兴备志》卷一四。

⑤ 关于潘季驯的原籍和出生地，他本人在万历五年所奏的《考满疏》中称："浙江湖州府归安县籍，乌程县人。"按乌程、归安本为一县，后宋太平兴国中，始将归安分出另立，置乌程县东南境地属归安，但两县衙门仍在同一城郭中，估计潘家祖先原在城南，后搬到城东南之汇沮。

候颇得潘季驯祖父南葵公的喜爱，经常抚而弄之膝前。一天，有一商贩鸣锣而过，夔欲跑去看热闹，南葵公阻之，曰："毋往也。你如能与我对对子，我给你买糯米糖吃。"遂口占一首："铜锣打动小儿心。"潘夔不假思索，应声而答："木铎振扬夫子教。"南葵公乐而大笑，连声说："使我形秽。"遂认定能振兴潘家者，非夔莫属。乃送书馆句读。九岁受经术，所写文章多隽辞。约在潘夔17岁时，太子少保庄懿公闵珪从朝中致仕归乡，为其二女儿择婿，结果在众多求婚者中发现了潘夔，"见已心器之"，再考诗词对仗，"语逾工，有唐人意中句"。闵珪大喜，即谓人曰："趣归，女必贵。"遂将女儿嫁给潘夔，是为闵夫人，即潘季驯的母亲。

这里有必要介绍一下潘季驯的外祖父闵珪。闵珪，乌程人，天顺八年(1464年)进士。官至刑部尚书，太子太保。因政绩卓著，曾被誉为弘治朝中"九老"之一。① 据《明史·闵珪传》，珪久为法官，"议狱皆会情比律，归于仁恕"。有一次，宣府妖人李道明聚众烧香，巡抚刘聪轻信千户黄珍之言，株连数十家，谓李道明将引北寇攻宣府。及将犯人逮至刑部，闵珪亲自审讯，并没有发现众人造反的证据，于是重新定案，"止坐道明一人，余悉得释"。同时闵珪又上疏请求办黄珍、刘聪诬告及冒功罪，结果黄珍被法办，刘聪亦下狱贬官。又有一次，大理寺丞吴一贯因谳狱事触帝怒，明孝宗朱佑樘亲自坐堂审讯吴一贯，并且准备处以大辟罪。面对此景，众莫敢言，独闵珪一人趋前进言，"一贯推案不实，罪当徙"，请求从轻发落。然帝

① 弘治朝其他"八老"分别为王恕、邱浚、马文升、何乔新、徐溥、刘健、刘大夏、李东阳。参见[清]黄大华《明七卿考略》。

不允，珪亦执言如初。帝怒，刑部侍郎戴珊忙劝解之。帝乃息怒霁威，令更改拟律。但珪仍以原拟奏上。帝见此十分恼火，立招兵部尚书刘大夏语此事，寻求处罚对策。大夏闻言乃对曰："刑官执法乃其职，未可深罪。"孝宗听后默然久之，最后才叹曰："朕亦知珪老成不易得，但此事太执耳。"[①]卒如珪议。从这两件事情，可见闵珪之为人为政。正德初，宦官刘瑾用事，闵珪连章乞休，遂被允致仕还乡，正德六年卒，年八十二。死后谥庄懿。

闵家在乌程也是一个大族，再加上闵珪在朝中的高位和名望，更使闵家成为当地的显族。闵潘两家联姻后，潘夔立志报答岳丈的器重，一心读书于郡庠，20岁时因学习成绩优秀而受到奖励，"俊声籍籍"。不料，正在他意气风发的时候，潘孝去世。潘夔无奈，遂中断学业，以少年之躯担起了潘家的门户。其间，既有为振兴家业而耗费心机的思虑，又有"是且妨吾书"的感叹。一度曾下决心脱身家务，独游太学，且徙居乌程东郊的蜀山闭门读书，"治经术"。没想到功名未就而家中又不戒于火，一场大火尽丧其家橐。沉重的打击又迫使潘夔离开书斋，重返家中料理残局。经过他多年的艰苦创业，终于使家业重新振作起来，甚至超过了失火前的规模，但往日所攻学业早已丧失殆尽。盖潘夔之家业再踬再起，其于学问亦再芜再殖，最后终于未能以科第显。这是潘夔一生中最大的遗憾。于是他下定决心，全力以赴地教育子女，把自己的未尽愿望全部寄托在他的几个儿子身上。

在这段时间里，潘夔与闵夫人共生了四个儿子和若干个

---

① 参见《明史·闵珪传》。"谳"(yàn)，审判定案。"大辟"，死刑的一种。

女儿。其中四子者，老大潘伯骧，为府学贡生，成人后官至桂阳知县，娶镇远守严凤之女，生了七个儿子（景生、冠生、弁阳、苕阳、朝阳、岳阳、桂阳为伯生）；老二潘仲骖，嘉靖二十年进士，翰林院编修，因不屈于严嵩，谪瑞州司理，后历至安庆知府，娶山东按察副史邵南之女，生了四个儿子（京阳、瑞阳、钟阳、文阳为仲生）；老三潘叔骏，曾官龙江关提举，娶吴氏，生四子（震阳、宜阳、华阳、忻喜为叔生）；老四即潘季驯，嘉靖二十九年进士，累官至太子少保，刑部尚书，可以说是潘氏兄弟中最有出息的一位。潘季驯成年后，娶光禄署丞施仑之女，为施夫人，共生了四个儿子（大复、龙翰、玄授、玄孺为季生）。其中长子潘大复为万历十四年进士，初为溧阳县令，后擢刑部主事，迁员外郎，提督通惠河道，岁省水衡金十余万。次子龙翰，以父荫为太常寺典簿，临洮府通判，因文笔清丽而倾动一时。此外，潘季驯还有一女嫁于当时的文学名士王世贞子士祺。有了这样一个人丁兴旺的大家庭，可以说是潘夔经历了一生坎坷之后的最大满足。[①] 所以潘夔死后，应其子潘季驯之邀，王世贞在墓志铭中用称赞的口气写道："终公年未六十，而中外孙可20人，环绕膝前，教之句读，竟日欣欣忘暮。"[②]

由于自己在科举上一直壮志未酬，因此潘夔在学习上对他的四个儿子抓得很紧，"悉延明师诲之，而身提衡其间"[③]。皇天不负有心人，在明师教诲和慈父的严督之下，潘家的四个儿子中间，居然有两人先后脱颖而出，考中了进士。其中潘仲

① 以上材料参见王世贞《潘僦庵墓志铭》、《浙江通志》等文献。

② 此段话引自《潘僦庵墓志铭》。

③ 引自《潘僦庵墓志铭》。

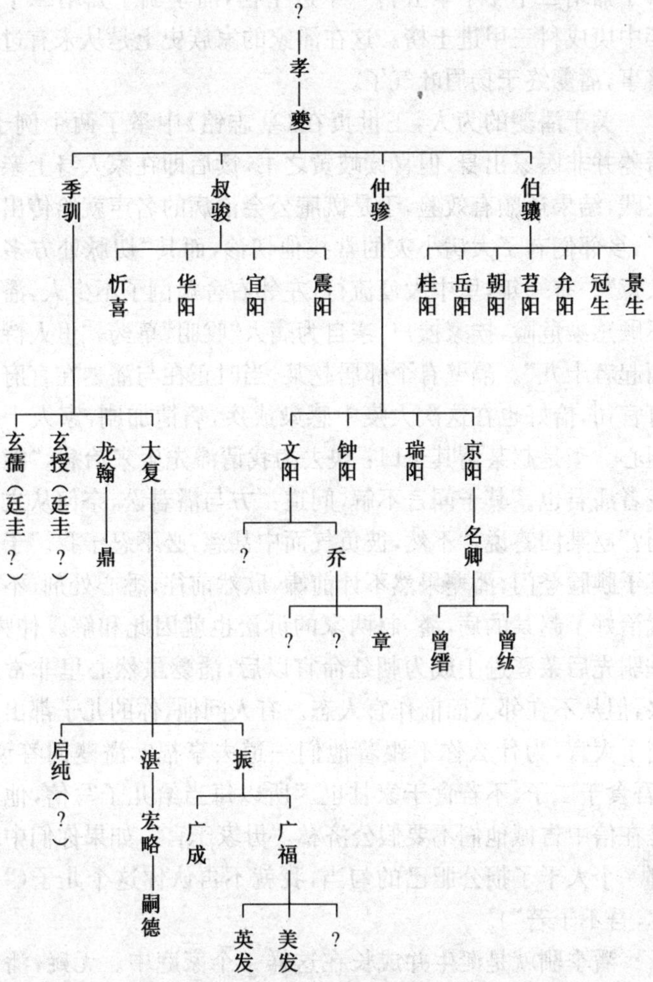
？
孝
夔
季驯
叔骏
仲骖
伯骧
忻喜
华阳
宜阳
震阳
桂阳
岳阳
朝阳
苕阳
弁阳
冠生
景生
玄孺（廷圭？）
玄授（廷圭？）
龙翰
大复
文阳
钟阳
瑞阳
京阳
鼎
？
乔
名卿
？
？
章
曾缙
曾纮
启纯（？）
湛
振
宏略
广成
广福
嗣德
英发
美发
？

引自韩仲文：《潘季驯年谱》

骖于嘉靖二十年中辛丑科一甲进士榜，潘季驯于嘉靖二十九年中庚戌科三甲进士榜。这在潘家的家族史上是从未有过的盛事，潘夔终于扬眉吐气了。

关于潘夔的为人，王世贞在《墓志铭》中举了两个例子：潘夔并非医家出身，但喜读岐黄之书，读后即在家人身上亲自实践，结果还颇有效验，于是僦庵公会治病的名声就给传出去了，乡邻们有了大病小灾的常找他切诊，而其“切脉处方多出人意”。有一年，里中大疫流行，左邻右舍病倒了不少人，潘夔不顾感染危险，挨家挨户，亲自为病人“㕮咀”草药，“里人恃公而起者十九”。隔壁有个邻居赵某，当时正在与潘夔在官府中打官司，恰好也在这次大疫中感染成疾，病情加剧，家人十分担心。于是赵某谓其子曰：快去为我请潘先生来治病，“能生我者潘君也。”其子闻言不解，问道：“方与潘君讼，奈何从之乞药？”赵某回答说：“不然，彼负气而中甚慈，必不忍于我。”于是其子腆脸登门，潘夔果然不计前嫌，欣然前往，悉心处剂，不久就治好了赵某的病，潘、赵两家的诉讼也就因此和解。仲骖、季驯先后荣登进士成为朝廷命官以后，潘夔虽然心里非常高兴，但从不在邻人面前作官人态。有人问他，你的儿子都出去当了大官，为什么你不跟着他们一道去享福？潘夔回答说：“吾食于二子，不若食于家甘也。”所以每当给儿子写信，他总是在信中告诫他们不要假公济私，“毋家于官”，如果你们中间哪一个人干了损公肥己的勾当，我就不再认你这个儿子（“苟尔，吾不子若”）。

潘季驯就是诞生并成长在这样一个家庭中。无疑，潘氏祖先的优良传统和廉正家风，特别是季驯外祖父闵珪刚正不阿的传奇事迹和他父亲潘夔忍辱负重、救民疾苦的仁德精神，都会对潘季驯少年时期的思想塑模，乃至对他长大成人以后的世界观形成产生不可磨灭的深刻影响。

二、青少年时期

潘季驯出生的那一年，正德十六年春三月，明武宗朱厚照崩于豹房。朱厚照生前无子，故他死后内阁廷臣请嗣立他的叔伯兄弟朱厚熜继位，是为明世宗，以次年为嘉靖元年。

世宗一继位，便与廷臣之间就皇考问题发生了矛盾。辅臣杨廷和、毛澄等从封建正统的立场出发，上请朱厚熜尊朱厚照的生父明孝宗朱佑樘为皇考，而称朱厚照自己的生父兴献王曰皇叔父，自己的母亲献王妃曰皇叔母。这使刚即位的明世宗朱厚熜大为恼火，说："亲生父母，怎么能随便改变呢?"驳回再议。同时手诏杨廷和等，要求尊其生父为兴献皇帝，生母为兴献皇后。但是杨廷和等人又持不可。君、臣双方在"大礼"问题上的立场陷入僵局。恰好此时世宗的生母蒋氏刚从老家到达通州，闻朝议考孝宗，大恚，曰："安得以我子为他人子?"止通州不入。帝闻而泣，随启慈寿皇太后，愿避位归藩。面对此景，群臣惶惧无措，毛澄乃谋于内阁，请称兴献王为兴献帝，王妃蒋氏为兴献后，而以皇太后懿旨行之。帝不得已，乃报可。① 这样双方暂时妥协，但矛盾并没有解决。

到了嘉靖三年(1524年)正月，南京有个刑部尚书叫桂萼，为了讨好世宗，又上疏挑起事端，请改称孝宗曰皇伯考，兴

① 参见[清]夏燮《明通鉴》第五册，嘉靖三年条，中华书局本。

献帝曰皇考。帝得疏心动，手诏下廷臣集议。但很快遭到文武群臣的反对。世宗十分恼火，遂下特旨召桂萼等人到北京，决心整顿朝纲，清除跟自己闹对立的阁臣。先后罢斥了华盖殿大学士杨廷和、礼部尚书汪俊、谨身殿大学士蒋冕、吏部尚书乔宇。同时命桂萼等人为翰林学士。并召见群臣于左顺门，示以手敕，言去孝宗皇考“本生”字。群臣惊愕，各上奏章争之，世宗皆不予答复。无奈之中，尚书金献民，少卿徐文华，吏部右侍郎何孟春等遂带领群僚200余人跪伏左顺门鼓噪。帝怒，遣锦衣卫逮为首者下狱。众乃撼门大哭，雷震阙廷。帝益怒，命尽逮跪伏者190余人入狱，录诸臣姓名，为首者戍边，四品以上夺俸，五品以下予杖，其中16人被杖死。

这就是明代中叶著名的“大礼议”之争。它是明世宗朱厚熜即位之初与廷臣的一次决定性对抗。就廷臣方面来说，它表现了嘉靖一朝士大夫的气节；就朱厚熜来说，充分暴露了他“性刚，好自用”的个性。纷争的结果，朱厚熜大获全胜，这为他以后专擅朝政，奠定了基础。而廷臣方面则是衣冠丧气，一蹶不振。从此，明王朝开始走向它的下坡路。

虽然这场“大礼议”之争爆发的时候，潘季驯尚在幼年时期，对他没有什么直接影响。但是从此以后嘉靖皇帝擅政和用人的各种举措，以及各种社会矛盾和民族矛盾的纷起，却一直伴随着他长大成人，走上仕途，并促使他形成了对社会颓势的忧患意识，以及愿为振兴国运不惜肝脑涂地的“补天”意识。其实在当时那种历史条件下，明朝社会中有一大批知识分子都不同程度地形成了这种忧患意识，并在思想上演变为后来的经世致用的实学思潮。

潘家到了季驯这一代，跟他父亲潘夔那一代一样，也是兄弟四个，潘夔分别给他们起名骧、骖、骏、驯，大约是盼望他的这四个儿子都能够像骏马一样，将来腾飞仕途，前程远大。其中季驯和他的父亲一样，在兄弟中排行第四，而且又“生而颖异”。嘉靖六年(1527 年)，潘季驯才七岁，就以“治春秋，能文章，补博士弟子”①。因而受到潘夔和闵氏夫妻俩的加倍喜爱。在这方面虽然没有留下第一手的材料介绍，但是根据前面对潘氏家世的介绍，我们可以合理地推测和想象：在潘季驯很小的时候，他的父亲和兄长肯定就会牵着他的手，来到乌程城南的白华坊前，充满自豪地将潘家祖先潘综的忠孝事迹一一介绍，因为这是封建社会中最值得夸耀的道德精神。在季驯刚会读书的时候，他的父亲肯定会手持“十七史”刻本，向潘氏兄弟们逐字逐句地讲解潘家祖先潘尼的著作《安身论》和《乘舆箴》，潘岳著作《闲居赋》中的微言大义。② 而当潘季驯在他母亲闵夫人怀中撒娇的时候，闵夫人也肯定会绘声绘色地讲述潘季驯的外祖父闵珪生前治理刑狱、刚正不阿的动人事迹，使潘季驯从小就萌发出走他外祖父的道路，当一名理刑官的美妙理想。事实上后来潘季驯也确实步他外祖父的后尘，走上了同一条宦途。

这样，通过潘氏夫妇不同角度的严格家教，潘闵两家祖先所遗传下来的“存正无私”的微言大义，忠孝两全的做人道德，坚持主见、不畏权势的倔强个性，不怕挫折、再仆再起的顽强精神，济人救难、善解民意的仁义品格，不恋官位、泰然处之的

① 引自[明]王锡爵《潘公墓志铭》。博士弟子即生员。明代凡经过本省各级考试取入府、州、县学的，都称生员，俗称秀才。

② 以上诸篇文章均见《晋书·潘岳、潘尼传》。

豁达心理，都会被慢慢地注入到少年潘季驯的心灵中，构成他的世界观模式中不可缺少的组成部分，并在他成年以后的一生奋斗中处处显露出来。

有一次，潘夔与人诉讼，无故被系公堂。少年潘季驯得知消息后，勇敢地跑进县衙大堂，慷慨陈词，为父诉冤，据理力争，“词气悲壮”。结果感动了当事者，遂免戫庵公于狱。王锡爵的《潘公传》中记载了这件事情，并称赞他是“内行醇谨，其爱敬尤不弛于师友。性倜傥，喜振人之急，凡衣食婚嫁丧葬医药于公者甚众。”申时行的《潘公传》中也记载了这件事情，并称赞道：“族属繁衍，率仰给于公，公为割上腴以赡之。仍建祠堂，置义仓，立宗学。族之人无失所者。乡党故旧贫病死丧各以亲疏受赈，率人人得所欲。家故饶，更以久宦减产，所得俸赐，辙尽于施予，无留橐焉。至建津梁，拓街衢，倾赀捐产，无郄色。以非公大业不尽载，然其德义可仰已。”从潘季驯的身上我们确实可以处处看到乃父医人活命、济厄救难的仁义品格。

嘉靖十二年(1533 年)，潘季驯 13 岁，已经是一个翩翩少年了。由于在归安县学中学习成绩优异“为高材生”，遂“廪于学”①。按明朝定制，令府、州、县皆置学，府学生员 40 人，州县以次减十，人月给廪米六斗。后来名额增多，食廪者谓之廪膳生员；增多者谓之增广生员，无廪米；后来名额再增，称附学生员，亦无廪米。前述潘季驯七岁时“补博士弟子”，即是指此处初入学之附学生员。《明史 · 选举志》中称：凡初入学者止谓之附学，而廪膳、增广以岁科两试，等第高者补充之。非廪生

---

① 根据万历本《湖州府志》，潘季驯为归安县学贡生。

久次者不得充岁贡。士子未入学者通称之童生，当大比之年，间收一二异敏，三场并通者，俾与诸生一体入场，谓之充场。每年诸生都要参加岁考，先以六等试优劣。一等前列者视廪膳生，有缺依次充补；其次补增广生，一二等皆给赏；三等如等；四等挞责；五等则廪增递降。由此看来，由童生而生员，由增广生员而廪膳生员的迁升之途是非常艰难的。而“廪于学”大约就相当于今天在学校里因学习成绩特别优异而领取国家固定奖学金的优秀学员，养家糊口的生活保障应当说是没问题了。

从这一年起，到嘉靖二十七年(1548 年)，10 余年的时间，没有潘季驯本人活动的记录。只知嘉靖十四年(1535 年)他的二哥潘仲骖乡试中举，嘉靖二十年(1541 年)潘仲骖又登进士第。这一年潘季驯 21 岁，在父母的操持之下已经结婚生子，成为一个英俊自信的青年学人。想来，潘仲骖的成功会给潘季驯以很大的激励，促使他以二哥为榜样，在科举仕途努力。

嘉靖朝在明代历史上是一个多事之朝。就在潘季驯刻苦读书用功的这段时间里，朝廷内外先后发生了几件影响到以后历史进程的大事情。一个是朝廷内部夏言与严嵩的权力之争，斗争的结果，是大学士夏言被罢，礼部尚书严嵩兼武英殿大学士，参与机务，其时严嵩年已六十多岁。这是嘉靖二十一年事(1542 年)。严嵩乃明代嘉靖时期一大奸臣，此人无他才略，惟一意媚上，窃权罔利。恰遇世宗又是个“英察自信”之人，严嵩遂投其所好，以成其私，世宗日益亲信之，又晋任严嵩兼吏部尚书谨身殿大学士，掌管内阁权力长达 15 年之久。另一件事情发生在朝廷以外的东南沿海地区，这就是“倭患”的兴起。据史书记载,初,日本以嘉靖二十三年来贡,部臣以其未及期,且无表文,阻之。其人利互市,留海滨不去,而内地奸人利其交易,商富豪贵争趋之,沿海遂有倭患。其实倭患的兴起有着复杂的原因,它既有中日两国在双边贸易方面的原因,又有日本国内动乱的原因,还有中国大陆沿海地区社会矛盾尖锐化的原因。它实际上是由外寇和内盗相勾结而形成的对中国南部沿海地区的一场边界战争,它使中国东南沿海地区惨遭荼毒长达数10年,"终嘉靖之世,遂无宁岁"①。

不过,上述这些大事,对于当时的潘季驯来讲,还不算最重要。他最关心的事情还是全力以赴攻读经书,迎接每三年一次的乡试大比,这是士人们通向官宦之路的唯一通道。

按明代考士,沿唐宋之旧,而稍变其试士之法,专取四书及五经命题试士。② 盖为明太祖朱元璋与丞相刘基所定。其文略仿宋经义。然代古人语气为之体用排偶,谓之"八股",通谓之"制义"。三年一大比,以诸生试之直省,曰乡试,中试者为举人。次年以举人试之京师,曰会试,中试者天子亲策于廷,曰廷试,亦曰殿试,分一二三甲,以为名第之次。

按明制,子午卯酉年为乡试年,辰戌丑未年为会试年。嘉靖二十八年恰为己酉年。乡试以八月,会试以二月,皆初九日为第一场,又三日为第二场,又三日为第三场。廷试以三月朔。乡试,直隶于京府,各省于布政司,会试于礼部。

按照这些规定,潘季驯参加乡试的地方是在浙江省杭州府,八月应试。嘉靖二十八年,经过一个夏天的酷暑煎熬,这

① 夏燮《明通鉴》第六册,嘉靖二十八年条。
② 四书,一般指《论语》、《大学》、《中庸》、《孟子》。

时杭州的天气已经有些凉爽了。潘季驯带着父母妻儿的嘱托,满怀自信地走上考场,依次通过了一整套复杂刻板的应试程序。不久,就传来喜报,潘季驯"以其麟经魁乡试"。也就是说,因为他经义题考得十分出色,而获得了乡试第一。

考中了举人,也就拿到了进京会试的通行证。嘉靖二十九年(1550 年)春,潘季驯北上进京赶考。明代从江南北上进京,需走大运河。潘家所在的湖州府,恰好是江南运河的一处港口,所以交通非常便利。潘季驯从湖州府城内霅溪边上的驮兜桥下,搭乘北上的商船,回首告别逐渐远去的家人和城廓,开始了他一生中的第一次长途旅行。

运河离开湖州城,向东延伸一个不太长的距离,即到了一个三岔河口平望镇。从此地向北到苏州府,从此地向南到杭州府。潘季驯乘坐的航船到平望镇,便船头往北一拐,一直向北方驶去,经过苏州府、常州府,到达镇江府。江南运河从湖州府至镇江京口,首尾 800 余里,约四天左右的时间即可走完。

出了镇江府之京口闸,渡过扬子江,即进入江北运河的起点瓜洲镇,然后溯流驶过扬州府,沿着里下河地区的多湖地带向北行驶。这一带湖泊相当多,高邮县的邵伯、武安、甓社、石臼诸湖,宝应县的白马、汜光诸湖,山阳县的管家、射阳诸湖,首尾相接,形成了一个串连的湖泊群。运河便沿着这些湖泊,蜿蜒而上。所以从扬州到淮安的这一段约 370 里运河,在明代被称为"湖漕"。走完这一段运河,出了清江浦口,便来到了黄河、淮河、运河三河汇交处的清口。

明代运河,出了清口,就进入黄河。从淮河至清口,上溯至徐州的茶城,这 500 里运河,全部借黄河通行,故在明代又称“河漕”。如果潘季驯是在春节后离开家北上，那么他乘的船到达清口时，应该是阴历一月中下旬。这时黄河水清而缓，全不似夏秋两季那样汹涌澎湃，浑浊不堪。潘季驯长期生活在江南水乡，对于河流见得多了。因此当他乘坐的船随大帮船队溯流而上时，这条举世闻名的黄河恐怕一开始并没有引起他的太多的注意。只是当他发现河道中沙滩密布，船夫撑着篙子，左曲右拐，驾着船儿在沙滩间寻隙而进时，才感到有些奇怪，向船夫询问了其中的缘由，但所得到的回答也是不置可否的“唯”、“唯”。潘季驯此时绝对没有想到，这条在初春时节并不太显眼的河流，若干年后竟然牵动了他的全部心绪，耗费了他一生的精力，陪伴着他走完了轰轰烈烈的后半生，也使他流芳千古。后来到了万历十八年，潘季驯亲自主编治河专著《河防一览》时，曾在开篇的《刻河防一览引》中描绘了自己当年第一次渡过黄河时的感性认识：“季驯生而颛蒙，居东海之滨，不知所谓黄与淮者。长而计偕北上，寻奉使南游，亦贸贸然惟舟子所之耳，河中沙渚垒垒，操舟者寻隙而进。窃谓河道固然也。”

这样，走完500里河漕运道，入茶城口，再走将近700里闸河运道。其中从镇口至南旺分水闸390里，为闸二十有七；从南旺分水闸至山东临清约300余里，为闸二十有七。出了闸河，再进入卫河、白河，最后经过通州，到达北京东便门外，京杭大运河的最北端码头大通桥。

这一路上虽然辛苦异常，却也使潘季驯大开了眼界。一个从未出过远门的江南士子，横跨长江、黄河和淮河，驱船3000余里，见识了那么多的形态各异的河、湖、港、汊、堤防和闸坝等自然风景和各地的人情风俗，虽然还谈不上是自觉的认识,但是作为一种新鲜的感受,却可以从一定程度上冲散长途旅行所带来的心身劳累以及面对二月会试的焦虑心情。

嘉靖二十九年的会试主考官是文渊阁大学士张治和吏部左侍郎欧阳德,殿试官为中傅夏器。其他阁臣出主会试者还有黄淮、杨士奇、薛瑄、商辂、徐阶、李春芳等 26 人。① 潘季驯确实很幸运,第一次参加会试,就考中了第三甲,为第 73 名进士。② 这一年他刚好 30 岁,正是“而立之年”。

按明代选举制度,进士登科后,就留京等待朝廷封官上任。任官之事,文归吏部,武归兵部。京官六部主事、中书行人、评事博士、外官知州推官、知县等都由进士选出。选人之法,每年吏部六考六选。初授者曰“听选”。听选及考定升降者,双月大选,其序定于单月。潘季驯是在嘉靖二十九年十二月被授为江西省九江府推官的。在这期间,从四月到十一月,他是应该一直待在京师“听选”的。③ 因此这一年秋天发生在京师地区的北方鞑靼少数民族首领俺达兵犯北京事件,震动全国,也必定会在他的脑海中产生很深刻的印象,使他迫切感受到振兴国家,巩固边防,富国强兵的重要性和自己的使命感。

事情的经过是这样的:嘉靖二十九年秋八月,正当京师军民庆贺中秋佳节之际,北方鞑靼人首领俺达突然率兵进犯北京。消息传来,京师紧急动员防御,同时诏令各地各镇派兵“勤王”。在京城内分遣文武大臣各九人,守京城九门。然急

① 参见王世贞《凤洲杂编》科目条,《丛书集成初编》第二八一一册。
② 参见《明清进士题名碑录索引》,上海古籍出版社 1980 年版。
③ 参见《明会典》,《选举典》。

召城中诸营兵，却仅有四五万人，且又半役内外都督、大臣家不归伍者，而在伍者半皆老弱，久不能战。朝廷无奈，遂诏城中居民，及四方入应武举者，悉登城防守；同时命都御史商大节帅五城御史统领，发帑金五千两，令便宜募壮士。这时敌寇已自通州渡河而西，前锋七百骑驻安定门外教场，逼迫都城，分略西山、黄村、沙河等处，畿甸大震。

当时各地勤王兵先后五六万人，皆闻变即赴，大多未备辎重粮草，制下犒师、牛酒诸费，皆不知从何而出。而京城内户部文移往复，越二三日，军士始得数饼饵，肚子都填不饱，饥疲交加，哪里还谈得上去打仗？面临如此危急局面，嘉靖皇帝却仍整日沉迷于修醮祭祀，久不视朝，群臣固请，始御奉天殿，却又不发一辞，但命礼部尚书徐阶奉敕谕切责百官，督促诸将领兵出战。兵部尚书丁汝夔找首辅严嵩寻对策，严嵩却说："在边塞打仗尚可掩饰，在城门口失利，上无不知，谁来承担这个责任？倒不如让敌寇掠饱后自己退走！"[①]丁汝夔闻此言后愈发不敢主战，且承严嵩意，戒诸将皆坚壁，不发一矢，辄以汝夔为辞。敌寇本无意攻城，且所掠财物已大大过望，遂毁城乡庐舍，纵横内地凡八日后，徐徐由古北口出塞。京师危机遂自行化解。

这一场危机，对于明朝朝野知识分子的刺激应当说是十分强烈的。国家边防腐败不堪，嘉靖皇帝不问国事，严嵩父子专横跋扈，这一切都会成为士人们暗中议论的题目。而这种议论若干年后将会不可避免地演变成为政治纠纷，并引发新的权力斗争，这是后话。对于潘季驯来说，这一年他30而

---

① 参见夏燮《明通鉴》第五册，嘉靖二十九年条。

立，荣登进士，又恰巧遇此国家大难，他的报国救世心情可想而知。这也许是他从政以后立志投身改革的一个重要思想动机。

第二章　从政简史

一提起潘季驯的贡献，人们马上就会想到他的治水业绩。其实，潘季驯的历史贡献远不止这点。事实上，他又是明代中叶社会经济领域里著名的“一条鞭”法的首倡人之一。他还是一位很有才华的社会事务管理专家，是万历初年张居正改革事业的有力支持者。作为一名长期负责监察事务的风宪官员，他纠劾贪鄙之风，存心为民请命，表现出难得的廉正情操。特别是在潘季驯的政治生涯和思想观点中还处处体现出一种可贵的“民生”思想。这些闪光的事迹和思想应同样被永久地载入历史典册。因此在本章中让我们先对他在这方面的事迹作一个概要的介绍。

一、在江西试政

嘉靖二十九年十二月，潘季驯被授予九江府推官，正式开始了他的从政活动。按明代职官制度，府推官一人，为正七品，从事的工作主要是“理刑名，赞计典”。即协理刑事，辅佐会计，考核官吏，拟订计划。在任职期间，他做出了几件引以为豪的事情。一件事是他在治理刑政期间，经手了一桩棘手的案子：有一位名叫刘云四的人，因遭仇人陷害而无辜被囚，并被判处死刑待斩。潘季驯接手此案后，经过明查暗访，发现此案乃一大冤案，遂奏明上司，将冤民刘云四立即无罪释放。案子重新判决后，全城轰动，百姓雀跃，郡称神明。①

另一件有历史意义的工作，是潘季驯率先在九江府推行了后来被称为“一条鞭”法的役制改革，即将明朝用于邮传驿站的“力差”制度悉罢谴之，而改为“银差”制度，取消驿站所在地区民户的沉重劳役和物资负担，改由民户直接交纳一定的银钱，“输直于官”，由官府出面招募劳工，让传邮官员直接向官府索取邮费。这样，费省而“不以烦百姓，民大便之”②。这显然是潘季驯从他的家乡搬来的进步经济政策。从劳役地租转向货币地租，这是明代中叶江南中部发达地区的必然趋势，但是对于经济相对落后的九江府，这却是一项非常大胆的经济改革措施。它不仅可以有效地抑制里甲吏胥和传邮官员的巧取豪夺，而且也可以在一定程度上减轻广大劳动群众所遭受的残酷剥削和压迫，有助于地方上商品经济活动的发展，因此得到了民众的欢迎。

---

① [明]申时行《宫保大司空潘公传》，见《河防一览》附录(民国印本)。引文中的“理”：治理、申辩，名词即指法官；“赞”：辅佐、帮助；“计典”：账簿，考核官吏，制定计划。

② [明]王锡爵《印川潘公墓志铭》，见《河防一览》附录。文中的“邮”，指传递文书的驿站，马站曰置，步站曰邮，曰驿。见《明会典》。

嘉靖三十三年(1554 年)正月,因为政绩显著,他被征拜为江西道监察御史。这一年潘季驯 34 岁。但是刚上任不久,阴历 4 月 23 日,他的父亲潘夔就因病去世了。噩耗传来,季驯悲痛欲绝,马上向朝廷告假回家治丧。明朝有“丁忧”制度,凡内外官吏人等,遇祖父母、亲生父母的丧事,自闻丧之日起,不计闰,守制 27 个月,以尽孝道,期满,起复。这里“丁忧”就是指亲丧的 27 个月中,必须辞职的事。期满以后,照旧作官,称为“起复”。而在这 27 个月中,由皇帝特别指定不许辞职者,称为“夺情”。根据这个制度,潘季驯在家守孝三年。

嘉靖三十六年(1557 年)正月,潘季驯丁忧期满,起复后被改授为河南道监察御史。明代的监察御史制度是一种有着特殊权力的行政监察制度。它独立于行政各司之外,直接对封建皇帝负责,专职“纠劾百司,辨明冤枉,提督各道,为天子耳目风纪之司”①。由于具有特殊的权力,因此选人非常严格,一般要求进士年须 30 以上,公明廉重、老成历练之人。根据制度,朝中共有 13 道监察御史 110 人,随时听旨点差。

潘季驯刚一上任,即接到朝廷命令,“奉诏核大木于南都”,到南京核查一批被水淹没、年久失踪的木料。因为在这一年的 4 月,京师紫禁城内的“三殿”(即奉天、谨身、华盖殿)发生大火,灾后急需大批木料修理。因此任务十分紧迫,京师还特意派来了内官参加核查监督工作。在核查中,有一些官员认为这批木料年久失查,可能是被埋在一片民居的地基下面了,主张先毁掉这几十间民房,挖开来看看再说。潘季驯坚决反对这种毫无根据碰运气式的瞎猜,更反对无端拆除民房

---

① 参见《明史·职官志》。

损害老百姓利益的做法。他说,这么大一批木头,虽然存放了这么久的时间,但它总得有个踪迹。现场找不见,我们可以通过查找资料的办法"按籍可得也"。于是他马上组织人员查阅了当地的大量文献资料,最后终于作出正确的判断:这批大木不会埋在民房下面,而是很可能埋在一片大荷塘的淤泥之中。在众人将信将疑的目光注视下,他手持铁钩,首先跳进水塘中钩捞。果然,很快在淤泥中发现了这批大木,顺利完成了核查任务,同时也保护了当地的一大片民居,使"民皆安堵"。①

由于潘季驯的出色工作,两年以后,他被调往广东,任巡按御史。

二、巡按广东,屡建奇功

嘉靖三十八年(1559年)农历六月,潘季驯39岁,首次被调任广东巡按御史。当时广东正值"倭夷外獗,民盗内讧,攻城殒师,警报狎至"的紧急局面。季驯上任以后,马上按照朝廷规定的巡按职责,开展了大刀阔斧的整顿和改革工作。并由此形成了惩贪除恶、革弊鼎新的安民思想。

(一)"慎选民牧"的用人思想

作为一名忠心耿耿的风宪官员,潘季驯十分了解任用一批称职官员对于巩固大明江山、保境安民具有多么重要的作

① 申时行《潘公传》、王锡爵《潘公墓志铭》中都记载了这件事情。

用。因此他非常重视用人问题，主张要“慎选民牧”，重用清官，多多选派受到系统封建思想教育，具有“高学历”的科举人才充实地方。他想借助这种办法来摆脱贪官污吏横行、腐败之风盛行的局面。

他初到广东时所奏上的《慎选民牧疏》①，就是这种思想的表露。这篇奏疏虽然讲的是他自己对推举和选拔地方官吏的一些意见，但实际上也反映了作者对于当时社会矛盾的敏锐洞察力。他深刻地揭露了明代中叶广东社会矛盾激化的根源，明确指出，广东倭乱和民变的根源并不在“海外”，而在“朝中”，是由政府中的贪官污吏所造成的社会危机。因此，攘外必先安内。

他说：“臣自入境之初，即值寇警，潮阳、海丰、惠来等处，倭寇充斥；南雄、和平、程乡等处，山贼纵横。闾阎哀苦之声，州县烽火之报，无日无闻。臣目击其变，食不下咽，寝不安枕，随常督行司道卫府州县等官严为剿捕，而将不足恃，兵不可用，徒而支吾，终难宁谧。”面对如此严重的社会局面，应当从何处下手进行整顿呢？

潘季驯首先寻找了产生上述社会问题的深刻原因：“臣尝闻之，民穷而后盗起，弭盗必先安民。”他举了一个东汉时期的例子，说东汉灵帝时，交趾刺史多无清行，上承权贵，下积私赂，结果激使吏民怨叛，屯兵造反，持交趾刺史并合浦太守，并自树旗号称“柱天将军”。于是汉灵帝委派贾琮为新任刺史，全权处理危机。贾琮到任后，马上详细了解士兵反状，大家咸曰赋敛太重，百姓不堪重负，纷纷逃离家舍。再加上京师遥

① 见《四库全书》(影印本)第430册。

远,告冤无所,民不聊生,故聚为盗贼。贾琮了解实情后,马上移书告示,请境内百姓各安其业,同时召抚荒散,蠲复徭役,诛斩为非作歹的首恶分子,精选民众信赖的清官良吏试守诸郡县。结果不到一年,社会荡定,百姓以安,贾琮本人也名声大震。

潘季驯引述这个例子,大约是深深体会到自己目前所处的环境同当年贾琮的处境差不多,因此贾琮处理局势的办法引起了他的强烈共鸣,使他深刻认识到造成广东各地人民纷纷反叛、上山为盗的深刻原因,就是由于官府的赋敛太重所致。那么这种局面是由谁造成的呢?潘季驯把它归咎为地方政府中的各种贪官污吏。他举例说:“臣昨睹今岁考察邸报,广东所去府佐与州县正官共三十八人,较之它省独多大半,其何故哉?盖由岭南之地,土产累多珍奇,载之出境,其利百倍。人情于此已为易动,而处此者又多日暮途穷之人,宁能责其廉乎?且去京万里,纵使盗跖为之郡守,涛机、饕餮为之县令,民日百千辈嘲而聚谤之,朝廷之上末之知也。不得已而诉之上司,上司不知,偶从而抑之,则死且无告矣。欲走京称冤,而费以百计,富者难之,而况于贫乎?此官之易以肆,民之日以戚,相率而趋以盗也。”这里讲得就很清楚了,广东之所以有如此多的府州县官走上贪官污吏的道路,一是私利使然,既然可以获利百倍,当然也就利令智昏,铤而走险了;二是“天高皇帝远”,既然缺乏有效的制衡和监督机关,自然也就肆无忌惮,胆大妄为了。最后,倒霉的只有那些普通的老百姓,他们告状无门,诉冤无路,忍无可忍,只有相率为盗一条路可走。

为此,他开出了一个解决社会矛盾的药方:“安民之道无它,惟在择贤守而已。”只要多多任用清官良吏,即可从根本上扭转局面，消解尖锐的社会矛盾。他说："盖远方州县得一良令，如得胜兵三千人，得一良守令，如得胜兵三万人。方其相安无事之时，一方数千里之地，得二三十辈之贤守长，则足以安之矣。不幸而民穷，起而为盗为乱，非得数十万人马钱粮，未易平之也。呜呼，明用数十万于有事之时，人之所知，而潜省数十万于无事之中，人特未之知耳。此民牧之所以为重，而择贤牧于远方，尤为重也。"如此看重清官良吏的社会作用，以为只要靠少数清官贤守即可扭转社会风气，这显然是一种唯心主义的历史观点。这种观点正像马克思所深刻批判过的那样："认为人是环境和教育的产物，因而认为改变了的人是另一种环境和改变了的教育的产物，——这种学说忘记了：环境正是由人来改变的，而教育者本人一定是受教育的。因此，这种学说必然会把社会分成两部分，其中一部分高出于社会之上。"[①]但是在那个时代能够一针见血地指出，造成社会动乱的根源不在民众，而在政府中的官吏，在于不良的社会环境，它是人民群众对于官府剥削和压迫过甚的一种自然反应。这样的社会观点却是有很大进步意义的。

不过，从英雄史观的立场上来观察和处理社会问题，所开出的药方往往脱离实际。潘季驯把解决社会危机的法宝押在清官良吏身上，但是清官良吏又从何而来呢？潘季驯提出了重用"甲科进士"的建议。他的理由是：凡士子得蒙进士之选，大多具有砥砺上进之心，识趣卑污、不自爱惜者仅仅是少数人。而举贡之人，因为资格自限，再加上历试多年，精力减损，

---

① 马克思《关于费尔巴哈的提纲》，见《马克思恩格斯选集》第一卷，人民出版社 1972 年版，第 16 页。

意气消沉，报国之心轻，而营家之念重，因此大多数人在私利面前难保坚贞之操。这种评断显然有失公允。谁都知道，明代到中叶以后，科举制度的弊病日趋明显，许多金榜题名之人不乏碌碌无为之辈，而举贡之中也不乏才识高明之人，像潘季驯同时代的著名清官海瑞，稍后一些的思想家李贽、科学家宋应星等，都是举人出身。当然，潘季驯本人作为进士出身，此时又正值宦途顺利，春风得意，精力旺盛的时期，作此“少壮”之语也并不奇怪。但是长期坚持这种主张，就会不可避免地得罪一些巫仕之人，并惹来麻烦。不过从总体上来讲，“慎选民牧”的用人思想在一定程度上还是应当肯定的。

（二）惩贪除恶的清官形象

作为一名纠查风纪的巡按御史，潘季驯不仅在言论上严厉斥责贪官污吏，而且在行动上利用自己手中的有限权力狠狠打击过贪官污吏的嚣张气焰，并在一定程度上起到了震慑的作用。他所遗留下来的奏疏中，记录了这方面的不少案例。如《强盗打劫县衙疏》[①]中有一个案例：广东惠州府博罗县有一个名叫舒颛的知县，因为平日里巧取豪夺，聚敛资财，在该县的名声很不好，因此被下令调任。但他却一直赖着不走。一直到被迫起程的前一天晚上，突然有18名蒙面强盗乘夜打进县衙门，捉住舒颛，逼打索银。在杀死舒颛及家人后，将舒的金银首饰衣服财物抢劫一空。案发后，潘季驯赶赴现场处理案件。在评价舒颛被杀一事的缘由时，他在奏疏中断然写

① 见《潘司空奏疏》卷一。

道："舒颛居官不检，积有余资，即奉改调，又复延住，慢藏诲盗，自取杀身，诚不足惜。"这个评断把案件发生的主要原因归咎于贪官舒颛，认为正是他的品行不端，巧取豪夺，才导致了杀身之祸，真是死有余辜。这里明白地表达了潘季驯对贪官的憎恶之情。

又如《贪酷有司缠讼未结疏》中的案例①：广东省潮州府揭阳县，背靠群山，濒临大海，山上有强盗割据，海口常有倭寇袭扰，屠戮人民，焚荡芦舍，民不聊生。当此非常之际，县府本应组织人民，抵抗倭寇，保境安民。恰恰相反，该县知县蔡明复不仅不履行职责，反而助纣为虐，巧取豪夺，成为比山贼、倭寇更为凶残的"官匪"。潘季驯在奏疏中愤怒地揭露道："知县蔡明复赃私数以累万，告讦人连百家，据其情词，各有指实。淫刑以逞，不惟孤人子、寡人妻，而且至有一户连尸一代绝嗣者。极欲以饕，不惟破人产、荡人家，而且至十室九空、十村半窜者。积害盈庭，流毒遍邑，酷声昭著，秽迹彰闻，词出库里，怨结士民。闻事固已心寒，读词不觉流涕，似应不待听问之毕而即当追夺者也。"然而就是这样一个集官匪于一身的混账知县，赃迹早已败露，秽声也早已彰闻，本应立刻逮捕法办，而"有司"当局却网开一面，放其回家省亲去了。更可气的是，当该县儒学生员萧兴衡等人持状上诉后，蔡明复却操纵县衙反诬萧兴衡等人是"豪恶生员，侵占城池，马道聚众，殴伤公差"。社会黑暗竟达如此之地步！对于这桩案件，潘季驯在奏疏中虽然没有做出最后的处理意见，但是将案件原原本本、不加掩饰地如实汇报，却反映了他对于时局的焦虑心情。另据申

① 见《潘司空奏疏》卷二。

时行《潘公传》中记录，说潘季驯“巡按广东，首逮潮阳令之贪墨者，吏闻多解绶去，风裁肃然”。看来就是指的这个案子。说明潘季驯不仅将真实案情上报朝廷，而且还亲自采取措施，逮捕处置了揭阳县令蔡明复，并在当地引起了强烈反应，对一小撮贪官污吏起到了有力的震慑作用。

当时广东人民面临的另一个重大威胁，就是倭寇的不断袭扰。而潘季驯巡按广东期间，在打击倭寇的斗争中也做出了自己的贡献。有一次，一伙侵扰广东沿海的倭寇发生了内讧，结果暴露了他们在内地的“耳目”，一个名叫秦金的世家大豪。潘季驯得知情报以后，马上派人找来秦金，揭露其阴，重罪之，并命其带罪立功，“厉使击贼”，季驯随后督兵助之。结果大破倭寇，俘虏甚众。但是在向朝廷奏报歼敌大捷的疏文中，潘季驯却从请功者名单中悄悄抹去了自己的名字，“竟不以捷闻”。有人奇怪地问他为什么要把名字抹掉，他平静地回答说：“吾不欲越俎而自为功。”①因为朝廷授予他的职责是纠察政府官员的风纪，领兵打仗已经超出了他的职权范围，故有此说。王锡爵《潘公墓志铭》中说：“其在广东、江西破海寇及平宁州盗，皆先计擒其党魁，功最著，而公耻自言赏，不尽行。”其中，就包括了这件事情。

（三）积极推行“一条鞭法”改革

潘季驯作为一名忠于职守的巡按御史，在广东的两年期间，面对那样一种剥削和压迫极为残酷、社会矛盾极为复杂的

① 申时行《潘公传》。

动荡局面，除了向朝廷大声疾呼多派清官良吏之外，他自己也通过调查研究，提出并制定了一些大胆的经济改革方案，试图以此来减轻人民群众的赋税负担，缓和官府与民众之间的尖锐矛盾。这就是后来被人们称之为"一条鞭法"的赋税改革办法。

有关潘季驯本人在广东推行"一条鞭法"的思想，流传下来的只有一篇不完整的《上广东均平里甲议》①。从文章内容来看，主要是表现在简化役法上，即根据各地具体情况，合并力差于银差，以银代役。同时，改革里甲制度让里长"止在官勾摄公务"，而将甲首"悉放归农"，把原先夹在官府与普通民户之间那种半官半民、官民不分的行政组织变成由官府直接领导的行政组织，从而取消了官府与普通民户之间一个重要的中间环节，在一定程度上减少了里甲吏胥和里长等资产大户对普通民户的中间盘剥，同时也有利于官府对赋役征收的进一步控制。

另据申时行《潘公传》说，潘季驯在广东"所兴汰厘剔，具为规条以奏，名曰《永平录》，岭南奉为洁令"。这个《永平录》究竟是指此篇奏疏中的详细内容，还是另外有一个更系统的文件？现在已经无从探究了。

关于潘季驯在广东"均平里甲"，制定《永平录》的记载，除了《潘司空奏疏》之外，《明史·潘季驯传》中也有记录。《学庵类稿》谓此议已发"条鞭之端"，然止行于一方，未能遍也云云。《民国感恩县志》卷六《经政志·均平》、《咸丰琼山县志》卷八《经政志·均平》中也都有潘季驯"乃定'永平录'行之，合并

① 见《潘司空奏疏》卷一。

厢里"的记载，说明潘季驯的上述改革措施当时在广东得到了一定程度的推广。

由于他在巡按广东期间毫不留情地打击贪官污吏，又积极推动"一条鞭法"的改革，还经常深入民间，不耻下问，因此博得了广东民众的热情欢迎。当时的人们评价他说："虚心尽下，虽袯襫塞贱，人人得尽所欲言，民隐吏蔽，无隔阂者。"①

清代《广东通志》卷四〇《名宦》条中，在总结潘季驯按治广东的政绩时也称："嘉靖戊午以御史按广东，风裁大著。惩贪吏，除积恶，解烦议，定均输。百姓怀其惠。比代去，遮首留之，祀于郡学西偏。"申时行的《潘公传》还说，潘季驯离开广东时，"父老遮首挽留，不可，则肖像以祠"。"其为政所至，民多立祠画像。"可见其政治上得民心之处。《潘季驯墓志铭》中还记载了这样一件事情，说潘季驯广东受代时，忽一日有三老人求见，年皆百岁，说："我辈隐深山，绝城市，多者百年，少者五六十年。今闻使君治状，且旬月北去，愿求一识须耳。"公遂起，立堂前，三老绕身熟睹之，良久乃出。王锡爵在文中感叹地说："公行咸奔集挽留，百里间为之塞衢罢市。公之惠爱能得人心如此！"上述语言虽有过分赞誉之处，但潘季驯在广东巡按期间，确实做了不少利国利民的好事。对于做了好事的人，人民和历史是不会忘记他的。

① 申时行《潘公传》。

三、从顺天督学到大理寺少卿

嘉靖四十年(1561 年),由于巡按广东政绩卓著,潘氏被改调为河南道御史,提调北直隶学校,督学顺天。

潘季驯在顺天的时间包括赴任期共约二年多一点。但他到任后秉公办事,不徇私情,"所奖拔士多斌斌显者",因此颇得朝廷的称赞。有一次,"某大珰(注:明代对太监的称谓。)有干托,公不许,珰大愧恨。或讽公往谢,亦不应。珰亦不能有加于公"①。

就在潘季驯督学顺天期间,明朝政局发生了重大变化。嘉靖四十一年五月十九日,千夫所指的严嵩被罢劾,严嵩之子世蕃亦被逮下狱,随后放归南昌家中。事情源起于严嵩妻卒,世蕃因居丧不得入宫内,留京城私邸中,严嵩遇票拟,受诏多不能答,每遣人赴家问世蕃。恰值世蕃方纵淫乐,又不能按时回答。中使回报严嵩,嵩不得已自为之,又往往失上所指,平日里所撰青词,又多假他人之手,不能工,因此渐失上欢。未几,方士蓝道行以扶卟得幸。蓝故恶嵩之行径,一日,上问:"天下何以不治?"蓝道行遂诈为卟语,具道严嵩父子弄权状。上问:"上仙何不殛之?"答曰:"留待皇帝自殛。"上心遂动,产生了欲驱严嵩出朝廷的想法。恰好御史邹应龙正在内侍家避雨,从内官口中侦知此事,知道机不可失,遂连夜抗疏专劾世蕃罪状,这才发生了严嵩被劾罢官,严世蕃被逮下狱的结局。

① 申时行《潘公传》。

随后，朝中诸官如鄢懋卿、万寀、唐汝辑等纷纷被革职闲住，“俱坐严嵩父子党也”①。

严嵩倒台了，潘季驯却由顺天府调进了京师。嘉靖四十二年(1563年)十二月二十八日，升他为大理寺右寺丞，按制为从五品。这个任命显然同新任内阁首辅徐阶，以及吏部文选司郎中陆光祖有直接关系。徐阶和陆光祖都是潘季驯的浙江同乡，徐阶又是他当年考进士时的座师之一，陆光祖也是王世贞的同学。潘季驯同他们都有着密切的关系。现在徐阶入主内阁，急需一批廉正可靠，与严党没有瓜葛的人来填补由于严嵩垮台而导致的权力真空，以便同潜在的严党残余作斗争。而潘季驯正好是可靠的人选之一。

次年十月丙子，潘季驯又升任为大理寺左寺丞，正五品职。

四十四年六月丙戌，又升潘季驯为大理寺右少卿，从四品职。

同年十月丙寅，又升他为大理寺左少卿，正四品职。

这样，从嘉靖四十二年十二月，到嘉靖四十四年十月，不到两年的时间，潘季驯连跳四级，其升迁速度之快令人注目。奇怪的是，对于这段时间的活动，潘季驯本人没有作过任何介绍，也没有留下任何文稿。所以我们只能从其他有关材料中间接推知他的工作情况。

按明代制度，朝廷内除了吏、户、礼、兵、刑、工六部之外，还有都察院和大理寺两个特殊机构，专门负责监督和审理六部工作。其中大理寺的工作主要对口刑部和都察院，即：以刑

① 见[清]夏燮《明通鉴》卷六三。

部受天下刑名，都察院负责纠察，大理寺负责驳正，它们同时被称为“三法司”制度。“凡刑部、都察院、五军断事官所推问狱讼，皆移案牍，引囚徒诣寺详谳，左右寺正各随其所辖而复审之。”大理寺拟复平允，而后定案。① 故当时重其选，以清正有名望者任之。其内部组织机关的构成，为大理寺卿一人，左右少卿各一人，左右寺丞各一人。“卿掌审狱平反刑狱之政令；少卿、寺丞赞之。左右寺分理京畿十三布政司刑名之事。”②

这个时期朝廷之中的头号刑狱就是审理严嵩父子一案。嘉靖四十三年十一月，御史林润再劾严世蕃图谋不轨并逮其下狱。四十四年三月，林润上疏数严世蕃父子罪，疏入，上怒，诏下“三法司”讯状。潘季驯此时作为大理寺左寺丞，无疑直接参与了这桩案件的审理和定罪工作。

据史书记载，在对严氏父子的案情审理过程中还有这样一段插曲：原先御史林润奏劾严氏父子罪的疏文中，曾提到严嵩坑陷原锦衣卫经历沈炼、兵部员外郎杨继盛的事实，这都是当年轰动一时的大冤案。但这两个人虽然是严嵩所陷害，却又都是嘉靖皇帝亲自下令杀掉的。如果“三法司”在条议中再提出此事，必然会触动皇帝的神经，导致全面翻案。正由于此，严世蕃有恃无恐。他猜定“三法司”构罪心切，必然会在审理中重提此事，因此给其党羽打气曰：“无恐，任它燎原火，自有倒海水。用不了十天，我们就可以释镙绁善归了。到那时我们再找徐阶算账！”果然，“三法司”在将要上奏的疏草中，把

① 参见《四部备要·历代职官志》。

② 参见《明史·职官志》。

严嵩父子陷害沈炼、杨继盛的罪状,重新提出,切责了一番。当他们把疏稿拿给徐阶过目时,徐阶马上看出了其中的问题,就问"三法司"首脑:"诸公的意思是想让严世蕃活命吗?"三首脑急忙答曰:"必欲死之。"阶遂曰:"若是,适所以生之也。"意思是说你们这样的写法恰恰给了他一个活命的机会。"夫杨沈之狱,嵩皆巧取上旨,今显及之,是彰上过也。"你们的本意是要揭露严氏父子的罪名,而这样写的结果实际上却把批判的矛头指向了当今皇上。如果真如你们疏中所奏,恐怕诸位的脑袋就保不住了,而严世蕃则会被无罪释放。这一番分析惊得"三法司"首脑目瞪口呆,大汗淋淋。最后决定由徐阶当场"手削其草",对疏文作彻底修改,只说世蕃"交通倭寇,潜谋叛逆"。并且令刑部尚书黄光升疾书奏之,防止将修改奏稿的消息外泄。等到严世蕃打听到这个消息时,一切都晚了,嘉靖皇帝已经批下了死刑圣旨。世蕃这才惊诧曰:"死矣!"遂弃市,籍其家。抄出黄金 30000 余两,白金 300 余万两,其他珍宝服玩所值又数百万。[①] 一个为害国家达 20 年之久,致使明王朝由盛转衰的大蠹虫终于被清除了。但明王朝的社稷江山已经受到了致命的损伤。

就在这一年的十一月初六,潘季驯又接到新的敕命:升为都察院右佥都御史,总理河漕,协助工部尚书朱衡共开新河。从此潘季驯开始了他的治河生涯。关于这次治河事迹,我们将在后面专章介绍。

---

① 审严嵩父子事,参见《明通鉴》卷六三。

四、巡抚江西，大力推行新政

万历四年(1576 年)，潘季驯 56 岁。自从嘉靖四十四年受命总理治河，到这时已经过去了 11 年。在这期间，潘季驯先后两次奉命主持治河，第一次，在任约一年左右的时间，因为丁母忧，而匆匆回家守制。第二次，是在隆庆四年八月，持续时间将近两年，虽然取得了很大成功，但是由于他在治河主张上与当权者意见相左，结果竟遭言官的谗毁，旋于隆庆六年正月被劾罢。

潘氏被劾回家后不久，执政才六年的隆庆皇帝就归天了。年幼的万历皇帝九岁登基，礼部尚书张居正在内官冯保的支持下击败了政治对手高拱，成为朝廷中唯一有权势的内阁首辅，万历皇帝的恩师。①

本来，面对急剧变化的政局，回首无辜遭谤的不平情况，潘季驯已绝了重返仕途的念头。他曾亲自选址，在郡城以东约 10 里的毗山上构“毗山草堂”，以为自己平日的读书之处；筑“祝亲家庙”，作为供奉祖先灵位的清静之地。平日里与一班文坛诗友如吴国伦、王世贞、王世懋、董份等辈饮酒作乐、吟诗绘画、指斥时世，并打算以此寄托自己的后半生。② 因此对于张江陵的上台执政，他起初并没有祝贺的心情，也许在和朋友们的聚会上还要说几句张居正的坏话。但是通过几年来的冷静观察，张居正大刀阔斧的改革措施，却让潘季驯、王世贞

---

① 张居正协冯保政变事，参见《明通鉴》卷六五。

② 潘季驯此时的活动，参见潘季驯《留余堂尺牍》中有关书信的介绍。

辈开了眼界，并由最初的怨恨和冷眼旁观逐渐向赞赏和钦佩的心理转化了。因为张居正自从担任内阁首辅之后，连续几年出台了几项大的改革举措，如万历元年推出“考成法”；万历二年下令整顿提学官，整饬儒馆学风；万历三年整顿全国的驿递制度；万历四年开始向全国普遍推行“一条鞭法”的赋役制度改革……这一连串的整顿和改革给当时处于危机的明代社会注进了一股清新的空气，使朝廷内外的形势开始得到了扭转，户部的粮仓开始充盈起来，北方的边境开始安定下来，富国强兵的愿望又开始逐步变成现实。这一切成就，正是潘季驯这样一批经历了嘉靖时代内忧外患的老臣们所日夜企盼的。现在这一切在张江陵的主持下，居然一步一步地实现了。潘季驯在赞叹之余，也对张居正油然产生了若干敬佩之情。

更叫他感到吃惊的是，就在这一年的 3 月 22 日，北京的吏部传来圣旨：著潘季驯以原职巡抚江西，兼理军务。这时的万历皇帝才 12 岁，还什么都不懂，所谓“圣旨”，不过就是由张居正代为拟定的旨意罢了。这可叫潘季驯真有点措手不及了！隆庆六年无辜遭贬，就是由张居正一手遮天所导演的；而这次却又是同一个人一力操持把自己抬举上去的，这个人葫芦里到底卖什么药？在没有摸清底细之前，潘季驯先亲笔奏上《闻报起用辞疏》，摆出一副推辞的架势，称自己往年总督河道期间，颇负上所任使，先帝乃薄示谴责，放归田里，因而自己对仕途早已不敢有丝毫非分之想。现在朝廷又拔臣于久废之中，授以节镇之任。对此高厚之恩，本当犬马思奋。但可惜往年在河上劳疾过度，留下病根；再加上有兄仲骖，冤禁 10 年，屡救不得，心情焦愤，累及伤身。而巡抚乃一方重臣，非可坐视。故望收回成命,别选贤能。[①] 潘季驯奏疏的潜台词,张居正心里自然清楚,他是对自己的一口怨气未消。于是他马上给潘季驯回了一封信,大意是:印川公的名望我很早就仰慕了。当年河工劾罢之事,我知道你是冤枉的。每当与吏部评论海内遗贤,亦常常把潘公排在首位。眼下正是建功立业的大好时机,本当抓住机遇,大展素愿,不料你却盘桓引却,令人失望。你的奏疏我已送到吏部复议,不过你的愿望恐怕不能照办。还是希望你能尽快接受任命,以慰众望。[②]

与此同时,张居正又命令吏部有司抓紧时间拟好公文,对潘季驯的上疏作了不准辞的公开答复。[③]

这样,在张居正的再三敦促下,潘季驯在这一年的 6 月终于告别了妻女儿孙,赶赴江西上任去了。

明代的巡抚官与巡按官在级别和职责范围上有很大的区别。张居正解释:"振举纲维,察举奸弊,摘发幽隐,绳纠贪残,如疾风迅雷,一过而不留者,巡按之职也。措置钱粮,调停赋役,整饬武备,抚安军民,如高山大河,奠润一方而无壅者,巡抚之职也。"[④]由此可知,巡按是中央政府派驻地方专门负责监查工作的风宪之官,而巡抚则是一省之中代表中央政府全面管理地方事务的最高军政长官。故后者比前者的品位高得多,属于"封疆大吏"。

从万历四年三月二十二日接旨,六月二十九日到任,至万

---

① 参见《潘司空奏疏》卷二。

② 参见《张太岳集》卷二八,《答河道潘印川》。

③ 参见《潘司空奏疏》卷四,《闻报起用辞疏·部复》。

④ 张居正《答苏松巡按曾公士楚言抚按职责不同》,见《张太岳集》书牍一三。

历五年十二月初十日升为刑部右侍郎，然后在原任上理事候代至万历六年二月初一日为止，潘季驯在江西共呆了将近两年的时间。在这期间他办了许多重要的事情，写了不少出色的奏疏。归纳起来，他的政绩主要表现在以下几个方面：

（一）“平宁州盗”

这是潘季驯上任后遇到的第一件麻烦事。宁州位于江西与湖广边境。这一带万山联络，山谷深险，而且与湖广的平江、浏阳、通城、兴国等地相连，地形极为险峻，盗贼也十分活跃。潘氏本人的描述是：“复岗重岭，既有可恃之险；民贫地僻，复多亡命之徒。饥则伙劫乡村，饱则散归窝主。扬旗露刃，白昼公行，放火杀人，所向披靡。乡民任其荼毒，有司莫敢谁何。况与湖广浏平交界，肥瘠异视，幸其出境，辄报谧宁。沿习有年，隐忧固在。”[①]天长日久，竟变成数十年不解之积案。其实，用我们今天的阶级观点来分析，这些所谓的“巨寇大盗”大多是一些不堪忍受封建地主阶级剥削和压迫的破产农民。他们宁愿离开城市和平原，逃进远僻的深山老林，为“匪”为“盗”。因此他们与封建国家及其军队有着不共戴天的仇恨。这一点就连潘季驯本人也承认。如他在《飞报宁州贼情疏》中谈到“宁州盗”的活动特点时曾奏称：“看得前贼，不劫财，不虏人，与往日寇盗不同，东奔西走，杀敌官兵乡兵，极其惨毒。且声言报冤，约在八月大举。此必死之寇，所当急为剿

① 潘季驯《报擒山贼并议功疏》，见《潘司空奏疏》卷四。

灭者也。”[1]说明这完全是一伙专门与官军对抗的起义农民，并非一般意义上的“盗贼”。

潘季驯作为封建国家的封疆大吏，当然不可能对这些起义农民产生什么慈悲心情，他要履行自己的职责，调动军队尽快进行剿灭。同时他也发现，剿灭“盗贼”的活动确实有很大的难度。其中的一个重要原因，就是地方上的官吏平日里只顾盘剥民脂，不管人民死活，等到盗贼事发，只派兵将其赶出境外，便报称境内平安无事，天长日久，养虎遗患，遂成大祸。另一个重要原因，是宁州地处江西、湖广两省交界，江西一兴兵围剿，“盗贼”即逃亡湖广，湖广一兴兵围剿，“盗贼”又逃回江西。两省官兵互不协调，以致“盗贼”有恃无恐。鉴于这种情况，潘季驯专门给张居正写了一封信，提出惩办失职官吏，通令两省协同“会剿”的意见，请求予以支持。张居正也很快回信，对潘季驯的平盗建议表示了完全的赞同。[2] 不久，在湖广方面有关州县的配合下，潘季驯提出的剿灭计划果然得到了顺利实现，宁州盗平息。

用历史唯物主义的阶级分析观点来评价，“平宁州盗”在潘季驯的政治生涯中算不上一件光荣的事情。但是作为一名封建国家的正统官吏，能够指挥用兵，一举平定了为害20多年的宁州“盗患”，这应该是一项重要的政绩，充分体现出他善于调兵遣将、运筹帷幄的军事决策和管理才能。联系到他在广东任职时的用兵事迹，作出这样的评价并不为过。

---

① 参见《潘司空奏疏》卷四。

② 张居正《答潘巡抚》，见《张太岳集》卷二八。

（二）疏通钱法

剿平了“宁州盗”之后，潘季驯着手处理的第二件大事就是整顿经济。前任巡抚留给他的江西经济是个理不清的烂摊子。境内多年来水旱灾害频频发生，灾情重大。各州县地方应交纳的赋税也迟迟征不上来。百姓贫瘠，疾苦已极。再加上地方豪绅巧取豪夺，割据一方，地方官吏贪污腐败，市肆钱法混乱败坏，里甲民户逃亡一空。

面对这样一个混乱的局面，潘季驯首先把治理工作的重点放在请求户部蠲免上。他先后奏上《请蠲京库折银疏》、《请蠲存留粮米疏》、《请蠲解京折色疏》以及《请蠲四司料银疏》等[①]，将江西各州县的严重灾情及拖欠赋税情况向朝廷作了全面汇报，并援引历朝先例，请求户部蠲免各州县拖欠折色银两，特别希望朝廷能够“轸念民间，破格蠲贷”。按照潘季驯的统计，当时江西境内的 64 个县，几乎县县有拖欠，其中受灾最重和贫瘠最甚的 9 个县，已征赋税不到应征数目的 1/3，其余 30 多个县的拖欠也大都超过 1/2。潘季驯当然不肯承认造成这种普遍贫困的深刻社会原因，不承认是“人祸”，而把它统统归结为“天灾”。但是他恳请蠲免赋税，毕竟是在客观上起到了减轻人民经济负担的作用，从而为他下一步的新政措施创造了比较稳定的社会环境和广大民众的支持。不久，在张居正的支持下，北京户部有条件同意蠲免的“部复”很快批复下来。张居正还亲自写信表明了态度：“辱示：江右金花银亦系

① 以上各疏，均参见《潘司空奏疏》。

已征在官之数，不准抵补。伏奉圣慈，特允免追，盖圣上至仁也。”①

这样，在张居正的支持下，潘季驯治理江西的第二步工作又获得了成功。在这个基础上，他尝试着开展了疏通钱法的改革。

这已经是万历五年(1577年)的事情了。当时的江西各府州县跟长江下游商品经济比较发达的杭、嘉、湖、常、应天府等富庶地区比较起来，经济上还相当封闭落后。用潘季驯本人的话来描述："江西地瘠民贫，日中当市，多用米谷。盖金银甚寡，而钱法未行也。"因此他到南昌上任之后，目睹江右的落后经济状况，比照自已家乡商品充沛、货畅其流的繁荣景象，认定江西落后的一个重要原因就是钱法不行，财源不通。于是经过调查之后，他又着手布置并奏上了《条议钱法疏》，建议：一议开局；一定责成；一定钱式；一计工料；一议铸额；一议旧钱；一议收发。奏疏在谈到疏通钱法的意义时称："钱币乃生财之大道，而鼓铸又疏通之良法。""兹者仰荷皇上轸念民艰，俯从部科之议，广为开铸，复又颁降钱法，以便尊行。由中及外，同轨同文。民志既定，而民用自前矣。"这样，在有关衙门的监督下，他们共铸出中式铜钱达70余万文，分别发往省内各府州县。据潘季驯后来奏称："发行之日，街衢鼓掌称快，谛观民情，可保无滞。"②为了打击奸商，抑制私铸，推进官铸制钱的流通，他还建议朝廷授权地方官府设法收买全部不合制的私铸旧钱，防止劣币驱逐良币的现象发生。同时，还命令在

① 见《张太岳集》卷二九，《答河道潘巡抚》。

② 见《潘司空奏疏》卷四。

江西全境,不分官民,一律使用制钱支付各项流转费用,甚至包括本省的藩王内府也不能例外。潘季驯所倡兴推行的上述钱法措施,对于繁荣当时的江西经济,推动商品流通,无疑起到了积极的促进作用。

(三)整顿驿站制度,推行役制改革

明代封建国家对于广大劳动人民的超经济剥削,主要依靠赋役制度。首先是田赋制度,主要是每年征收夏秋两季粮税。其次是役法,主要是征用广大民户的劳役,又称"徭役"。明代徭役主要有三种:一曰里甲,二曰均徭,三曰杂役。

里甲是半官方的供应赋役的基层单位,每百户编为一里,每十户编为一甲,按年每甲轮流应役一次,十年一轮,周而复始。

均徭为服务于官府的经常性的杂役统称,如衙门里的皂隶等杂色差役,就从均徭项下支应。均徭可分为两类:一为力差,一为银差。凡以亲身充役者,叫做力差(由人户自行雇募,以代亲当者也属力差);凡入银于官,由官招募他人应役者,叫做"银差"。

均徭之外,一切非经常性的杂役,均名"杂泛",如砍柴、修河、建仓、运料、站铺、闸夫之类均属此。

役法除上述三种之外,还有两类役:一为驿传,一为民壮。其中驿传的职务,主要在于备办人夫马骡船只,以传达官府的公文,或措办廪给口粮以款待和迎送持关符过境的大小官员及其仆从的食宿。明代自京师达于四方,均设有驿传,在京曰会同馆,在外曰水驿、马驿并递运所。

以上里甲、均徭、驿传、民壮四者，合名曰“四差”。

以“两税法”为核心内容的赋役制度施行了160多年，到了明代中叶正德年间，已经导致了极为混乱的局面。由于赋役内容过于复杂繁琐，给里甲吏胥和仕宦豪强之家的舞弊营私带来了极大的方便，同时也严重地影响了封建国家的赋税收入。其中在驿递制度方面，其混乱情形更甚。明代中叶驿站之弊，主要有两方面：一是各级衙门违反祖制，滥发出差“给由”（又称“勘合”），出差官员用后又不归还，往往转借他人，假公济私，无偿使用驿站人员马夫费用，给驿站沿线所在地区的广大人民群众带来极重的负担；二是历年驿站的费用和夫役均向当地里甲佥派，而里甲吏胥伙同甲首，又将此项负担全部转嫁给广大普通民户。人民不堪忍受此等沉重剥削和压迫，纷纷逃走，以避徭役，由此造成“十甲九空”的局面。逃跑之民无处可以安身，只有上山为盗，或下海为寇。这正是造成明代中叶社会混乱的深刻社会根源之一。

因此到了明代嘉靖年间，封建统治阶级中间的一些有识之士开始探讨改革现行赋役制度，简化赋役手续，以设法堵住上述漏洞，缓减社会混乱。其中，驿递制度的改革，在万历初年张居正执政以后，达到了高潮。当时明朝政府主要采取了两方面的措施：一是严格“给由”制度，“凡官员人等非奉公差，不许借行勘合”。二是实行“一条鞭”法，改驿传力役为“银差”，以银代役，一次付清，官府不再叨扰。凡是有迎来送往之人员，官府发银，代为管理，人夫、马料、红船、食宿等项，也都由官府出银代为招募购买。这样就在一定程度上减轻了普通里甲民户的沉重负担，有助于社会的稳定。

“一条鞭法”的实施是中国封建社会赋役史上的一大变

革。它的推行，打破了 3000 多年以来一直实行的实物田赋制度，将中国封建社会的实物地租形态推进到货币地租形态，从而大大刺激了明代后期社会的生产分工和商品经济的发展。对于广大劳动人民来讲，“一条鞭”法的实施虽然不能从根本上改变封建制度的剥削性质，但它在一定程度上却抑制了里甲吏胥的舞弊行为，在客观上减轻了劳动人民的赋税负担。所以它在明代历史上得到了朝野之中有识之士的支持和广大农民的欢迎。

潘季驯是明代“一条鞭”法改革的首倡人之一。如前所述，早在嘉靖三十年到三十二年他任江西九江府推官期间，就大胆试行了驿站制度方面的改革，这在明代江西历史上可以说是已知最早的“一条鞭”法实施记录。嘉靖三十八年巡按广东期间，他第二次推行“一条鞭”法，主要是在均徭和里甲制度方面，即废除原来里甲徭役中繁杂的应役制度，合并力差于银差，以银代役。他第三次主持推广“一条鞭”法，就是在万历四年担任江西巡抚期间。这一次改革的内容主要是整顿江西的驿站制度，减免站银，与民休息。围绕这个问题，他奏上了一大批疏章。

当时，自从万历三年张居正内阁颁布了全面清查驿递制度的敕令后，不到一年，全国驿站的混乱状况就得到了迅速扭转，不仅减少了官场中损公肥私的现象，而且也为各地政府衙门节省了大量经费。根据这种情况，潘季驯首先于万历五年奏上《减免站银疏》[①]，请求减免站银，以宽民力。用近年来节省下来的驿站银两，代替历年向百姓征收的站银，以减轻民

① 见《潘司空奏疏》卷五。

众负担。他说,江西全省共有驿站 40 座,递运所 12 处,每年额编夫马、工料、船铺、过关廪给等银两超过 10 万两。往年驿站制度没有改革之前,“向因差使浩烦,以致供应难苦。自奉例清查之后,冒滥裁革,各驿递应付较前所省数多”。仅从万历三年九月到万历五年九月,就节余剩银 60000 余两,超过一年额编的半数。由此可见张居正改革驿站制度的实效。但是“节省既多,而编额如故,似非与民休息之意;若照节省之数而过为裁削,倘或丰歉不常,又非求为可继之道”。怎样才能做到既保证了驿站正常供应,又能进一步减轻人民负担呢?潘季驯经过认真的调查计算,又征求了僚属的意见之后,向朝廷提出:可将历年节省的站银充算民户历年拖欠之编银,并免征明年一年的编银。他说:“驿递钱粮,皆民膏血,向来勘合滥行,以致应办繁剧,百姓涂炭极矣。”幸亏朝廷慎重立法,爱养黎元,才使这种局面得到扭转。现在根据朝廷与民休息的基本原则,提出减免站银的具体建议,如能依拟,“自兹江右一省可岁享减编三分之利,而积之四年,又可免编一年矣”。潘季驯的这个建议奏上后,得到了首辅张居正的大力赞赏:“奉圣旨:该省处置驿传减编免编事宜极为停妥。潘季驯、赵耀实心爱民,能奉行朝廷德意,著吏部记录擢用。所奏都依拟,其拖欠带征分数,准尽行蠲免,以苏民困。”[①]万历皇帝那年才 14 岁,这“圣旨”当然又是出自张居正的手笔了。

不久,潘季驯又奏上《遵照条鞭站银疏》[②],请求继续改革驿递制度,全面推行“一条鞭”法。他说,在审编江西历年驿

① 见《潘司空奏疏》卷五。

② 见《潘司空奏疏》卷五。

传夫差文案时，发现隆庆四年原任江西巡抚刘光济曾建议推行“一条鞭”法，“将各项差役逐项较量，通计一岁月银若干，止照丁粮编派，开载各户由帖，立限征收，在官分项解给。往年编某为某役，某为头户，某为贴户，今一切革之。其银一完，则终岁无追乎之扰，而四民各安其业”。潘季驯十分赞赏当年刘光济提出的这项改革建议，认为他与自己的一贯想法不谋而合，决心在自己的任期内把这个政策继续贯彻下去。他说，过去的驿传编派有头户贴户之异，其承役有亲当募当之殊，“里胥易于为奸，州县难于稽核”。自从前都御史刘光济题请施行“一条鞭”法之后，“每州县止照通邑丁粮均派征银在官，分项解给，一向遵行，官民两便”。因此，应将这项政策继续贯彻下去，“不必重复编审”。这件事虽然不是潘季驯的创始，但明确表示要在自己的任期内把“一条鞭”法继续贯彻下去，这也表明了他坚持改革的基本政治立场。

与此相关的另一篇奏疏是《协济站银疏》①。明代中叶驿递制度，除各省内驿站支出费用要向当地里甲民户编派之外，还有省与省之间的所谓“协济”，即由朝廷指定江南诸省每年向若干驿递任务较为繁重的省份协助接济若干站银、马夫和草料。例如江西省就要分别“协济”北京会同馆马价银，南京马船水夫工食料银，南北直隶和山东等处驿马站银等。这也是一笔数额很大的徭役编派，给本来已经在沉重的赋税徭役压迫下喘不过气来的广大民户又增加了一个负担，实际上各地方官府也很难再从百姓中间榨出这么一层油来。因此对于这一笔马价银，多数州县常常是积年拖欠，不能完征。然而到

① 见《潘司空奏疏》卷五。

了万历五年，兵部又发文有关各省，清查催交“协济”的马价银。其中就要求江西立即“查催”全省各州县拖欠的马船工食料银六万余两，“如数追解”。在这种情况下，潘季驯不得不站在地方利益的立场上，旗帜鲜明地表达自己的看法，并对兵部的做法提出了尖锐的批评。他说，过去因为驿递制度没有改革，有关各省差支繁难，故议外省编派协济。但是现在已奉新例，裁革冒滥，节省已多，在彼地所编站银俱经议减，则外省协济之数岂容全征？况且现在江西各地“连年水旱频仍，闾阎困苦已极。迩奉勘合，带征历年拖欠，民穷财尽，刑比无措。近又奉文烧造瓷器，抄造白榜等纸，……库藏空虚，小民又难加派，虽节奉部文行催，无从设处”。因此他呼吁有关衙门减免此项马价银的催征，以苏民困。

总之，以上介绍既使我们看到了明代中叶驿递制度的混乱状况及其给广大人民群众带来的沉重负担和无穷灾难，也使我们看到潘季驯此时的基本政治态度，那就是坚决站在张居正的改革立场一边，积极推进驿站制度的改革，尽可能的与民休息。潘氏的这个立场，从主观上讲当然是为了挽救明王朝的衰败，而从客观上讲则确实有利于减轻人民的沉重负担，有利于社会生产力的恢复，应当给予肯定。

（四）发廪捐资，领导治水

潘季驯在巡抚江西期间，除了推行新政，与民休息之外，还直接为江西人民办了一些诸如筑堤修坑、创建书院的好事。如据清朝《江西通志·明名宦》条中介绍：“潘季驯……万历四年巡抚江西，念德化桑落洲堤崩田荒，发廪捐资筑之，凡 70 余里，视封郭三倍有奇，五月告成，今为沃壤，江人至今德之。”按德化县在江西九江府治下，面对长江。桑落洲大约是当时长江中被围垦为垸田的一个沙洲。从史书的记载中来看，这项堤防工程的规模确实不小，围堤周70余里，长度超过德化县城的城墙3倍有余，工程历时5个多月方才告竣。据说潘季驯早在九江府任推官时就考虑过此事，但因条件不成熟而作罢。“往予在江都，视若洲土田黑壤，顾沙碛杂中，江水溢辄善溃，矧新篑鲜实，欲速惟难，而可以为成乎？”任江西巡抚后，他仍耿耿于怀，复命按察佥事亲往实地勘查，最后终于促成了此事。据称工程完成后，护垸大堤高、广各若干丈，“盖坚好矣。又沿堤种柳无虑数十万，以护之。江之所趋，则布桩卷埽，以防外冲；水之所至，则开渠导引，以避内涨。”真可谓忧深而虑远也。可惜由于这是一项地方水利工程，史书多不提及，因此未被人们广泛注意。

总之，潘季驯巡抚江西将近两年，是他的官宦历史上政绩较为辉煌的一个时期，可以同他在巡按广东时期的政绩相辉映。虽然由于他后来从事治河活动的名气更大，使得后人们往往不去注意他在这方面的治理才能。但实际上从思想渊源的角度来讲，无论是治河，还是为政，潘季驯都始终在思想和行为上体现出一种重民、爱民的民生思想。只不过这种可贵的民生精神后来在他的治河活动中得到了更为充分的体现罢了。对于潘季驯这段时期的功绩，江西著名乡官，亦是潘的挚友万恭曾作过一个高度概括的形象总结：“潘中丞治大江之西。逾年，定条鞭，严保甲，清驿传，通万历制钱法……。百姓为之谣曰：‘条鞭便天下，保甲甲天下，驿传传天下，钱法法天下。’”①

由于他在江西的杰出工作，万历五年十二月，准吏部咨，升为刑部右侍郎，待缺赴任。万历六年二月初一日，又著他即刻赴任山东济宁府，接替原任已故总理河漕大臣吴桂芳的工作。从此，潘季驯开始了他的第三次治河活动。对此，我们也将在后面专章介绍。

五、从南京兵部到刑部尚书

万历八年六月，由于第三次治河功绩卓著，潘季驯又被擢为南京兵部尚书，参赞机务。

按照首辅张居正的观点，调升潘季驯为南京兵部首脑，主要有三个考虑：第一，他治河功绩卓著，理应迁升，但朝廷一时还找不到合适的高级职位安排他，故暂时调任南京兵部候待；第二，坐镇南京，掌握兵权，也可以就近遥控河漕事务，指导继任河官将未完扫尾工程继续完成；第三，留守南都，参赞机务，也为下一步进入内阁创造条件。② 在张居正的亲自安派下，潘季驯果然以南京兵部尚书的身份督帅新任河道总督凌云翼，顺利完成了高家堰石堤工程，并于万历十一年被任命为刑部尚书。

就在潘季驯擢升任南京兵部尚书后的第二年，万历十年

① 万恭《洞阳子集·再续集》卷一，《赠潘印川司寇序》。此文集国内无藏本。这段文字引自梁方仲《经济史论文集》，中华书局 1989 年 2 月版，第 194 页。

② 参见张居正《答河道潘印川》，见《张太岳集》卷三二。

六月丙午，执掌朝政达10年之久的一代政治改革家张居正不幸病逝。张居正在明代中叶的历史上也是个著名的传奇人物。史书上称，张居正性深沉机警，多智数。为史官时，尝潜求国家典故及时务之切要者剖析之，遇人多所咨询。先前虽为徐阶的门生，但与严嵩一党却也相安无事。隆庆初，在徐阶举荐下入内阁，预机务。徐阶引去后，居正与高拱共掌内阁事，亦颇相善。隆庆六年五月，穆宗皇帝殒命，张居正遂联合内官冯保发动朝政谋变，将高拱驱出庙堂。高拱既去，居正独揽大权，遂为首辅，并辅导幼主神宗皇帝。所推行政治务尊主权，课吏职，信赏罚，一号令，上悉心听纳。用李成梁、戚继光等委以边事，南蛮北寇之累世顽固者，次第遣将削平之。力筹富国强兵，清邮传，核地亩。故神宗初政，明王朝起衰振隳，纲纪修明，海内殷阜，皆居正之力也。然其气量欠宏。初入政府，即以私憾废辽王。六部之长，咸唯唯听命，至章疏不敢斥名，第称"元辅"，威权震主。上虽虚己以听，而内心实已不堪。一日，上在讲筵，读《论语》"色勃如也"，"勃"误读为"背"。居正遂厉声曰："当读作'勃'。"上悚然惊起，同列皆失色，由此上益心惮居正。故居正身死未几，即遭上削夺，子孙并致祸败。[①]

张居正将卒之时，自度不起，曾荐潘晟、余有丁、梁梦龙、许国、陈经邦、徐学谟、曾省吾、张学颜等可大用。上为黏之御屏，将以次用之。由于这个推荐名单中没有潘季驯的名字，因此居正死后，季驯得以暂时躲开了被劾罢的灾难。因为半年之后，万历十年冬十二月，张居正在内宫的得力支持者内官冯保就以罪谪奉御，被安置南京，张居正在朝中的支持者也纷纷

① 参见夏燮《明通签》卷六七。

被劾得罪去,“于是弹击居正者纷起矣”[1]。

万历十一年(1583 年)春正月,上召南京兵部尚书潘季驯进北京为刑部尚书。在南京时,潘季驯曾大刀阔斧地改革删减了留都兵部的不合理机构设置,得到了朝廷的好评。[2] 调任刑部后,他又着手清理刑部旧规,“公谓法例参错,吏得以意轻重。乃折衷画一,琐科条以请。遂著令颁行之”[3]。这些举措反映出他试图继续张居正的改革事业,为挽救明王朝的颓势不惜肝脑涂地的思想立场。

然而在同年三月甲申,上追夺张居正官阶,居正诸所引用者,先后斥削殆尽。所推行的“新政”,也都先后废止。面对局势突变的此情此景,潘季驯虽然无力挽救大局,但是在自己有限的职权范围内,他还是借颂扬神宗的仁德之意,大力宣传宽恕之政,请求给居正家属及其追随者们放一条生路。故在这一时期潘季驯所上奏疏的相当大一部分,都是借题发挥,大力宣传慎决狱,宽考成;省刑法,广教化;广仁恩,重民命的观点。[4]

万历十二年(1584 年)夏四月乙卯,上命籍张居正家,由司礼太监张诚及侍郎邱橓等往荆州办理。荆州守令得讯后,先期录人口,锢其门,使子女饿死者十余辈。张诚等到荆州后,又尽发居正诸子兄弟所藏,所得全部黄金不过一万,白银

---

① 参见夏燮《明通鉴》卷六七。

② 具体举措参见潘季驯《兵部奏疏》各卷,此处从略。《潘司空奏疏》中包括了这部分奏疏。

③ 此段评语引自申时行《潘公传》。

④ 这些观点在潘季驯《刑部奏疏》诸文中都有充分体现,如《乞肃吏治疏》、《厘正时弊疏》、《慎决狱重民命疏》、《广仁恩重民命疏》、《推广德意疏》等等。

10 余万。而居正长子礼部主事张敬修，不胜拷掠，自缢死。[①]

事闻京师，时任首辅申时行等与六卿大臣合疏请少缓之。刑部尚书潘季驯又特奏《保全旧臣余孽疏》[②]，言："居正母年逾八旬，旦暮莫必其命，宁能受此荼毒哉？"其语尤激楚。在这种情况下，神宗才下诏命留空宅一所，田 10 顷以赡其母。而尽削居正官，夺玺书诏命，以罪状示天下。自是终万历世，无敢白居正者。[③]

由于在治居正狱上的大胆辩言，潘季驯很快被看作是张居正在朝中的余党。会言官李植、江东之辈与内阁大臣申时行、杨巍相讦，季驯又力佑时行、杨巍，痛诋言者，言官交怒。于是李植等遂劾季驯党庇居正，请求罢斥。[④] 十二年七月十七日，明神宗朱翊钧终于下令黜刑部尚书潘季驯职为民，夺其诏命。从此，潘季驯又在家闲居四年，直到万历十六年开始他的第四次治河活动。

---

① 张居正家被抄事，参见夏燮：《明通鉴》卷六八。

② 见潘季驯《刑部奏疏》，北图善本库藏书。

③ 见夏燮《明通鉴》卷六八。

④ 关于潘季驯此次被劾罢的内幕，申时行《潘公传》中有个说明，称："时言官有所排击，欲引绳批根，以铨部格，其议曹起而哄诸大臣。乃皆抗论是非。公疏尤切直。中其忌讳，则相与仄目。公竟以蜚语激上怒，镌公秩归田里。"可见潘季驯被劾罢的真实原因是由于朝廷内部内阁与言官之间的权力之争，"党庇居正"只是借口。

第三章　治河背景

一、黄、淮、运河合流的自然历史和明代治河政策的嬗变

历史唯物主义告诉我们，“在分析任何一个社会问题时，马克思主义理论的绝对要求，就是要把问题提到一定的历史范围之内”①。“判断历史的功绩，不是根据历史活动家有没有提供现代要求的东西，而是根据他们比他们的前辈提供了新的东西。”②这个基本观点同样适用于我们对潘季驯事迹的评价。

自从金朝章宗明昌五年(1194 年)黄河在河南阳武大决

① 《列宁选集》第二卷，人民出版社 1972 年版，第 512 页。

② 《列宁全集》第一卷，人民出版社 1984 年版，第 150 页。

开始南流夺淮[①]，到清朝咸丰五年（公元 1855 年）河南铜瓦厢决口为止，前后共计有 600 余年。从地理学的角度来看，黄河南流，破坏了淮河流域地区内稳定的自然水系，迫使山东的汶、泗诸水系和安徽、江苏的颍、涡、睢、淮诸水系都成为它的支流。

自从金、元到明朝嘉靖时期的 300 多年间，黄河的主流是极不稳定的，它在以郑州附近为顶点，北至山东东平州，南到安徽颍州的扇面形广大地域里，或决或塞，南北游荡，变居不定，给在这片土地上生活的广大人民带来了深重的灾难（参见图示 3－1）。[②]

明初，太祖朱元璋建都南京。明成祖朱棣即位后，出于政治和军事上的考虑，决定把国都迁往北京。为了调运江南粮食供给京师和北部边防驻军，明永乐九年（公元 1411 年）命工部尚书宋礼等重修会通河，沟通了从江南到北京的水上交通线。从此，南北大运河就成为明清两代封建王朝赖以生存的主要经济命脉，维持大运河的漕运也就成了一个十分重要的社会政治问题。由于黄河基本上是西东方向行流，而大运河则是南北方向通运，黄、运交叉成为无法避免的格局，因此黄河就与大运河结下了不解之缘。在明代永乐朝以后的 200 多年间，封建政府的治河均是以保漕为出发点的。这是明代治

① 关于黄河南流夺淮的准确年代，学术界有不同看法。明人潘季驯认为是宋神宗十年（公元 1077 年）；黄河水利委员会的《黄河水利史述要》中认为是宋建炎二年（公元 1128 年）。这里采用大多数人所认可的金明昌五年（公元 1194 年）的说法。

② 黄河流路图引自黄河水利委员会主编的《黄河水利史述要》，水利电力出版社出版，第 242 页。

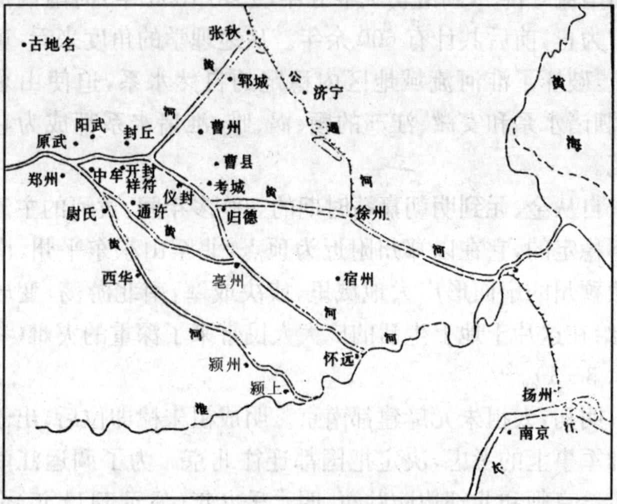

图3-1　明朝弘治年间黄河主要流路图

河不同于以往历史上任何一个朝代的一大特点。

明代黄河绝大部分时间是夺淮入海。黄河在上游河南、山东、安徽境内多支分流以后，在江苏淮阴附近的清口与淮水同汇为一河，经云梯关奔流入海。清口原是泗水注淮的水口，此时变成黄淮交汇之口，亦即洪泽湖的出口。洪泽湖承迎淮河的来水，既要接济运河用水，又要拦蓄到相当高程，以抵御黄河泥水倒灌，并用洪泽湖的清水冲刷黄河泥沙。所以在明代中叶，清口地区的治理，便成为解决黄、淮、运三河关系的关键一环。

对于黄、淮、运三河的关系，清代水利家郭起元有一段比较概括的描述："洪泽湖，汉为富陵，隋为洪泽渠，宋为陈公塘。

自元以来，淮流胥汇于是，并阜陵、泥墩、万家诸湖而成为一，统明洪泽湖。盖当黄、运之冲，而承全淮之委者也。淮合诸水汇潴于湖，出清口以会黄。清口迤上为运，湖又分流入运河以通漕。（淮）向东三分济运，七分御黄，而黄挟万里奔腾之势，其力是遏淮，淮水少弱，浊流即内灌入运，必淮常储其有余而后畅出清口，御黄有力，斯无倒灌之虞。故病淮并以病运者莫如黄，而御黄即以利运者莫如淮。淮、黄、运尤以治淮为先也。”[①]由于黄、淮、运合流所呈现的十分复杂关系，治河保运又必须同时考虑导淮的因素，这是明代后期治河的又一大特点。

黄河南流以后的多支分流局面，除了其固有的自然地理原因和多沙易决特性外，明代中叶以前治河政策的偏向也是促成黄河游荡的重要因素。就明代而言，从明初起，到嘉靖年间，治河者多采用北岸筑堤、南岸分流，以保证漕运畅通为主的政策。明代最早主张分流的人是宋濂，他在《治河议》中指出，在黄河激流怒涛的情况下，治黄的关键问题在于“分其流”，流分则“势自平”，流不分则“其势益横”。但宋濂写《治河议》时，大运河还未修复，漕运还未成为重要的社会经济和政治问题，故他主张将黄河水“南北分流”，多支泄洪。他说：“以数千里湍悍难制之河而欲使一淮以疏其怒势，万万无此理也。……其若浚入旧淮河，使其水南流复于故道，然后导入新济河，分其半水，使之北流以杀其力，则河之患可平矣。”[②]但明永乐九年以后会通河开浚，漕运问题日益重要，再分河北流，

① ［清］郭起元《介石堂水鉴》卷二，洪泽湖。
② ［明］宋濂《宋学士文集》卷二，参见《明经世文编》卷二。

常常会冲毁运道，阻断漕运，因此北岸筑堤、南岸分流就成为主要的分流政策了。

如弘治年间(1493 年)巡按河南御史涂升说："今京师专籍会通河漕岁粟数百万石，河决而北，则大为漕忧。"因此他提议"杀水势于东南，必须筑堤于西北，……排障百川悉归东南，由淮入海，则张秋无患，而漕河可保矣。"①

嘉靖年间担任总理河道都察院御史的刘天和在向朝廷献策时也说："臣等以为，黄河之当防者，惟以北岸为重。"他因此十分赞赏睢人蔡石冈的这么一段话："黄河南纵，国家之福，运道之利也。当冲郡邑，作堤障之，不坏城郭已矣；被灾军民，免其租役，不致流徙已矣。"②

在这个方针指导下，明代嘉靖以前的几次治河活动都把"分疏之法"作为决策的主要内容。

如明代景泰年间的徐有贞治沙湾决河，就是如此。明景泰三年(1452 年)，黄河冲决沙湾运道北岸，"掣运河水入盐河，漕舟尽阻"。上派徐有贞主持治理。徐有贞经过勘查后，提出了治理沙湾决河的三策：第一，仿照汉代王景之法，设水门以调节运河水量。他说："世之言治水者虽多，然于沙湾，独乐浪王景所述之水门之法可取。"实际上是一种分疏减水的措施。第二，开分水河以分杀黄河水势。他认为："凡水势大者宜分，小者宜合。分以去其害，合以取其利。今黄河之势大，故恒冲决；运河之势下，故恒淤浅，必分黄河水合运河，则可去其害而取其利。"第三，就是深挑运河。徐有贞最后在总结他

① 《明史·河渠一》。

② ［明］刘天和《问水集》卷二。

的基本治河思想时说:“上制其源,下放其流,既有所节,且有所宜,用平水道。由是水害以除,水利以兴。”①

明代弘治年间的白昂治河也是一样。明弘治二年(1489年)黄河在开封附近决口,向北冲入张秋运河。朝廷派白昂治之。白昂在分析了“河流南北分行大势”以后,提出了他的治理方针,就是在南岸“合颍、涡二水入淮者,各有滩碛,水脉颇微,宜疏浚以杀河势”。而于北流,则“筑堤为岸,以卫张秋”。这就是著名的“北堵南分”方略,即“南北分治,而东南则以疏为主”②。但是白昂按此方略治河后不到二年,黄河又决开封金龙口,再次分数道犯张秋运河。于是弘治六年(1493年)上再派刘大夏治之。刘大夏上任后,完全继承了白昂的思想,“修整前项堤防,筑塞东北注河口,尽将河流疏导南去,使下徐、邳,由淮入海”。为此,他在组织人力堵塞张秋运河决口、整治河道的同时,在黄河北岸筑太行大堤500余里,在黄河南岸疏浚四条支河,分道入淮。③

到了嘉靖十三年(1534年)刘天和奉命治河,仍然坚持的是白昂、刘大夏等人的“北堵南分”方略。刘天和认为:“黄河之当防者惟北岸为重。当择其去河远者,大堤、中堤各一道,修补完筑,使北岸七八百里间联属高厚。”④目的当然是为了保护运河不被冲毁。而对于黄河南岸,则仍然采取分疏之法,使河水分支入淮。

① [明]徐有贞《敕修河道工完之碑》,徐有贞的治河三策另见《言沙湾治河三策疏》。这两篇文章均载《明经世文编》卷三七。

② 见《明史·河渠一》

③ 见[明]刘大夏《议疏黄河筑决口状》,事迹见《明史·河渠一》。

④ [明]刘键《黄陵岗塞河工完之碑》,见《明经世文编》卷五三。

明代中叶以前北堵南流、分疏治河思想的形成，除了封建王朝的保漕需要之外，治河者对于黄河河性，特别是对多泥沙特性缺乏清醒的认识，一直是一个重要的主观原因。如前面所介绍的几位著名治河者，他们几乎都是江南人氏，从事治河活动的时间又都比较短，因此很难一下子抓住黄河的“河性”。他们往往都是根据对南方河流特性的片面认识来指导治河的，这样就难免要选择分疏河流的办法了。在这方面最典型的例子就是徐有贞用“一孔壶”与“五孔壶”同时泄水的示范。徐有贞主张开分水河，有人表示反对，廷臣议而不决，于是派人去徐有贞家当面询问主张治水的根据。“使者至，徐出示二壶，一窍、五窍者各一。注而泻之，则五窍者先涸。使归而议决。”[①]徐有贞的这个简单试验代表了当时主张“分流”的人的基本思想。据说白昂亲耳听见此事，所以也下决心采取了多支分流的办法。紧接着刘大夏也采纳了这个办法。但是显而易见，徐有贞的试验和分流者的观点都仅仅是对治水而言，却完全忽视了黄河多泥沙的特性。所以概括而言，分流论者只顾黄河北岸运河安全，不管黄河南岸人民危殆；只知“分则事小，合则事大”，却忽视了黄河多沙的特点。由于黄河多沙，水分则势弱，必然导致泥沙沉积，促使河道淤塞。因此明代前期200年间向南分流的结果，不但没有平息河患，反而造成此冲彼淤，更加剧了黄河的迁徙游荡。

而且向黄河南岸大量分流的结果，不但使淮河中游地区的广大人民蒙受其难，它也直接威胁到朱明王朝的寿春王陵和泗州祖陵的安全。同时向南岸的过度分流，也使山东会通

---

① [明]李东阳《宿州符离桥月河记》，见《明经世文编》卷五四。

河出口处至清口的五百里河道水源大大减少，同样不利于大运河的运输。如嘉靖元年章拯言："荥泽北孙家渡，兰阳北赵皮寨，皆可引水南流。但二河通涡，东入淮，又东至凤阳长淮卫，经寿春王诸园寝，为患叵测。"[①]嘉靖四十四年朱衡言："河出境山以北（在徐州以北40余里处），则闸河淤；出徐州以南，则二洪涸；惟出境山至小浮桥40余里间，乃两利而无害。"[②]于是，在坚持分流政策的前提下，治河者们又开始在黄河南岸的部分地段也筑起了堤防。

这样，黄河多沙易决的自然特性，再加上人为因素的参与，就造成了河流运动的如下变化趋向：由于河南境内的北岸堤防已经大致形成，随后南岸也逐步筑起了堤防，再加上分流黄河的淮系部分水道多被泥沙淤塞，就使明代中叶的河患由河南境内逐步推移至山东和南直隶（今安徽和江苏）境内。到正德、嘉靖年间，黄河在归德以下，徐州以上的范围内，仍然此冲彼淤，呈多道分流入运之势。这种黄水弥漫的混乱局面在嘉靖后期达到了顶峰。嘉靖三十七年（1558年），黄河在山东曹县新集决口，分流达11支之多，使曹县新集至徐州小浮桥故道250余里全部淤塞。此后，"河忽东忽西，靡有定向"[③]。嘉靖四十四年（1565年），黄河决沛县，"上下200余里俱淤，全河逆流，自沙河至徐州以北，至曹县棠林集以下，北分两支：南流者绕沛县戚山杨家集，入秦沟至徐；北流者绕丰县华山东北由三教堂出飞云桥。又分而为13支，或横绝，或逆流入漕河，

① 见《明史·河渠一》。
② 见《明史·河渠一》。
③ 见《明史·河渠一》。

至湖陵城口，散漫湖坡，达于徐州，浩渺无际，而河变极矣”①。

可见，明代前期的分流政策不仅没有带来黄河的安定，反而使黄河的灾害更加严重，游荡更加频繁。正是由于分流无效，河患愈烈，才迫使人们重新认识黄河的河性，去探索新的治河方略。也正是在这种自然历史背景下，治河家潘季驯提出了他的“筑堤束水、借水攻沙”的合流观点。

二、大运河在明代社会经济生活中的作用

为什么明代治河一定要和保漕活动纠缠在一起？这是一个很重要的问题。因为对这个问题的了解直接关系到我们对明代治河事业和潘季驯有关思想的评价。

在中国古代社会，兴办大规模的水利工程从来是封建国家的一项基本职能。因此水利专家所获得的每一项成就，都与社会的基本经济生活和封建国家的基本利益密切相关。正如恩格斯所指出的：“人们自己创造着自己的历史，但他们是在制约着他们的一定环境中，是在既有的现实关系的基础上进行创造的，在这些现实关系中，尽管其他的条件——政治的和思想的——对经济条件有很大的影响，但经济条件归根到底还是具有决定意义的，它构成一条贯穿于全部发展进程并唯一能使我们理解这个发展进程的红线。”②

① 见《明史·河渠一》。

② 恩格斯《致符·博尔吉乌斯》，见《马克思恩格斯选集》第四卷，第506页。

（一）大运河是中国封建社会经济重心与政治中心分离的必然产物

从历史地理的角度对中国古代经济社会的发展作一个时间和空间过程的考察，我们就会发现，中国古代经济区域的重心地带，是随着历史时代的变迁，有规律地从西向东，再由北到南迁移的。古代经济区域（农业生产区）具有这样一些特点：第一，它有比较发达的农业及其水利构成的物质基础，足以支撑这个封闭的地区自给自足的自然经济，甚至还有余力支援其他地区；第二，自然环境的优劣对经济区域的形成影响很大，但利用和开发这个自然环境及其程度，却取决于人。因此，一定人口的比重和构成，是形成古代封建社会基本经济区域的另一项重要的因素。如果以封建王朝稳态的大一统时期作为确定古代经济区形成的历史背景，我们就会看到，在中国封建社会初期的秦汉时代，以黄河中游的泾水、渭水、汾水流域和黄河下游地区为其基本经济区域。而到了中国封建社会中兴的隋唐时期，则经济区域的重心地带开始南移；到了两宋时期，以太湖为中心的长江下游地区开始取得基本经济区的地位。进入封建社会后期的明清时代，除了太湖地区之外，长江中游的“两湖一原”地区（江西的鄱阳湖地区、湖南的洞庭湖地区和湖北的江汉平原地区）作为中国封建社会稳定的基本经济区域也开始成熟，并且在空间上继续向南方的沿海地区不断延伸扩展。

与此同时，封建社会的政治统治中心却表现出由西向东，再向北方迁移的发展过程。例如，从秦统一全国到西汉，是以陕西关中的长安地区为封建王朝的政治中心。东汉开始，政治中心迁移到洛阳地区。隋唐时代，其政治中心仍在长安及洛阳之间。北宋建都，是在东京汴梁(今河南开封)。元、明、清三代以后，中国封建社会的政治中心便稳定而持久地停留在举世闻名的北京了。

人们把这一奇特的社会历史现象称之为中国封建社会政治中心和经济重心的“南北分离”。造成这一分离和推移现象的历史因素十分复杂，这里不可能专门去分析它。但是十分明显，正是中国古代社会历史中这种政治统治中心与经济区域重心的分离，使得开辟运河交通线具有了生命攸关的意义。特别是元代以后，历代的国都均建在华北大平原顶端的北京，而“漕粮”供应又主要取之于长江中下游地区。相距数千里的南方与北方之间又没有南北向的自然水道，只有东西向的几条大河横贯中原，并流入海。这样，在路运和海运都不发达的情况下，要加强北方和南方的联系，只有依靠开凿南北大运河以沟通江、淮、河、济四条大河的途径来解决。

（二）运河交通是封建社会特定生产力水平的必然产物

封建社会经济重心和政治中心的分离趋势，要求交通运输线发挥越来越大的作用。但是封建社会生产力的特定水平又严格规定了这个时代的交通运输只能以水路交通为主。我们仅以处在封建社会晚期的明代交通为例。明代的交通运输，主要分陆路、河运和海运三种。对于陆上运输的效率，明代学者为我们留下了许多珍贵的记录。如宋应星在《天工开物》一书中就对“车”的运载量作了详细说明：

> 造车：凡骡车之制，有四轮者，有双轮者，……凡四轮大车，量可载五十石。……凡大车行程，遇河而止，遇山亦止，遇曲径小道亦止。……又北方独辕车，人推其后，驴曳其前，……此车北上长安、济宁，径达帝京。不载人者，载货约四五石而止。……其南方独轮推车，则一人之力是视，容载二石，遇坎而止，最远者达四百里而已。①

与陆上交通工具的效率相对比，我们再看看水上交通运输工具的效率：

> 漕舫：凡京师，为军民集区，万国水运以供储，漕舫所由兴也。……粮舡初制，底长五丈二尺，其板厚二寸，两厢共阔七尺六寸，……载米可近二千石。后运军造者，私增身长二丈，首尾阔二尺余，其量可受三千石。②

其他类型漕船的运载量也大都在500石以上。至于海上交通运输，虽然明代造船技术已相当发达，也不乏海上航行的经验，但由于海上漕运损失率极高，“岁溺不止10万”③，再

① [明]宋应星《天工开物》卷中。车：舟。

② [明]宋应星《天工开物》卷中。车：舟。

③ 见《明史·河渠四》。其实，运河漕粮的损失率要比海上漕运的损失率高得多。但是海上漕运造成的船只和人员损失却比内河漕运严重得多。这也许是许多人反对海运的一个重要原因。

加上明代中叶以后倭寇在沿海地区的长期骚扰，迫使明代历届政府均实行“禁海”政策，故虽然历年均有人倡导并试行之，但均未形成明代交通运输的主流。

因此，在排除了海上交通运输停滞的不正常因素后，我们只要对陆上运输工具的效率与运河水上交通运输工具的效率稍加对比，就会明白，在具备了天然或人工水道的地区，无论从运输工具的种类、运量、效率方面来讲，水上运输都比陆上运输优越得多。显然，这是决定明代封建社会沟通南北的主要交通线必须依靠大运河的重要客观依据。

（三）大运河是明代封建王朝赖以维持的生命线

在自给自足经济占统治地位的封建社会中，劳动产品主要用于生产者自己消费，全国性的主要商品市场尚未形成。因此封建王朝的消费就不可能从商品市场上通过交换关系获得满足。它通常是通过强制征收封建地租——赋税的形式，利用残酷剥削农民的办法，来为自己提供剩余产品。封建王朝为了维持它的各级官吏机构和庞大的常备军队，并满足皇帝和宫廷靡费的需要，就必须把它在全国范围内所征收的赋税加以转输，运到作为政治统治中心的京师。而漕运实际上就是赋税的一种主要转输方式。由于明代基本经济区域与封建王朝统治中心南北分离的状况，依靠大运河的漕运就具有了头等重要的意义。

第一，是漕粮。粮食为河运物资之大项，历史上人们称运河为“漕河”，称运船为“漕船”，称运河运输为“漕运”，提起大运河对封建王朝的重要性，必讲“岁运漕粮四百万石”。可见在封建时代粮食运输的重要性是不可动摇的。《续文献通考》中指出："(明)宪宗成化七年八月,定运粮京师额四百万石,自后以为常。"其中,"定北粮七十五万五千六百石,南粮三百二十四万四千四百石。"[①]以上是漕运正粮,实际上所运漕额远远大于正粮数。按明制:漕粮兑运有耗米,每石正粮随船给运耗米四斗[②],则 400 万石漕粮的耗米就是 130 万石,几乎等于正额漕粮的 1/3。所以"除例折外,每年实通正耗粮 518.97 万石"[③]。由于江南各省,特别是长江中下游地区在整个封建国家的漕粮中所占比例举足轻重,因此保证江南漕粮的安全北运,就成为明代历届政府关心的头等大事。

第二,是漕银。漕银的主要部分是金花银。明初只征漕粮本色,至英宗正统元年始折征金花银,以后"岁以百万为额,尽解内承运库,不复送南京"[④]。漕银中的另一大项是盐课银。盐课也是封建王朝的主要经济来源。盐政之好坏,上关国库收入,边储虚赢,下关民生相食,与社会动乱紧密相关。明代盐法是官府专卖,行"开中法",即令商人输粮于"九边",给以盐引,赴场支盐,许其贩运,谓之开中。据《明实录》载:嘉靖三十一年,盐课盐为 167 万余引(每引 200 斤),盐课银 110.3 万余两;嘉靖四十一年,盐课盐 202.2 万余引,盐课银 132.3 万余两。其他漕银项目不计其数。[⑤] 以上诸项,均入京师太仓,"太仓银库者,受天下麦米诸折色与盐饷诸银之所委

① 《续文献通考》卷三一,国用二。

② 《续文献通考》卷三一,国用二。

③ 《行水金鉴》卷二七五。

④ 《明史·食货三》。

⑤ [明]张萱《西园见闻录》卷三四,转引自《明史考证》第二册,第 661 页。

输,以备内供,以给官府,以馈边饷,又以充百用者也。”①

第三,运河交通本身也给明王朝带来了巨大的收益。因为运河交通的发展不仅满足了封建统治者的需要,而且也为民间日益繁荣的商品贸易的发展提供了方便的通道。特别是明代嘉靖以后,随着社会分工的逐步扩大和城市商品经济的迅速发展,各地有大量的商品需要运销全国各地,而大运河的畅通就为促进南北交通,活跃商品经济起到了非常重要的联络通道作用。因此,“南北商贾争赴”。面对这种“东南西北之人贸易辐辏”的繁荣运输局面,明朝封建政府岂能坐视,他们在运河沿岸广设钞关,征收商税,聚敛了一笔不小的财富。如据《江南通志》中记载,嘉靖“四十五年,题准税淮安府过坝米、麦、杂粮,每石征银一厘”②。又据万历三十年户部赵世卿称:“臣莅事以来,备查崇文门、河西务、临清、九江、浒墅、扬州、北新、淮安等钞关会计录载原额,每年本折约共该银三十三万五千五百余两。又于万历二十五年摊增银八万二千两,此定例也。”③

第四,供皇家内府专用的奢侈品也大多须由江南运来。终有明一代,京师的营造、织造年年不绝,采木、陶瓷、工匠造作以万万计,贡品更是越贡越多。毫无疑问,这些贡品都必须通过南北大运河的交通运输才能到达京师。如嘉靖二十六年,上遣工部侍郎刘伯跃“采(木)于川、湖、贵州,湖广一省费至三百三十九万余两。……滨河州县尤苦之。万历中,三殿

① 《明神宗实录》卷三三四,中华书局影印本。
② 《江南通志》卷七九,关税。
③ [明]赵世卿《关税亏减疏》,见《明经世文编》卷四一一。

工兴，采楠杉诸木于湖广、四川、贵州，费银九百三十余万两”①。这些建造宫殿用的大木，除顺长江而下，经瓜(洲)仪(征)入口大运河外，别无通途以达京师。

以上材料充分说明，京杭大运河对于明代的封建统治者来讲，确实是一条性命攸关的生命线。只有确保了这条生命线的畅通，明代的统治者才能牢牢控制江南的基本经济区域，使大一统的封建王朝保持稳固的经济基础。可以说大运河与封建经济生活的这种密切关系，是导致明代治河事业与保漕活动长期纠葛、不能分治的基本经济因素。

三、治河活动与封建国家的政治职能

马克思在探讨东方社会的独特道路时，曾对水利事业与东方社会的政治关系产生过浓厚的兴趣，指出东方社会的一个显著特征，就是水利事业作为国家的公共工程，在东方社会的生产方式和国家的政治活动中具有十分重要的地位。他说：“节省用水和共同用水是基本的要求，这种要求，在西方，例如在弗兰德和意大利，曾使私人企业家结成自愿的联合；但在东方，由于文明程度太低，幅员太大，不能产生自愿的联合，所以就迫切需要中央集权的政府来干预，因此亚洲的一切政府都不能不执行一种经济职能，即举办公共工程的职能。”②显然，马克思在这里是用生产力状况的分析来试图解释东方

① 《明史·食货六》。

② 马克思《不列颠在印度的统治》，见《马克思恩格斯选集》第二卷，第64页。

国家的这种特殊职能的。到了20世纪30年代，有一位年轻的中国学者冀朝鼎，深受马克思上述理论的启发，他通过阅历浩如烟海的中国水利史料，来试图揭示中国封建社会“基本经济区域”的迁移和中国古代水利事业发展的关系，并据此进一步揭示“基本经济区”与中国历史上封建国家的统一与分裂问题的重要关系。经过多方面的探索和分析后，作者指出了中国封建时期社会政治关系的一个重要特征，那就是：“在这一时期中，由地主官僚统治着的国家机器，总是把治水活动作为政治斗争中的一种主要手段，而这一基本经济区，就是统一管理那些在不同程度上独立自给地区的经济基地。……这种国家内部组织的松散性与各地区自给自足的特性，大大地扩大了地区关系上的重要性与困难，从而，也就显示了作为统一管理的物质基础的基本经济区是多么的必要。因此，对于这样一个国家来说，就可以理所当然地把它的公共水利工程看成是一种武器；这个国家为巩固其基本经济区所采取的应急措施实际上也就无形中支配了它的各项政策。”①作者通过这段论述告诉我们，在中国封建历史上，由发达水利灌溉系统支撑着的农业经济区域，实际上构成了封建国家统一或割据的经济基地。因此，为了控制、维护与发展这些经济基地，以增强

① 冀朝鼎《中国历史上的基本经济区与水利事业的发展》。此书原来是作者在20世纪30年代侨居国外时用英文写成，并于1936年在英国出版。直到80年代初，此书才由朱诗鳌译出中文本，并由中国社会科学出版社1981年出版。当时，冀朝鼎先生的这本著作在英国出版以后，很快引起了国际学术界的注意，英国著名科学史专家李约瑟博士曾评价说：“这一著作也许是迄今为止任何西文书籍中有关中国历史发展方面的最卓越的著作。”并把它作为自己的巨著《中国的科学与文明》中“水利工程”部分的重要参考书之一。

封建国家统一或割据的政治实力，封建的国家机器就必然要把公共水利工程的建设作为它的一项基本职能来加以实施。所以在这一时期中，封建国家总是把治水活动作为政治斗争中的一种经济武器，和发展与维护基本经济区的一种主要手段。在这里，治水活动⇌经济区域⇌封建国家的政治统治，它们三者之间实际上体现了一个相互控制的反馈关系。这样，经过作者的系统分析，封建时代水利与社会的关系就得到了一个比较合理的说明。

上述马克思主义的历史观点，为我们合理地揭示潘季驯治河成功的社会历史背景，提供了一个科学的理论依据。下面仅以潘季驯第三次治河时的社会历史背景为例，来说明政治因素在水利事业发展过程中的特殊作用。

在明代后期的社会历史上，曾经出现过这样一段颇为特殊的时期：正德、嘉靖以来政治腐败、社会混乱的局面，到隆庆六年以后突然消失了，接下来出现了一个政治比较清明、经济发展、边境安宁的时期，一直持续到万历十年。在这十年以前的数十年，明朝的整个政局是昏乱的；在这以后的数十年，明朝的政局也是昏乱的；唯独在这十年期间明朝的封建社会似乎恢复了青春活力，获得了一定程度的发展。导演这样一场奇特社会变革的，就是明代政治家张居正。

张居正改革的内容，“以遵主权、课吏职、信赏罚、一号令为主”①。其实主要是在政治和经济两个基本领域里进行的：在政治上，他以维护封建国家中央集权的政治统治为目的，遵主权，严考成，综名实，信赏罚，努力清除政府内腐败的官僚习

① 见《明史·张居正传》。

气;在经济上,他以努力增加封建中央政府的财政收入为目标,改革经济制度上的陈规弊政,清邮传,核地亩,行"一条鞭法",洵经济之才,并在一定程度上与民休息。总起来说,张居正的改革是封建地主阶级政权内部一次企图振兴封建制度的社会改良运动,但在社会背景上却渗透了晚明社会中新兴社会风气的影响。

对于张居正改革的全面分析和评价不属本文范围。但是探讨一下这个时期治河和漕运事业在这场改革活动中的地位和作用,却非常有助于我们认识在封建社会这个大系统中水利事业的功能,并使我们对潘季驯治河的社会政治背景有一个较为全面的了解。因为潘季驯一生中多次主持治河,却以这个时期的成绩最突出,影响最大。

(一)从张居正对河漕工作的关心,看水利事业对于明代国家政府活动的重要意义

明代中叶以后的封建国家财政到了世宗嘉靖末年已经濒临破产的边缘,以至穆宗继位后,户部奏言:太仓"所存仅足三月,计今岁尚亏九月有奇,边军百万悉无所需"。帝大骇,曰:"军储缺乏一至此乎?朕一切服用正供之外未尝妄费纤毫,卿其悉心经理毋忽。"[①]这件事情给朝中诸臣留下了极深的印象。所以隆庆六年(1572年)六月张居正当政,成为内阁首辅以后,立志要改革这种地方豪强聚敛亿万而朝廷手中无粮无钱的经济恶化局面,实现其"足食足兵"、"富国强兵"的宏伟

---

① 《续文献通考》卷三〇,国用一。

大计。

富国强兵,要有良好的经济基础。但是明朝的政治中心是在北京,整个国家的国防重点也多在北方;而国家的财源却多出在南方,尤其是供养整个国家官僚机构和几十万边防军队的400万石粮食,几乎全部依赖南方的接济。从南方到北方,最重要的交通线就是大运河。大运河发生了问题,南方和北方失去了联系,不但400万石漕粮运不过来,而且北京对江南广大经济富庶地区的政治控制也会受到影响,整个的国家就有可能因分裂而陷入混乱。因此张居正清醒地认识到,要想实现"富国强兵"振兴经济的目标,首先就要保证大运河的畅通。而明代大运河的主要问题又集中在黄河,黄运交叉,借黄为运,这在明代的历史上几乎是确定不移的基本原则。这样,在张居正的面前就出现了这样一连串的因果关系:因为经济、政治和军事的原因而不能不着重于大运河的交通;而要保证大运河的交通,又不能不着重于对黄河的治理。用于交通的黄河稳定畅通了,运河全线便会畅通;运河全线畅通了,封建国家的经济收入就有保证;经济收入有保证了,张居正的政治和经济改革目标就能够顺利实现,封建国家的政治控制能力就能够得到加强。因此,"治河"和"保漕"的问题在张居正内阁的执政安排中,一直具有举足轻重的位置。这一点在隆庆六年他给漕运总督王宗沐的书牍中可以得到证明:"今方内艾安,所可虑者,漕运为最。"①万历元年,得知400万石漕粮安全北上,张居正在信中高兴地写道:"四百万军储江海并运,洪涛飞越,若涉平津,自仆有知以来,实未见有如是之盛者。

---

① 张居正《答河漕总督王敬所》,见《张太岳集》卷二四,中华书局影印本。

一日侍上，语及今岁漕事，天颜喜悦，殿上侍臣，咸呼万岁。”①万历二年，漕粮又如期安全北上，张居正高兴之余，再次致信王宗沐，透露了自己打算在国储充实之后进一步推进改革计划的想法：“辱示知运艘已于3月11日尽数过淮，无任欣慰。闻渡江遇风，谅无大损，若前途通利，则额赋可以毕达，国储日裕矣。今计太仓之粟，一千三百余万石，可支五六年。鄙意欲矣十年之上，当别有处分，今固未敢言也。”②

然而就在张居正对漕运前途充满信心，准备转身它顾的时候，万历二年秋，“淮、河并溢”。万历三年八月，“河决砀山及邵家口、曹家庄、韩登家口而北；淮亦决高家堰而东；徐、邳、淮南北漂及千里。自此桃、清上下河道淤塞，漕艘梗阻者数年，淮扬多水患矣”③。治河保运再次构成张居正改革进程中的巨大障碍。但是在万历六年以前，尽管他在这方面花费了很大的心血，却一直没能找到一位完全可以信赖的治河人才，也一直未能解决河漕畅通的问题。

（二）从张居正对潘季驯的支持，看政治因素对于水利事业的巨大影响

万历六年原河漕总督吴桂芳病逝。同年二月潘季驯被提升为督察院右都御史兼工部左侍郎、总理河漕兼提督军务。从此，张居正放弃了一切不切实际的观点，全心全意以潘季驯

① 张居正《答河漕王敬所言漕运》，见《张太岳集》卷二五。
② 张居正《答河漕王敬所》，见《张太岳集》卷二六。
③ 《明史·河渠二》。

的政治保护人的面貌出现了。

张居正作为内阁的政治首脑，对于潘季驯的支持是多方面的，下面仅列举若干行政措施以资证明。

第一，合并河、漕，授以全权。

明代的河漕制度曾经规定："理漕属之漕司，治河属之河道"，两个衙门各司其职，互相牵制。到了万历初年，由于上述管理制度带来的弊病，又重新规定："以漕司而责之天妃闸以南，于河道而责之天妃闸以北。"[①]实际上是用"信地划分"的办法来代替河道与漕司在职责上的划分。虽然有了一些变化，但仍然没有解决河、漕两个衙门之间互相推诿、不负责任的尖锐矛盾。正如当时的南京湖广道御史陈堂所批评的："画地既分，遂成彼此。一设官也，而或去或留；一决口也，而或筑或否。以致有司下吏，彼此观望，迄无成功。无论今日，即臣有知识以来，漕艘迟缓，不曰漕艘，而曰河道梗阻；河道梗阻，不曰河道而曰漕艘，彼此相推，而卒莫有引咎自反者，大都然也。"[②]

对于这种弊病，张居正也是深有体会的。万历元年对于河道总督万恭与漕运总督王宗沐之间矛盾的调解，万历五年对于河道傅希挚与漕督吴桂芳之间矛盾的解决，说到底，都是由制度本身的缺陷所带来的。因此，他吸取河、漕衙门互相推诿、画地为牢的教训，决定暂时裁革河道都御史，统一河漕事权，授全权于潘季驯。在给潘季驯的"敕谕"中明确规定："今

① ［明］陈堂《请遣大臣治河疏》，引自《河防一览》卷一三。天妃闸在清口地区黄淮交汇处，为大运河的节制闸。

② ［明］陈堂《请遣大臣治河疏》。

特命尔前去督理河漕事务,将河道都御史暂时裁革,以其事专属于尔。其南北直隶、山东、河南地方有与河道相干者,就令各该巡抚官照地分管,俱听尔提督。”①这是明代水利体制上空前高度的集中统一。它不仅可以使潘季驯自由调动与治河有关的官吏、民夫和财力、物力,而且可以使他借助这个统一的总督权力,超越地方上的行政分割,对“两河”(黄河和淮河)沿线的整治工程进行全面的系统规划,使黄、淮、运河都能得到治理。在以往的治河官们看来,这个优越条件是不可乞求的,但是在张居正的支持下潘季驯却十分幸运地得到了。这就为他尔后的治河成功提供了最好的政治保障。对此潘季驯本人也直言不讳,他说:“夫当两河泛滥之时,意见互异,遂至因循,若非陛下大破拘挛之见,特专总督之权,合河漕为一事,并河抚为一官,则甲可乙否,朝令夕改,水患何时已哉?此实成功之一大机轴也。”②

第二,支持专家,杜绝浮言。

张居正不是一个水利专家,他不懂得治河,但是他懂得尊重专家,不耻下问,务求在深思熟虑的基础上全力支持专家的工作。如潘季驯上任伊始,张居正虽然在政治上给予他大力的支持,但是对于他的治河主张还是将信将疑。特别是当万历六年六月潘季驯奏上“治河六事”③之后,御史林碧潭等人也奏上了一个治河方略,在一系列关键问题上与潘季驯针锋

① 潘季驯《河防一览》卷一。

② 潘季驯《总理河漕奏疏》(三任)卷四,《辞免疏》。明万历刻本,北京图书馆藏书。

③ “治河六事”见潘季驯《河防一览》卷七,《两河经略疏》。

相对：潘季驯主张塞决口以束水归槽，林碧潭则提出要留决口以求河势；潘季驯主张筑遥堤以束水攻沙，林碧潭则认为遥堤不当筑，筑则必溃。林碧潭的疏文上奏后，得到了朝中一部分人的响应，他们到处散布“浮言”，诡称潘季驯治河必不可成。与此同时，在治河工地上也有部分官员公开抗命，消极怠工。整个形势给正在领导施工的潘季驯造成很大的舆论压力。

这时，崇尚务实的张居正通过调查，了解了事实真相以后，马上给潘季驯以毫不犹豫的支持。他首先假圣旨诏告天下：“治河事宜既经河、漕诸臣会议停当，着他实行，各该经委分任人员如有玩愒推诿、虚费财力者，不时拿问参治。”[①]然后，在潘季驯的奏请下，他授意“差锦衣卫官校拿解淮安府通判王弘化，水利道佥事杨化隆，河南郎中施天麟调外任”，因为他们耽误河工，“治河无状”[②]。并支持潘季驯弹劾治河不力、还上书诬告的徐州兵备副使林绍，令他免冠回家。[③]后来张居正给潘季驯写信，在谈到这些政治支持的作用时曾经这样回忆道：“追忆庀事之初，言者蜂起，妒功幸败者旁摇阴煽，盖不啻筑室道谋而已。仰赖圣明英断，俯纳瞽言，一举而裁河道，使事权不分；再举而逮王杨，使冥顽褫魄；三举而诎林道之妄言，什异议之赤帜，使无稽之徒，无所关其说。然后公得以展宏猷，底于成绩。”[④]张居正的这个自我评价是合乎事实的。它说明，在缺乏科学精神，以“人治”为核心的封建社会

① 见《河防一览》卷七，《两河经略疏》工部复；另见《明神宗实录》卷七七，南京国学图书馆藏抄本影印本。

② 参见《明神宗实录》卷七七、卷七八。

③ 参见潘季驯《总理河漕奏疏》（三任）卷三，《备陈议河始末疏》。

④ 张居正《答河道潘印川论河道就功》，见《张太岳集》卷三一。

里，运用政治权力保持朝野观念的一致性，对于从事大规模的公共工程建设具有多么重要的意义。

通过上述介绍，我们可以得到如下几点启示：

第一，明代河、漕问题在封建王朝的政治统治和张居正改革活动中的极端重要地位。正如张居正指出的："今方内艾安，所可虑者，河漕为最。"可以说河漕通，封建王朝的政治统治就能维持下去，张居正的改革活动就有希望；而河漕不通，封建王朝的政治统治就会出现危机，张居正的改革活动就可能面临失败。这里十分鲜明地体现出水利事业作为一项特殊的公共工程活动在封建国家政治生活中的重要地位。

第二，封建国家的政治权力对于水利事业的强大影响力。它以充分的事实证明了历史唯物主义的这样一个道理：社会政治力量对社会经济运动的反作用可以体现为：(1) 加速社会生产力的发展；(2) 延缓社会生产力的发展；(3) 但不能完全阻止社会生产力的发展。在封建时代，水利工程的具体内容都是由封建国家拟定的。但是由于封建国家的统治者在制定水利决策、发展水利事业上的自私性和盲目性，当它选择到较为合理的治理方案时，就可能将水利事业推向前进；而当它选择到不怎么科学的治理方案时，就可能干扰甚至破坏水利事业的进步。这种错误选择所带来的严重后果，又迫使他们进行新的选择，一直到人与自然的关系得到比较合理的解决为止。封建国家在指导经济活动中的这种盲目性，可能是导致封建社会生产力和科学技术发展缓慢的一个重要因素。但是从社会经济运动的总要求来讲，它决不可能完全阻止生产力的发展，也决不可能完全阻挡水利事业的进步，同样也决不可能完全阻挡中国传统科学技术进步的总趋势。那种认为明代以后中国传统的科学技术水平停滞不前的观点是不符合历史事实的，起码不符合中国水利发展史上的历史事实。

总之，以上从自然历史、经济状况、政治活动诸方面的分析和介绍告诉我们，伟大人物的产生不是上帝的安排，不是个人的选择，而是历史进程的需要，人类改造自然的需要，以及社会经济发展和政治活动的需要。所以，当历史的发展需要一个总结性的治河人物时，他迟早都会产生。正如哲学家恩格斯所指出的："恰巧某个伟大人物在一定时间出现于某一国家，这当然纯粹是一种偶然现象。但是，如果我们把这个人除掉，那时就会需要有另外一个人来代替他，并且这个代替者是会出现的，——或好或坏，但是随着时间的推移总是会出现的。"[①]潘季驯就是这样一个历史条件下的特定产儿。笔者认为，如此强调历史决定论的观点不仅不会抹杀潘季驯这个历史人物的思想和行为个性，反而可以更加合理地解释他在人生道路上之所以如此非凡的深刻原因。

① 恩格斯《致符·博尔吉乌斯》，见《马克思恩格斯选集》第四卷，第506页。

第四章 艰苦探索的前期治河活动

在潘季驯的一生中，最使他感到自豪的业绩当然就是他的四次治河活动了。从嘉靖四十四年(1565 年)到万历二十年(1592 年)，在长达 27 年的时间里，他先后奉嘉靖、隆庆、万历三朝简命，四次担任总理河道大臣的职务，在明代治河历史上创下了主持河工的最高纪录。在长期的治河实践中，他独具慧眼，努力创新，一反前人只治水、不治沙，只分疏、不合流，只保漕、不治河的传统治河方略，大胆摸索，首先提出了"筑堤束水、借水攻沙"的全新治河方略，在中国水利工程建设史上留下了一页永垂史册的篇章。从元到明代以来的黄河，正是以嘉靖末到万历初年的潘季驯治河为契机，由持续了数百年的多支乱流、南北游荡、变居不定的混乱局面，转向了束水合流的相对稳定局面，并一直保持了 200 余年。下面，就让我们对潘季驯的四次治河实践，从历史的发生顺序上作一个大概的介绍。本章首先介绍的是他的前期治河活动。

一、初试锋芒的第一次治河活动（嘉靖四十四年至嘉靖四十五年）

（一）此次治河的历史背景

嘉靖后期，黄河的河患主要集中在山东曹县以下，江苏徐州与沛县之间的三角地区。而这个地区恰巧正是山东闸河与黄河的交汇处所。黄河洪水在这个地区的分支漫流，无疑对大运河的运输和沿岸人民的生命财产安全带来了严重的危害。

嘉靖四十四年（1565 年）七月，桀骜不驯的黄河又一次在沛县飞云桥地区决口。开始是新集决口，尚可支吾；后来是庞家屯决口，遂致不可收拾。全河北流，分为二支，又分而为 13 支，或横绝，或逆流，股涌沛地，东注昭阳湖，散漫湖坡，达于徐州。黄水经过之处，数百里间一片汪洋，浩渺无际，而“河变”极矣。这次黄河泛滥，也给山东至江苏段的运河造成了极大的破坏。以徐州为中心，“上下二百余里运道俱淤”。特别是山东运河济宁至徐州段，以往主要靠位于山东和江苏交界处的昭阳湖水济运（那时运河在湖西）。四十四年黄河决口散乱北流后，浑浊汹涌的洪水冲毁运河大堤，涌入昭阳湖中，散漫湖坡，使得山东南阳到江苏留城之间的 190 多里运河全部淤毁。[1]

汛情飞报京师,引起了新任内阁首辅徐阶的极大关注。这时庙堂之内严党已除,大权尽握,朝纲急需修补整顿。但年老昏庸的嘉靖皇帝终日不理朝政,只是一味烧香斋醮,整个国家的担子几乎全部压在了徐阶的肩上。现在又突然遇到黄河决口,漕运中断,中外汹汹。在这要命的关键时刻,原任总河都御史孙慎又抗命不职。[2] 派谁去接替孙慎,协助在任工部尚书朱衡组织河工呢?咨谋在庭,在吏部文选郎陆光祖的推荐名单中,徐阶很快相中了刚刚被提升为大理寺左少卿的浙江同乡潘季驯。

给潘季驯的"敕谕"是在嘉靖四十四年十一月十一日颁发的,其大意曰:"河臣潘季驯奉敕:近年沛县以北漕河屡被黄河冲决。今特命尔前去总理河道,督率管河、管洪、管泉、管闸等官,时常来往亲历,多方经划。遇有淤塞之处务要挖浚深广。其黄河北岸各堤岸,亦要着实用工修筑高厚,以为先事预防之计。凡属地方遇有水患,即便访究水源,可以开通分杀,并可筑塞堤防处所,严督各该官员量度事势缓急,定限工程久近,分投修理。……尔为宪臣,受兹专委,尤须竭忠尽力,悉心区处,毋惑因循怠玩,虚费财力。责有所归,尔其慎之,故敕。"[3]

从这篇"敕谕"中我们可以清楚地看到,明代河官中的总

---

① 参见《明史·河渠一》。

② 孙慎抗命事,见《明实录·嘉靖实录》卷五五一:"十月丙子,命总理河道右都御史孙慎回籍候用。时河患方急,慎被命迁延,不即赴任,都给事中王元春疏劾之,故有是命。"卷五五二:"十一月己亥,升大理寺左少卿潘季驯为右佥都御史,总理河道。"

③ 见潘季驯《河防一览》卷一。

理河道大臣，实际上是一个集工程决策、工程实施、河工技术、工程管理、河务监督等数职于一身的高级行政官员。他必须同时精通工程技术和行政管理两个方面的业务。他既要有事无巨细运筹于帷幄之中的胆识，又要有高瞻远瞩决胜于千里之外的勇气；他既要有统帅千军万马协同施工的才能，又要有身先士卒、栉风沐雨的精神。因此在封建时代对于总理河道大臣的选派一般来说都是相当慎重的，起码应当具有才识过人、经验丰富、老成持重、众人信服等方面的品格。虽然具体到每一个任职者会有这样那样的缺憾，但是对于潘季驯来讲，这些才能品格他都十分具备。

可能是考虑到第一次从事治河工作，徐阶并没有马上让潘季驯独当一面，而是让他担任助手，主要协助刚上任的工部尚书朱衡来开展工作。

朱衡(1512～1584)，字士南，号镇山，江西万安人。嘉靖十一年进士。曾历任知县、刑部主事、郎中，出为福建提学副使，迁山东布政史、山东巡抚，后召为工部侍郎、吏部侍郎。嘉靖四十四年进南京刑部尚书。其秋，河决沛县飞云桥，淤运道百里。遂于八月改为工部尚书，总理河漕。

和潘季驯一样，朱衡也是一个廉正能干之人。他从嘉靖四十四年任工部尚书，在任长达十年(万历二年致仕)。其间，他先后与潘季驯、万恭合作治河，治绩颇著。《明史》中称他“先后在部，禁止工作，裁抑浮费，所节省甚众”。不仅如此，朱衡还擅长著述，在当时的学术思想史上也占有一席之位。他所写的《道南源委录》一书，对明代岭南地区的思想家及其学术源流作了系统的追述，是研究明代嘉靖以前岭南学术史必不可少的参考书。

根据史料记载，朱衡与徐阶、张居正、高拱等人均很熟识，同海瑞的关系尤为密切。因为当海瑞在福建南平县儒学作教谕时，朱衡正在福建做提学副使，是海瑞的顶头上司，他很欣赏海瑞的思想和个性。后来海瑞调任江南赣州兴国县知县，又调任户部云南司主事，都是由于朱衡担任了吏部侍郎以后，经过推荐才得以任命的。①

和海瑞一样，朱衡也是一个个性很强的人。《明史》上说他“性强直，遇事不挠”。由于这个原因，他在嘉靖四十五年与潘季驯治河时，因为治河见解不同，两人闹了不少矛盾。万历初，又因为他的个性不被新任首辅张居正所喜，终于被劾回家，于万历十二年去世。②

从各自的经历来看，朱衡与潘季驯以前虽无很深的交往，但起码都互相认识。因为嘉靖四十一年六月潘季驯被调任顺天府督学，随后又调入北京任大理寺寺丞时，朱衡正是吏部侍郎。朱衡与徐阶的关系也非常密切，可能正是由于这个原因，徐阶才下决心调潘季驯协助朱衡共同治河。

虽然是合作治河，但是朱、潘二人此时各方面的差异实际上很大。从年龄上，朱衡大潘季驯将近 10 岁；从学历上，朱衡是嘉靖十一年进士，比潘季驯早了 18 年；从官职上，朱衡是工部尚书兼右副都御史，为正三品职，潘季驯是右佥都御史，为从四品职；从思想个性上，朱衡的个性强直，容易固执己见，而潘季驯则善动脑筋，不愿人云亦云。这样虽然他们都可能与徐阶等人关系密切，但由于是两个强人被拴到一起，产生矛盾

① 参见《明史·朱衡传》。
② 《明史·朱衡传》。

应属预料之中,这种不悦一开始还不会暴露出来,但是以后随着工作上的进展,两个人的分歧就日渐明朗化了。

一接到朝廷的敕谕,潘季驯马上交代完大理寺的工作,离开北京,沿着大运河到当时的总理河道衙门所在地山东济宁府走马上任。根据潘季驯本人的追述,他是嘉靖四十四年十一月初七日接旨廷谢,十一日领敕起程,于二十二日抵达济宁府,与原任总河官都御史孙慎交接的。随后即赴治河工地夏村集①,会同先期已经到达的朱衡沿河勘查去了。

(二)此次治河活动的经过

嘉靖四十四年十一月底,潘季驯与朱衡在夏村集会合。然后在有司官员的陪同下,沿着被冲毁的运河工地勘查水情。巡视路线是从山东济宁以南的南阳口出发,沿着昭阳湖的东、西两岸向南巡视,一直到达沛县境内的百中桥。在百中桥附近,发现河势分为两路,“一从留城出口经黄家闸、大小溜沟等处出境山,此则运河之故道也;一从沂山至窑沟等处出境山,此即今岁新冲之支河也”②。在巡视过程中,潘季驯仍然按照过去长期形成的老习惯,注意深入村舍堤铺,向当地的年长老人、有经验的船工,以及下级官员询问河势。当时昭阳湖西岸已被黄河洪水淹淤,潘季驯就改坐小船溯流而西,问故道于撑

① 夏村集在沛县境内大运河昭阳湖段,参见谭其骧主编:《中国历史地图集》第七册,第46页。

② 参见潘季驯《总理河漕奏疏》(初任)卷一,《阅视河工疏》。

船的老篙师，并亲自到实地观察。[①]

巡视的路线是大致相同的，然而在选择哪种治河方略的时候，朱、潘二人产生了严重的分歧。朱衡看见原来昭阳湖西岸的运河旧渠已经淤积成陆，而湖东岸当年盛应期所凿新河故迹[②]尚在，地势高，河决至昭阳湖不能复东，乃定计开浚新河。而潘季驯则通过沿河调查认为新河土浅泉涌，劳费不赀，而留城以上运河故道初淤可复也，而主张复故道。两种意见争执不下，两个人又都固执己见，“由是二人有隙”。遂决定各自向朝廷奏上意见。[③]

潘季驯先奏上的是《阅视河工疏》。他说：“议者（显然是指朱衡）谓出留城一带沙淤，挑浚工费颇巨，不若从沂山为便。但臣（指季驯自己）虑新冲支河俱系湖坡，运舟不便牵挽。”因为自沂山以下，一直到境山，六十余里俱系湖坡，深处不过三尺，沿边山势又蜿蜒曲折且夹以诸多湖岔，欲建筑运河长堤，势必困难。因此“臣度沂山一带既不可行，则留城出口在所不免”[④]。

大概是考虑到自己今后的工作要受朱衡的节制，而且河道诸官的观点也大多倾向朱衡一边，舆论于己不利；也可能是通过进一步实地勘查，发现恢复运河在昭阳湖以西的故道确实不可能，潘季驯又于十二月初十日紧急奏上第二篇疏文《浚

---

① 参见王锡爵《潘公墓志铭》。

② 嘉靖七年（1528 年），总督河道都御史盛应期请改昭阳湖东为运河，以西岸为湖障，而以一湖为河流散漫之区。朱衡实际上采纳的是盛应期的观点，参见《明史 · 河渠志》。

③ 见《明史 · 河渠一》。

④ 潘季驯《总理河漕奏疏》（初任）卷一。

秦沟等处下流疏》[①]，他说："见今挑浚里河（即运河新河）以避黄水，无容别议。但里河固所当挑，而（黄河）故道犹须加意。臣阅视夏村集等处河工毕，即驾小船。……行至沛县一带地位，沿洄眺望，延袤数十里间，非浲水横流，即沙淤崇积。今虽水势稍落，然明岁霖雨时行，其害固在也，可不虑乎？"黄河变成此种没有约束的漫流之势，不加整治怎么能行？因此他把自己"复故道"的治河主张在内容上作了实质性的修改，由复运河故道改为复黄河故道。他说：

> 臣惟治水之道不过开导上源与疏浚下流两端。而今之所谓上源者，非新集口与庞家屯等处乎？议者谓其地远费广，且虑黄河已弃之故道开亦无益。臣询之舆论，大略相同，委难轻议，姑置之矣。夫上源不可导，则下流在所当疏。而今所谓下流者，非秦沟浊河飞云桥与沛县西门诸水乎？秦沟浊河飞云桥等处俱各浅涩，惟西门一流，冲决长堤，逆上西北，径入湖陵城，至将鲁桥南阳等闸泉水壅阻漫流，则今日为运道之害者，西门一流为最也。夫水性避高就下，而水势南顺北逆。秦沟浊河颇近徐、吕二洪，其流为顺；而沛县北去徐州百五十里，故飞云桥与西门之水为逆。然诸流异派而同宗，秦沟浊河之势胜则飞云桥与西门之势衰，是秦沟浊河者又飞云桥与西门水之下流也。欲杀沛县之水，非导秦沟浊河不可。

① 潘季驯《总理河漕奏疏》（初任）卷一。

与此同时，朱衡也奏上了自己的方略《修复运河故道疏》①。他说：恢复黄河故道，臣参考地形有五不可。第一，上源新集一带无故道可因，郭贯楼以下虽有河形，但属新淤，无法驻足。第二，"黄河所经，鲜不为患"。如果现在改复黄河故道，就会把鱼（台）、沛（县）所遭受的水灾转移到萧（县）、砀（山），其结局都是一样的。第三，现在黄河的大势是向西北奔流，如果现在要从中凿渠，挽水南向，就必须在河道中筑坝横截，遏其东奔。而要想在狂澜巨浸之中，筑坝数里，那实在是一件很难办到的事情。第四，役夫 30 万，旷日持久，骚动三省，社会影响实在太大。第五，大役踵兴，工费惊人，一有不继，前功尽弃。所以复故道之举断不可行。他认为，与其花费数百万工费驱数十万役夫，于狂涛巨浸之中浚河挖泥，恢复故道，不如就在黄河南岸修筑堤防，防止黄河水再向南奔溃；而在黄河北岸，留出沛县以北数百里地区，形成一个天然滞洪区，让黄河洪水有所停潴休息；②同时疏浚秦沟（黄河的支流）的下游，最后导引停潴在这个地区的洪水慢慢泄走。至于现在的当务之急，应当是集中全力，将原来位于昭阳湖西岸的运河故道迁到昭阳湖的东岸，以保证漕运的畅通，躲开黄河的危险。

总之，一个要把恢复黄河故道作为主攻方向，一个要把开挖运河新渠作为工程重点。潘季驯与朱衡在治河方针上发生了无法调和的矛盾。朝廷一时无法作出判决，最后决定派遣

① 见《明经世文编》卷二九九。

② 朱衡留昭阳湖为滞洪区的观点，参见李攀龙《送大司空朱公新河成还朝序》中的引述："夏秋水猥盛，虽时溃而东北沙淤存落，泛浅力微视其自索，抵极而反，亦在新河西堤外，昭阳湖受之以休息，若所谓勿与水争者，独河焉为壑?"见《明经世文编》卷三三一。

工科给事中何起鸣往勘河工，再作定夺。这已是嘉靖四十五年的事情了。

四十五年(1566年)二月甲申，工部遣工科给事中何起鸣往勘河道。在此之前，治河工地上曾发生了一些不愉快的事情，朱衡个性强直的老毛病这时又犯了，他固执己见，一意孤行，在朝廷还未做出最后决断之前，就命令运河新渠开工，并“引鲇鱼套、薛沙诸(山泉)水入新渠马家桥堤，以遏飞云桥决口”。同时他还在工地上“身自督工，劾罢曹濮副使柴涞，重绳吏卒不用命者，浮议遂起”。事情闹大了，传到了京师，于是给事中郑钦劾“衡虐民悻功”。朝廷才命何起鸣即刻起程，勘实以闻。[①]

经过一个月的实地勘查，三月辛酉，何起鸣[②]奉诏从沛县勘河工还，上言曰：“旧河之难复有五”，而新河“谓难成亦有三”。其中谈到旧河难复的原因时说：“黄河全徙，必杀上流，新集、庞家屯、赵家圈皆(黄河)上流也。以不赀之财投于河流已弃之故道，势必不能。”再加上“自留城至沛(为运河故道)，莽为巨浸，无所施工”，10万之众，无所栖身，夏秋淫潦，难保不淤。而与此相比，“新河内多旧堤高埠，黄水难侵，开凿之费视旧河为省，且可远将来溃之患决”。至于开新河的三个困难，完全可以设法克服。在黄水异常、复漕无日的情况下，“臣断以为开新河便宜如衡言；开新河而不全弃旧河(此处指运河故

① 见[清]夏燮《明通鉴》第六册，嘉靖四十五年卷。

② 何起鸣，四川内江人，嘉靖三十八年进士，曾选工科、礼科给事中，后迁工部左侍郎。

道),宜如季驯言"[1]。

从这段证言中可以看出,何起鸣虽然同时介绍了治河问题上的两种观点,但他明显是站在朱衡一边的立场上赞成开"新河"的。另外他的介绍也证明,潘季驯所谓复"故道"的主张,实际上有两层含义:一层是指恢复从新集到庞家屯、赵家圈的黄河故道;另一层是指恢复从南阳口到沛县留城一线的运河故道。这两个方面的内容既有区别,又互相牵制,因为前一个目标的实现有助于后一个问题的解决。可惜《明史·河渠书》上对此种情况未作说明,却一概归之曰"复故道"。后世的研究者不明真相,以讹传讹,都以为潘季驯坚持恢复的就是一条运河故道。这样的理解不仅降低了潘季驯方略的积极意义,而且还误导人们产生潘季驯的主张就是因循守旧的错误印象。这种误解应当予以纠正。

嘉靖四十五年的河工形势如图 4-1 所示。[2]

从这个图示中可以清楚看到,从新集到赵家圈指的是黄河故道(史称"贾鲁故道"),在黄河南岸;从留城到沛县指的是运河故道,在黄河北岸;而从南阳—夏村—留城一线则是指运河新河。前述潘季驯所讲的"开导上源"之策就是指疏浚从新集到赵家圈的黄河故道(贾鲁故道);而他的"疏浚下流"之策就是通过疏浚秦沟和浊河来减杀黄河北流趋势,疏导沛县以北地区潴留的巨量洪水。这样就可以通过治河的办法来保护从南阳到境山的运河不受冲毁,同时救灾民于昏淀之中。由此可见,这里不能把潘季驯的"复故道"主张简单地理解为"复

① 见《明实录·世宗实录》卷五五六。

② 本图示参照谭其骧主编《中国历史地图集》第七册中有关地图绘制。

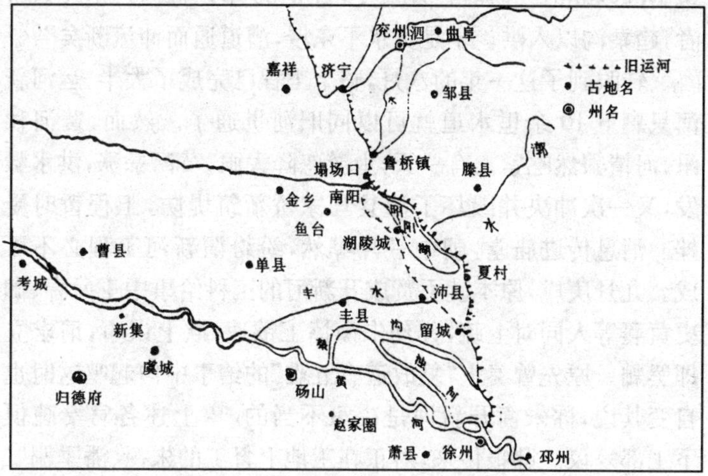

图 4－1　嘉靖四十五年河工形势图

运河故道”。

何起鸣勘河的奏疏对于朝廷下决心起到了关键作用，“疏入，下工部会廷臣议，俱合，上意乃决。诏勒限开筑新河，仍不得藉口速成苟且完事”①。

由于受朱衡的节制，再加上何起鸣勘河奏疏的影响，潘季驯复黄河“故道”的方略基本上没有被朝廷所接受，只是复运河“故道”的建议被部分采纳。朱衡负责挖筑从南阳至留城的新运河工程（史称“南阳新河”）约 140 里，而潘季驯负责疏浚从留城到境山的运河故道工程约 53 里。此外，他们又督工修

① 见《明世宗实录》卷五五六。

筑秦沟以北沿线河堤三万余丈，石堤30里，“遏河之出飞云桥者，趋秦沟以入洪。于是黄水不东侵，漕道通而沛流断矣”[①]。

转眼到了这一年的八月，整个工程已完成了大半，运河新河只剩下10余里水道就可以同旧河贯通了。然而，黄河秋汛，河情骤然吃紧。有一天，上游忽降大雨，黄河暴涨，洪水骤发，又一次冲决并毁坏了沛县马家桥新筑堤防，工程暂时受挫。消息传进庙堂，朝中一片哗然，纷纷谓新河工程必不可成。九月庚戌，原本就不赞成开新河的工科给事中王元春、御史黄襄等人同时上疏，弹劾朱衡悻工欲速，欺上误事，请求立即罢黜。原先曾奏上“复故道有五难”的给事中何起鸣这时也自变其说，称朱衡开新河是决策不当的。[②] 上述各官奏疏俱下工部复议。邸报传来，对正在工地上督工的朱衡、潘季驯二人以很大的压力。在这种情况下，潘季驯再次上疏，明确表达了自己对当前局势的基本看法。他说：看了邸报中诸官的奏疏，特别是看到王元春重提自己当初关于“疏浚秦沟、浊河以杀水势，建筑堤岸以防泛滥”的建议，并请求让潘季驯再行勘查此段黄河的“上源”和“下流”时，“臣捧读此疏，不胜悚惕。该科洞烛此中事体，必欲两利俱全，故有此论”。自己当初所发出的警告，终于被现实所证实，提出的治理对策，也终于有了回音，这能不让潘季驯感到激动吗？但他不是落石下井的小人，他要服从整个工程建设的大局，要维护朱衡的面子，不使他难堪。而且现在新河工程已接近完成，全盘否定前一阶段的工作成就，对他自己也不利。因此他提出可以把疏浚黄河

① 见《明史·河渠一》。
② 见《明世宗实录》卷五六二。

的工作暂时先放一放，等到运河工程完成以后，再行施工。他说，现在“因里河工程分委各工监督，时刻难离，且各处人夫派调颇多，二处工程（指疏浚秦沟、浊河和沿河筑堤事）一时与里河并举，其势必致重困。吾民诚有如该科所云者，臣随批行各该司道，姑候里河工程就绪，躬诣复勘呈夺，以凭具题，方敢兴工”①。

其实，尽管潘季驯一直在坚持“开导上源”和“疏浚下流”的方略，但是他与王元春的主张是有很大区别的：潘季驯主张在彻底疏浚黄河主河槽的前提下治运河，而王元春只看到洪水冲垮马家桥堤的后果，主张用开浚黄河支流的办法来分疏洪水，一个是长远规划，一个是权宜之计；潘季驯主张工程建设应有轻重缓急，先标后本，而王元春则主张开新河、疏浚秦沟和浊河“三工并举”②，这是潘季驯所不能接受的。

果然，几天以后，9 月 9 日，朱衡和潘季驯就主持修通了从南阳到境山的 194 里新、旧运河，并以“新河工成”告言朝中，称：“大帮粮运由境山进新河，过薛河至南阳出口，随处河水通满，堤岸坦平，并无阏阻。”奏疏入内，“群嚣寂然”。帝大喜，赋诗四章志嘉，以示在直诸臣。吏、工二部乃复诸臣疏，谓：“河工既有成绩，衡宜留用。令会同季驯悉心料理，以图永久。”从之。③

总起来讲，这次治河工程的内容包括：创筑南阳至留城新运河 141 里，疏浚留城至境山旧运河 53 里；建筑马家桥堤

① 见潘季驯《总理河漕奏疏》（初任）卷一。

② 关于王元春的观点，参见李攀龙《送大司空朱公新河成还朝序》。

③ 见《明史·河渠一》，《世宗实录》卷五六二。

30000余丈，石堤30里；疏支河杀薛、沙二（泉）水之势者96里；建坝、置闸、原堤、密树诸可以利久远者甚周。工程仅“十月告成功矣”①。根据潘季驯本人的亲自统计，其经济效益是十分明显的：工程未完成之前，六个月的时间共过粮船3396只，而工程完成以后，仅12天，实过粮船就已经超过3894只，真是“迟速多寡，大相悬殊”②。

运河工程虽然完成了，但是潘季驯并未忘掉他治理黄河的理想。就在运河开通的当月，他又奏上了题名为“为河工就绪，恭请勘议上源事”的《候勘上源疏》。他说：“臣窃谓治河之道，固先以开导上源为急，而通漕之计，又当以排浚运河为先。”正所谓“急则治其标也”。现在运河已经开通，急标已解，应该腾出手来治本了。因此他请求朝廷批准他“带领地方官书算水平人等，再往新集、庞家屯等处复习踏勘，逐一估算明白，务求归一之说，以图永久之计”③。

然而，正当潘季驯充满信心，准备听旨勘查黄河故道的时候，却从乌程老家传来他的母亲闵夫人谢世的不幸消息。他只好怀着遗憾的心情向朝廷请假，回家奔丧去了。这样，从嘉靖四十四年十一月上任，到四十五年十一月丁母忧回家，潘季驯第一次参加治河的时间恰满一年。

由于潘季驯协助朱衡治河有功，隆庆元年六月丙申，新皇帝叙治河功，升都察院右佥都御史潘季驯为右副都御史，职衔

① 见[明]殷士儋《驾宫保大司空镇山朱公考绩序》，《明经世文编》卷三〇三。

② 见潘季驯《总理河漕奏疏》（初任）卷二，《报军运粮船尽过济宁疏》。

③ 潘季驯《总理河漕奏疏》（初任）卷二。

为三品官。

（三）对此次治河活动的评价

对于潘季驯在嘉靖四十五年参加的这次治河活动，后世的研究者们一直重视不够。特别是由于《明史·河渠志》的作者不分黄河、运河，一概冠之以“故道”，更是迷惑了不少人，以为在这次治河活动中潘季驯是个反对创新、因循守旧的保守人物。其实大谬不然。通过前面的具体介绍，我们可以清楚地看到，朱衡和潘季驯二人在此次治河活动中的根本分歧就是：先保漕还是先治河？或者更确切一点说，是只治运河不治黄河，还是“黄运一体”统筹兼顾？显然，朱衡坚持的是前一种观点，而潘季驯坚持的是后一种立场。对此，清代著名水利专家康基田有一个中肯的评价，他说：“衡与季驯同理河事，衡欲循盛应期之旧迹，季驯思复贾鲁之故道。……衡以治漕为先，季驯以治河为急。……衡所见在近，季驯所见在远，治黄而运在其中。”这个评价是相当公允的。[①]《明通鉴》的作者、清代学者夏燮在考异这段水利史事时也得出了同样的看法，他说：“朱衡开新河，潘季驯复故道，《明史》两是之，盖新河之利在目前，故道之利在永久也。若是时开新河者，衡主其事，季驯不得不列衔具奏，而季驯寻以忧去。若《实录》所载，谓‘季驯亦已中变其说’，似非也。”这个考异也是合乎事实的。[②]它说明，潘季驯第一次参加治河活动，就已经深刻地注意到治河与

① ［清］康基田《河渠纪闻》。

② 《明通鉴》第六册，中华书局本，页二四八一。

保漕之间的不可分割关系，认识到保漕必先治河，它们之间，治河是本，保漕是标，只有先固本，治标才能持久。潘季驯的这个思想可以说是对于明代前期治河观念的一个重大冲击。正如我们在第三章中所指出的，从明代永乐年间到嘉靖年间，治河者多采用放任黄河，以保证漕运畅通为主的政策，“南岸分流，北岸筑堤”成为历朝统治者陈陈相因的基本方略，其结果是长期以来黄河一直游荡不定，不仅严重地破坏了淮河水系，给在黄淮地区生活的广大人民带来深重的灾难，而且也越来越直接地对运河交通造成更多的威胁和破坏。现在潘季驯看到了治河与保漕之间的内在联系，认为只有先治河才能保漕，这在认识上显然是一个重大的进步了。

这里还应当对朱衡的治河活动作一个公允的评价。朱衡虽然个性强直，但是在对待治河的态度上，却和潘季驯一样，十分认真负责。朱衡开南阳新河，虽然忽视了治黄的内容，但是仅就运河工程本身的建设来讲，避开黄河的干扰，却是明代中叶以后运河建设的一个大趋势。到了万历后期，不仅南阳运河，而且从徐州到江苏清口间的中运河，也都借助于开凿泇河而与黄河脱离，不再借黄济运。这种分离的趋势一直维持到清代后期。所以从这个意义上讲，朱衡开南阳新河并没有错。至于忽视治理黄河，也不完全是朱衡一个人的过错，倒不如说是整个明朝政府的责任，他们只顾漕运畅通，却不管黄河的安流与否，一切治河活动的效果都仅仅以漕运是否畅通作为唯一的评价标准。这样一个大原则的确定，无疑会直接影响到每一位河臣的具体决策。潘季驯与朱衡的区别仅仅在于：潘季驯还想在朝廷规定的大原则之内有所作为，既保运，又治河；而朱衡则干脆按照朝廷旨意，只管保运，不管治河了。

这样才表现出他们之间在思想水平和工作方法上的高下差别来。不过从总的方面来看，无论潘季驯还是朱衡，在这次治河活动中都还没有形成后来称著于世的“筑堤束水，借水攻沙”的系统治河思想。

二、独当一面的第二次治河活动
（隆庆四年至隆庆六年）

（一）此次治河的历史背景

从隆庆元年到隆庆四年，潘季驯一直在家中为母亲守丧。闲来无事，日与儿孙辈杜门较课。恰遇其兄仲骖因事下狱，公遂早出晚归，多方奔走以救之，竟因此得罪朝廷使者，遭弹劾。隆庆三年四月，挚友王世贞抵湖州任知府，季驯真是喜不自禁，经常与王世贞、陆理之辈登岘山，登飞英塔，赋诗唱和，饮酒结社，慢慢地竟有了绝意仕途的念头。

然而这一时期明朝的社会政治形势和河漕形势却发生了较大的变化。

首先，这个时期的政局变化就像走马灯一样令人眼花缭乱。隆庆元年二月，首辅徐阶调礼部侍郎张居正为吏部左侍郎，吏部侍郎陈以勤为礼部尚书，预内阁机务，并参大政。而礼部尚书高拱、吏部尚书郭朴却因徐阶草遗诏不预，而与之有隙。

由于徐阶与高拱的不和，该年五月，高拱在言官的弹劾下，被迫辞职致仕；同年八月，郭朴也被弹劾辞职。而与此形成鲜明对照的是，隆庆二年正月，张居正加少保兼太子太保，这为他在隆庆六年到万历十年的改革活动铺平了道路。然而，该年 7 月，徐阶却在得罪了穆宗皇帝之后，在言官的弹劾下也被迫辞职了。

徐阶去位，首辅一职暂由李春芳代理。但李春芳并没有当首辅掌大权的野心，他是一个谦谦长者，谈不到什么作为。因此，隆庆三年，徐阶去职后的第二年，内阁的成员又发生了变动。该年 8 月，内江人赵贞吉入阁，为礼部尚书；12 月，吏部尚书杨博致仕，穆宗复召高拱入内阁，兼管吏部事。结果，内阁和吏部的大权又重新被转移到高拱手里，高拱成了事实上的首辅。高拱的这个权力，在明穆宗的全力支持下，一直保存到隆庆六年。

其次，在河漕形势方面，自从嘉靖四十五年十一月潘季驯丁母忧回家后，他的职务一度由工部尚书朱衡兼任。隆庆元年正月，朱衡请罢上源议，惟广开秦沟，坚筑南岸长堤。[①] 潘季驯勘上源、复故道的那一套主张一时也就没有人再提起了。

到了隆庆二年九月，由于上召朱衡还京履行工部尚书职，朝廷又起用服阕都察院右副都御史翁大立，以原职接替朱衡总理河道。翁大立上任后，由于新开南阳运河通漕便利，因而对朱衡避旧河、开新河的政策十分崇拜，遂于隆庆三年四月上疏颂新河之利。他批评主张复旧河的人是“顾道路之言或称未变者，以鱼台、滕、沛沮如成湖，谷亭、沽头市廛失利，乃倡浮言以摆国是耳”[②]。这显然是对潘季驯观点的批评。对于鱼

① 见《明史·河渠三》。
② 见《明史·河渠三》。

台、滕县、沛县一带潴留的洪水，他提出了建“水柜”以蓄之的对策，“黄流逆奔，则以昭阳湖为散漫之区；山水东突，则以南阳湖为潴蓄之地”。同时，挖沟排水。可以看出，翁大立在治河战略上完全遵循的是朱衡的一套主张，并无什么新创见。唯一值得一提的是他的“水柜”思想和排水计划，还可以稍稍体现他对于局部地区洪水的调节观点。然而这只能算是和平时期的因循，并没有面对黄河的勇气。随后而来的河患，就完全打破了翁大立的因循，使他感到六神无主了。① 隆庆三年七月壬午，黄河决沛县，洪水自考城、虞城、曹、单、丰、沛抵徐州，沿河两岸各县俱受其害。由于河水旁出，茶城到徐州的运河被淤塞，徐州以下河道水位降低，2000 多艘运粮船被阻塞在邳州不能前进。秦沟、浊河口淤沙旋疏旋壅，沛县一带重现洪水横流的混乱局面。到了九月，淮水又决溢，自清河县至通济闸抵淮安城西，淤 30 余里，决方、信二坝出海，平地水深丈余。② 其实上述局面正是朱衡等人只保运、不治河政策所造成的直接后果。把治河经费和人力物力全部投向开凿南阳新河，而对于黄河两岸和淮河沿线，任其堤防残缺破损，千疮百孔，焉得不决？

然而朱衡等并未因此改变自己的立场。隆庆三年七月，工部都给事中严用和上疏建议重视治河工作。他说，黄河决溢，震荡徐、邳，运道为梗，请饬有关部门筑塞决口，挑浚淤沙，先解目前之急，然后再命有关河道衙门悉心计处经久治河之策。然而朱衡却以工部名义回答说：现在河流稍平，漕运船只

① 见《明实录·穆宗实录》卷三一。
② 《明通鉴》第六册，隆庆三年条。

以次可进，沿河堤防闸坝可以慢慢修复，大局无足为虑。只有沛县一带黄河易决溢，使运道受阻，应当及时讲究治理之策。

> 然臣以为黄河为患自周、汉至今，未有能久治而不决之术，要在因势利导、随弊修补而已。今沛县东堤已完，而县城南至境山西堤未及修举，宜亟加兴筑以遏沛河之溢。其秦、浊二河易淤难疏，宜于梁山之南别开一渠，远避黄水，以免沙淤之患，计无便于此者。至欲多开故道以杀河势，则臣以为不可。夫汉武罢于瓠子，二宋人祸基于回河之役，即如嘉靖中开浚孙家渡等处，费出不赀，旋即壅塞，未有能出奇策使河受约束者也。①

这里的言论，通篇是悲观失望、无能为力的语言。你看："臣以为黄河为患自周、汉至今，未有能久治而不决之术，要在因势利导，随弊修补而已。"黄河是硬治不得的，历史上，汉武帝堵瓠子之决，无功而返；两宋兴回河之役，导致亡国。天下有谁能出奇策使黄河水受约束的？倒不如划出地方，任其游荡决溢，只是尽力保运，"别开一渠，远避黄水，以免沙淤之患"。只要运河畅通就可以了，黄河决溢，淹点地方又算得了什么呢？这是明初以来治河家们遵守的通则。因此决不能同意"开故道以杀河势"的主张。然而朱衡的这一番言论却受到了穆宗的支持和赞同。

在工部尚书朱衡只保运、不治河思想的影响下，翁大立对

---

① 《明穆宗实录》卷三五。

这次河患的态度也只是因循。不过他又把朱衡的思想进一步发展了：朱衡为了避开黄河的影响，在昭阳湖东岸修筑了从南阳到留城的“南阳新河”；翁大立倍受启发，则进一步提出了“开泇运新河”的建议，这是隆庆三年九月的事。他说：“臣按行徐州，循子房山，过梁山，至境山，入地浜沟，直趋马家桥。上下八十里间，可别开一河以漕，其利有十。”这十大好处综合起来讲，就是与黄河的狂澜激湍“远不相涉”；漕舟循堤而上，可以避免淤浅之患，还可省盘剥之费；用治旧河的经费来开新河，则长堤可缓，费用大省；弃旧河以为水壑，可以排泄洪潦。翁大立的这个建议正合朱衡之意，因此“章下，工部以大立议为便，请行抚按及巡盐官相度地形并议钱粮夫役以请”①。

翁大立建议开凿的泇运河，实际上起自夏镇（今山东微山）李家口，东南合彭河、丞河至泇口会泇河。② 这样大运河就可以在徐州至邳州直河口段避开黄河风险。在明代中叶的治河史上，翁大立的泇河议曾经产生过很大的影响，左右了从隆庆三年到万历三十二年（1569～1604）之间的明朝治河政策，最后终于成为现实。《明史·河渠志》上说：“其议始于翁大立，继之者傅希挚，而成于李化龙、曹时聘。”其实，通过前面的介绍我们不难看出，翁大立的“开泇河议”实际上是受了朱衡“开新河议”的启发，是朱衡开新河思路的进一步拓展。

翁大立的“泇河议”顺应了明代中叶以后黄、运逐步分家的历史趋势，对于大运河本身的建设确实是一个贡献。但是

① 《明穆宗实录》卷三七。

② 参见谭其骧主编《中国历史地图集》第七册中有关地图，另见《明史·河渠五》中的说明。

他的这个方略和朱衡的观点一样，都是建立在彻底牺牲治黄工作的基点上。"弃黄"而"保运"，这样的观点就未免短视。况且他们放弃"治黄"的理由是认为黄河自古以来无法治理，不如弃之以地，任其决溢，这在思想上就更是一种悲观失败、无所作为的观点了。

翁大立在任期间，始终不渝地鼓吹开泇河之议，但迟迟没有得到朝廷的明确支持。到了隆庆四年七月，山东地区普降暴雨，沙、薛、汶、泗诸水骤涨，恰好此时黄河洪水也暴至。两处洪水相遇，导致四处决溢，使茶城一带黄河全部淤浅。于是翁大立上言建议：今山水甚胜，自梁山而下，合于黄河，对此除多加开浚之外，还应集中力量，"依山筑堤，以避秦沟、浊河岁岁涨淤之患，此所谓因势而利导，不与黄河争尺寸之地者也"①。工部从其议，请翁大立相度举行。但翁大立是个说得多、做得少的人，除了在请求"开新河"问题上频频上奏外，在治理现有黄河的洪水方面他拿不出多少可行的办法。在这种情况下，朝廷遂决定以提升兵部侍郎的办法，将翁大立调离总河位置，再由翁大立提名，请丁母忧满三年已销假回朝的潘季驯接任总河职务。在潘季驯还没有到任的时候，由翁大立继续在任内代管。翁大立代管没有几天，九月甲戌，黄河再次暴涨，洪水大决邳州，自睢州白浪浅至宿迁小河口之间河道淤塞了 180 多里，运船千余艘被阻不得进。朝廷震动。被灾情搞得焦头烂额的翁大立此时已乱了阵脚，他先是上疏"请浚古睢河由宿迁历宿州，出徐州小浮桥"以泄洪，同时"分河自鱼沟下草湾，以保南北运道"。然后又上疏辩称："近来黄河之患不在

① 《明穆宗实录》卷四七。

河南、山东的丰、沛，而专在徐、邳，故先欲开泇口河以远河势，开萧县以杀河流者，正为浮沙涌聚，河南增高，为异日虑耳。……臣以为权宜之计在弃故道而就新冲，经久之计在开泇河以避洪水，议无出此两者，惟上决择。”①其实面对雪片儿一般飞来的灾情通报，究竟是先集中全力开筑泇运新河，还是先开支河分流，还是先修复故道，还是先从新冲出的河槽顺势通运，翁大立此时早已是不知所措了。这从他后来于十月间所奏上的另一篇《河道疏》中也可以清楚地看出来，这是后话。因此当翁大立的疏文先后送到工部尚书朱衡面前时，同样被灾情搞得心烦意乱的朱衡此时也对翁大立完全丧失了信心，对他那一套总不见实行的两可之言已极不耐烦。他提笔写道：“旧时黄河自刘大夏设官布夫而河南之患息，自嘉靖初，曹(县)、单(县)筑长堤而山东之患息，自近年改成新河而丰(县)、沛(州)之患息，非必河自顺轨，由人力胜也！今既不能引他水以济漕，而新冲之渠卒未可就，惟筑塞决口如昔时房村方略则故道宜可通。至如泇河之议，虽工费不赀，而一劳永逸，比岁岁疏凿费亦自省。宜令大立躬自相度，条其利害以闻。其管河官员俱令戴罪立功，俟河道奏请。”上从之。② 这里直截了当地批评了翁大立企图弃黄河于不治的消极治河心理，指出不能坐等黄河自己安流，要想办法去治，“由人力胜也”。同时批驳了翁大立以“就新冲”为当务之急的设想，指出当务之急是筑塞决口，疏通河道。现在朱衡大概也开始认识到了，“弃黄”而“治运”的观点其实是短见的。不过，如果以为

① 《明穆宗实录》卷四九。

② 《明穆宗实录》卷四九。

朱衡完全放弃了“开新河”使黄、运两河分家的想法，那也不客观，朱衡自己就讲了，“泇河之议，虽工费不赀，而一劳永逸”。但是现在还不能搞。面对朝廷百官和穆宗皇帝的责问，现在只有暂寝泇河之议，让潘季驯来解决一下燃眉之急。将来只要时机一到，还是要把这个长远之策诉诸实施的。至于后来河势的发展使得朱衡本人也没有能够实现这个愿望，那就是另外一回事了。

隆庆四年十月己酉，以运河淤阻，漕舟不至，诏夺总理河道侍郎翁大立等各禄米半年，戴罪管事。以后，又以治河无策为由，将翁氏罢斥回籍。他的治泇河议自然就告吹了。[1]

当然，这对刚刚上任的潘季驯也是一个严厉的警告：“又请敕都御史潘季驯、陈蚧协心共济，如运到而河尚未通则罪河道，河通而运不通则罪漕运。”[2]这样一来，所谓的“治河”完全成了“保运”的代名词。治河就是保运，这是明代统治者始终贯彻的治河方针，也是他们的唯一评价标准。在这样一个人为设置的狭小框框里，潘季驯要想实现他的黄运兼顾的治黄目标，可真得费一番脑筋了。

（二）本次治河活动的经过

隆庆四年八月，潘季驯以都察院右副都御史再次总理河道，以接替翁大立。这一年他刚满 50 岁。

这次朝廷给他的“敕谕”，除了基本内容跟嘉靖四十四年

① 《明穆宗实录》卷五〇。
② 《明穆宗实录》卷五四。

的敕谕大致相同外，在交代任务上有一个最大的不同，就是“兼提督军务”，要将“山东济宁各临近地方，南直隶淮、扬州，颍、徐州，山东曹濮、临清、沂州，河南睢、陈，北直隶大名、天津各该地方听其督理，各兵备道悉听节制，务要防护运道以保无虞”[①]。这说明在封建国家里，治河活动从来是一项庞大的公共工程活动，必须由国家出面，通过有组织的群体力量才能完成，而这个组织力量的核心部分就是军队。从这个意义上讲，治河官员本身又必须是一个军事上的指挥员，必须具有能够调动和协调千军万马，组织大规模的工程战役的能力。

接到敕谕，潘季驯即刻准备行装，告别了妻女儿孙，携一仆人，于9月下旬离家赴任。

也许是守孝三年，困守家中的缘故，此次出门赴任，潘季驯感到心情特别愉快。他决定借此机会顺路到太仓州王世贞兄弟家拜访。他们是文坛上的老朋友，又是儿女亲家。自从隆庆三年四月王世贞到任湖州知府，一直到隆庆四年六月王世贞辞官回家，他们在这段时间里的交往十分密切，至今令潘季驯思念不已，这才有了一段访问的插曲。关于这次拜访的热情场面王世贞事后在给潘季驯的一封信中作了生动的回顾：“扁舟顾访，东海云霞为贤者增色。华琛异味，稚子诧传，以为希遘，至月下浮白啸傲，成小祇园一种佳话矣……。”[②]从信中的描述，我们看到了这样一幅友情溶溶的动人画面：金秋时节，稻香鱼肥，潘季驯带着家人雇一叶扁舟，从乌程家中

① 潘季驯《河防一览》卷一。

② 王世贞《与潘中丞书》，见《弇州山人四部稿》卷一二五，《四库全书》影印本第一二八一册，页一一一。

出发，沿江南运河泛游到苏州府，再转向东，沿着娄江，来到太仓州王世贞兄弟的家中造访。信中的“东海”此处是指东晋元帝时曾割吴县地方置东海郡，也就是王世贞的家乡；而“小祇园”则是王世贞家后花园的雅称。王世贞作诗文喜用魏晋时典故，潘季驯先祖又是东晋时名臣，此种写法大约也是为了表示对潘氏的敬意吧。稀客到来，令王世贞全家惊喜不已，以为是千载难逢，大家在“小祇园”欢聚一堂，有说不完的友情话。至日沉西山，明月升起，遂移席舟上，泛水于溶溶月色之中，吟诗作赋，议论朝政，直叙胸臆，一醉方休。直到季驯走后很久，世贞还念念不忘这段相逢，对于未能亲自牵猪肩酒回访季驯深感抱歉。季驯和王氏兄弟都是知已朋友，豪爽之人，所以此次拜会所谈内容围绕治河，涉及范围十分广泛，而且大家直叙胸臆，毫不掩饰。潘季驯既谈了他代替翁大立独当一面总理河道的宏伟设想，又谈了自己厌烦朝政，宁愿弃官，解甲归田，享受儿女之情。当谈到江南太湖流域的治理时，对于“五湖”应当不应当“复渎”，众人发生分歧，大家借酒助兴，争了个脸红脖子粗。事后王世贞尚感歉意，特题扇头诗一首，以示赔礼。这封信大约就是潘季驯告辞后不久，王世贞所写的。

告别了王世贞兄弟之后，潘季驯于十一月初到达了山东济宁府“总河”衙门，与翁大立交割事务。此时翁大立已接到邸报，知其被言官弹劾，夺禄米半年，戴罪管事。衙门里的气氛十分沉闷。潘季驯的到任，给大家带来了新的希望。

潘季驯第二次总理治河，从隆庆四年八月被任命，到隆庆六年二月与万恭交代，前后共计一年零六个月。这次治河，潘季驯第一次被授予全权，能够完全按照他自己的设想来开展工作，分派任务。同时这也是他的“筑堤束水、借水攻沙”思想初步形成的时期。这期间他留下来的奏疏也相当多，总计有30多篇，均被后人收入《总理河漕奏疏》之中，使我们得以管窥到他的治河思想的形成过程和最初的表达方式。应当指出，虽然潘季驯本人在结集出版《河防一览》时没有收入一篇他第二次主持治河时的奏疏，以致使后人对他的治河思想的形成过程感到扑朔迷离，甚至产生错觉，以为他的有关思想形成于万恭之后，万恭才是“束水攻沙”理论的首创者。其实这是一种误解。文献的记载告诉我们，潘季驯作为明代“束水攻沙”理论的第一位提出者和系统组织者，他的首创地位是当之无愧的。下面我们就来按照时间顺序，看一看他此次治河的过程，以及有关思想的形成轨迹。

1. 抱定宗旨，坚持“复故道”方略

潘季驯第二次治河，“复故道”思想是他预先谋划好的战略思想，复故道也就是治黄河。在这个问题上，他曾于嘉靖四十五年与朱衡的观点相对立，现在又与翁大立的看法相冲突。隆庆五年十月庚申，翁大立临交接之前，曾奏上一篇《论河道疏》[①]，其中把“开泇河”视为上策，把“就新冲”视为中策，把“复故道”视为下策。他说：“臣窃计治邳河淤阻之策有三：一开泇河口，一就新冲，一复故道。然三者利害，恒相参焉。”通过分析利弊，他认为开泇河可以避开徐州的秦沟、浊河，以及徐洪、吕梁二洪之险，直接从邳州入黄河，只是需要劳费数年，而后可久，因有“五便三不便”；而利用黄河新冲的决口，夺睢河以达邳州，劳费不多，道里更近，只是在旧河上建截河大坝，费用不赀，新堤难固，水致复决，还要废睢宁一县，亦有“五便

① 翁大立的《河道疏》见《明穆宗实录》卷五〇；或《明经世文编》卷二九七。

三不便”;而复黄河故道则可以解救胶在河中的九百余艘漕舟,可以还百年运道,可以振兴徐州保存睢宁,但百数十里淤河泥沙难以挑浚,“置沙两涯,势亦崩塞,扫湾筑堤,虽筑不固,且河流所固,多不能复。”所以有四便四不便。其实翁大立的意图很清楚:长远之计就是开泇河,权宜之计就是“就新冲”,而复黄河旧道必不可行。但是他在奏文中没有这样明说,而是采取了各析利弊、一并端出的办法,不予表态。因此奏疏递上后,马上受到工部的指责:“工部仍请复故道以济目前之急,其开凿泇口之议,令大立熟计以闻,无持两可。”不过这里应当承认,翁大立对“复故道”的困难的分析确实有道理,对于长达百余里的淤河,用人力浚挖,显然不是办法,而且挖出的泥沙置于两岸,也势必引起崩塌。在没有新的治理办法产生之前,“复故道”显然就是弊多利少了。

与翁大立的上述观点截然相反,潘季驯却在他的奏疏中把翁大立的“下策”视为自己的“上策”,认为只有复故道才是唯一可行的治河方针。这是他第一次参加治河时,通过实地踏勘总结出来的宝贵经验。那次治河,可以说是见解已形成,而壮志未酬。这一次潘季驯是决意要把自己的见解真正诉诸实践中了。所以他到达总河衙门的当天,征尘未洗,“即招诸司道大夫计之”。在商议中有人提出“故河卒不可复,宜因睢宁决而导之者”。潘季驯闻言马上反驳道:“不然。夫避难趣易,争一时之便,而略其害,非长策也。快于袭,功于身,而遗艰于后人,非纯臣之节也。故河见以为难集功耳。吾不忍苟趣于睢宁决,以病来者。”这一番充满激情的表白无疑感动了与会者，于是大家议复故河。[1] 可喜的是，这一次潘氏的复故道战略真正得到了朝廷的全力支持："幸赖辅弼大臣主持国是，沮遏群疑，决策开复；而工部堂臣朱衡等示以开塞之法，曲中机宜。悯其工费之艰，俯从设处……。"[2]按此时的辅弼大臣是兼掌吏部的高拱，工部尚书是朱衡，说明高拱和朱衡这次都是非常支持他开复故道的。

但是如何具体的"开复故道"？是以人工挑浚河中泥沙，"开渠引水"为主呢？还是以堵决口、筑堤防、束水流、刷泥沙为主？潘季驯一开始并没有预定的设想。只是当他上任后在邳州巡视河工的过程中，发现了人工挑浚河道办法的弊病之后，才下决心把复故道的主要措施定为"堵塞决口，高筑堤防"。这个思路的变化首先表现在任职后递交的第一篇疏文中。疏文名为《勘计河工疏》[3]，奏于隆庆四年十一月二十二日，文中是这样写的：

> 工程初议只欲傍岸挑土。今粮船多淤河中，须从河心开浚新淤河身，一尺之下即皆淤泥，随挑随陷，无所着足。有水缺口肆际弥漫，无水之地积沙便野。堵塞决口取土于四五里之外，得之甚艰；卷埽下桩，投土于波涛汹涌之中，失之甚易。筑堤缕水，去沙实土，沙之深浅，土之远近，俱难测料。……再照

① 王世贞《赠大中丞潘公时良序》，见《四库全书》影印本第一二八二册，页三六八。

② 潘季驯《总理河漕奏疏》（二任）卷三，《旌别效劳诸臣疏》。

③ 潘季驯《总理河漕奏疏》（二任）卷一。

> 自徐至淮，屡被沙壅。河身渐高，水易散漫，若非两岸高筑，如大王金堤，则明秋冲决必不可免。……今据前因。……臣等窃照浚复故道不越筑塞决口与开渠引水二端。但开渠则满河稀淤，其状如饴，随取随漫。筑决则一望皆沙，取土四五里外，计一人之力，穷日不过七八筐。施工之难，诚有如各司道所言者。

潘季驯的这番描写相当真实地反映了当时治河者面临的困难和他的思想转变过程：原来以为只要用人工挖浚即可开复故道。但是现场勘查的结果表明，这种办法脱离实际，得不偿失，应当废止，另寻出路。他首先想到的是“筑塞决口和开渠引水二端”。这是工程正式开工之前潘季驯的初步观点。

2. 勤奋观察，初步形成“束水攻沙”理论

治河工程于隆庆五年正月十六日正式祭告开工。从正月十六日到二月初五日，潘季驯属下的五万河夫主要是从事在河床上“开渠”的工作。从 2 月初 5 日起，开始调拨人夫分投“筑决缕堤”。到 2 月 23 日，沿徐邳以下的数十处决口已大部堵住，堤工业已初步成形。然而就在这一天，黄河春汛到来，河水陡长，水与岸平，直冲新挑河口，逼迫河工围堰。面对此景，潘季驯只好命令打开围堰，提前放水入渠。[①]

放水入渠的直接效果，就是“水势沛然，原淤漕白粮船并官民船共一千三百余只尽皆浮活，出渠前进”。但是使潘季驯大感兴趣的不只是漕船浮活，而是河水进渠以后产生的一种奇异自然现象：当汹涌激流的黄河水涌入河床中新开挖的小

① 参见《总理河漕奏疏》(二任)卷二，《勘估工程疏》。

渠之后，流速骤增，水势骤涨，强大的水力像热汤沃雪一样，迅速溶解并带走了小渠两岸的泥沙，使河槽很快变宽变深。这个被偶然观察到的河流现象给潘季驯以很大的启发，他想：长期以来人们在治黄工作中最感头痛的，不就是因为泥沙淤积，河床填高，人力无法挑浚，而使得河水四处决溢吗？既然黄河的水流有这么强的泥沙携带能力，为什么不可以借用它的力量疏浚河道，清除淤沙呢？现在河水四处决溢，水流不专，水力不强，泥沙自然就要淤积了。那么，防止黄河泥沙淤积沉淀的最好办法就是要设法把黄河主流约束在河槽之中，让它力专而一。这样，天长日久，河床不就可以被刷深，河流不就可以稳定下来而不再四处决溢了吗？原来水流和泥沙之间还有这么一种巧妙的制约关系呢！

那么，用什么办法使河流按照人的要求，力专而一，在河槽中相对稳流呢？堵筑沿岸决口，不使它们四处流散，当然是约束河势的当务之急。但是到了夏秋之际的汛期怎么办？所以从长远来看，沿河岸高筑堤防，才是保持河道稳定的经久之策。这样看来，自己所坚持的“复故道”主张并没有错，问题是要通过大规模创筑堤防的措施来加以切实保证。这个发现使潘季驯十分高兴。从此以后，他便把全部注意力都投入到观察水流与泥沙的影响关系和大规模创筑堤防的实践中去了。

潘季驯上述思路的转变，在他的奏疏中表现得非常清楚。只要我们把他这个时期治河的奏疏与他上次治河时的奏疏作一个对比，就会发现，在第一次治河的奏疏中，很少有水力冲沙现象的具体分析。虽说那时他早已提出了开复故道、“治河保运”的主张，但是究竟采用什么样的工程手段来开复，他心里并没有数。他反复强调的就是“开导上源”和“疏通下流”，至于如何开导，怎样疏通，他也讲不清楚，奏文中出现的字眼大都是“挑河”、“疏浚”之类。但是到了隆庆五年时的治河奏疏中，则大量地表现出他对于河流与泥沙关系的详细描写，以及他对于堤防束流作用的反复强调。例如，他在隆庆五年四月上奏的《议保新堤疏》中写道：

> 查得邳睢河工前报未筑王家口八丈并旧冲阎家口七丈俱已筑塞，止余新冲阎家口坝外两处见在兴筑，渠水日增。虽新复之河沙淤刷者，淦流甚急，牵挽稍难，而运船日过不绝，量无阻误，再过旬日，水势定矣。①

这是作者对新开河渠中水力刷沙现象的一个具体描写。同年四月的《议筑长堤疏》中写道：

> 照得徐、邳、睢、淮，当全河下流，兼受闸河山东诸水，又累年沙积，河身垫高，容受渐少。上年水溢出岸丈余，漕渠阻塞，为害莫甚，堤工一节，诚不容已。
>
> 水一泛滥，即漫堤上，是以复有睢宁之决，即使邳州上下仅复故道，安能使徐吕之河尽去伏淤？为今之计，当自徐至邳，自邳至淮，查照两崖堤岸，如法高厚；两岸之外，仍筑遥堤，以防不测。庶几水由地中行，淤沙亦随以去，数年之间，深广如旧，冲决之变

① 见《总理河漕奏疏》(二任)卷二。

亦自免矣。

> 看得黄河淤塞多由堤岸单薄，水从中决，故下流自壅，河身忽高。……必须预筑长堤坚固，水无泄漏，则沙随水去，无复停蓄壅遏之患。……故欲图久远之计，必须筑近堤以束河流，筑遥堤以防溃决，此不易之定策也。①

这里的表述就具体得多了。这些文字中，有潘季驯对于属下报告的引述，有他会同有司官员实地考察的结论，也有他总结出来的原则性观点，其基本认识都是完全一致的，即河道淤积的根本原因是“水从旁决”；而防止水从旁决，保持水流挟沙力的根本措施就是“预筑长堤”；筑堤有两种方式：“筑近堤以束河流，筑遥堤以防溃决”，两种堤防各司其职，互相配合，才能防止决溢而使河流归槽；这样，“水由地中行”，河中泥沙就可以随之而去，坚持数年，冲决之变就可自免。这个推理过程虽然过分乐观，但它起码证明潘季驯已经认识到黄河中水流与泥沙的相互作用关系，形成了初步的束水攻沙思想。

上述思想在他的以后各篇奏疏中亦反复出现。例如，在五月间上奏的《趱运粮储疏》中写道：徐州以下黄河广至二百余丈，深至三丈多，去秋淤沙填满河岸，今春开工以后，靠人力挑浚小渠不及其中1/10，其余“全恃水冲刷沙，沙随水滚，跌荡成淦”。他认为这是“牵挽者苦其难而在治河者方以为幸”的有效措施。②

---

① 见《总理河漕奏疏》(二任)卷二。

② 见《总理河漕奏疏》(二任)卷三。

六月，在《正漕通复疏》中他又介绍了上述治河措施的形成渊源："查得臣未接管时，先管工部议复河工，内开将大小决口筑堤断流，中开小渠，使水归河身，则沙自冲刷，咨行在卷。臣以为治河之策，无出于此。"这里很可能就是指工部尚书朱衡所示的"开塞之法"。说明在潘季驯之前，朱衡可能就已经初步认识到水力刷沙的道理，并把它运用到了实践中。所不同的是朱衡仅仅把它看成一种单纯的开河技术，而潘季驯则把它上升到基本方略的高度，使之成为"复故道"主张的理论支柱。[①]

七月，在《乞留贤官疏》中，潘季驯又一次明确地指出：

> 臣惟河渠之塞，必先旁决，防决之策，要在堤防。昔者贾让言之详矣。故臣于筑堤一节，独拳拳焉。运土于数里之外，觅淤于积沙之下，如燕垒巢，日计分寸。今高恃两崖，庶几足恃，自此勿坠河，可百年无恙矣。不然何自我国家以来，河患不在河南，而独在徐邳之间耶？有堤无堤故耳。[②]

这确乎称得上是一篇"堤防宣言"，同他治河之初时的态度成一鲜明对照。所以在这一篇疏文中，他花了整篇的文字来举荐管理南河工部都水司郎中张纯，说他与张纯"朝夕共事，稔知其人，志行贞亮，才识充融，……全河皆其履历，要害故所熟知，欲保是河，诚非本官不可"。结合隆庆四年十二月张

① 见《总理河漕奏疏》(二任)卷三。
② 见《总理河漕奏疏》(二任)卷三。

纯所提出的堤防之策，我们不难判断，在潘季驯筑堤束水、借水攻沙思想的形成过程中，张纯的参谋作用是不容忽视的。据有关史料介绍，张纯是一位常年奔走于河上，有着丰富治河经验、资历很深的治河官员。早在嘉靖四十五年潘季驯协助朱衡开南阳新河时，张纯就是他们手下的一名得力官员，所以潘季驯说他是"昔年新河堤坝累有劳绩"。隆庆四年十月，朝廷因翁大立治河不力，论罪举劾的时候，本来名单中也有张纯的名字，这时工部上疏为之求免，称张纯刚从"北河"（按指山东济宁以北的运河段）郎中署调来此职，尚未工作，不应承担延误漕运的责任。结果张纯得以幸免。[①] 以上说明张纯在过去几年中一直在从事治河工作，对治河有着丰富的经验。这就难怪潘季驯要上疏大力挽留，希望能将他破格擢职，专理河道。这个请求不久就得到了工部和吏部的破格批准。[②]

在七月间上奏的另一篇《开复工完疏》中，潘季驯还介绍了施行治河新方略之后的工程效益。他说，黄河自隆庆三年海啸之后，河流停缓，沙垫底高，兼以两岸原无堤防，任其漫溢。延至隆庆四年，东溃西决，正河遂淤，粮运阻隔。"臣于交代之时，亲诣踏勘，殊切惶惧，盖不惧河之不通，而惧通后之未能尽刷积沙，仍复深广也。今……诸决即塞，两堤告成，水从下刷，沙尽底深，一带河深，俱已复旧，伏秋洪水异常，所在臣浸，土人皆云比去年水高三尺而新堤仅及根址，寻即消落。此

① 参见《明穆宗实录》第五〇卷："工部言：'纯，初自北河继管南河，尚未视事。'复宥之。"

② 见《明穆宗实录》卷六〇："五年八月戊午，改工部营缮司郎中张纯仍为都水司郎中，以总理河道都御史潘季驯言其治河有效，特请久任故也。"

河身深广可受之验，而昔之所谓沙垫底高者，不足虑矣。”①

这些文字不仅真实反映了潘季驯治河方略的工程效果，而且将隆庆五年前后的河道情形作了对照，说明潘季驯的独特贡献正是表现在正确认识黄河的水流与泥沙关系，采取了史无前例的沿河岸大筑堤防活动上。可以说黄河的结束游荡，相对稳流，正是从潘季驯第二次主持治河以后开始的。

以上有关思想，用潘季驯在该年六月间上奏的《议筑长堤疏》中的话来说，就是“为照筑堤束水，治河要策”，“古所称下策则今之上策也”。这些被高度概括了的论述表明，潘季驯作为明代治河史上“束水攻沙”理论的系统提出者和勇敢实践者，他的首创地位都是当之无愧的。由于他的这个理论在实践中对于稳定黄河下游的河势起到了较明显的作用，以后竟得到了历代治河者的广泛推崇和遵循。

3. 孤军奋斗、无故遭贬的结局

潘季驯的高明之处不仅表现在他勤于观察，善于总结出不同凡响的治河理论，而且表现在他勇于实践，始终奋战在治河工地的最前沿。明人申时行在《潘公传》中曾详细记载了潘季驯在这次治河活动中栉风沐雨，身先士卒，冒着极大危险，亲自登船指挥堵筑黄河决口的事迹：“始公塞决时，淫雨连旬，水骤至，几没公趾，不为避。万众野处，公往来抚慰，不惮劬劳，至呕血负疽，犹力疾视事，矢以身殉河，报明主。尝乘小艇行河，风雨大作，震撼波涛中，几覆，挂树杪乃脱，父老神之，为潘公再生，识其处，当是时，公之濒于死者数矣。然有天幸不死，谓公忠诚感格非耶？”

---

① 见《总理河漕奏疏》(二任)卷三。

在这些惊心动魄的治河活动中，有两次行动最能表现出潘季驯的非凡指挥才能。一次是工程开始以后的第二个月，本来经过一月奋斗，沿河各处堵决工程已基本完成。不料正在此时，上游突降暴雨，河水大溢，将新旧堤防，溃决殆尽，重新决口43处之多。面对此景，在工军民无不垂泪气馁。这时潘季驯方患背疽，疼痛难忍，正在官邸中治疗。听到灾情汇报后，他马上裹创而出，督率从容，对役夫官吏抚慰有加。为了鼓舞大家的士气，他还想了一个办法，故意写了一道徽文令人送到河神庙，“移文责之神”，然后借河神的托梦宣告此次洪灾非神灵所为，洪水不久就可以消退，希望大家不要气馁。有人发愁这么多决口，从哪里寻找堵口用的石块和竹木埽料？潘季驯启发大家说：你们没听说过这样一句古诗吗，“蹇长茭兮湛美玉”。河神吃了我送的供品，已经告诉了我塞决口的办法，这就是“伐河柳为骨，而草衣之，土实其中”。用这些便宜的材料做成围径二丈的大埽，缒巨绳下之，决口立塞。大家听了他的生动介绍，纷纷照样动手去做。果然，一个月以后，40多处决口全部堵筑完毕。[①]（参见卷埽示意图）

还有一次是在四月七日，“桃花水”方来罢，“麦黄水”又借着风势涌来，水位上涨，堤防告急，部分地段又冲开了新的决口。在这种紧急的情况下，潘季驯身先士卒，乘小艇赶赴决口处，组织民夫，亲守筑口，与水力争。这时恰遇风雨大作，小艇震撼波涛之中，几覆，幸挂树梢才脱身。前述“公之濒于死者数矣”，此即其中的一次。经过大家的一番紧急抢险，终于堵

① 参见王世贞《赠大中丞潘公时良序》；康基田：《河渠纪闻》。

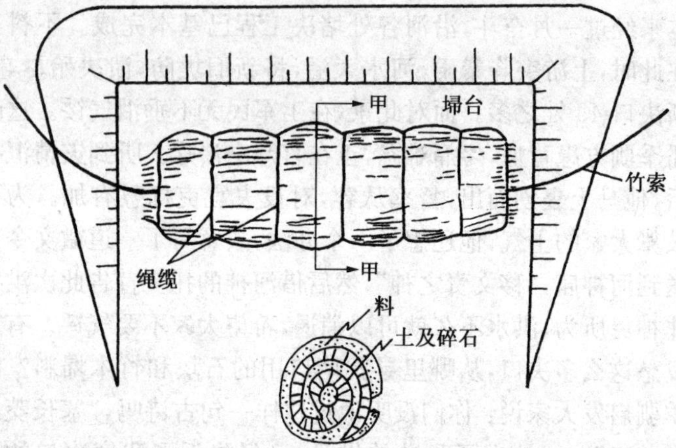

图 4－2 卷埽示意图

住了决口，使堤防得以不溃。①

徐邳间黄河工程稍稍就绪，山东运河又以水泉久旱告急。潘季驯闻讯后顾不上休息，又复拨棹而西，直奔济宁，设法解决引山泉济漕渠的工程措施问题。就这样奔走河上，来回穿梭。他在写给当时的淮安府守令傅希挚的信中自嘲地谈道："旱则忧漕，潦则忧河，仆之忧何时已耶？"②

正是这种躬亲实践，使潘季驯得以熟悉河情，总结经验，且颇多创获。例如在挑浚河道时，"淤泥深，人立辄陷。公

① 参见王世贞《赠大中丞潘公时良序》；康基田《河渠纪闻》。

② 潘季驯《与淮安郡守书》，见《留余堂尺牍》。

命以木横沙面,决半沥水,左右互倒,水尽沙干,乃得施工"①。

又如,"施工决口,悬溜蚀土辄化。命以大埽截流,楸以巨缆,旁植巨桩。其当冲之处,湍猛流急,桩折埽滚,势难猝就。乃复相视缓急,偃仰合度,卒复压以原土,势若冈陵,始足当巨溜"②。

再如,"筑堤捍水,浮沙不坚,而实土又取用不便。乃命囊土程衡,唱筹课役,土工乃集"③。这些描述既体现了他在河工技术方面的创新思维,又表现了他在工程管理方面的组织才能。

这样,在潘季驯的指挥下,整个工程进展很快,到隆庆五年六月三日,主体工程已经完工,10 个月后全部工毕。共用役夫五万,费水衡金 11.8 万两,浚河 80 里,筑堤 150 里,出官民之舟于淤积者以万数,"其所浚筑深厚,再倍于故河,而费半之"。于是,河道衙门中的诸司道大夫,如冯君敏功,张君纯辈方思所以侈大公功,立石碑而树之永永。④

然而,尽管潘季驯所主持的第二次治河活动功效明显,成绩很大,但实际上他并没有得到庙堂中当政者的真心支持。他们只是把他拉来临时解决危机,危机一旦过去,他的治河使命也就宣告结束了。事实上,在潘季驯还主持治河工作的时候,朝廷中的当政者就已经开始考虑用新的治河官员和新的治河方略来代替他了。这便是"开胶莱河"建议的提出和"开

① 康基田《河渠纪闻》。
② 康基田《河渠纪闻》。
③ 康基田《河渠纪闻》。
④ 见王世贞《赠大中丞潘公时良序》。

迦河”建议的再提出。

隆庆五年四月，正当治河工程即将告竣之时，黄河汛发，洪水再次冲决王家口一带，自双沟而下，南北决口10余处，运舟漂覆近百，损漕粮4万余石，淤河80余里。[①] 消息传到京师，朝中一片哗然，“于是胶莱海运之议纷起”。首先是给事中宋良佐、山东巡抚梁梦龙极论海运之议，请求用海船自淮入海，直接运米到天津。[②] 然后户部给事中李贵和等人也提出用开凿胶莱河的办法缩短海运道路，增加航船安全。[③]

所谓胶莱河出自山东省高密县，分南北二流：南流至胶州湾麻湾口入海，北流至掖县海仓入海。这本是一条天然的季节性河流，旱枯汛流，根本谈不上漕运。因此有人提议在两河中间另凿新水道，沟通南端的胶河，北端的莱河，便形成所谓的胶莱运河。这一建议提出后，立即得到当朝首辅高拱的极力支持。他以为，有了胶莱运河，漕运便可以避开黄河，由黄入海，直达天津了。但是高拱的这个观点却遭到另一内阁成员张居正的反对。张居正认为，打通胶河和莱河，必须要凿开两河之间的分水岭，工程太艰难，而且打通后水源也成问题，更谈不到行船了。但是张居正是个城府很深的人，他没有公开出来表示反对，而是先写信让他的门生山东巡抚梁梦龙出面，上疏表示工程难以成功的意见。结果奏疏被高拱回敬一信给驳斥了，信中告诫他：“千万其勿阻也。”[④]话都说到这个

① 按《明史·河渠三》记为四十余万石，可能有误，根据张居正《答河道潘印川》，应为四万余石。

② 见《明史·河渠四》。

③ 见《明史·河渠五》。

④ 见《明经世文编》卷三〇二，《与梁巡抚论开河》。

程度，梁梦龙也就不好再说什么了。于是张居正经过一番思考，又找到了给事中胡槚。胡槚本来是高拱的门生，他又是一个有主见而不随意附和的人。张居正提议派胡槚实地勘查，高拱当然没有意见。但是胡槚到山东胶莱河工地查勘了以后，于隆庆五年六月回京上疏，同样也表示了胶莱河不可成的观点。这才真正泄了高拱开胶莱河的志气。[①]

张居正虽然反对开胶莱河兴海运，但他也并不支持潘季驯"治黄保运"的战略，而是接受了工部尚书朱衡的意见，主张"开泇河"。这可以从他给潘季驯写的一封信中得到证明：

> 顷报运舟漂覆近百，正粮亏损四万有余，数年损耗米有如此之甚者。国计所关，日夕悬切。今海道既已报罢，河患又无宁时，不得已，复寻泇口之议。顷已奉旨。烦公与张道长勘议，幸熟计其便，且将从事焉。[②]

信中的口气是相当冷峻严厉的，他首先指责了潘季驯保运工作失误，造成了重大损失；其次强硬地要求潘季驯立即放弃目前的治黄计划，集中全力勘测泇运新河的工程路线，为尔后的正式开工做准备。张居正此时已身居太子太傅、吏部尚书、建极殿大学士的高位，在内阁中的权力仅次于高拱。他的上述观点显然和高拱的观点一样，对潘季驯的治黄工作造成了极大的压力和冲击。

① 见《明穆宗实录》卷五八。
② 张居正《答河道潘印川》，见《张太岳集》卷二三，书牍三。

以上介绍说明，隆庆五年潘季驯主持治理黄河的活动，是在一种极为困难、极为孤立的处境中进行的。朝廷中不仅没有人支持他的治河政策，反而时时有人将他的治河活动当作一种没有任何前途的反面例子，加以无情指责、羞辱和鞭鞑。人们根本不相信潘季驯能够通过筑堤防，堵决口，“复故道”，以“束水攻沙”的办法来治理黄河、疏通漕运。在当权者的心目中，只有弃黄河另寻新道才是唯一可行的办法。因此当潘季驯凭着自己的智慧、胆识和毅力，在工地上栉风沐雨、亲自指挥，堵决口，筑堤防，疏河道，清淤沙，并于六月下旬奏上工程告捷的疏文后，朝廷中竟无一人肯相信它的真实可靠性。《明实录·穆宗实录》中有一段记载，非常真实地记录了当时朝中当权者们的基本心态：

> 隆庆五年八月甲寅，命礼科左给事中雒遵往邳州等处查勘河工。先是总理河道都御史潘季驯奏：“邳河工成，乞录效劳诸臣。”上曰：“今岁漕运比常更迟，何为辄报工完？且叙功太滥，该部核实以闻。”于是尚书朱衡复言：“河道通塞专以粮运迟速为验，非谓筑口导流，便可塞责。乞遣官就彼复勘，而命季驯戴罪管事。”报可。①

辛辛苦苦，治河一年，几乎把命都送掉了，不但没有得到奖励，反而得罪遭贬，要受到言官们的审查。潘季驯当时的愤怒心情可想而知。因此，当收到张居正命令他改弦更张，全力

① 见《明穆宗实录》卷六〇。

投入“开迦河”工程的书牍之后，他断然回信予以拒绝。潘季驯的这种不合作态度，显然触怒了内阁从辅张居正和工部尚书朱衡。因此当给事中雒遵于隆庆五年十一月从河上勘工回京之后，马上被授权在奏疏中弹劾潘季驯，请求“罢总理河道都御史潘季驯同原任漕运都御史陈炌，俱冠带闲住”。理由是：“运船漂没之故。”其中，推到潘季驯身上的责任是：“王家口初决之时，黄水尽从漫坡经流，南出小河口。籍季驯稍缓筑堤一月，则漕船可以尽出漫坡，避新溜之险。乃计不出此，反驱舟以就新溜，坐视陷没，方复腾章报功，罪滋大矣。陈炌虽回籍未尽其辜，而季驯尤不宜独免，乞并赐罢。”工部复：“从其言。”①这里所提出的定罪理由今天看起来十分可笑：治河者抓紧时间堵筑决口，提前一月疏通河道是罪过，而坐视黄河决溢横流，推迟一月再去堵筑却成了正理。评价治河工作是非对错的标准不是水归正道，黄河安流，而是“漕运”是否畅通。这样的标准虽然荒唐，却是明代治河史上千真万确的事实。

关于张居正和朱衡在隆庆五年打击潘季驯的事，正史上不见记载，人们一般所看到的也只是万历六年张居正重用潘季驯，和万历十二年潘季驯为张居正家被抄事鸣不平的事迹。其实在不少明人文集中都详细记载了这件事情。如申时行的《潘公传》中是这样写的：

> 居无何，廷臣或言河数不治，工费无已时。不若废旧渠，开迦河，以漕便。公言迦与黄河相首尾，籍令(黄)河南决淮阳，北决丰沛，漕渠不相属，迦处中，

① 见《明穆宗实录》卷六四。

> 将焉用之？乃以三难二悔之说进。忤用事者，唆勘河给事中论罢公。公归而泇河之工亦报罢。用事者乃大悔，且叹服公卓识。

这里潘季驯的“三难二悔说”今已不知所云。用事者就是指张居正、朱衡和勘河给事中雒遵等人。王锡爵的《潘公墓志铭》对此事写得更加直截了当，公开指明是张居正在潘季驯第二次治河中被劾罢的过程中起了关键的作用：

> 泇河议与江陵（注：张居正字江陵）寔，阴主之属人谓公新河成，成且大司空矣。公谢曰：司空任他人为之，老臣知有不可而已。江陵怒，唆言官论公去。已，试之，果无效，乃始大服。甲申，江陵狱起，公反上疏为江陵讼冤，触时讳，至镌秩罢免，而人以此愈多公长者。

这段追述更加清楚地表明，在隆庆五年治河问题上，张居正等人的基本立场和政治权术，以及在这种政治压力面前，潘季驯刚正不阿的高风亮节！申时行和王锡爵都是万历初由张居正一手提拔的内阁成员，张居正死后，又都先后担任过内阁首辅，他们的记叙应当说是准确的。

这里应当指出，潘季驯反对开泇河，反对开胶莱运河，决不是像后来有些文章批评的，是他在治河政策上立场保守。而是他深深地担忧，一旦这些工程付诸实施，朝廷就会放弃治理黄河，这才是真正让人感到害怕的。潘季驯自己就说过：胶、泇二河之不可成，诸臣之疏早已辨明。“然驯之意则谓不当辩其可成与否也。假令胶伽告成,海运无困,将置黄淮于不治乎？亦将并作之也？……今欲别寻一道,遂置(黄淮)两河于不治,则尧舜之时,泛滥于中国者此河也。纵使漕艘无阻,民可得而食乎？”[①]这就是潘季驯比他同时代的人思想深刻的地方。对于潘季驯的这个立场,清代学者叶方恒也有一个公允的评价,他说:“公独谓泇河之不必开者,则就治黄而言也。盖以黄河泛滥于中国,自古而然。即使运不借黄,仍不可一日不治。与其多费金钱,另开一河以通运,而治黄之费固在。何如治黄而运即在其中。故后人以此为公之间然。”[②]

这样,在朝中当权者们的排斥打击下,潘季驯第二次被迫从“总理河道大臣”的职位上退了下来,这次治河又是以喜剧开端,而以悲剧结束。

① 见潘季驯《河防一览》卷二,《河议辩惑》。
② 见《山东全河备考四》。

第五章　走向成熟的中期治河活动

从万历六年第三次出任“总河”职务开始，潘季驯所主持的治河活动进入了一个前所未有的全盛时期，他的治河思想也达到了其博大系统的成熟时期。这一章介绍的就是他从万历六年到万历八年的第三次治河活动。

一、此次治河的历史背景

万历六年二月丁酉，正当潘季驯交待江西事务，准备转迁刑部右侍郎时，北京传来新的敕命：升他为都察院右都御史兼工部左侍郎，总理河漕兼提督军务。已而，季驯疏辞，上以河漕多虞，总理任重，不许。

为什么潘季驯突然会第三次被任命总理河漕工作？要揭开这个谜，首先必须对隆庆六年以来河漕工作的情形有一个大概的了解。

（一）“治黄保运”的新思路开始受到朝野的普遍认同

早在隆庆六年正月戊辰，朝廷命工部尚书朱衡接替潘季驯经理河工。经提议，又将家居兵部左侍郎万恭调来，专门负责黄河一段的治理工作。

这时，勘河给事中雒遵通过现场踏勘，已经发现潘季驯“复故道”、筑堤防的方略对于治理徐州以下的黄河故道确实是有效的，而所谓的“开泇河”之议则很难成功。因此当潘季驯被罢黜之后，雒遵先后条陈了一系列奏章，请求朝廷继续潘季驯的治河政策，并暂时废止开泇河议。用他的原话说就是：“与其烦劳厚费以开泇口之河，孰若时加修防，如期趱运，保百数十余年之故道。”①

与此同时，巡按直隶御史张守约也上疏陈言，称：“与其开不可必成之新河，孰若修治已通之旧河，为力甚易；与其费数百万开河，孰若以数十万修河，为费甚省。”②

张守约的疏文，再加上雒遵的勘查报告，犹如一盆凉水，彻底熄灭了张居正、朱衡等人的“开泇河”设想。这时他们才认识到当初潘季驯的观点言之不谬，他们是错怪了潘季驯，冤枉了好人。正如前面所引申时行的评论：“公归而泇河之工亦报罢。用事者乃大悔，且叹服公卓识。”后来到了隆庆六年六月间，朱衡本人还亲自上疏承认失策，并请寝泇河之议。他

① 《明穆宗实录》隆庆卷六七。

② 《明穆宗实录》卷六六。

说：洳河开凿之难有三，一则开深之难，一则凿石之难，一则筑堤之难。“先是漕河淤塞，损船伤米，臣思前河臣翁大立策，请开洳河以救燃眉之患。今漕河通利，徐、邳之间堤高水深，使岁加修葺之功自无可患，故不烦别为建置。况公帑空虚，支费不给，濒河生灵从事徐、邳役劳者未息，呻吟犹闻，拨之时势，诚所弗宜。”①

这样，在事实面前，朱衡等人也对河漕兼治、束水攻沙的治河方略产生了浓厚的兴趣，并在一定程度上把这个思想进一步向前完善了。

如朱衡在隆庆六年七月甲午上奏的一篇疏文中称：“河由淮入海，运道实资之，故于两岸筑堤，不使其从旁溃溢，始得遂其就下海之性。盖以顺为治，非以人力胜水性，故至今百五六十年永赖不变。”②该年十月庚午，他又在另一篇疏文中称：“臣故谓茶城以北当防黄河之决而入，茶城以南当防黄河之决而出。防黄河即所以保运河。故自茶城至邳、迁，高筑两堤，宿迁至清河，尽塞决口，益以防黄水之出则正河必淤，……河深水束无旁决中溃之虞。”③这个论述，几乎就是潘季驯观点的原样照搬。

至于万恭，上任伊始，就对潘季驯“筑堤束水、借水攻沙”的治河方略持赞赏和拥护的态度，并对潘季驯在第二次治河中所受到的不公平待遇深表同情。他在隆庆六年十一月甲午的一篇疏文中说：“欲河不为暴，莫如令河长而深，莫如束水急

① 《明神宗实录》万历卷二。

② 《明神宗实录》卷三。

③ 《明神宗实录》卷六。

而骤。束水急骤，使由地中，舍筑堤无别策。前都御史潘季驯议开一百里故道，给事中雒遵议筑三百里长堤，人情汹汹，谓堤费且无益于河。独荷先皇谕，允臣等督司道等官申画地之约，下募夫之令，期以九十日而工止，以六万两而费止，三万堤工遂成河流顺轨。”[①]按此时万历皇帝已登基，内阁首辅已是张居正。故万恭此处称明穆宗为“先皇”。说明潘季驯在隆庆年间主持治河时，朝中对他的治河主张看法尚不统一。而到万恭主持治河时，大家意见已经趋向一致，承认“治黄保运、束水攻沙”之策是当时唯一节省而又效显的治河之策了。

（二）河、漕矛盾的激化，已达不可调和的地步

明代前期的河漕制度曾有规定：“理漕属之漕司，治河属之河道。”两个衙门各司其职，互相牵制。到了万历初年，由于上述管理制度带来的弊病，又重新规定：“以漕司而则之天妃闸以南，于河道而责之天妃闸以北。”实际上是用“信地画分”的办法来代替河道与漕司在职责上的分工。虽然有了一些变化，但仍然没有解决河、漕两部分之间互相推诿、不负责任的尖锐矛盾。其实这也是明代官方治河政策的一个必然恶果：评价治河效果的标准不是看河道是否畅通安流，而是看漕运是否畅行无阻。如果漕运不通，你治河的效果再好也是有罪。这样就使得河道、漕运诸有司时时留意不要引火烧身，出了问题就向对方部门推卸责任。特别是漕运部门，只要漕运延误或者出了损船沉船事故，他就借口河道不便，把责任推向河道

① 《明神宗实录》卷七。

衙门。这种情形正像当时的南京湖广道御史陈堂所批评的："画地既分，遂成彼已。一设官也，而或去或留；一决口也，而或筑或否。以至有司下吏，彼此观望，迄无成功。无论今日，即臣有知识以来，漕艘迟缓，不曰漕艘，而曰河道梗阻；河道梗阻，不曰河道而曰漕艘，彼此相推，而卒莫有引咎自反者，大都然也。"①

这时候在河道总督万恭与漕运总督王宗沭②之间就发生了这种矛盾。对此，张居正也多有所闻。所以在隆庆六年万恭赴任总河职务的时候，张居正就给王宗沭写过信，提醒他要注意团结协作，避免发生矛盾。他说："万恭已至河上，河漕事体如左右手，同心协力，乃克有济，惟公留意矣。"③然而经过一段时间以后，两个衙门之间的矛盾仍旧不可避免地复发，并且愈演愈烈。这一点可以从张居正给万恭的信中看出来："近有人言公与漕督不协，两家宾客，遂因而鼓煽其间。仆闻之，深以为忧，甚于忧洪水也。夫河漕皆朝廷所轸念者也，二公皆朝廷所委任者也。河政举，漕运乃通；漕运通，河工斯显。譬之左右手，皆以卫腹心者也。同舟而遇风，橹师见帆之将坠，释其橹而为之正帆，帆者不以为侵官，橹师亦未尝有德色，但欲舟行而已。二公今日之事，何以异此？"④

但万恭、王宗沭都是个性极强的人物。《明史·万恭传》说万恭"强毅敏达，一时称才臣"。张居正也曾评价王宗沭说："王

① [明]陈堂《请遣大臣治河疏》，引自《河防一览》卷一三。
② 王宗沭，号敬所，临海人，嘉靖二十三年进士，此时任漕运总督。
③ 张居正《答河漕王敬所》，见《张太岳集》卷二四。
④ 张居正《与河漕万两溪论协和克让》，见《张太岳集》卷二五。

君锐意任事，而颇有好功之病。”现在让他们两个人学习先圣舜禹皋陶，协和克让，做谦谦君子，那自然是不可能的事。在这种情况下，张居正不得不考虑采用调人换马的老方子。恰在此时，万历元年九月丁未，工科给事中朱南雍奏本劾万恭治河不力，有掩过悻功之罪。工部复亦罪恭，下严旨切责之。这样，万恭被罢官回家，改由原任山东巡抚傅希挚代替。①

傅希挚，号后川，衡水人，嘉靖三十五年进士，过去从未有过领导大规模治河的经验。他上任时，朝廷内部又因为治河方针问题发生争吵，过去一度被放弃不用的治河主张，如开凿胶莱河，开凿泇口河，疏浚入海口等，又重新被人们翻捡出来，纷纷具本上奏。一时间张居正没了主意，只好写信向刚上任的傅希挚求教：“近闻淮扬士大夫言海口易淤，以故河流横决四溢，今不治则河且决而入于江，维扬之区皆为巨浸矣。又有言，前议筑遥堤为不便者，其说皆信否？从未行此道，不知利害所归。望公熟计其便裁教，幸甚。”②

这次张居正倒是很谦虚的。但是傅希挚的回答，却是把当时流行的各种治河观点不加评论，通通列出，让张居正自己来作判断。这种模棱两可的消极态度使张居正很不满意，他马上来信提出了批评：“辱示治河之议，一一领悉。但据公所言，皆为未定之论。海口既不可开，遥堤又不必筑，开泇口则恐工巨之难，疏草湾又虑安东之贻患。然则，必如何而后为便乎？愿闻至当归一之论，人告于上而行之。”③这是逼着傅希

① 参见《明神宗实录》卷一七。

② 张居正《与河道傅后川》，见《张太岳集》卷二六。

③ 张居正《答傅后川议河道》，见《张太岳集》卷二六。

挚表态。在这种情况下傅希挚才不得不表明立场，于万历三年二月上言，请开泇河以避黄河险。[①] 但是疏上后，马上遭到了朝野内外广泛的批评，人们纷纷指责他的“开泇河”主张是放弃治黄，置“民患”于不顾的错误观点。[②]

就在庙堂上还吵吵嚷嚷争论不休的时候，这一年的八月，黄河与淮河同时大决溢，“河决砀山及邵家口、曹家庄、韩登家口而北，淮亦决高家堰而东，徐、邳、淮南北漂没千里。自此桃(源)、清(口)上下河道淤塞，漕艘梗阻者数年，淮、扬多水患矣”[③]。对于这次黄淮大水，时人有不少评论，大多认为它是继任者没有继续贯彻潘季驯和万恭的加筑堤防、束水攻沙的治河政策所造成的。

俗语云：“病急乱投医。”面对河漕堵塞的混乱局面，张居正一方面命河道总督傅希挚继续就现有河道设法进行整治，另一方面又多方探寻，对于自己一度曾反对过的治河主张，也都放手鼓励去试验。如“开胶莱河议”即是。他在答河道总督王宗沐的信中鼓励他说：“此事先年诸臣亦知其便利，独以艰之大任，惮于承肩。今公赤忠，身任其责，更复何疑？愿坚持初意，勿夺群言。”[④]随后南京工部尚书刘应节与工部侍郎徐栻亦上疏请开胶莱河。张居正又给他们回信说：“胶河之可开，凡有心于国家者皆知之，独贵乡人以为不便，皆私己之意也。读大疏具见，私徇国之忠，已奉旨允行。又承教，凤竹公

① 参见《明神宗实录》卷三五。

② 参见《明神宗实录》卷三六。

③ 《明史·河渠二》。

④ 张居正《答河道总督王敬所》，见《张太岳集》卷二七。

(按指徐栻)肯身任之,犹为难得,今即属之。"①

信中的态度完全是热情的支持。张居正大概忘记了,几年前他在评价前首辅高拱的相同建议时,还曾信誓旦旦地宣称开胶莱河之议必不可行呢!然而尽管张居正不断给徐栻打气撑腰,开胶河之议经过实践,还是遭到越来越多人们的反对,甚至原来赞成开河的人最后也改变态度了。结果,喧闹了一阵子的"开胶河之议"终于寿终,从此再未兴工。②

就在开胶河工程乍兴乍停的时候,万历四年二月,漕运总督也换了人,由吴桂芳代替王宗沐总督河漕,又开始了"疏海口"的试验。③

吴桂芳上任不久,河、漕之间不和的矛盾又一次爆发了。事情起因于对黄河决口的治理。万历四年八月,黄河再决崔镇,宿(迁)、沛、清(河)、桃(源)两岸多坏,黄河日淤垫,淮水为河所迫,徙而南。面对如此河势,河道官傅希挚上疏请求塞崔镇决口,束河水归槽;漕运官吴桂芳则坚持利用崔镇决口,使之冲刷成河,"以为老黄河入海之路"④;给事中汤聘尹却议论"导淮入江以避黄";管理南河工部郎中又主张开挑黄河淤浅,堵塞高家堰决堤,使淮、泗之水并力入清口以敌黄。⑤产生争论本来不足为怪,糟糕的是,这场治河方法的争论随后就演变成了河道衙门与漕运衙门之间的责任和意气之争。

---

① 张居正《答河漕刘百川言开胶河》,见《张太岳集》卷二七。

② 参见《明神宗实录》卷四八、四九。

③ 参见《明神宗实录》卷四七。张居正的支持立场参见《张太岳集》卷二八,《答河道吴自湖》。

④ 参见《明史·河渠二》。

⑤ 参见《明史·河渠二》。

开始，张居正还希望能够调解他们之间的矛盾，他在给傅希挚的信中说："河、漕意见不同，此中亦闻之。窃谓河漕如左右手，当同心协力以期共济。如所见必不能合，宜亦各陈以俟宸断，不宜默默而已。国之大事不妨公议，事君无隐，岂为失忠厚之道耶？"[①]可惜张居正的苦心调解没有奏效。无奈之中，他只好重操旧策，将傅希挚调离总河，另派人接任，这是万历五年九月的事情。没过几天，他干脆又将"总理河道"的职位取消，将河、漕衙门并为一体，全部交给吴桂芳管理。

然而，正当吴桂芳抖擞精神，准备大干一场的时候，却不幸染病，于万历六年二月在任上去世。这时，朝中无人了，张居正才想到了考满待升的江西巡抚潘季驯，将他第三次调任到总理河漕大臣的位置上来。

通过上面的概要介绍，我们可以清楚地看到，自从隆庆六年张居正担任内阁首辅以来，明朝的河、漕形势表现出如下的一些特点：

第一，张居正一直未能找到一位真正值得信赖的治河专家。自从隆庆六年二月潘季驯被劾回家之后，六年左右的时间，治河官员像走马灯似的换了一任又一任，从朱衡、万恭、王宗沐、刘应节、徐栻、李世达，到傅希挚、吴桂芳，他们中间大部分人的所作所为最后都使张居正大失所望。

第二，与此相应，张居正一直未能找到一套真正有效的治河良策。自从潘季驯、万恭关于治黄济运、束水攻沙的治河方略被冻结以后，先后被人们提出的治河方略令人眼花缭乱。从王宗沐的"海运说"、傅希挚的"开泇口说"、刘应节徐栻的

---

① 张居正《答河道傅后川》，见《张太岳集》卷二九。

"开胶河说"、汤聘尹的"导淮入江说",到吴桂芳的"疏海口说",都曾经被张居正满怀希望地批准实施过,但最后大都以效果不佳,经不起实践的考验而告失败。

第三,这个时期的治河政策主观随意,变化多端,结果导致河、漕形势大坏,治河工作更趋复杂化。自万历初以来,随着上游堤防工程的不断完善,黄河的决溢重点逐渐向徐州以下的河段转移。到此时,也影响到淮河,使淮河下游泄流不畅,频频决溢,对于淮(安)扬(州)之间大运河的漕运,里下河地区人民的生命财产安全,都造成了连年不断的威胁和破坏。这就是吴桂芳去世时所留下的一个混乱局面。

潘季驯正是在这样一种严峻的社会和自然历史背景下,匆匆走马第三次上任总河职务的。

二、本次治河活动始末

给潘季驯的正式敕命是万历六年三月初十日颁布的。在此之前,吏部曾会推了潘季驯和原江西巡抚庞尚鹏两位人选。[①] 张居正经过慎重考虑之后,还是选定了潘季驯,并于请假回江陵葬父的前一天,经办了这桩重要的人事安排。[②]

这项以万历皇帝名义颁布的"敕谕"中称:"近年河淮泛滥

① 参见潘季驯《总理河漕奏疏》(三任)卷一。庞尚鹏,明代中叶著名的改革家,时任浙江巡抚。

② 根据明实录中的记载,张居正于万历六年三月十三日请假回湖北江陵葬父,三月十一日赴文华殿面辞神宗皇帝。由此可推知任命潘季驯的"敕谕"是他离开北京之前所亲手经办的最后一件重要的人事安排。

为害,运道梗塞,民不安居,朕甚忧之,已屡有旨责之地方官经理。奈无实心任事之臣,动以工费艰巨为解,又当事诸臣意见不同,事多掣肘,以致日久无功。今特命尔前去督理河漕事务,将河道都御史暂行裁革,以其事专属于尔,其南北直隶、山东、河南地方有与河道相干者,就令各该巡抚官照地分管,俱听尔提督。尔宜亲历河流所经,会同各巡抚官,督同各部属司道等官,悉心协力,讲求致害之由,博采平治之策。……朝廷以尔谙习河道,素有才望,特兹重任。"①

这其中既真实表达了朝廷对于几年来治河工作的强烈不满和无可奈何,也表达了对于新任河官潘季驯的殷切期望和赋予的重托。那么,潘季驯本次治河所面对的河道形势与以往相比,又有什么重大的变化呢?

(一)复杂的河道形势

潘季驯本次治河所面对的河道形势与前几年的河道形势相比,具有受灾区域更为广大,牵涉因素更为繁多,治理内容更为复杂的特点。特别是以往治理,只在黄河。而这次治理,要同时兼顾黄河、淮河和运河三条河流的关系,要通盘考虑治黄、治淮、保运、保祖陵、救民生这五大方面的利益要求。因此它要求治河者具有更为周密新颖的战略规划和谋略思想。

当时河道的具体状况是:

黄河:自从万历二年四月万恭被劾回家后,治黄济运、筑堤束水的治河方略又被贬斥。堤防失修,遂致大坏,结果导致

① 引自潘季驯《河防一览》卷一。

了万历三年以来黄河在徐州以下频频决溢的后果。到潘季驯治河时，黄河北岸则决崔镇、季太等处，南岸则决龙寓、周营等处，大小决口达130余处，其中最大的崔镇决口，频年以来屡塞屡决，此时口门已冲致180丈宽，中段水深达到1～2丈。①与此同时，黄河决溢之水又挟永固诸河之水，越过归仁集直射泗州明祖陵。以至正河流缓，河沙停滞，河身日渐垫高。

淮河：初，淮水自安东云梯关入海，无旁溢患。后来黄河南流，迨与淮会，黄水势盛，夺淮入海之路，淮不能与黄敌，往往避而东，泛于里下河地区。明初，平江伯陈瑄于淮河南岸黄、淮交汇之冲凿清江浦口济运河水，同时沿洪泽湖筑高家堰旧堤以障淮水不得往东，淮扬地区恃以无恐。但是到隆庆初年，因年久失修，再加上黄水顶托，清口淤塞，淮水排泄不畅，洪泽湖水位急剧上升，致使高家堰全堤均被冲毁，淮水从溃口东泄入海，淮扬地区一片汪洋。

运河：由于高家堰圮坏，淮水东溃，使山阳、高邮、宝应、黄埔一带借湖济运的运河堤尽数被冲毁，其中冲决最惨的是黄埔和八浅堤，决口水深丈余，历年来一直没有能够堵塞。②用潘季驯本人的话来评价："为照黄埔冲决，为害已极，经营数

---

① 参见《河防一览》卷七，《勘估工程疏》。崔镇，地在今江苏泗阳县西北，为明代黄河北岸著名险工。明代长度单位：1丈＝3.11米，180丈×3.11米＝559.8米。

② 浅，本来是明代运河河道基层管理组织的专称，一浅设一浅铺，由若干人长驻，专事疏浚和导引船只，每铺有"老人"或总甲负责。这里的"八浅"则是专指被洪水冲毁的决口地名，根据潘季驯疏文中的介绍，应在黄埔决口的下游，宝应县境内。

年，劳费不赀，妨运病民，莫此为甚。”[①]此外，从徐州到清口的500里黄河运道，此时由于河水尽数旁决，沙淤河浅，漕运中断。

祖陵：在明代的治河活动中，朱明王朝的皇家陵寝一直是一个很重要的牵制因素。明代与治河有关的皇家陵寝一共有三处：一处是寿春王诸园寝，为朱元璋叔父的坟墓所在地，在今天的安徽寿县；一处是皇陵，为朱元璋父亲的坟墓，在今安徽凤阳，淮河南岸；还有一处是祖陵，为朱元璋祖父的坟墓，在泗州，即今江苏泗洪东南，盱眙东南洪泽湖中。这三处皇家陵寝中，对当时治河活动影响最大的就是泗州的祖陵。祖陵“居泗州东北十余里，平原中突出高阜，较泗州城址高二丈三尺一寸。沙、陡二湖，潴蓄于前，面淮背黄”[②]，地势相当不利。特别是当高家堰大堤修复后，洪泽湖水位很快上涨，也壅高了上游的淮河水位，这样就对祖陵造成了直接的威胁。所以在潘季驯治河期间，祖陵问题一直是干扰他制定方略的一个重要因素。

民生：在明代的治河活动中，民生问题常常被置于无足轻重的次要地位。所谓“当冲郡邑，作堤障之，不坏城郭已矣；被灾军民，免其租役，不致流徙已矣”。不过那主要是指土地宽广、人烟稀少的河南和安徽淮北地区。到了人口较为稠密、物产比较富庶的淮扬地区，那还是要保的。特别是万历四年黄河破崔镇北决，淮水溃高家堰东泛之后，饱受洪涝灾害洗劫的淮扬士民要求治河以保民的呼声非常高，所以当张居正宣

---

① 见《河防一览》卷七，《报黄埔筑塞疏》。

② 见《河防一览》卷一，《祖陵图说》。

布支持开泇河议和开胶河议之后，马上引起了朝野的一片议论，人们纷纷指责他"欲罢黄河于度外，而不为经理"，要求先治河，后保漕。所以说在潘季驯的这次治河活动中，能否尽快地拯救淮扬士民，也成为他此次治河能否成功的一个重要牵制因素。

上述五大牵制因素所引发的工程问题在神宗皇帝的"敕谕"中大都做了明确的提醒，要求他尽快查明：

> 草湾口何为即开复淤，及今作何开通？
> 全淮水何为南徙不复，及今作何疏导？
> 徐邳河身高并州城，何以疏之使平？
> 黄埔、崔镇等口，久塞无功，何以筑之使固？
> 老黄河故道应否开复？
> 清(口)桃(源)正河应否挑浚？
> 高家堰、宝应堤应否修筑？
> 小浮桥新冲口可否济运，应否加挑？
> 又徐邳以上地形南昂北下，恐堤防一溃，势必奔流北徙，将为河闸之梗，亦要审其孰为正河，孰为支河，孰为合河？或正而当原其防，或支而当杀其势，或合而当分其流。一并勘议，详妥奏闻。①

面对如此复杂的河道形势，潘季驯将怎样制定并实施他的工程对策呢？

---

① 见《河防一览》卷一。

（二）宏伟的治河方略

与前两次治河活动相比，此次治河潘季驯拥有不少有利条件。首先，以张居正为首的中央政府吸取以往河、漕衙门互相推诿、画地为牢的教训，暂时裁革河道都御史，统一河漕事权，在政治上给潘季驯以全力支持。它不仅可以使潘季驯自由调动与治河有关的人力、财力和物力，超越地区间的行政分割，对“两河”流域的整治工程进行全面的规划。同时，它也去掉了潘季驯思想上的一块心病，不用再担心以往“穿小鞋”的事件发生了。所以潘季驯把这项变革看成是此次治河“成功之一大机轴也”①。

其次，中央政府全力支持潘季驯的治河方略，罢黜一切与这个方案相矛盾的治河主张。也为统一人们的思想，朝野一致，杜绝“浮言”，创造了有利条件。对此，潘季驯本人也有个评价，他说：“臣入境之初，故习方坚，道谋未息，而臣以潦倒余生，谬肩艰巨，人心未厌，物议横兴，致受事者谓此工必不可成，亦有不乐其成者。若非陛下独奋乾纲，特加黜逐，则流言铄金，积毁销骨，臣等虽有神禹之智，亦何所措手哉？河工竟成，实由于此。”②

再次，河、漕官员观点一致，也为潘季驯治河提供了一个非常和谐的决策环境。这里特别需要提到的是先于潘季驯上

---

① 《总理河漕奏疏》（三任）卷四，《辞免疏》。

② 《总理河漕奏疏》（三任）卷四，《辞免疏》。

任的漕运都御史江一麟。[1] 早在万历四年，江一麟任巡抚南赣副都御史时，就是潘季驯巡抚江西的有力助手。后来由于治理有方，率先于万历五年十二月升任总督漕运都御史赴任淮安。潘季驯担任河漕"总理"之后，朝廷又命他"相互协理之"。由于有在江西共事的那么一段经历，因此在治河的对策上，两个人配合得相当默契。因为江一麟素知潘季驯的才学、经历和为人，对于潘季驯的一套治河主张早已服膺。所以他一开始就沉下心来尽全力扶植潘氏的工作。正如他本人所表白过的："吾乡与潘公同事虔南，盖知潘公者济代才也。且也潘公往开府济上，平治邳河。今者驾轻车，就熟路，河平有日矣。"[2]由于两人见解一致，潘季驯遇到决断的棘手问题也总是先找他商量，"谋于江公，语合，两督府乃会疏以请"[3]。江一麟的密切配合曾使潘季驯大受感动，以至于治河成功后他曾专门上疏云："河工今幸底于成，然臣得窃尺寸以自效者，则抚臣实夹持之。抚臣休休有度，蹇蹇匪躬，无炫智能，无侥群议，忘己同心，识中肯款。始与臣同决大荚，既与臣力图其成，凡所为分工计饷，张官布令，纤毫皆抚臣力也。"[4]这里的抚臣，就是指的江一麟。所以潘季驯万历七年的治河成功，江一麟的大力协助，功不可没。

当然，摆在潘季驯面前的困难和挑战也是很大的。其中

---

① 江一麟，号新源，婺源人。嘉靖三十二年进士，是潘季驯第三次主持治河时的有力助手，万历八年四月于任上病逝。有关事迹参见[明]李春芳：《中丞江公治河底绩承恩序》，见《明经世文编》卷二八一。

② [明]李春芳《中丞江公治河底绩承恩序》，见《明经世文编》卷二八一。

③ [明]李春芳《中丞江公治河底绩承恩序》，见《明经世文编》卷二八一。

④ [明]李春芳《中丞江公治河底绩承恩序》，见《明经世文编》卷二八一。

像工程的规模之大，施工的内容之复杂，就已经令人咋舌；而朝野上下的怀疑，漫天飞舞的“浮言”，更是让人感到沮丧。那么多名声显赫的大人物搞了那么多年，都未能使“两河”顺轨归漕，你潘季驯又有什么本事能使决河归槽呢？不过又是一轮哗众取宠的表演罢了。所以当潘季驯沿河勘查，遍询“两河”沿岸父老时，众人皆曰：“崔镇必不可塞，高堰筑固当。”“众亦昂首望斯举，然心皆忖其功必不可就。”①这种舆论的不信任感可以说是潘季驯所面对的最大障碍。正像他自己所描述的：“臣……入境之初，目击两河分溢，故道俱湮，昔年耕刈之场，皆为鱼鳖之薮。以臣之才当此艰巨，非惟人心未厌，臣亦自知其不堪矣。二三之说因之沸腾，盖疑其事之难成者十一，而疑其人之不能成者十九也。”②

可以说机遇和挑战并存，就看潘季驯如何动作了。

潘季驯与其他治河家在思想方法上的一个重要区别，就在于，他既不屈服于舆论的压力，人云亦云；又不主观臆断，盲目决策。他就任河漕总督之后所做的第一件大事，就是亲自带领幕僚，开始了长达两月的实地勘查工作。他要用亲眼目睹的事实来击溃流言，验证设想，形成治理“两河”的总体方略。

这是一次规模宏大的勘查工作，根据潘季驯本人的记述，他曾躬亲督率，沿河荒度，“南溯淮扬”，“西穷凤泗”，“北抵清桃”，“东抵海口”，足跨河、淮、江三大流域，经过“两河”沿岸的

① ［明］李春芳《平成瑞应诗册序》，见《明经世文编》卷二八一。

② 潘季驯《河工告成查核效劳官员疏》，见《两河经略》卷四，引自《四库全书》（诏议类）影印本第四三〇册，页二三七。

十余个州县，取得了大量的第一手资料，解决了许多疑问，澄清了许多浮言。在综合了多方面勘查的结果和自己以往治河的经验之后，潘季驯终于形成了自己宏伟的治河方略。

1. 提交《两河经略疏》[①]

万历六年六月，潘季驯首先慎重奏上了全面治理黄、淮、运河的可行性方案《两河经略疏》。在疏文中，他根据对黄、淮、运河长期运行的历史以及黄河本身的河流特性的分析，坚决驳斥了长期以来被奉为金科玉律的分疏之法，大胆提出了筑堤堵决、束水合流的全新治河思想。他说：

> 以臣等度之，非惟不必另凿一口，即草湾亦须置之勿浚矣。故为今之计，惟有修复平江伯之故业，高筑南北两堤以断两河之内灌，而淮扬昏垫之苦可免；至于塞黄埔口，筑宝应堤，浚东关等浅，修五闸，复五坝之工次第举之，则淮以南之运道无虞矣；坚塞桃源以下崔镇口诸决，而全河之水可归故道。至于两岸遥堤或葺旧工，或创新址，或因高岗，或填洼下，次第举之，则淮以北运道无虞矣。淮黄二河既无旁决，并驱入海，则沙随水刷，海口自复，而桃清浅阻又不足言矣。此以水治水之法也。

根据这个基本的规划思想，潘季驯提出了治理"两河"的六条著名原则，即"治河六议"[②]：

---

① 见《河防一览》卷七。

② 见《两河经略疏》。

“一议塞河以挽正河之水”。他说,河水旁决则正流自微,水势既微则沙淤自积。民生昏垫,运道梗阻皆由此也。现查得淮河以东则有高家堰、朱家口、黄埔口三决,此淮水旁决处也;桃源上下则有崔镇口等大小29决,此黄水旁决处也。俱当筑塞。

“一议筑堤防以杜溃决之虞”。他说,堤以防决,堤不筑则决不已。故堤欲坚,坚则可守而水不能攻;堤欲远,远则有容而水不能溢。可是长期以来人们对堤防的作用认识不足,筑堤不用老土,且又类多卑薄,就已经违反了筑堤防的规矩。再加上堤基选址不当,夹河束水,窄狭尤甚,更是加速了堤防的溃决。因此,必须力革这些弊病,凡堤必寻老土,凡基必从高厚,又必绎汉代贾让不与争地之旨,仿河南远堤之制,对黄、淮、运河两岸的所有堤防都进行一次大规模的修筑。只有如此,才能使诸堤悉固,全河可恃。

“一议复闸坝以防外河之冲”。他说,从前平江伯陈瑄[①]修筑淮扬运河时曾制定了严格的运河闸坝管理规范。但是法久渐弛,闸坝圮废,致使黄、淮二水倒灌运河使运道冲毁。今后,一定要修复闸坝,重肃漕规,以保证运河的畅通。

“一议创建滚水坝以固堤岸”。他认为,虽然黄河水浊不能分流,但这主要是从全局上讲的。如从局部地区来讲,为了保护全河的不分流,就要选择一些合适的地点有意识地进行小规模分流。他说:伏秋之间,淫潦相仍,势必暴涨,两崖为堤所固,水不能泄,则奔溃之患,有所不免。因此,有意识地建几

① 陈瑄,字彦纯,安徽合肥人,明永乐元年(1368年)任总兵官,总督漕运。以理漕有功,封平江伯,死后立祠清河县。《明史》卷一五三有传。

座滚水坝,"比堤稍卑二三尺,阔三十余丈,万一水与堤平,任其从坝滚出。则归漕者常盈,而无淤塞之患;出漕者得泄,而无他溃之虞。全河不分,而堤自固矣。"

"一议止浚海工程以免靡费"。潘季驯上任之前,朝中有一批人认为"两河"决溢的根本原因是黄河入海口被泥沙淤塞住了,因此主张大兴浚海工程。开始,潘季驯对此也感到举棋不定,认为"开海口一节,于理为顺,方在犹豫"。恰好这时工部遣咨请他亲自踏看。于是"臣等乃乘轻舡,出云梯关至海滨,延袤四望",结果发现海口故道广自二三里以至十余里,近年来因淮黄分流,河道中只剩下了涓涓细流。现在只要使"两河"之水仍归故道,海口就会全复原额,不必另寻,"开凿徒费无益也"[①]。所以,海口"不必治,亦不能治。惟有塞决挽河,沙随水去,治河即所以治海也"。

"一议暂寝老黄河之议仍利涉"。按照潘季驯《两河经略图说》[②]中的介绍,"老黄河"在清口对岸,清河县城北一带,约70多里长,离清口较远,明嘉靖以前为黄河主流流经地,嘉靖初黄河主流迁徙到清河县南,直接在清口汇淮。[③] 万历初,由于清口被泥沙淤塞,淮水不得出,遂破高家堰东流而去。有

---

① 潘季驯《河工告成疏》,见《河防一览》卷八。

② 见潘季驯《两河绎略》卷一,《四库全书》影印本第430册,第190～193册。此图《河防一览》未辑入。

③ 草湾"老黄河"在清口对岸,清河县城北一带,约七十多里长。明代黄河南流夺淮,主要是夺泗水故道。泗水故道在桃源县以下原分为二支,北支为大清河,南支为小清河。大清河会淮处在淮安城北,为古泗口;小清河会淮处在清河县城南,即明代著名的清口。黄河夺淮后,先是由大清口汇淮,嘉靖初改由小清河会淮。大清河遂被称为"老黄河",大清河地区又名草湾,故又称草湾老黄河口。参见《明史·河渠二》及潘季驯《两河经略图说》。

人认为这是因为黄河势大，太迫近清口所致，因此主张重开黄河故道，绕过清口，引河北流。潘季驯经过勘查后，认为开老黄河故道有三不便，况且“两河”诸堤建成后，清口可不浚自通。因此主张不必复老黄河故道。

总起来看，在“治河六议”中，潘季驯已经形成了一个系统的治理方案。这个方案的基本要点，就是堵决、筑堤、复故道。而实现这些措施的理论依据，就是以水治水、借水攻沙，即对于黄河水沙关系的科学运用。

那么首辅张居正对此是什么态度呢？

潘季驯的《两河经略疏》奏上后，张居正省亲葬父还未回到北京①，于是疏文很快以特急方式由驿递送达正在途中的张居正。与疏文同时送达的还有工部的复议，这时的工部尚书是李幼滋，他给予潘季驯的方案以很高的评价。说潘季驯的方案“俱目击利害，而非道听之言”，顷来治河之说，没有能超过他的这套主张的。

但是张居正的态度起初并不那么明朗。经过几年的实践，他毕竟失望太多，对于潘季驯独出心裁的观点，他更是心存疑虑。虽然迫于形势，他对于潘季驯的疏文和工部的复议还是一一复允，但是心里却总是不放心。于是回到北京后，他又私下给潘季驯写了一封长信，将心中的疑虑全盘托出，希望潘季驯能有个合理的说法。他说：“前在途中，得治河大议。比至都，司空（按指工部尚书李幼滋）言此大事，宜速请旨，以便举事。此时初至应酬，匆匆未及广询，且意公议已审，不宜

① 根据《明神宗实录》中的记载，张居正是万历六年六月十五日后才到达京郊真空寺。

更作异同，以扰大计，遂一一复允。乃近日得一相知，书论河上事，如高家堰之当筑，河淮之当合，皆略与大疏同。惟言崔镇口不宜塞，遥堤未易成，尚不肖亦不能无疑焉。”①

张居正的疑虑归纳为两点：第一，依靠筑堤束水治河是否可靠？所谓“避下而趋虚者，水之性也。闻河身已高，势若建瓴，今欲以数丈之堤束之，万一有蚁穴之漏，数寸之瑕，一处溃决，则数百里之堤，皆属无用，所谓攻瑕则坚者瑕矣。此其可虑者一也”。第二，用堵决口并支流的办法，能否使“两河”安流？所谓“异时河强淮弱，故淮避而溢于高宝，决于黄埔。自崔镇决后，河势少杀，淮乃得以安流，高家堰乃可修筑。今老河之议既寝，崔镇又欲议塞，将恐河势复强，直冲淮口，天妃闸以南复有横决之患，而高宝亦终不可保。此其可虑者二也”。

对于张居正来说，这两大疑问与人们长期以来所遵循的治河原则是直接背离的；但是对于潘季驯来说，这两大疑问恰恰是他的治河方略中的两大理论支柱，他不能不坚持，也不能不辩护。于是经过一番深思熟虑之后，潘季驯也给张居正写了一封名为《堤决白》②的著名长信，在信中对自己“筑长堤”和“塞决口”的基本观点作了系统的理论论证。

① 张居正《答河道巡抚潘印川计淮黄开塞策》，见《张太岳集》卷三〇。

② 按潘季驯的《堤决白》最早刊印于他在万历八年印行的《宸断大工录》及《两河经略》中，本来是作为“附录”收入的。后人重印《河防一览》时，又将此文作为“附录”收入卷末。《堤决白》是潘季驯治河文献中少有的几篇非奏疏类理论文章之一(另一篇是著名的《河议辩惑》)。但是后世的研究者很少对这篇文章的来龙去脉及写作日期作过明确的分析和说明。笔者根据对这篇文章的内容、观点、行文方式及表达语气等方面的分析，再加上有关材料的参考，认为《堤决白》实际上就是万历六年六月至七月间潘季驯给张居正的一封回信中的内容。

他首先以隆庆五年第二次治河时无故论黜的事实为例，表达了自己对庙堂“浮言”的强烈担心，请求当政者能够认真了解自己的治河主张，不要被那些似是而非的浮言所动摇。他在信中激动地写道：“伏念季驯潦倒余生，谬蒙拔擢，感激图报，不自分量，欲收全河之功，以报殊常之遇，琐琐陈渎，悉荷俞旨。自六月以来，鸠工聚材，事颇有绪。但闻佥谋未协，以致异议纷然，万一庙堂之上，偶摇于三至之言，遂旁之舍，终坠于半途之筑，驯百其身何能赎哉？驯昔治邳河之时，通复故道一百二十里，坚筑两堤共三百里。然因人情不协，竟以塞决论黜。若非邳河无恙，公论复明，驯何辞于今日哉？伤弓之鸟，虑之不得不周，伤虎之人，谈之尚令色变。敬用条列于后，奉尘清澈。伏望留神详阅。如有所否，仰祈指教，容驯虚心改从。如敢固执己见，自败己事，明神殛之。”

在谈到“塞决口”问题时，他说：“决口不可不塞。”议者认为在崔镇的塞决之事是自讨苦吃。其实这完全是不得已而为之。假如自崔镇至清口这九十里间，使崔镇决而此九十里仍旧深广如故，那决口可以不塞；假如使崔镇决而形成新河，决口亦可以不塞。而事实上自崔镇决后河道淤浅，洪水漫流，根本无法通漕，而且还威胁到上游河道的安全，此决口不堵行吗？议者又认为即便堵了决口，伏秋洪水一涨还会冲垮。其实这种担心也大可不必。因为季驯原陈述中已有请建滚水坝以防之的措施。议者又认为堵住黄河沿岸诸决口，使黄、淮合流，会冲毁高家堰和清江浦大堤。其实这是不了解河情的本末倒置之论。因为是“堤决而水分，非水合而堤决也”。议者把黄淮决溢的原因归责于海口之不容，却不知“上决而后下壅，非下壅而后上决也”。况且河水决溢，淹没民舍田庐，从拯救民生的角度而言，也应当尽早堵筑决口，更不要说保护漕运了。

在谈到"筑长堤"问题时，他说："遥堤不可不筑。"因为筑堤与塞决二工密切相因，堤不筑则水不归槽，不归槽则水从他决，决则正道必淤。故筑堤所以防决也。若堤不筑，则决也就不必塞了。议者担心高家堰一筑，淮水上游必涨，会淹了泗州和祖陵。那么请问，泗州之水是涨于高堰未决之前呢？还是涨于高堰已决之后？如果大家同意是在堰决之后，那么道理就清楚了：高堰决而后清口塞，清口塞而后海口湮，海口湮而后上流蓄。所以高家堰当筑已明矣。说高家堰不当筑，那只不过是泗州商贩的私利使然。

经过这么一番有理有节的耐心解释，终于使张居正彻底放下心来。随后就给潘季驯写了一封回信，内称："前奉书以河事请问。辱翰示条析事理，明白洞悉，鄙心乃无所惑。"[①]这样，潘季驯的治河方略总算是被批准了！

2. 奏上《河工事宜疏》[②]

在《两河经略疏》被批准后不久，潘季驯又抓紧时间于七月初奏上了《河工事宜疏》，提出了工程管理方面的"河工八事"。如果说前面的一篇奏疏表达的是潘季驯对人与自然关系的宏观认识和战略对策，那么本篇《河工事宜疏》则表达了他对于治河活动中人与社会关系的若干认识和对策。这"河工八事"的内容分别是："一议支放"，"一议分督"，"一议责成"，"一议激劝"，"一议优恤各工夫役"，"一议蠲免"，"一议改折"，"一议息浮言"。由于这"河工八事"中包含了很丰富的工

① 张居正《答潘印川》，见《张太岳集》卷三〇。
② 见《河防一览》卷七。

程管理思想，我们将在后面设专章对他的具体内容进行分析和评价，此处暂略。

3. 制定《勘估工程疏》[①]

如果说前面的《两河经略疏》主要是站在宏观战略的角度，对于"两河"工程建设的可行性的方案作了原则性的描述，那么这第三个奏疏《勘估工程疏》就是站在具体规划的角度，把上述原则性的构想转化成了可以具体操作的工程项目任务书。根据这个任务书，本次治河的主要项目包括：

在黄河施工区段：

——沿黄河两岸修筑河堤，包括缕堤和遥堤，共长290余里，土石方达到250万，需用工1000多万个，费银钱40多万两。

——堵筑黄河两岸大小决口130余处。其中最大的崔镇决口在清口上游约70多里处的黄河北岸，决口口门达到180丈（约合559.8米），中段水深达一丈二尺（约3.7米），[②]两头深浅不等。现在需要筑起一座根阔20丈，顶宽10丈的拦洪大坝，光堵这一个决口就要耗银10000两。

——在崔镇以上的黄河北岸，分别建筑滚水石坝三座（以后又改为四座），每座口门宽30余丈，比正堤稍低二三尺，全部用条石砌就。每座石堤需要工料银3000两。

——在邳州附近黄河与睢水交汇处的南岸一带，沿湖筑归仁集大堤七千余丈（约50余里），以防止黄河泛涨，威胁凤阳府及诸明王陵，泗州及明祖陵。

---

① 见《河防一览》卷七。

② 按明制：1丈=3.11公尺。

——在清口以下从柳浦湾到高岭创筑长堤 40 余里，以束水攻沙入海口。

在淮河和淮扬运河施工区段：

——沿洪泽湖东岸筑高家堰大堤，从新庄镇到越城止，共长 10800 丈(约 60 余里)，俱根筑 15 丈到 6 丈不等，顶宽 6 丈到 2 丈不等，高 1.3 丈。[①] 其中 1/3 的地段后来还用石条砌护。这是整个“两河”工程中最关键的一项工程，也最为潘季驯所关心。

——堵筑里运河沿岸决口。其中以黄埔、八浅两决口为最大。特别是黄埔决口，自从隆庆年间被冲决以来虽经多次堵筑，但是屡堵屡决，一直未能合龙。这次潘季驯决定分两步来组织施工：第一步，先在上游顺筑导水堤，底宽 20 丈，顶宽 10 丈将主流挑开；第二步，再堵塞原决口计 160 丈。两项施工合计需用银钱 10000 两。

——新筑宝应湖石堤 3300 余丈(约合 20 余里)，减水闸四座，疏通运河渠道 1100 余丈。新挖月河若干条。

以上还只是介绍了主要的工程项目，其他大量的小型项目尚未计算在内。但仅此就已经可以看出，这次“两河”工程的规模、内容和复杂程度已经达到了相当高的水平。要知道，它是在 16 世纪的明朝封建时期，其施工期只有一年！

（三）栉风沐雨，躬亲督率“两河”工程

1. 调兵遣将，顺利解决人事危机

---

① 参见潘季驯《河工告成疏》，见《河防一览》卷八。

根据潘季驯的奏疏,“两河”工程经过多方筹备之后,于万历六年九月十五日正式起土兴工。按照惯例,开工之前,众河官和民夫代表都要举行一系列的祭告和典礼仪式,以告慰天地和河神。在这些例行的活动举行之前,潘季驯曾召集众河官,在济宁总河衙门召开了一次重要的点将会议。因为“两河”工程规模浩大,施工战线又拉得很长。为了便于分督管理,潘季驯特别安排,将整个工程分为八个施工段,分别委任八名司道官员分段督理。开始任命的八名官员分别是:①

海防道参政龚大器,负责总管徐州北岸自吕梁洪至邳州直河止一带的 70 里遥堤工程。

淮北分司郎中佘毅中,负责管理自桃源县古城以下 60 里遥堤工程,包括堵塞界内缺口,以及建陵城滚水坝一座。

管河副使张纯,总管自桃源界至清河獾墩止 60 里遥堤,并塞界内决口及建安娘城滚水坝一座。

徐州道副使林绍,总管自徐州南岸玄黄二铺月堤并灵睢界内遥堤 50 余里,以及建磨脐沟滚水坝一座。

颍州道佥事朱东光,总管自睢宁内遥堤 40 余里,并筑归仁集堤 35 里。

水利道佥事杨化,总管修复淮安板闸至新庄闸共四座,修筑里河西堤并新城北一带帮助新旧堤,以及塞堵黄埔口。

管河郎中张誉,总管建筑高家堰大堤中段,塞天妃闸朱家口,开复通济闸,修筑赵家口以西堤岸,修复仁义等五坝。

南河分司郎中施天麟,总管修筑宝应一带土石堤,并建减水闸及挑浚扬州至仪真一带河道。

---

① 参见《河防一览》卷八,《勘估工程疏》。

但是拜将仪式结束后，林绍、杨化等人分别抗命不职，林绍甚至直接上书朝廷，全面攻击潘季驯的治河政策。这使潘季驯感到十分恼怒，他马上奏上名为《备陈议河始末疏》的长篇疏文，对林绍的言行进行了严厉的批驳，并请求朝廷予以处分。[①] 这样，在张居正的支持下，林绍被革职回家，杨化等人被锦衣卫逮捕进京拷询。与此同时，潘季驯又紧急奏请调来营田道佥事史邦直、主事陈瑛、真定副使游季勋等，对施工地段重新作了划分。这才成功地度过了工程开始以来出现的第一次人事危机。

2. 抢筑高家堰，攻克"两河"工程之关键

在全部"两河"工程中，高家堰工程构成了整个工程成败的关键。这不仅是因为高家堰工程最为艰巨，更重要的是，它的筑成与否，直接影响到其他工程的进程和效果，并进而决定整个"两河"工程的成败。因此潘季驯决定亲自驻扎高家堰工地，"风雨萧瑟中，与役夫杂处苇舍"，来回指挥，认真督工。曾目睹了整个工程进程的已致仕礼部尚书李春芳为此专门著文，具体描述了潘季驯领导民众艰苦筑堰的动人事迹：

> 高堰其初，波涛浩淼，绝不睹堰址。（潘季驯）则命万艘载土实之。久之，堰隐隐起水中。（潘）公乃栖泊堰上，凌风触雪。坚冰在须，颜黧发皜，几于胼胝无胈，劳苦甚矣。[②]

---

① 见《总理河漕奏疏》（三任）卷三。

② ［明］李春芳《平成瑞应诗册序》，见《明经世文编》卷二八一。

这段话生动地告诉我们当时筑堰的一些基本方法，以及潘季驯领导筑堰工作的劳苦情状。李春芳还写道，在潘季驯领导筑堰之前，曾有人试图筑塞堰体决口，但是屡试屡败，使得筑堰者灰心丧气，最后竟以为“堰不可筑”①。那么，潘季驯又是怎样啃下了这块硬骨头的呢？李春芳以他亲历的情景，为我们描绘了这样一幕动人的场面：为了一举堵住高堰决口，潘季驯亲自挑兵选将，“率锐士以从”，组织了一支精锐能干的敢死队，“以戊寅五月某日到堰所”，轮番上堰突击。“是夜，堵口塞其半。明日断流。又明日堰合。”可是新堰刚筑成不久，风雨大作，汹汹如山，不久就把新筑的堰体尽数冲毁了。等到水落后再一查看，新决口比原来的决口还要大还要深。这时不少人都泄气了，认为“堰必内徙乃可成”，要求重选地址，另起炉灶。可是潘季驯并没有被眼前的景象所吓倒。他认真地分析了迁徙堰址的不利因素，指出：“中堰深者，不过三十丈耳，如内徙则益深且远，至数十里，舍近易，役远艰，非便计也。”于是重申旧堰之议，并且再次组织文武部属，分督诸决口工程，结果不数日而诸决口尽塞。在诸决口中有一个大涧口，冲刷得很深，屡堵不成，众人都风传说这里可能是个水怪窟穴，碰不得。潘季驯却不信这个邪，他经过实地考察以后，毅然决定“塞决以埽”，用“埽工”来塞此决口。为了打消众人的疑虑，每下置一埽，潘公就勇敢的站立在埽上，以示镇邪。结果所下诸埽无一走样，决口尽塞。这次高堰堵决的过程和结果，使众人大开眼界，深感佩服，纷纷啧言：早应当这样搞了！于是诸河官信心倍增，纷纷召集徭夫，将初成的高家堰体进一

---

① 李春芳《重筑高家堰记》，见《明经世文编》卷二八一。

步增高培厚,使之巩固。[①]

李春芳的这一段记述,可以说非常形象地介绍了潘季驯在治河工程指挥过程中的胆识、才能和不屈不挠的奋斗精神。同时,在潘季驯身上还表现出一种与民共处、乐于吃苦的精神。李春芳是这样描写的:

> 至冬,徭夫手足皲疡,裹创而作。潘公亦冒风雪,暴露堰上,与徭夫同辛苦。至春,大风雨,潘公则又与百执事,往来泥淖中。飞涛扑面,矻矻不少休。盖潘公急于王事,不特以身示劝也。[②]

这样的行为举止,对于一个身居二品的高级封建官吏来讲,确实是难能可贵。它从一个侧面反映了明代中叶一批忧国忧民的儒家知识分子的进步思想情操。

高家堰工程的规模是很大的。刚开始筑堰时,“波涛浩淼,绝不睹堰址”。而现在,经过一年多的紧张施工,筑起堰体3600余丈,堵塞大小决口超过1000丈,“堰高一丈五尺,厚五尺,基厚十五丈。大涧口则为月堤,广三十丈”。一座初具现代水库雏形的大型水利枢纽工程在潘季驯的亲自设计和直接指挥施工下,终于诞生了。

李春芳在描述高家堰工程的险要情状以及潘季驯的有力措施时,曾这样写道:“堰形沿湖曲折,水自西而东,直冲六羊堰,西转复东犯贝沟堰。自贝沟而西,湖水浩淼,撞大涧堰特

---

① 参见李春芳《重筑高家堰记》。

② 李春芳《重筑高家堰记》。

险，其次冲汤恩堰。（潘公）乃于诸堰密布桩入地，深浪不能撼。桩内置板，版内置土，土则致自远，皆坚守者。又创公宇堰上，以弭使节，为大使亭，设大使一员，弓兵百名以守，为铺舍若干老人八名，夫千名以修。……堰成，两公以闻，上大悦，……淮人烝烝吐气矣。”①

文章的作者本来就是淮扬地区之兴化县人，此地多年来遭水患尤甚。潘季驯筑高家堰时，他刚刚致仕回到家乡不久。因此，可以相信李春芳的这些记述是基本真实的。

3. 天助人愿，一举筑塞黄埔、崔镇决口

黄埔、崔镇工程乃“两河”工程中的两大堵决工程。前已述，黄埔诸决口位于高家堰下游的淮扬运河上。高堰一筑，黄埔诸决马上断流。所以潘季驯说：“高堰既筑，黄埔之工自易；黄埔既塞，则兴宝盐城一带田地尽行干出。自此两河横流，涓滴皆由正道；千里之内，民业皆可耕获；而海口河身，日见深刷，亦可免壅溃之患矣。”②由此可见黄埔决口与高家堰的关系，以及它在整个“两河”工程中的地位。

在堵筑黄埔决口的施工过程中，还发生了这样一个插曲：黄埔决口多年来一直承受全淮洪水的倾泄，决口处已冲成一个深潭，当地居民俱传有蛟龙在其中作怪。高堰筑成后，黄埔水涸，平地上现出一处广 20 余丈，深丈余的大穴坑，内有遗骨甚多，居民多称为“龙骨”，纷纷取之。当地官吏亦将此希罕情况逐级上报，都以为妖孽不祥。但是潘季驯经过审视以后，却作出了相反的评价，说：“数年以来，筑塞之工频施，而随修随

① 李春芳《重筑高家堰记》。

② 潘季驯《报黄埔筑塞疏》，见《河防一览》卷七。

坏，桩埽之力既竭而愈演愈烈，固人谋之未协，亦斯物之为祟也。今蒙本院部亲督官夫，先筑高堰以杀其势，继筑两坝以断其流，积水顿涸，蛟龙无以藏身，蜕骨腾升。”[①]在他看来，妖龙作祟，是人谋未协的结果，人与天相斗，人斗输了，天自然就要摆威风了。但是当人力协作，占了上风时，自然界的妖孽就会烟消云散，逃之夭夭。黄埔堵决的经过，就雄辩地证明了这一点！所以他在给朝廷的奏疏中写道：“以臣愚之见言之，其为龙与否，新蜕与否，若何而去，俱不敢以臆度之说告之君父之前。而总之水孽既去，水患自除，庶几自此可慰我皇上南顾之忧矣。”未能事人，焉能事鬼？皇权第一，神权第二。潘季驯的这种观念相当深刻地表达了封建时代儒家知识分子忠君爱国的事功之心，以及重人事、远鬼神的入世思想。

至于黄河崔镇决口的堵筑则幸运得多了。原来人们估计，崔镇决口宽达180丈，黄河主流尽为之夺，要想堵住一定十分困难，因此预先作了高达10000两银子的预算，准备了大量的施工物料。但没有想到这时天助人愿，水归故道，崔镇决口处日渐淤平。这使潘季驯大为高兴，他马上抓住这个机会，督促属官加紧组织施工，创筑遥堤。同时大胆修改施工计划，在原崔镇决口处新增减水坝一座，使为害多年的崔镇决口一举合龙。

4. 大兴土木，夹河创筑遥缕长堤

重视堤防，将其作为基本治河手段的思想，是潘季驯治河方略的核心。与长期以来轻视堤防作用，把堤防仅仅看作防止洪水漫溢的被动防御手段的传统看法正相反，他史无前例

① 潘季驯《报水孽既除疏》，见《总理河漕奏疏》（三任）卷二。

地大胆提出，堤防是治导河流的积极手段，应当充分予以重视。所以早在隆庆年间治河时，他就明确提出，“为照筑堤束水，治河要策”，“古所称下策则今之上策也”。①

如果说当年筑堤，限于资金和时间，还只能在黄河下游的若干地区，零星创筑的话，这次“两河”工程，则要自徐(州)、邳(州)而下，淮北沿黄河两岸到云梯关入海口处，淮南则沿淮河和运河到仪真长江边，千余里沿河地带，大兴土木，筑起两条宏伟壮观的水上长城。根据潘季驯的计算，仅沿岸筑堤一项，就要耗费河工银 40 万两以上，占全部预算的 70%，动用土方量超过 250 万方。由此可见此次治河活动中堤防工程的规模和重要性。

根据潘季驯提出的规划，这次黄河沿线数百里间所筑堤防的一个重要特点，就是实行遥缕并举，“重门御暴”，遥、缕、格、月诸堤成龙配套。潘季驯在工程告竣后曾自豪地说：“今遥堤告竣，自徐抵淮 600 余里，两堤相望。基址既远，且皆真土胶泥，夯杵坚实，绝无杂沙虚松之弊，蜿蜒绵亘，始如长山夹峙，而河流其中。即使异常泛涨，缕堤不支，而溢至遥堤，势力浅缓，容蓄宽舒，必复归槽，不能溃出。譬之重门待暴，则暴力难侵；增缕御寒，则寒必难入。兼以归仁一堤，横截于宿桃南岸要害之区，使黄水不得南决泗州。至于桃清北岸，又有减水四坝，以节宣盈溢之水，不令伤堤。故在遥堤之内，则运渠可无浅阻；在遥堤之外，则民田可免淹没。虽不能保证河水之不溢，而能保其必不夺河；固不能保缕堤之无虞，而能保其至遥

① 潘季驯《议筑长堤疏》，见《总理河漕奏疏》(二任)卷四。

即止。"[①]潘季驯对于堤防系统的整体规划,真可以算是周密至极了!

(四) 功成名就,治河英名传天下

规模浩大的"两河"工程,经过潘季驯和他的同僚们的精心策划和组织,先后动用夫役 80000 人,耗银 56 万两,历时一年,终于在万历七年十月间提前完成了主体工程。根据潘季驯在《河工告成疏》中的统计,在这一年的时间里,他们先后创筑土堤 10 万余丈(合 600 多华里);砌石堤 3300 丈;堵塞大小决口 139 处;建减水坝四座,车坝三座;拦河顺水等坝 10 道;涵洞两座;减水闸四座;浚运河淤浅 10000 多丈;栽种过堤柳树 80 余万株;其他较小工程不计其数。这样大规模的工程,却基本上没有发生挥霍浪费现象,比当初预算节约河工银 24 万两。[②] 由此可见整个工程管理之严谨。(附潘季驯万历六年指挥治黄工程图示)[③]

那么整个工程完成以后的实际效益如何呢?潘季驯本人对此有一个客观的介绍。他说:

今岁(按指万历七年)伏初骤涨,桃清一带水为遥堤所束,稍落即归正槽,沙随水刷,河身愈深,河岸

---

① 潘季驯《河工告成疏》,见《河防一览》卷八。

② 参见潘季驯《恭报河工省剩钱粮疏》,见《总理河漕奏疏》(三任)卷三。

③ 此图引自郭涛《潘季驯的治黄思想》,见《水利水电科学研究院论文集》(31 集),水利电力出版社。

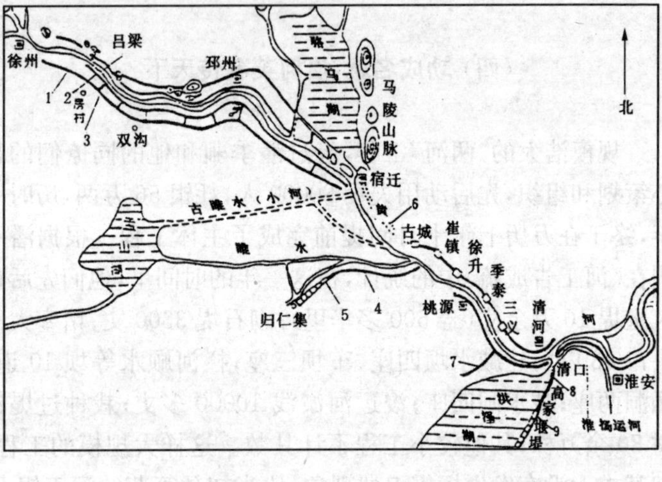

图 5－1　潘季驯治黄主要工程措施示意图

1. 遥堤；2. 缕堤；3. 格堤；4. 归仁堤；5. 归仁堤石工；
6. 因地势高未设堤防；7. 马厂坡遥堤；8. 高家堰大堤；9. 高家堰石工

注：本图河线行径主要依据《淮河年表》；工程依据《河防一览》。

愈峻。前岁桃清之河，胶不可檝，今深且不测，而两岸迥然高矣。上流如吕梁两崖，俱露巉石，波流湍急，渐复旧洪，徐邳一带，年来篙探及底声，今测之皆深七八丈，两岸居民，无复昔年荡析播迁之苦，此黄水复其故道之效也。

高家堰屹然如城，坚固足恃。今淮水涓滴尽趋清口，会黄入海，清口日深，上流日涸，故不特堰内之地可耕，而堰外坡，渐成赤地。盖堰外原系民田，田之外为湖，湖之外为淮，向皆混为一壑，而今始复其本体矣。其高宝一带因上流俱已筑塞，湖水不至涨满，且宝应石堤，新砌坚致，故虽秋间霖潦浃旬，堤俱如故。黄埔八浅筑塞之后，俱各无虞；柳浦湾一带新堤，环抱淮城，并无齿损，不特高宝田地得以耕艺，而上自虹泗盱眙，下及山阳兴盐等处皆成沃壤。此淮水复其故道之效也。

见今淮城以西，清河以东，二渎交流，俨若泾渭，诚所谓同为逆河以入于海矣。海口之深测之已十余丈。盖借水攻水，以河治河，黄淮并注，水涤沙行，无复壅滞，非特不相为扼，而且为用。故当秋涨之时，而其景象如此，昔年沙垫河浅，水溢地上，祇见其多，今则沙刷河深，水由地中，祇见其少。地方士民，皆谓二十年来所旷见也。①

事实证明，潘季驯主持的第三次治河活动确实取得了预期的明显效果。首先，经过堤防的束水作用，徐州以下的黄河河床确实很快被刷深了，而且深度达七八丈之多（约合 20 多公尺）。这样的景象是往年用开支河、或用人力开新河的办法所看不到的。其次，高家堰的作用确实不可抹杀。一方面，它的建成有力扼制了淮水的东泄，捍卫了堰外淮扬地区数万顷良田，几十万百姓的民生不遭淹溺；另一方面它壅高了洪泽湖

① 潘季驯《河工告成疏》，见《河防一览》卷八。

水位，在一定条件下，确实可以起到加大清口水流挟沙力，释稀清口以下黄河泥沙、蓄清刷浑的作用；同时，淮河的被约束，黄河的被刷深，也保证了大运河交通的顺畅。这样，漕运、治河和民生，三个基本方面都得到了切实的保证，从而使高家堰和洪泽湖一起成为一座同时具有多种功能的巨型水利枢纽工程，一座巨大的平原水库。所以，尽管历史已经过去了400多年，黄、淮、运河的河流面貌已经发生了根本性的变化，但以高家堰为前身的洪泽湖大堤至今仍然是苏北人民所要确保的重要水利工程，它保护里下河地区经济、社会和民生的基本功能仍然没有过时。就凭这一点，我们也应当很好地纪念和公正地评价潘季驯。

对于这次治河活动，内阁首辅张居正一直在密切地注视着，并且与潘季驯一直保持着密切的信札往来。如前面的介绍，早在万历六年治河之初，他就为治河方略的制定问题多次与潘季驯交换意见。随着工程的顺利进展，他的心情也由疑虑逐步转为欣喜，又由欣喜逐步转为钦佩。在万历七年的一封书牍中他写道："去岁积雪，发春未改，窃以为忧，高堰、黄埔工恐难就。兹奉教知，大患已除，两功底绩，遥堤湖堤次第将竣，真为之喜而不寐。公平成之绩，宁独一时赖之乎？仰甚！"[①]在另一封书牍中，他感慨地说："比闻黄埔已塞，堤工渐竣，自南来者，皆极称工坚费省，数年沮洳，一旦膏壤。公之功不在禹下矣。……"。[②]

当然，潘季驯本人这时的心情也是如释重负。万历七年

① 张居正《答河道潘印川》，见《张太岳集》卷三一。

② 张居正《答河道潘印川论河道就功》，见《张太岳集》卷三一。

农历七月的一天，他和亲密助手江一麟沿黄河视察工程。他们登上徐州城外的云龙山，眺望远处的群山郁郁葱葱，奔腾不息的黄河此时如一条白练从云龙山下悠悠飘过。回忆两年来的艰苦奋斗，两个人不由得感慨万千。潘季驯遂叫来笔墨，当场赋诗一首，以表心中激情：

同江司徒小酌云龙山①

握手论交今白头，天涯相对一樽留。
廉前秀结千峰色，槛底声喧万里流。
世事误人称老马，机心终久愧闲鸥。
知君久有烟霞癖，还许相从范蠡舟。

诗中既表达了他与江一麟长期共事、志同道合的特殊友情，又透露了他厌倦官场，打算治河成功后告老还乡，隐归田里的心思。只可惜第二年（万历八年）四月，江一麟就因劳累过度，与世长辞了。而潘季驯也始终没有作成他的烟霞梦，只是留下了这首小诗，让后人细细品味。

沮洳十余年，愁煞张居正的“两河”工程，经过了那么多人的治理，都没有能够获得成功，却让潘季驯以筑堤束水、借水攻沙的理论为指导，在短短一年左右的时间里治理完毕。

① 潘季驯的这首诗和他所写的另一首诗的手迹当时曾被镌刻为碑文，树立在徐州云龙山上。20世纪30年代，著名水利学家李仪祉先生勘查黄河故道，在登云龙山时，在草莱中意外地发现了这块高二公尺、阔一公尺的珍贵石碑，人们才得以知晓潘季驯的这两首诗和他的手迹。两个不同时代的著名水利专家竟以这种方式沟通了联系，这不能不说是一个奇迹。原诗影印件见民国版《河防一览》附录。

这种离经叛道的理论和神速的实践奏功，确实让朝野上下为之轰动。士人们纷纷撰文赋诗为之歌颂，将他远比治水圣祖大禹，近比本朝平江伯陈瑄。王世贞还专门为潘季驯撰写了长篇颂文《贺大宫保大司空印川公治河功成序》。[①] 文章在详细追述了潘季驯督理"两河"的全过程后，高度赞扬了他受命于危难之时，不入流俗，不图私利，坚持真理，忠心为国的"纯臣"精神。他写道：

> 不佞盖三复公疏而叹曰：纯臣哉，潘公也！公之最后命加重矣。天子委河政公，举大司农水衡赋而听之。即公胡不捐数百万金钱以因决而为之新河，张大其功，伐树八尺，碑而命之曰：此潘公河也。即又胡不捐数百万金钱以别凿尾闾之口而张大其功，伐树八尺，碑而命之曰：此潘公通海道也。顾廑廑焉即故河而惟左右堤之，是饬卒之河海之壅辟而漕不病。乃其告成事不过曰：借水攻沙、以水治水而已。推公意宁不获以其身当上赏，不欲使国被实费而河隙实利于戏，岂不亦皎然纯臣哉！

因此王世贞在最后满怀信心地预言道："不佞窃谓公之功一世功也，其言借水攻沙，以水治水则百世功也。"从此，潘季驯的名字就同"束水攻沙"的治河理论紧紧地联结在一起。

总之，从万历六年开始的第三次治河活动，是潘季驯治河生涯中最辉煌的一个历史时期。因为这次治河活动在他的历

---

① 见《弇州山人四部汇编稿》卷二七。

次治河活动中，规模最大，成绩最显著，他的“筑堤束水、借水攻沙”的著名理论在实践中得到了最为充分的发挥。也正是由于这次治河活动，潘季驯在中国古代水利史上的特殊地位才最终得以确立。潘季驯在这次治河过程中主持建造的各种土木工程也许早已随着时间的流逝而烟消云散了，但是他在实践中所发现和总结出来的治河理论却不断跨越着历史的时空，为后人所赞扬，所继承。

第六章　老骥伏枥的后期治河活动

一、此次治河的历史背景

潘季驯的后期治河活动主要是指从万历十六年到万历二十年这一历史时期。这时他已经是一个年届 70（受命时 68 岁）的耄耋老人了。

此前，在万历十二年言官与内阁的矛盾纷争中，他曾以“党庇居正”的罪名，被神宗皇帝劾罢回家。

潘季驯虽然被黜为民了，但是他前三次治河的功绩却如昭昭日月，令朝野上下赞誉不已。以至于他离京回家之后，朝中还有不少官员上疏为他争鸣不平。如万历十三年夏四月，天遇大旱，御史蔡系周上疏，因旱言事，专谓：“古者朝有权臣，狱有冤囚则旱。今李植以至尊胁廷臣，专权之渐也。且御下欲雪枉，而刑部尚书之枉先不得雪。今日之旱，实由于此。”[①]此处所称刑部尚书当然就是指潘季驯。蔡系周认为潘季驯的再次被罢黜，完全是由于言官专权所造出的一桩冤案，理应得到平反昭雪。

同一年，御史李栋也上疏讼曰：“隆庆间，河决崔镇，为运道梗。数年以来，民居既奠，河水安流，咸曰‘此潘尚书功也’。昔先臣宋礼治会通河，至于今是赖。陛下允督臣万恭之请，予以溢荫。今季驯功不在礼下，乃当身存之日，使与编户齿。宁不坠诸臣任事之心，失朝廷报功之典哉？”[②]随后，御史董子行等亦言潘季驯罪轻责重。虽上诏俱夺其俸，但其后论荐者仍不已。[③]

对于潘季驯来说，堂堂刑部尚书被贬斥为一介平民，并没有使他感到沮丧，反而使他在精神上完全得到解脱。功成名就，爵位极矣，还有什么不满足的呢？因此回到家乡，潘季驯并没有困守书房，而是积极活动，四处联络，打算以自家多年的一点积蓄为本，为家乡人民办点善事。

他首先想到的就是，还父亲生前之遗愿，为家乡造一座大桥。因为走出乌程县临湖东门，苕霅二水在此夹会，每当雨季来临，山洪复发，风急浪高，使航渡之船，岁有覆溺。季驯之父生前尝念及此，意欲筑桥于二水之汇，以安乡人，志未就而人已没。潘季驯每念及此，辄歔欷涕下。因此万历十二年归乡后，他马上找到乌程县令杨应聘，详细谈了自己建桥的打算。

① [清]夏燮《明通鉴》卷六八，中华书局版，第六册。
② [清]夏燮《明通鉴》卷六八，中华书局版，第六册。
③ [清]夏燮《明通鉴》卷六八，中华书局版，第六册。

杨氏答曰“建桥之政，职在有司”，你那么大年纪了，何必操那么多的心呢？你只需安排家人准备好畚掮，到时候参加出工就是了。

季驯听后正色答曰：不然。我的家乡有不好走的路，我的先父有建桥的嘱托，我理应为此尽一份责任。此等区区小事，又怎敢劳驾官府之人，惊动四乡父老呢？至于建桥费用，也不用公家出钱了，我全家可以省吃俭用，捐钱来造桥。

于是他马上动员全家，将“夫人之簪珥捐之，郎君之佩玦捐之，舍人之长租捐之”，共集得白银 2500 两。从万历十三年三月开始动工，直到万历十八年十月，断断续续，历时五年，才将大桥建成。全桥长 140 尺，宽 20 尺，桥洞为五孔。在当时的湖州城内，可以算是数一数二的大桥了。“来往于上者，交臂接踵，如过枕席，相与欢忻，讴吟而德之。”①后来此桥被官府命名为“潘公桥”。

当时的名宦于慎行闻讯后非常感动，专门为之作《潘公桥记》，内称：“予观世君子，出而应用，或能纵横驰骛以成卓荦之勋，及其退而里居，(却)不能修咫尺之仁以泽其乡之子弟，此非远者易而近者难也，有所勉而为，则不惮力以博一日之名，而至于诽誉之所不及，则比邻之戚，视若胡越，甚有以箪食豆羹见于色者，故名实之际难言也。少保(潘)公当其谢事闲居之日，翛然游于不滓，乃不恡数千金之藏，以为闾阎无穷之利，此岂有所勉不为？徒以先君子一言，视里人之沾溺，不啻繇己博施，善利之仁，此足以推矣。”②这一段评语可以说是真实

① 见[明]于慎行《潘公桥记》，引自同治《湖州府志》卷二三。
② 见[明]于慎行《潘公桥记》，引自同治《湖州府志》卷二三。

地描述了潘季驯的一贯人品，即不为名利而熙熙，心中常存仁德之念。

这个时期的黄河，自从万历八年潘季驯主持“两河”工程大功告成后，“流连数年，河道无大患”。但这主要指的是徐州以下的河道。而在徐北上游河道，则因年久失修，堤防破败，已经到了全线溃决的危机时刻。果然，到了万历十五年(1587年)秋七月，黄河泛涨，冲决堤防，直逼开封，漂没人畜无数。随后，封丘、堰师、东明、长垣等地也屡被冲决。此时的情形，正响应了潘季驯在万历六年的反复告诫。[①]

这时的内阁首辅是申时行。[②] 开始他对这个局势并未在意，只是说：“河道未大坏，不必设都御史。宜遣风力老成给事中一人行河。”并命工科都给事中常居敬往督河事。常居敬巡河归来后，一方面请敕河南、山东等地巡河官员补漏塞决，另一方面又同御史乔壁星、工科给事中梅国楼等紧急上疏，请求恢复专设总理河道大臣，并荐原任刑部尚书潘季驯可堪总河之用。[③] 这样，经过众人的反复奏请之后，工部才于万历十六年三月上疏，明神宗于五月十一日正式颁布敕谕，第四次任命潘季驯以右都御史总理河道，兼理军务，这时潘季驯已是68岁。

但是他并不服老。正像他所一再表白的那样：“仆以此河

① 参见《河防一览》之《黄河来流艰阻疏》、《申明河南修守疏》、《申饬徐北要害疏》、《恭陈远地修守当严疏》等文。

② 申时行，字汝默，长洲人。嘉靖四十一年进士。张居正去世后，他接任内阁首辅，至万历十九年。

③ 参见《明神宗实录》卷一九七。

为命,故虽去任,而犹寝食于此河也。”[①]五月十六日接到工部咨文,十七日接到首辅私牍,他二话不说,马上收拾行装,于二十日就解维起程,“昼夜兼程”,于六月初一日抵达淮安,次日便到任受事,亲往高(邮)宝(应)柳湾清浦,以及徐邳一带河湖堤坝之处,逐一勘查。[②] 然后又于六月二十七日赶到济宁州总河衙门,视察邳县以西漕河及山东曹、单等处河情。其行动速度之快,前所未有。

二、此次治河的详细经过

总起来讲,潘季驯此次主持治河,主要有以下几个方面的突出贡献:

(一)以修守河防为第一要务

这时,治河活动的重点已从徐淮之间,上移到徐州以北的河南境内。潘季驯上任后,奔走弥月,巡视“两河”,对于各处堤防工程的兴废举坠,已胸有条理。他首先奏上《恭陈远地修守当严疏》,称:“河南堤工,向已告竣,伏秋即届,防御为先。”说:“臣遥制千里之外,虽尝三令五申,外干而道里寥廓,转报为难。时届伏秋,呼吸变态,报而后行,已无及矣。所恃者,管河一道。”因此他请求尽快补齐管河官员,严守自己早年亲自

① 见潘季驯《留余堂尺牍》。

② 见《留余堂尺牍》二《上吴门相公书》中的自述。

制定的“四防二守”之法，以保河道无虞。[1] 这表明他此次主持治河的基本目标，已从大规模创筑施工为主改为修守已有河防工程设施为主。这是一个战略性的转变。在这个时期内他的许多奏疏和具体的活动都是围绕这个主题进行的。

万历十六年九月，他又奏上《申明修守事宜疏》[2]，提出了著名的“修守八事”。在奏疏中他首先对自己多年来的治河经验进行了理论的总结，指出：“臣窃谓治河之法，别无奇谋秘计，全在束水归槽，归槽非他，即先贤孟轲所谓：水由地中行。而宋臣朱熹释之曰：地中两崖间也。束水之法亦无奇谋秘计，惟在坚筑堤防。……堤固则水不泛滥，而自然归槽，归槽则水不上溢，而自然下刷。沙之所以涤，渠之所以导而入海，皆相因而至矣。”因此他问道：“然则固堤非防河之第一义乎？而岁修之工舍固堤其何以乎？”既然堤防有这么积极的治河效益，那么河防修守事宜的第一要义不就是巩固堤防吗？想当年“两河”工程完成之后，连续八年河流畅通，民居乐业。“不意为日既久，人情遂弛，掌印河官视两堤为赘旒矣，岁剥月蚀，残缺颇多。”经过本年六月以来连续三个多月的日夜修防，他才感慨地体会到：“立法易而守法难，守法于一时易而守法于长久难。”于是条上了“修守八事”：

(1)“久任部臣，以精练习”。即河官的任期宜长，以便熟悉河防。

(2)“责成长令，以一事权”。即各级地方掌印官员要主管河防，以便统一指挥。

---

① 见潘季驯《总理河漕奏疏》(四任)卷一。

② 见《河防一览》卷九。

(3)“禁调官夫,以期专工”。即河工修防队伍要相对稳定,以便熟练掌握堤工技术。

(4)“预定工料,以便工作”。即平时要预先筹备储存好修防工料,以便满足应急需要,有备无患。

(5)“立法增筑,以固堤防”。即每年要按堤防修守条令规定,按时加高培厚黄河大堤,以便巩固河防,常备不懈。

(6)“添设堤官,以免遥制”。即充实堤防官员的队伍,以便分工责成,人员到位。

(7)“加帮真土,以保护堤”。即对于堤防修守技术也要作出明确的技术规定,加帮真土(指粘性大的老黄土),剔除浮沙,以便保证河防大堤的工程质量。

(8)“接筑旧堤,以防淤浅”。即加紧修筑历史上留下来的旧堤,以防河道旁决,淤浅正槽。

他说,整个“修守八事”的目的,就是通过完善河防修守制度,以“保前功于不毁,杜后患于将来”。

就在潘季驯奔走河壖,组织官夫培新补旧,昼夜施工的时候,万历十六年九月九日,从未跨出过北京皇宫大门的万历皇帝突然决定走出紫禁城,驾幸大峪山,去临阅为他建造的寿宫陵墓。这是他47年统治生涯中唯一的一次御驾出巡,其实这一年他才25岁。也正是在这次破天荒的出巡中,这位神宗皇帝突然对治河问题发生了兴趣,并且与臣下进行了一次简短的对话。当时参与对话的内阁首辅申时行在事后撰写的《召对录》中详细记录了这次谈话的过程:

万历十六年九月九日神宗驾幸大峪山,临阅寿宫。明日,循西山,逾石景,至浑河。有顷,中官飞骑传诏臣申时行、许国、王锡爵等见于浑河幄次。

时行等磕头毕，神宗起观河流，河流迅急，中流架木为梁。神宗手指河水，顾时行等曰："此河汹涌如是，闻黄河数决为民害，当亦同之。"

时行对曰："此滹沱河正流，发源桑干，从塞上入内地数百里，出琉璃桥。或遇水涨，时有冲决。若黄河则其流更远，其势更大。无论前代，即本朝亦屡屡溃决，不惟居民受害，每至漕运梗塞，故国家以治河为第一要务。"

神宗听罢，曰："经理河务，须在得人。"

时行对曰："今河臣为潘季驯，他在河道，久感皇上拔擢之恩，不敢不尽心任事。"

神宗曰："好着他用心。"

时行等磕头退，因命三辅臣作歌以记其事。①

这虽然不过是一次触景生情的简短对话，但由神宗皇帝本人面对汹涌澎湃的真实河流，主动提出治河问题，并关心治河官员的人选，这却是他一生中仅有的一次。

大约是滹沱浑河的磅礴气势给神宗的印象太深刻，观河之后的第二天他就给吏工二部写去亲笔御旨，内称："朕闻黄河冲决，为患不常，欲一观浑河，以知水势。昨见河流汹涌，因念黄河经行处所，经理防御，倍宜加慎。河道官员还行文与他，都着用心任事，务一勤永逸，勿劳民伤财，以为故事。自今推选委用，务在得人。"②

神宗的这篇御旨很快就被传达到了河防工地。潘季驯自然是激动万分。在按照礼仪亲率僚属三呼万岁之后，他立即

① 申时行《召对录》，见《丛书集成初编》第3965册。

② 见潘季驯《恭诵纶音疏》，《河防一览》卷一〇。

奏上了《恭诵纶音疏》，概要介绍了自己自万历十六年六月上任以来的基本治河方针。他指出："自入境以来，延袤千余里，周咨荒度，足遍而目击之矣，而卒无可以他图者，然犹谓河南为黄河上流，或可别求长计，顷于九月初七日躬率……北自考城以至武涉，南自荥泽以至虞城，又自河南至大名府所属长东二县，将黄沁二河，延堤踏勘。"①说明他此次治河的一个基本目标，就是完成以前未尽的宏愿，将徐州以北的黄河堤防全面修筑。

当时对于徐北河段的治理有几种不同的观点：

一种是主张"自荆龙口经广、大二府地方，出北海者"。这是一条人工改道使河北行的路线。潘季驯认为，这个方案对防洪、漕运都不利，"无论移河南徐淮之患于北直隶诸府，而二洪干涸，运艘难浮，不可也"。

一种是主张"复贾鲁河，自荥泽而达涡河者"。这实际上是主张让黄河分流，东南夺涡河，汇淮河。潘季驯认为，这个方案有两大缺陷：一是妨害漕运，二是威胁凤阳和泗州皇陵。况且淮河河床过于狭窄，"一淮尚且不支，况益之以黄乎？不可也"。

第三种观点是主张"分沁河合漳卫二河之水，出临清，可杀水势者"。即主张把黄河支流沁河水引入漳河，流向临清，单独入海，企图以此来杀减黄河水势。潘季驯认为这个方案也行不通，因为它犯了"以浊济浊"的大忌，"沁河之浊，不减黄河，小滩见苦浅涩，增此一河，必至淤塞，不可也"。这样，经过反复勘查和辨析，再加上"检括故牒，咨询父老"，潘季驯"始信

① 潘季驯《恭诵纶音疏》，《河防一览》卷一〇。

治河之法，惟有修防，必难穿凿”[①]。

同年十二月，潘季驯又奏上《申明河南修守疏》，再次指出，河南黄河上流因非运道所经，往往忽视，以为无虞，而不知上源已决，运道未有不阻者。故修守之法，在河南尤属紧要。[②]

万历十八年夏天，经过两年的施工，千里黄河沿线和淮河、运河的修守工程终于告一段落。该年七月，潘季驯奏上《恭报三省直堤防告成疏》[③]，对于自万历十六年以来南直隶、山东、河南三省直境内的堤防修守工程完成情况作了全面总结。他说，“臣自万历六年奉命治河，即请筑遥堤以防其溃，筑缕堤以束其流。八九年间，河流顺轨，故道晏然，业有成效矣。而岁久官更，弊滋法弛，以河防为末务，视堤工为赘疣，一篑莫加，万夫间旷。而车马之蹂躏，风雨之剥蚀，河流之汕刷”，更使得原筑堤防千疮百孔。正是这种局面促使他痛下决心，要将修守堤防作为此次治河的首要任务，“旧有而今圮者则议加帮；旧无而宜有者，则议创筑”。他认为，比起万历六年的大规模施工，这种以修守为主的“防御之法”，同样是“颇称周备，较之己卯告成之功，更为详密，而夏镇河南山东往岁原来未经理者，皆一体增建矣”。最后，他还从理论上指出了坚持长期修守的重要性，并大声呼吁：“倘能岁守不失，则河流自无冲决之患。河不冲决，则故道晏然，翕由顺轨，而运艘自无阻滞之虞矣。但畚土成堤，原非铁石，稍不修葺，便至倾颓。岁岁修之，

① 潘季驯《恭诵纶音疏》，见《河防一览》卷一〇。
② 见《河防一览》卷一〇。
③ 见《河防一览》卷一二。

岁岁此河也，世世守之，世世此河也。故岁修钱粮之设，徭编雇募额夫，凡以为河也，而可置之虚糜闲旷之地哉？臣是以谆谆为申明修守之请也。伏望……每岁务将各堤顶加高五寸，两旁汕刷及卑薄处所，一体帮厚五寸。”他认为只有如此，才能保护堤防于长久。

据统计，在两年的时间里，潘季驯指挥各级河官役夫共加帮维修各种堤坝 264 500 余丈（约合 1 500 多里），创建新筑堤坝 28 000 丈（约 160 多里）。这个修守工程的规模实在是不算小了。

总之，把主要精力用于修守现有堤防，这是潘季驯第四次主持治河期间所遵循的一个基本原则，它一直被贯彻于这次治河活动的过程始终，而没有动摇。

（二）为治河鞠躬尽瘁，死而后已

潘季驯第四次奉命主持治河的时候，已经是一位 68 岁的老人了。尽管他抖擞精神，老当益壮，像前几次治河那样，与夫为伍，以舟为家，餐风宿水，栉风沐雨，把他的全部时间都耗费在河防工地上。但他心里对于自己的身体状况已经有所警觉，他已经隐隐感觉到自己的手脚不那么灵巧了，精神状态也大不如以前了。为了解决后顾之忧，他还特意从乌程老家召来了风雨同舟几十年的结发老妻施夫人，以照顾自己的生活。深知丈夫脾性，早已习惯于分离之苦的施夫人自然愿意同丈夫团聚在一块儿，但是乌程老家中的儿孙和田产又时时让她放心不下。再加上水土不服，疾病缠身。在陪伴潘季驯在治河工地上生活了一段时间以后，老夫人不得不在万历十七年五月十六日含泪告别，踏上了回家的小舟。未想到这一离去，竟成了永别。[①] 老妻走后不久，长子潘大复又因入京朝觐，便道省公于济宁任所。大复是季驯最为器重的一个儿子，他于万历十四年考中进士，然后派遣为溧阳县令，在任上廉洁奉公，多有政绩，颇受邑人称赞，其状风闻于上，遂有此次引见之召。大复此次顺道拜见父亲，还带来了王世贞老先生的一封亲笔手书，令潘季驯大喜。他和王世贞此时都已是耆耆老者，几十年的交往使他们之间的友情远远超过他人，至今仍以兄弟相称。因此他马上给王世贞写了一封回书，内称："溧阳儿初四过济。再拜手书之赐。中间誉及治河一事，高明如翁，所见既合，弟益可以自信。甚慰，甚慰。"他坦诚地写道："弟齿长于翁五年，而以人间最苦之事，一身肩仔。……弟衰惫已极，自度不能久延于世。"回忆数十年来的官宦生活，他惭愧地责备自己在一心为公的同时，却未能尽到一个孝子的责任，父亲潘夔已经去世 35 年了，却未能给他老人家树一块像样的墓碑。如今自己所剩时日也已经不多，如果不能了此心情，岂不是要遗憾终身！因此他恳请世贞兄能手赐一篇墓志铭，以告慰先人。[②] 后来王世贞果然写成了一篇生动感人的《潘公儆庵墓志铭》，帮助潘季驯还了此项心愿。[③]

就在大复探父的这两天，黄河突然发生了险情。五月二十七日，山陕地区大雨倾盆，上游河水暴涨，汹涌的洪水冲决

① 参见《留余堂尺牍》二，《与吴少溪书》。又《总理河漕奏疏》（四任）卷三《患病乞休疏》："万历十七年六月十八日，在工得亡妻之讣。"

② 《留余堂尺牍》二，《致王世贞书》。

③ 参见王世贞《弇州山人续稿》卷一一五。

河南开封附近的一段月堤，漫出并冲垮兰阳与仪封之间的一段新堤。六月初四夜间，徐州上游一带河水大溢，高出堤顶二尺，急泻而下，冲入夏镇运河，毁坏田庐，溺死居民，造成了不小的损失。灾情传来，潘季驯十分震怒。他来不及同儿子叙情，就匆忙上堂办公，下令拘捕了失职的河防官员，同时命令各地河官和夫役严加防范，亲自上堤督率修守。随后潘季驯本人也匆匆赶赴受灾地区，在第一线组织防洪抢险。然而，就在这个紧张的时期，六月十八日，潘季驯突然接到了夫人去世的消息。这个如晴天霹雳一般的消息，使他悲痛万分。尽管他仍然含辛茹苦，负痛奔驰在治河工地上，但是在悲伤和劳累的双重打击下，他的身体已经出现了明显的症状。开始是痰中带血，后来是大吐血块。十月，当黄河决口终于堵住之后，潘季驯也终于支持不住，赶回济宁总河府上，杜门一月，卧床养病。后来他在给王世贞的书牍中回顾这一段的艰苦历程时，动情地写道："去秋浊流暴涨，几于夺河。不佞亲操畚锸者三阅月，而始就绪。且于胼胝之时，复得室人之讣，负痛奔驰，万苦聚集。七十老人岂能堪此？"[①]鉴于这种情况，潘季驯不得不开始认真考虑引退的问题了。

万历十八年(1590年)，潘季驯的生命历程已经进入了他的第70个春秋。正月里，整个神州大地一片喜庆的气氛，京师里，紫禁城内外，火树银花，锣鼓喧天，人人披金戴银，鲜衣貂裘，正在欢度元宵佳节。然而此时的潘季驯，却强持病体，带着两个仆人，驾一叶小舟，从济宁出发，出闸河拨棹而南，对邳州、睢宁一带的河工开始了他的例行巡视。这时的黄河两

① 《留余堂尺牍》六，《与王凤洲书》。

岸，北风呼啸，雪花纷扬，坐在四面透风的小船仓里，眺望着窗外银色的世界，潘季驯追古抚今，思虑万千，不由得老泪纵横。[1] 他感到自己所剩的时日已经不多了，可是面对的河道形势却越来越令人担忧，真是有心补天力不足！在种种焦虑之中，他迫切地感觉到有对自己数十年治河经验进行总结的必要。他认识到只有把自己从实践中形成的一系列主张形成文字，公诸于天下，才能教后人代代继承，永远遵守。这件事必须马上去办！另外，自己到了退休年龄，已经疲劳了，走不动路了，应当及早提出辞疏，请朝廷早作人事安排，以免耽误河工。

二月十二日，潘季驯巡视归来，首先奏上《引年疏》[2]，引《大明会典》中“凡内外大小官员，年七十岁者，听令致仕”的条文，陈述自己年迈病重，难以继续任职的理由，要求朝廷尽早改派“总河”，以免耽误河工。但是疏文奏上去后，没有得到批准。因为潘季驯数十年成功治河，已在朝野内外树立了很高的威信。再加上“总河”职务位尊贵重，艰苦异常，也很少有人愿意接替。所以朝廷以河防工程任务重大，没有更合适的人选接替为理由，拒绝了他的退休申请。

四月二十三日，是潘季驯的 70 大寿，济宁总河衙门里热闹非凡。他的儿女子孙、四方亲友纷纷赶来贺岁祝寿；他的一班尚在人世的文坛老友也纷纷祝词以表心意；他的许多河工僚属和当年弟子也都携带贺礼拜见老总；此外还有朝中的一班新科权贵，社会上的一批有名文士，此时也都凑凑热闹，吟

---

① 参见《留余堂尺牍》四，《谢董宗伯书》。

② 见《总理河漕奏疏》(四任)卷三。

诗作画。这次祝寿活动暂时冲淡了他的悲痛之情，使他的精神重又振作。随着天气的转暖，他的身体也逐步得到恢复。他又舍身忘己地投入到繁忙的河防工作中去了。五月，他奏上《加筑泗州护城堤疏》，要求户部拨出专银，以实施泗州城防及祖陵的护堤工程。这是他多年的心病，也是长期以来人们争论不休的焦点。结果，申请很快获批准，该工程于九月竣工。同月，山东等地大旱，山东闸河自镇口闸到临清 700 里间，因泉微水浅，严重影响了漕运。为此，潘季驯又先后奏上《灵雨应祈疏》和《旱久泉微祷雨疏》，指出"天时地利，本自相资；而人力天工，不可偏费者也"。在主观努力已达到极限的情况下，请求祈神祷雨以安民心。①

这时，黄河汛期又到了。一天，河水大溢，漫过徐州城堤，徐州城内遍地积水，房屋倒塌甚多。众议迁城改河，惊动朝中大臣纷纷来信询问。季驯从坚持故道、束水攻沙的基本立场出发，上疏据理反对。他通过现场勘查，指出徐州水灾是由于徐州守令不明情况，开堤放水，忘记筑塞所造成的。局外人不明就里，妄加浮言，甚至要求改河它行。这是他所万万不能同意的。他在给工部尚书曾同亨的信中写道："必欲改河，一切任之。改而有害，他日勿以见罪幸矣。"②为解救目前局面，他建议或者改城他迁，或者挖一条支河，排泄徐州积水。

在潘季驯的坚持下，朝廷选择批准了开魁山支河的工程计划。改河的浮言终于又慢慢平息。这项工程后来于万历十

① 以上诸疏均见《总理河漕奏疏》(四任)卷三。

② 见《河防一览》卷一二《河上易惑浮言疏》；另见《留余堂尺牍》二，《与曾翁书》。

九年三月初三日动工，闰三月初三日竣工，历时一月，费仅数百，借用古旧河渠，挖竣渠道长达 24 000 丈(约 160 多里)，终于排掉了徐城积水，避免了迁城改河的结局。潘季驯也受到了朝廷的嘉奖。魁山支河是潘季驯第四次治河生涯中的重要成就之一。

由于身体上的过分劳累，再加上精神方面的不断刺激，八月十六日，潘季驯再次旧病复发，连续两天口吐鲜血。他只好回到总河衙门调理。在养病期间，他抓紧时间，将自己历年来领导治河的文稿作了整理，从 200 多篇奏疏中精选出 50 余篇，汇集成册，经过增削删补，以《河防一览》为名称，刻印成书。在书中，潘季驯全面回顾了自己自嘉靖四十四年以来，四次奉命治河的经过，指出："季驯凡四奉河命，前后二十七年，皆知地形险易。增筑设防，置官建闸，下及木石桩埽，综理纤悉。"可以说《河防一览》是潘季驯治河思想成熟并形成体系的基本标志。

十月十一日，他再一次发病，呕吐不止，晕倒在地。潘季驯自知已病入膏肓，不会久延人世，遂于十四日奏上《患病乞休疏》[①]，内称："自受事以来，日与夫为伍，以舟为家，冲寒触暑，宿水餐风，虽尺寸之堤，竹头木屑之事，皆臣所目击而心惟者，二千里堤防庶几稍称有备矣。"虽然已到了知天命的年龄，却仍然"董率官夫躬亲防御"洪水。十八年六月十八日"忽得亡妻之讣，伤悼稍过，且复茹痛奔驰"，乃至劳苦并集，大吐血块。因此要求朝廷将他放归田里，引退回家。但是朝廷的回答是"不准辞"。

① 见《总理河漕奏疏》(四任)卷五。

十一月初十日，潘季驯再次奏上《乞休疏》，指出："夫臣之身我皇上生成之身也，即以此身殉河，正所以仰报我皇上生成之恩也，而臣何惜哉！但明年岁修工作，料理全在冬春，十一月有勘估之举，十二月有办料之举，二三四月有卷筑之举，分猷虽有僚属，而缉核全在总河。"若耽误时日，必致坠误，"此臣所以心愈急而病愈剧也"。[①] 申明他并不是因为畏难怕苦求退休，而完全是为了河工着想，但是朝廷仍然不允许他辞职。

万历十九年二月己巳，潘季驯又三上《乞休疏》，指出："河防关系甚重，一日不可乏人，且治河之臣，古称行河使者，欲其奔走河堧，非可以坐理而卧治者也。"而自己已经卧床三月。因此希望朝廷顾及河防重大，速选年轻有为的任事之臣前来代替。这时首辅申时行也感到事情的重要性，同时上疏具题请旨。但是疏文送入内廷后，"两经票拟，俱不批发"[②]。实际上还是不同意潘季驯的引退请求。这时，潘季驯已经是 71 岁高龄了。

三疏乞休，未得允许，潘季驯只好再次振作精神，强支病体，以舟代步，巡视河工，准备迎接新一年汛期的到来。他一方面亲自指挥魁山支河工程的建设；另一方面抓紧时间，撰写了一大批荐举河官的奏疏。在这些疏文中，他反复表达了同一个思想，这就是一定要以久居河防、经验丰富作为任用河官的首要标准，其中特别要注意选拔那些不怕吃苦、耐得住寂寞的老成之人来代替自己。他在给大学士许国的书牍中说："惟有不善纷更，不事传凿之人，即可任此。盖不肖谬承人乏，向

① 参见《总理河漕奏疏》(四任)卷五。

② 参见《明神宗实录》卷二三二。

来只是固堤防以守故道，束河流以循旧轨，并无他策，最为平常，最为简拙，人人而能之，人人而可代者。若厌常喜新，贪功生事，则非不肖之所知矣。"[①]这说明他所期待的接班人应当是一个能够继续贯彻自己治河主张的人。为此，他还专门推荐了两位昔日的僚属，现任布政史陈瑛，浙江巡抚常居敬可担当此任。可惜后来都未能如愿。

十九年四月，他又写了一篇重要的奏疏《河上易惑浮言疏》[②]，在文章中他运用逻辑推理和事实材料相结合的论辩方法，对治河方略上的种种"浮言"进行了全面的清算，指出制造浮言的那些人"不查水势，不鉴往昔，偶见淤垫，议论风生"。其实往往脱离实际，既经不住事实的验证，也经不住理论的辩驳。尽管潘季驯治河毕生，同形形色色的"浮言"也作了一辈子的斗争，然而最后他还是遭到了浮言的暗算。

十九年九月，淮河上游水位陡涨，泗州水情异常，洪水溢过堤防，涌入城内，使州公署和州治被水淹三尺。其城内原有水关，但为了防止淮水内灌而人为筑塞。结果城内积水经月不泄，城内军民大部分人被淹。潘季驯闻知灾情后，心急如焚，不顾僚属和医官的劝阻，带病亲赴泗州勘视灾情，布置河工，赈济灾民，研究对策。他在《风雨水涨疏》中不无苦涩地写道："臣不胜步履，舆疾入舟，亲诣徐、邳、淮安等处沿河一带，随处栖泊督查。"[③]在另一篇《湖水涨漫异常疏》中他又写道："时臣才病伏舟中，栖泊邳州地方，勉强扶疾，于九月初四日前

① 见《留余堂尺牍》四，《上新安相公疏》。

② 见《河防一览》卷一二。

③ 见《总理河漕奏疏》(四任)卷五。

往彼处逐一查勘。”[①]从这些文字中我们不难想象潘季驯当时在萧萧秋风凄雨之中，将骨瘦如柴的病体强撑在一根龙头拐杖上，飘动着满头白发，屹立船头，挥动手臂，亲自指挥着千军万马抗洪抢险的感人形象。

这次淮河大水，由于淹没了泗州城，威逼到明祖陵，还冲决了淮扬运河的多处堤防，因而引起了朝廷的很大震动。在这种气氛下，各种反对“束水攻沙”理论的观点又被纷纷提了出来，其中呼声最高的就是“分黄导淮”的主张，即主张将黄、淮二河分而治之，导淮由高家堰的周家桥直接泄入长江。而不是像潘季驯一贯坚持的那样，借淮刷黄。这个建议自然要引起潘季驯的强烈反对。他说：“淮水反跳（入江），伤泄王气，则臣与二臣之心皆所畏惧者。”因此决不能掘开高家堰导淮入江。“善后之计，恐无出于移易州治为久安长治之策，裁削（清口的）张福堤为不得已之计也。”[②]但是他的这个意见上奏后，因与朝中诸臣意见不合，而遭到言官的批评。其中南京河南道监察御史聂应科的言辞尤为尖刻。他攻击潘季驯衰老无裨，疲驽负乘，又属张居正余党，要求立即将他解职回家。

面对如此恶毒的语言，潘季驯再也不能忍受，遂上书大学士，再次自请罢黜。他在题名为《被论乞休疏》的奏文中严正指出，自从万历十八年二月以来，曾四次上疏乞休，均不准辞。后因岁修甚急，明旨甚严，才不敢再为渎请。遂扶病入舟，沿河栖泊，朝东暮西，左顾右盼，“寸步必须扶掖，衣冠久已不胜。伛偻苦恼之状，见者悯恤，臣犹未敢具疏乞休者，以泗州议方

---

① 见《总理河漕奏疏》（四任）卷五。

② 见《总理河漕奏疏》（四任）卷五，《议处泗州积水疏》。

兴，新河之议始定，姑有待也。”他然后逐一批驳了聂应科等人的无端攻击，最后提出，为河防大事计，请将他即赐罢斥，别选精力任事之臣前来接管替代。① 潘季驯的这一番辩驳引起了朝中大臣的广泛同情，万历二十年正月甲戌，工科给事中杨其休上疏，认为潘季驯勋茂劳久，呕血骨立，被言请告，当允其归。② 二十年三月，总督河道工部尚书潘季驯终于被允回乡，结束了他的第四次治河使命。将去，条上《并勘河情疏》③，对自己几十年治河的基本经验和主要观点进行了全面阐述。他指出："臣自嘉靖四十四年至今，以河事君父者，凡四任矣，壮于斯，老于斯，朝于斯，暮于斯。或采之舆情，或得之目击，或稽之以往，或验之将来。水有性，拂之不可；河有防，弛之不可；地有定形，强之不可；治有正理，凿之不可。""厌常者"每欲弃旧以更新，而臣则以为故道必不可失也；"泥成说者"每欲分支河以杀势，而臣以为黄河之浊流必不可分也。"臣执此以治河者，前后一十二年矣。"

他说："臣已去矣，墓土拱矣，何敢以笔舌与人争曲直哉？且议者原无怪臣之心，见者言其所见，闻者言其所闻，凡以为国也。……但虑天下之事，议论多者成功或毁，兴作侈者工费自烦，支离胜者正道必废。有宋竭天下之财力以事河，而国以大弊，卒之横溃决裂，不可收拾者，职此故也。"历史的教训触目惊心，浮言的盛行后患无穷，只有老老实实按河流运动的规律性办事，才能有所成就。如果不是这样，高高在上，夸夸其

① 见《总理河漕奏疏》(四任)卷五，《被论乞休疏》。
② 参见《明神宗实录》卷二四四。
③ 见《河防一览》卷一二。

谈，主观臆断，不负责任，则“筑舍道旁，疑心信耳。今之案墨未干，明日之新议复起，无论衰病如臣，即壮猷任事，忠勤敏练如将来者，亦何措手哉？故敢冒昧具陈”。

潘季驯四任治河“总理”，前后跨越时间达 27 年，习知地形水势，以借水攻沙、筑堤束水为河漕兼利之策。下至木石桩埽，综理纤悉。以劳疾，累疏乞休，不被允。至是，泗州大水，与抚按议浚治不合，得请归。“季驯去，而分黄导淮之议起。”①

潘季驯虽然最终离开了河上，但是他的心绪却仍然牵挂着河防工地，时时注视着治河的动态。每当听到妄意谈河的浮言传来，他就皱着眉头叹息道：“国家何负若曹，而欲破坏之耶？”②万历二十一年，潘季驯归家后的第二年，得风痹病，半身不遂。临终之前，“犹嗫嚅河事，意若有恋恋于国家者。”③

万历二十三年（公元 1595 年）四月十二日，七十五岁的潘季驯溘然病逝于家中。一代治河名臣终于走完了他的可歌可泣的生命之路。

① 分黄导淮之议，详见《明史·河渠二》。
② 申时行《潘公传》。
③ 申时行《潘公传》。

第七章　交友和著述

一、交友述要

潘季驯历仕凡40年，所到之处，均有能声。他不仅治吏清廉，治河卓绩，而且在待人处事方面也堪称为倜傥君子。时人对他的评价是：公美须髯，顾瞻不凡。怀抱渊博，雅善吟咏。拒权珰干托，操守凛然，不可以利动；提携后进，推选贤能，时人赖公汲引之力者颇多；而劳谦自逊之度，有古君子之风；至救张居正母一疏，慷慨激楚，人以为祸，而公浩气中存，不惮系累。①

由于其能干的才华，廉正的操行，乐于助人的品格和谦逊的风度，潘季驯一生中结交了许多朋友。其中与他交游最密

① 参见韩仲文《潘季驯年谱》，国立北平华北编译馆馆刊(1942年)v. 1no. 1～3。

者，有当时江南文坛和政坛上的著名人士王世贞、王世懋[①]、徐中行[②]、吴国伦[③]、李攀龙[④]、徐阶[⑤]、茅坤[⑥]、董份、张佳胤[⑦]、

---

① 王世懋(1536～1588)，王世贞弟，字敬美，嘉靖三十八年进士。好学善诗，文名亚其兄，世贞力推引之，以为胜己。潘季驯任江西巡抚时，世懋在其属下任分守九江道左参议，曾得其多方照顾荐举，王世贞曾写《宝墨亭记》一篇，详细记录了世懋、季驯二人在江西的交往情状。参见《江西通志·艺文志》。

② 徐中行(1517～1578)，字子舆，号龙湾，自称天目山人，长兴人。嘉靖二十九年进士，授刑部主事。入李攀龙、王世贞等诗社，为“后七子”成员之一。中行乃潘季驯的同年；季驯巡抚江西时，中行恰为江西左布政史；又由于同王世贞的关系，两人之间交往十分密切。中行性好官，卒于官，年六十二，人多哀之。有青萝、天目两文集。

③ 吴国伦(1524～1593)，字明卿，号川楼，亦号南岳山人，湖广兴国人。嘉靖二十九年进士。为明“后七子”成员之一。

④ 李攀龙(1514～1570)，字于鳞，山东历城人。嘉靖二十三年进士。为明“后七子”成员之一。于鳞早卒，未及见潘季驯治河平成之绩，只知潘公视学北畿时，两人往来密切，攀龙多次赠诗颂美耳。

⑤ 徐阶(1503～1583)，字子升，松江华亭人，嘉靖二年进士，先后为福建延平府推官、江西按察副使、国子监祭酒、礼部侍郎、吏部尚书，嘉靖三十一年入内阁，四十二年任首辅，隆庆二年七月致仕。史称徐阶性颖敏，有权略，器量深沉，虽长期研习理道良知之学，但“以躬行为实际，以经济为真诠”，业绩颇多，任内阁首辅后，他尽反严嵩弊政，注意选用和保护人才，如张居正、海瑞、王世贞、万恭、潘季驯辈皆其荐举，从总体上讲，他属于嘉靖年间封建统治集团中间比较正派的当政者。

⑥ 茅坤(1512～1601)，字顺甫，号鹿门，归安人。嘉靖十七年进士。为明代中叶唐宋派诗文的代表人物之一。董份(1510～1595)，字用均，号浔阳山人，又号泌园，乌程人。嘉靖二十年进士。鹿门、浔阳均年长季驯10岁，耄年大老，文章炳耀，为当时江南文士所宗。潘公常访讯无间，彼此间颇有往还吟叶之篇。而潘公之兄伯骧仲骖亦常从之为联吟雅集，号称“同声社”，为苕溪诗坛之佳话焉。

⑦ 张佳胤(1527～1588)，字肖甫，号居来山人，四川铜梁人。嘉靖二十九年进士。为嘉靖“后七子”之一。万历初曾任江西巡抚。

陆光祖[①]、于慎行[②]、王锡爵[③]、申时行、凌云翼[④]等人。其他如张居正、李春芳[⑤]、戚继光[⑥]、袁黄[⑦]等人亦与公雅善。其中，王氏昆仲，及徐、茅、董、凌诸人还与潘季驯有“姻娅之谊”。[⑧] 限于篇幅，这里仅摘要述之。

综览潘季驯所结交的朋友，按其性质和旨尚，可以分为两

---

① 陆光祖(1521～1597)，字舆绳，号五台，平湖人。嘉靖二十六年进士，官至吏部尚书。光祖任吏部文选司郎中时，对潘季驯升迁多有帮助。《留余堂尺牍》中录有多封与陆光祖的书牍，从中可知在诸友中，潘公与陆五台、王凤洲之交最为深厚，三人常以同仕搘拄国事相勖。如万历七年潘公在给王世懋的信中写道：“仆去江右以来，颇无挂牵事件，独与二三知己则畚锸中不忘也。昨得龙湾兄左辖之报，喜而不寐。兹拜手教，知公政通人和，津路相信，慰矣慰矣。……仆常言长公、五台与不肖同事一朝，或有可观，今信矣。”龙湾即徐中行，长公即王世贞，五台即陆光祖。由此可见他们的友情之密切，趣旨之相投。

② 于慎行(1545～1607)，字可远，东阿人。隆庆二年进士。万历十九年他曾应潘季驯之邀为撰《河防一览叙》，对潘季驯的治河精神和功绩以很高的评价。

③ 王锡爵(1534～1610)，字元驭，号荆石，太仓人。嘉靖四十一年进士。潘季驯第四次治河时，王锡爵曾为内阁辅臣，给潘季驯治河以很大帮助。季驯去世后，锡爵为之撰《潘公墓志铭》，对潘季驯的一生以很高的评价。

④ 凌云翼，字洋山，太仓人，嘉靖二十六年进士。万历九年接任潘季驯职务，为治河总督，继续推行潘氏的治河政策，受到张居正的赞扬。后与潘季驯结为儿女亲家。

⑤ 李春芳(1510～1584)，字子实，号麓，兴化人。嘉靖二十六年进士。累官礼部尚书。性恭慎，居政府，持论平恕，不事操切，时人比之李时，才力不及，而廉洁过之。万历七年潘季驯大治两河，筑高家堰，致仕在家的李春芳亲为撰文多篇，予以热情的赞扬。

⑥ 戚继光(1528～1587)，字元敬，号南塘，定远人。明代中期抗倭名将。《留余堂尺牍》中有《与戚继光书》，表明在海防抗倭问题上潘、戚二人颇有交流。

⑦ 袁黄，字坤仪，吴江人。万历十四年进士。为潘大复的同年。史称袁黄博学尚奇，凡河洛象纬律吕水利戎政，旁及勾股堪舆星命之学，莫不究涉。

⑧ 参见韩仲文编《潘季驯年谱》。

类：一类是文坛和政坛上的朋友；还有一类属于治河事业上的朋友。

在第一类朋友中间，与他交往最密切的，要数当时著名的“文坛后七子”。在明代文学史上，正德、嘉靖、隆庆年间，曾兴起了一个影响颇大的诗文学派“复古派”。这个学派的中人不满意长期统治文坛的“台阁体”诗文粉饰现实、歌功颂德的庸俗风气，树起了“复古”的旗帜，提出了“文必秦汉，诗必盛唐”的口号，此唱彼和，推波助澜，形成了一个声势浩大的文学运动，很快就取代了“台阁派”，在文坛上占据了统治地位。复古派分为“前七子”和“后七子”两个发展阶段。“前七子”以李梦阳、何景明、王廷相为首，主要盛行于弘治到正德年间；“后七子”以李攀龙和王世贞为首，还包括了谢榛、宗臣、梁有誉、徐中行、吴国伦等人，主要盛行于嘉靖到万历年间。[①] 虽然“复古派”在明代文学史上的贡献不算很大，后人对其评价也不是很高，但它作为一个在当时社会上影响很大、持续时间很长的诗文学派，在明代文学史上的地位却是不容抹杀的。况且复古派中的许多成员都是当时统治阶级队伍中比较正直的人士，都或多或少地揭露过一些当时社会的阴暗面，并且大多数人都表现出对明王朝前途强烈的忧患意识，在思想倾向上也形成了一个以经世致用的观点为特征的“实学”流派。

根据现有的资料来看，潘季驯与“后七子”当中的大部分成员都有着密切的友好关系。特别是他与“后七子”首领王世贞和王世懋兄弟之间，更是长期保持着一种友情加姻亲的特

① 参见中国科学院文学研究所编《中国文学史》（第三册），人民文学出版社 1979 年版，第 878 页。

殊关系。潘季驯的女儿就直接嫁与王世贞子世琪[①]作妻子。因此“后七子”诸人的政治立场和思想观念不可能不深刻影响着潘季驯的政治立场和思想观念。在这里，我们先对王世贞的情况作一个大概的介绍。

王世贞(1526～1590)，字元美，号凤洲，江苏太仓人，嘉靖二十六年进士。王世贞与其弟世懋出身于“世家九卿”，他们的祖父王倬曾为南京兵部右侍郎，父亲王忬做过右都御史。王氏兄弟爱好诗词古文，尝加入王宗沐、李春芳、吴维岳等人组织的诗社，又经常同李攀龙、宗臣、梁有誉等人往来唱和，在当时的文坛上享有很高的声誉，素有“文坛巨子”之称。

王世贞从踏上仕途起，就属于明王朝内部比较正派的官员之列，同严嵩派势力一直存在着尖锐的矛盾。早在嘉靖三十八年五月，其父王忬，时任总督蓟辽右都御史，被逮捕到京师，下镇抚拷讯。罪名是滦河兵败，指挥不力。刑部论罪，判王忬戍边。奏文上报后世宗手批曰：“诸将皆斩，主军者顾得附轻典邪？改论斩！”其实这个罪名就是严嵩父子构陷而成的。根据《明史》中的记载：初，严嵩屡构罪于王忬，而忬之子世贞又因语言不慎得罪了严嵩的儿子世蕃，严家门客看其主子脸色，又数以世贞家琐事挑拨于严嵩父子面前。嘉靖三十二年，兵部员外郎杨继盛曾因上疏劾严氏父子而下吏部受杖，王世贞当时在刑部任职，见此冤情，曾悄悄进汤药给继盛。杨妻讼父冤，世贞又代笔草章。杨继盛被杖致死，世贞又亲自经纪其丧。这些行动更加引起了严嵩父子的恼恨，于是他们借

① 王世琪，世贞子，潘季驯女婿，字炯伯，万历十七年进士，终吏部员外郎，亦能文。

王忬在滦河兵败，遂得行奸计，授命嵩党鄢懋卿上章弹劾。这才导致了上述冤案。

穆宗隆庆元年八月，王世贞、王世懋兄弟伏阙上书讼父冤，得到内阁首辅徐阶的帮助，恢复了王忬生前的官爵，王世贞也因言官的推荐而重新进入仕途，但仍不顺利。世贞见仕途艰险，遂于万历十八年从南京刑部尚书的位置上辞职回乡，并在该年冬十一月于家中去世，享年六十五岁。①

王世贞在政治立场上倾向于改良主义的政治观。这一方面表现在他对朝廷内邪党势力的不懈斗争，对于社会上尖锐矛盾的大胆揭露；另一方面也表现在他对于朝廷内改革派政治家的同情和支持。前者的突出表现在他与严党之间的尖锐矛盾。据说，王世贞还把这段重要的史实写成了传奇剧本《鸣凤记》，在社会上广为流传。在中国文学史上，戏剧作品及时反映当时的重大政治事件，《鸣凤记》可以算是开风气之先的作品。② 剧本通过描述朝廷内部严嵩集团与反严嵩集团之间的政治斗争，揭露了忠臣和奸臣的矛盾，也表现了在抵抗北方鞑靼和东南倭寇入侵等民族矛盾面前坚持抗战的民族英雄和为了私人利益破坏抗敌事业的民族败类之间的斗争，从而反映了当时比较广阔的历史生活背景，具有一定的社会意义。

后者的突出表现在于他对张居正改革活动的同情和支持。明人沈德符在《万历野获编》里提到王世贞曾经说过的一句话："予心服江陵（张居正）之功，而口不敢言，以世所曹恶

① 参见《明史·王世贞传》。
② 见中国科学院文学研究所编《中国文学史》（第三册），人民出版社 1979 年版，第 891 页。

也。”同书在另一个地方又记载了王世贞对张居正的评语说："江陵相业,吾始终不谓其非。”明代许多史籍中都记载,张居正同王世贞的关系并不好,张居正秉政期间王世贞也受到压抑。在张居正改革被万历皇帝全盘推翻以后,王世贞能够说出这样的公道话,不仅表明他的心胸比较开阔,同时也证明他在政治立场上是同情和支持张居正实行的改良主义政策的。

潘季驯同王世贞兄弟的友谊,根据现有资料,最少可以追溯到隆庆初年。潘季驯丁父忧家居期间,王世贞于隆庆三年四月抵湖州任知府,那时他们之间就来往甚密,尝携手登岘山,登飞英塔,吟诗作文,互相唱和。[①] 在王世贞的著作中汇集了不少他与潘季驯交往的书牍诗文,其中较具代表性的有《与潘中丞书》[②]、《赠大中丞潘公时良序》[③]、《贺大宫保大司空印川公治河功成序》[④]、《寿宫保大司空印川潘公六十序》[⑤]、《御史大夫印川潘公七十寿序》[⑥]、《觥庵潘公墓志

---

① 参见韩仲文编《潘季驯年谱》,国立北平华北编译馆馆刊(1942年)V. 1. NO. 1—3。

② 《与潘中丞书》,见王世贞《弇州山人四部稿》卷一二五,《四库全书》第1281册,中华书局影印本,第111页。

③ 《赠大中丞潘公时良序》,见王世贞《弇州山人四部稿》卷五九,《四库全书》第一二八〇册,页五二。

④ 《贺大宫保大司空印川公治河功成序》,见王世贞《弇州山人四部汇续稿》卷二七,《四库全书》第一二八二册,页三六三。

⑤ 《寿宫保大司空印川潘公六十序》,见王世贞《弇州山人四部汇续稿》,《四库全书》第一二八二册。

⑥ 《御史大夫印川潘公七十寿序》,见王世贞《弇州山人四部汇续稿》卷三六,《四库全书》第一二八二册,页四八二。

铭》[①]等篇。从这些书信中我们可以深深感受到王世贞对于潘季驯的治河才能和做人风范的钦佩与赞叹的心情。他用发自肺腑的语言写道:“纯臣哉,潘公也!”“不佞窃谓公之功一世功也,其言借水攻沙、以水治水则百世功也。”[②]一个声震江南的大名士对于一个普通河臣能作出如此之高的评价,这一方面说明潘季驯的治河功绩在当时确实是有口皆碑,另一方面也反映出潘、王之间已决非是泛泛的应酬关系了。由于彼此之间互相敬慕,又有共同的政见和相投的脾性,因此当他们在一起时,可以毫不掩饰地指斥时事,交流观点,直述胸臆,甚至可以争得脸红脖子粗[③],也就不足为怪了。

潘季驯所交结的第二类朋友属于治河事业上的知己。这其中既有同病相怜的总河官,如万恭、李迁、翁大立诸人,也有生死与共的助手和部属如江一麟、曹时聘、张誉、傅希挚、常居敬、冯敏功等人。

这其中有三位人物需要特别指出:一位是潘季驯第三次治河时最得力的助手江一麟。对于他,我们已在本书第五章作了介绍。

另一位是潘季驯第三次治河时曾任勘河给事中的常居敬。常居敬,字汝一,号心吾,湖广武昌府江夏县人。万历二年进士。后由江西南昌府推官选刑科给事中,历太仆少卿,官至浙江巡抚。万历四年常居敬在江西南昌府任推官时,就直

---

① 《僦庵潘公墓志铭》,见王世贞《弇州山人续稿》卷一一五,《四库全书》第一二八三册。

② 见王世贞《贺大宫保大司空印川潘公治河功成序》。

③ 参见王世贞《与潘中丞书》。

接在潘季驯的手下工作，潘氏对他似乎特别垂青，曾多次上疏荐举。如在万历五年所奏的《保留府佐疏》中，潘季驯专门谈到常居敬，说他“丰仪端伟，才识优深，谳狱频年，衡鉴不淆，而神明共颂，摄府巨邑，奸蠹顿革，而风采殊观”。请求让他继续协助自己工作。万历五年十二月，潘季驯即将离任之际，又上疏大力荐举常居敬，说他“谳狱则奸蠹悉厘而心存平恕；查盘则侵渔尽发而事鲜依违”①。潘季驯的悉心保举使常居敬十分感激。后来常居敬升任刑科给事中，奉命于万历七年巡视潘季驯所主持河工，归朝后，他在一系列报告中对潘季驯的治河功绩作了非常精彩的总结和理论概括，对于促进朝廷支持潘季驯的治河工作起到了很好的介绍和沟通作用。潘季驯也对此十分满意，后来他在亲自选编治河专著《河防一览》时，竟在第14卷中一下子收录了常居敬撰写的七篇奏疏。可见他们在治河主张上的见解是多么默契。

第三位人物是当时致仕在南昌家中的原兵部左侍郎万恭。由于万恭在明代中叶治河史上的特殊地位，以及他与潘季驯在治河思想上的特殊关系，我们在这里作一重点介绍。

万恭（1515～1592年），字肃卿，号两溪，江西南昌人，嘉靖二十三年进士。明人邓以赞在《两溪万公墓志铭》中介绍说：万恭很小的时候，就以“弱冠就试乡学”，他的天质聪明给当时任江西按察副使的徐阶留下了深刻的印象，特批他补博士弟子，仍时常在学习上“冠其曹”。嘉靖十九年才25岁就“领乡书”成为举人。嘉靖二十三年登进士榜后授南京文选主事，历考功郎中。有一次寿王过南京，随行太监欲令诸官朝王

① 见《潘司空奏疏》卷六，《四库全书》第四三〇册，页一一七。

妃，万恭独上前厉声斥之曰：“礼不朝后，况妃乎！”此举遂止。此事使万恭名声大振，就迁光禄少卿，入改大理寺。嘉靖四十二年北方鞑靼人兵寇通州，在首辅徐阶的荐举下，万恭升兵部侍郎代原任侍郎蔡汝楠，遂又代李燧任戎政左侍郎。万恭到职后，列上选兵议将、练兵车火器诸器，皆报可。后遭给事中胡应嘉劾，改任山西巡抚。刚到职，就遇“寇犯龙须墩，恭伏兵击却之。未几，寇五万骑至朔州川，恭与战老高墓，列车为阵，发火器，寇少却；忽风起，火反焚车，寇复大至；（恭）诸将殊死战，寇乃去。事闻赉银币。巡抚故无旗牌，恭请得之。”万恭巡抚山西时，“滨河州县患河套寇东掠，岁凿冰以防。恭为筑墙四十里，教人以耕及用水车法，民大利之。”[①]后于嘉靖四十四年丁母忧归。至隆庆六年春，方以故官总理河道，协助朱衡治水三年。又于万历二年四月被劾，归家居20余年，以后再未仕。

关于万恭与潘季驯的关系，这个问题的重要性起源于如下一桩历史公案：究竟是谁在明代治河史上首先形成并提出了“束水攻沙”的治河理论？

前已述，万恭于隆庆六年春二月接替潘季驯任总理河道大臣。那可能是他们两人第一次直接交往。万恭治水三年，随后就写出了治河专著《治水筌蹄》，正是在这部著作中，万恭较为明确地提出了“以堤治河”、“束水攻沙”的观点。根据原水利电力出版社1985年出版的《治水筌蹄》（影印本）中编译者的观点，万恭的《治水筌蹄》成书及初次刊刻时间，“约在万恭任期以内”，现存最早藏本（清华大学图书馆藏本）刊于万历

① 见《明史·万恭传》。

六年前后。[1] 根据这个线索，近些年来水利史界的有关专家几乎一致认为是由万恭首先提出"束水攻沙"理论，而由潘季驯加以实施和完善了的。[2]

其实，通过前面各章对于潘季驯治河活动的介绍，我们可以清楚地看到，早在嘉靖四十五年潘季驯第一次主持治河期间，就提出了治黄保运的"复故道"观点，而到此时，万恭还从未涉足过治河事务；到了隆庆五年，潘季驯第二次总理治河期间，他在管河郎中张纯等人的协助下，已经通过认真的观察和总结，比较系统地提出了筑堤堵决、束水攻沙的观点，[3]而万恭从嘉靖四十四年丁母忧回江西老家，直到隆庆六年二月方才离开家乡，以故官总理河道，协助朱衡治水，然后又于万历二年四月被劾，归家居 20 余年，以后再未仕。由此看来，无论从治河实践的先后时间顺序，还是从有关治河观点提出的先后时间顺序上，万恭都决不可能在潘季驯之前。

当然，对于万恭的有关贡献，我们还是应当给予实事求是的评价。应当承认，万恭作为潘季驯第二次治河的继任人，在实践上接受并进一步推行了治黄保运、"束水攻沙"的治河主张，在理论上也进一步总结并发展了潘季驯的有关治河思想，他的著作《治水筌蹄》在理论意义上也完全可以和潘季驯的《河防一览》形成姊妹之篇。虽然，《治水筌蹄》作为专著在书坊出版的时间可能要早于《河防一览》[4]，但是这并不能成为

---

① 见朱更翎整编《治水筌蹄》，水利电力出版社 1985 年版，第 3 页。

② 参见《治水筌蹄》整编说明，《中国水利史稿》(下册)等书。

③ 参见本书第四章的内容。

④ 《河防一览》的前身《宸断大工录》出版于万历八年，比《治水筌蹄》晚 1～2 年。参见本章第二节内容。

否定潘季驯在“束水攻沙”理论上首创地位的理由。

笔者认为，明代黄河治理问题上“束水攻沙”理论的首创者和最早实践者无疑都是潘季驯。万恭的地位在于进一步接受并在实践中推广了这个理论。万恭的《治水筌蹄》是在潘季驯的大力扶植下得以成书和刊行的。潘季驯晚年又在实践和理论两个方面进一步丰富和完善了这一思想。

还应当指出，尽管在万恭和潘季驯的治河著作中都没有谈到对方的影响和贡献，但是实际上两人之间确实有着相当密切的交往关系。其实，早在隆庆六年以前，潘、万二人就可能互有所闻。因为他们二人都算是前首辅徐阶的得意门生，都是由徐阶一手提拔起来的。嘉靖四十二年潘季驯从顺天府调入京师大理寺任职时，万恭刚由大理寺少卿调任兵部侍郎，潘季驯对于万恭的为人不会不预闻；同样，潘季驯在嘉靖四十五年和隆庆五年两次总理治河的业绩，万恭也不会充耳不闻。特别是隆庆六年万恭接替总河职务之后，由于他以前没有搞过治河工作，更需大量借鉴潘季驯的有关治河经验，大量阅读潘氏留下的治河文件和档案。这样他无疑会对潘季驯其人其事有了更多的了解和敬意。从这个意义上来讲，潘季驯隆庆六年以前所提出的治河见解和遗留的文字材料，实际上已经成为万恭写作《治水筌蹄》的直接素材。由于潘季驯、万恭之间有这么一段治河史上的交情，因此当万历四年潘季驯赴任江西巡抚之后，马上和住在南昌家中的万恭取得联系。两人会很快见面叙旧，谈起昔日治河的甘苦，河工上的旧人，河情的变化，乃至于交流治河经验，切磋治河方略，都应属自然之理。也许就是在这个时候，万恭萌发了总结昔日治河经验，编撰成书的念头。因此笔者认为，万恭的《治水筌蹄》不是在他主持治河期间写成刊印的，而是在他于万历二年被劾回家后，在江西的家乡写作的。因为只有从这个时候起，他才有时间有精力去从容总结和整理自己治河三年的经验。而且笔者还推测，万恭《治水筌蹄》的写作手稿，一定经过潘季驯的审阅或修改。因为从书中表达的文字来看，许多观点和表达法都与潘季驯隆庆五年主持治河时有关奏疏中的观点和表达法十分接近，两个人的思路也很容易衔接。因此我认为，万恭《治水筌蹄》的最早刊印时间不会早于万历四年，也许在万历五年的某个时候，而且刚一刊出，潘季驯就率先得到了万恭赠予的印本。这样，当万历六年潘季驯第三次赴任“总河”职务时，才会马上把这本同样代表了自己基本主张的治河专著托付给总河衙门里的下属官员，让他们作为本次治河的一本指导性工具书“重刊”印行了。因为，如果没有现任总河潘季驯的点头应允和出面支持，决不可能由总河衙门里的一名官员出面，于万历六年公开刊行这样一本书的。①

下面的几条史料，可以实际地证明在万历四年到万历五年的这段时间里，潘、万二人的特殊友好关系：

史料一，万历五年十二月，潘季驯即将从江西离任之际，曾奏上一本《荐举人才疏》，其中特别荐举了江西的杰出人才万恭。文中写道：“原任兵部左侍郎今听用万恭，高明爽朗之度，雄伟特达之才，论事真如指掌，投艰尤可断犀。”显然，如果

---

① 现存《治水筌蹄》最早印本（清华大学图书馆珍藏）下卷末页刻有“后学长洲张文奇重刊于南旺公署”。据《山东全河备考·职制志》载，张文奇于万历五年至七年任“南旺分司”。此时正是潘季驯第三次主持治河期间，张文奇乃其属下。

潘季驯对万氏没有熟悉的了解，是决不会作出上述评价，并专门荐举他的。另外，与万恭同时被荐举的人中间，有原任广东按察司副使李才学，此君的儿子正是万恭的女婿。有原任南京刑部尚书李迁，他也是万恭的同乡和好友。潘季驯在疏文中称赞他们是："皆为江右杰出，所当荐扬者也。"[①]由此可知潘季驯在巡抚江西期间与万恭等人的交往是相当密切的。

史料二，潘季驯巡抚江西期间的奏疏文集《督抚江西奏疏》[②]于万历七年在王世懋的主持下第一次刊印成册时，文前就有李迁、万恭二人分别撰写的《序言》。其中在万恭所写的序言中，充满了对潘季驯治理才能的惊叹和赞美。他说，我与潘公相识在治黄的工作中，那时我就对潘公博大精深的"涣然之思"，视死如归的"浩然之气"，运筹帷幄的"汪然之度"感到十分钦佩。"余讶潘公技也，识也，固至是哉?"但在那个特殊的历史环境中，潘公没有能回答我的疑问，而是满怀冤屈默默地"返棹乎震泽，息楫乎霅溪，举余之所讶者尽弃之"。几年以后，天子复命潘公巡抚江右，那时的江西是盗匪横行，吏治不通，整个社会一片混乱。"大臣束手莫能治，小吏掩耳莫敢问。"但是潘公进入豫章之后，"日疏所以图治安策闻于上，……逾年凡五十奏，制皆曰可，且下所部记录。"短短的一年时间，江西全境就恢复安定，社会面貌焕然一新。然后天子又召潘公大治河漕，潘公又使"饷道之安，复若江右之安"。万恭惊

① 《荐举人才疏》，见《潘司空奏疏》卷七，《四库全书》（影印本）第四三〇册，页一八七。

② 《督抚江西奏疏》及其《序言》，明万历刻本，北京图书馆古籍部善本室珍藏。

叹地说，按照人们的常识，“吴之舟不可以燕，晋之挽不可以越，龙不能使之驰，虎不能使之腾，技固有所不相通，识固有所不贯哉”。但是我现在所看到的却完全是另外一种情况：潘季驯治国国安，治河河平，竟使不相通的知识和才能溶为一体，运用自如。“识者谓：潘公能以吴舟之燕，晋挽适越，又能以龙驰以虎腾，技涉乎相通之渊，识游乎相贯之原，非技亦非识，畿乎道矣！”对潘季驯的才识如此崇拜，把潘季驯誉为得道之人，这个评价可以说是相当高了。另外，潘季驯第三次治河的文稿汇编《宸断大工录》于万历八年第一次刊印时，万恭也是该书的首席参校人。[①] 这些史料说明他们之间不仅交往密切，而且思想观点也颇为沟通。如果潘、万二人关系只是平常，那么以万恭的身份、资历和个性，是决不会屈尊为潘季驯的著作写序言作校勘的。

史料三，万恭一生写了许多著作，可惜大多已散佚失传。其中有一部《洞阳子集》，大量记述了作者经世致用的珍贵思想材料，特别是详细记叙了从嘉靖到万历年间江西省实施“一条鞭”法改革的历史沿革。但国内几乎已见不到此藏本。20世纪30年代，著名经济学家梁方仲先生在日本留学时，曾于日本宫内省图书寮见到此书，大为感叹：“诚为天壮环宝矣！”为此，梁先生大量摘录了此书中的原始材料，其中在《洞阳子集·再续集》卷一中，就有一篇《赠潘印川司寇序》，其中写道：“万历丁丑（即万历五年），大江之西……吏又不能画‘一条鞭’法，数议变更。百姓廪廪，莫必旦夕之命。赈夫赈妇，又竟缘为奸，日以赝金撄人货，吏法令非行也。天子又亟出潘中丞治

---

① 参见《明经世文编》中所录《宸断大工录》。

大江之西。逾年，定条鞭，严保甲，清驿传，通万历制钱法，……百姓为之谣曰：‘条鞭遍天下，保甲甲天下，驿传传天下，钱法法天下。’诚德之也。”[①]文章大约写于万历六年初潘季驯被任命为刑部右侍郎之时，是对潘季驯巡抚江西期间所作成绩的一个高度总结，其褒扬赞美之词跃然纸上。表明在改革朝政、推行“一条鞭”法问题上，万恭与潘季驯也完全是站在同一政治立场上，是潘季驯巡抚江西期间的坚定支持者。当然，我们也可以从中看到潘季驯与万恭的私人交情决非一般。

二、著述叙要

潘季驯历仕一生，无论是治世，还是治河，除了创造出令人赞叹的丰功伟绩，还留下了大量的书信、文稿和著述。他怀抱渊博，雅善吟咏，有《留余堂诗文集》。他巡按羊城，开府洪都，捕大盗，治悍吏，出冤狱，创均平之法，倡便民之利，为一时之宗式。及边关多事，海氛日起，议论亦多扼要。他四次总理河务的思想、观点和办法，首先集中地反映在他给朝廷的报告——河工奏疏中。奏疏的内容包罗万象，从堤工技术到治河行政，从总体治河规划到一闸、一坎、一条制度的规定，几乎所有河工问题的解决过程，都可以在他的河工奏疏中找到答案。随着治河实践的增加，奏疏的内容也日益丰富，到他最后离开河工时，关于治河的奏疏已有 200 多道。这是潘季驯长期治河实践及研究的呕心沥血的思想结晶。

---

① 参见《梁方仲经济史论文集》，中华书局 1989 年版，页一九四。

下面分两个方面对潘季驯的著述作一概述。

(一) 治河专著

潘季驯的治河专著,最早刊印的是《宸断大工录》,收入文章最全的是《总理河漕奏疏》,对后世影响最大的是《河防一览》。

万历八年(1580 年),也就是他第三次主持治河告竣的时候,潘季驯的僚属把他此次治河的河工奏疏和别人对潘季驯的赠言汇编成集,取名《宸断大工录》,共 10 卷。这是潘季驯的第一部治河专著。此书《明经世文编》中有著录。

大约在此前后,他的僚属或友人又把他的有关河工奏疏另外汇编成册刊印,分别题名为《两河经略》(四卷)、《两河管见》(三卷)。其中《两河经略》所载皆其万历六年第三次治河时相度南北两河的奏疏,与《宸断大工录》大同小异,《四库全书》(影印本)第 430 册中有著录。另一部《两河管见》,据《四库全书总目》中介绍:“此书乃其巡抚广东时,值两河水决,再以右都御史督理河道之所建白也。首卷为图说,冠以敕谕。二卷治河节解。三卷为修守事宜。其大旨与所撰《河防一览》相同云。”[①]但笔者经过多方寻找,未能发现此书原本。

万历十八年,在他第四次担任总河期间,感到河防日重,自己在河上时日无多,遂决定以《宸断大工录》为基础,利用“畚锸之暇,复加增削”,又概括了第四次治河时的新内容,补充了新认识,进一步整理了自己的治河思想,于万历十八年辑

---

① 见《四库全书总目》地理类存目。

成《河防一览》，共 14 卷。这是唯一一部由潘季驯自己亲手编辑的治河专著。此书明清两代都有刊本，最近的刊本为民国二十五年(1936 年)的水利珍本丛书本。

随后，潘季驯的大儿子潘大复又把《河防一览》中的工部复文删去，将奏疏中的雷同部分再加裁减，存其精要，定名为《河防榷》，共 12 卷。

潘季驯去世四年后，即万历二十七年(1599 年)，潘季驯的亲属又将其生平所有河工奏疏按担任总河的任期次第编排，定名为《总理河漕奏疏》，共四任 14 卷。《总理河漕奏疏》详细而具体地反映了潘季驯一生治河的全过程，也反映了他的治河思想体系形成的全过程。而《河防一览》只收入了他的 200 多道奏疏中的 41 道，其中首任和二任总河期间的奏疏一篇也没有收入。由此可知，潘季驯自己认为三任总河以后的奏疏更能代表他的治河主张。不过，从研究者的角度来讲，此书却是研究潘季驯治河思想无法替代的第一手材料。此书国内罕见，仅知道北京图书馆善本库有一套完整的明刻本；北京水利水电科学院图书馆有一套不完整的民国时期抄本(缺第四册，即三任卷一)。

与潘季驯的治河经历密切相关的另一部著作是他的《留余堂尺牍》(六卷)。虽然这是一部书信集，但是从中我们可以真实地感受到潘季驯在几次治河活动中的思想、情感和性格，这种活生生的人性在正规的治河奏疏中是很难寻觅到的。此外，书信集中还大量披露了潘氏治河主张的形成和实施状况，以及他与朝野内外的人际交往。因此它也是研究潘季驯思想的重要原始材料。但是此书国内同样罕见，仅知北京图书馆善本库有一套明刻本，但已严重破损，难以出借。不过，近人韩仲文所编《潘季驯年谱》中大量引用了《留余堂尺牍》中的材料，可资参照。

上述治河专著尽管种类很多，但是最集中、最清楚地体现潘季驯主要治河思想和措施的，还是《河防一览》。所以，它的流传和对后世的影响最为广泛。

《河防一览》全书共 14 卷，约 29 万字，内容可分为九个部分：

(1) 潘季驯本人所写的《引言》，以及其他人在不同时期所写的序言。在潘季驯的《刻河防一览引》中，作者简要地回顾了四次治河的历史；追述了自己对于黄河河性从不知到知的认识过程；简论了自己的基本治河思想；并介绍了本书的编写过程，是以万历八年刻印的《宸断大工录》为基础，利用“畚锸之暇，复加增削，类辑成编”的。最后介绍了本书的编辑体例，是“首载玺书，重王命也”；“继以图说，明地利也”；“河议辨惑，阐水道也”；“河防险要，慎厥守也”；“修守事宜，定章程也”；“河源河决考，昭往鉴也”；“古今稽正，备考核也”；“而诸臣章奏，次第篡入，便检括也”。一共是八个方面。全书的宗旨是“为卷一十有四，要之皆所以求顺治也”。在引言的结尾，潘季驯还向后人忠告了对待《河防一览》的读书态度：“可因而因之，如其不可则亟反之，毋以仆误后人，后人而复误后人也。”所以这篇引言虽然不长，但却构成了阅读全书所不可忽视的总纲目。

(2) 在四任总河期间，嘉靖、隆庆、万历三朝皇帝给潘季驯所下的“敕谕”。通过这些敕谕，可以清楚地了解当时明王朝的治河政策，并可由此窥见当时的治河背景。

(3) 展示水道总体面貌的“祖陵图说”和“两河全图说”。

图说详细地绘制了当时黄河、淮河、运河及相邻有关水道的行径、堤防、闸坝工程的布置和兴建时间，河防的险要处所等。它实际上就是潘季驯四任总河后的工程建设总图。这些图说对研究当时黄淮河道的历史变迁、京杭运河的历史演变、潘季驯的工程措施和主要成绩，都具有重要的历史价值。

以上两部分合编为第一卷。

(4) 治水思想的理论阐述。这主要体现在该书的第二卷《河议辩惑》中。潘季驯在这里以提问设答的方式集中阐述了他对于当时治河的一系列基本观点，逐一批驳了当时流行的各种治河主张，系统地提出并论证了束水攻沙、以清刷浑、淤滩固堤等一整套“以河治河”的战略思想和统筹治理黄、淮、运河的规划思想。潘季驯治河思想的精粹，可以说都汇集在这一卷中。

(5) 河防工程的关键地区。这主要反映在该书的第三卷《河防险要》中。潘季驯总结自已四次治河的全部经验，全面指出了黄、淮、运河沿岸各处的要害地点、主要问题，以及应当采取的工程设施。这是全河防守的总纲。

(6) 修守章程。这主要是该书第四卷《修守事宜》。潘季驯在这一卷中系统规定了筑堤、建坝、修闸、挑河、堵口、下埽等河工技术的基本要求和堤防修守、渡汛安全的严格制度。这是当时堤防修守必须遵守的技术规范。

(7) 黄河源头与历史上的黄河决口考证。被收录在第五卷中，是对前人研究黄河河源，以及历史上黄河决口资料的汇集和整理。它深刻反映了潘季驯为了探索黄河河性、寻觅治河对策而深入调查研究的求实科学精神。这些历史资料不仅对于潘季驯的决策提供了客观的依据，而且对于我们今天研究河道演变也很有参考价值。

(8) 潘季驯本人的奏疏 41 篇。这是他从 200 多道奏疏中亲自精选出来的,既是他担任总河过程中解决一些重大工程问题的原始记录,又是《河议辩惑》中提出的各种理论观点的详细注释。这些奏疏分别包括在该书的第七卷至十二卷之中,构成全书的主体内容。

(9) 古今治河奏疏、杂记等的辑录。这是潘季驯为了阐明自己的治河观点,批驳反对派意见而引证的古人及与他同时代人的著述、奏疏、题记、工部的批复等。它们分别被包括在第 6 卷、第 13 卷和第 14 卷中。这些文献有助于研究潘季驯治河思想产生的历史背景。

总之,《河防一览》以它丰富的内容,详实的记载,给后人治河留下了一份宝贵的遗产。它既全面继承了前人治河的主要成果,又系统总结了潘季驯长期治河的新鲜经验。它是我国 16 世纪河工水平和水利科学技术水平的重要标志。《河防一览》在它诞生以后的 400 年中,一直对我国的治河方略和河工实践起着指导性作用。可以说,《河防一览》是 16 世纪的"治河工程学"。

(二) 其他专著

除了治河专著以外,潘季驯还有大量其他方面的著作,也同样表现出他的非凡才华。但可惜其中有一些著作今天已经很难觅到了。

在非治河类著作中最有代表性的是《潘司空奏疏》(六卷)。此集凡巡按广东奏疏一卷,督抚江西奏议四卷,兵部奏疏一卷，实际上是他从事政务活动的奏疏汇编。其中，潘季驯巡按广东在嘉靖三十八年。奏疏后有其子潘大复附记，称原稿几三寸许，可惜散佚不存，仅从掖垣中觅得寥寥10余篇，故所录止此。但即使是从这些残存的奏疏中，我们仍然可以看到潘季驯巡按广东期间，对广东政局的大力整顿工作和对明朝中叶南方社会矛盾的深刻揭露。著名的《均平里甲议》在明代经济史的研究上也很有参考价值。其督抚江西奏疏四卷，为万历四年到万历五年巡抚江西期间所撰疏文。巡抚江西，在潘季驯的从政历史上，是仅次于治河活动的又一个辉煌时期。在短短的两年时间里，他不仅把一个人人摇头的混乱局面彻底扭转，而且还撰写了大量的政务报告，“逾年凡五十奏”，这些奏文呈递上去之后，居然无一留中，全部被批准执行，且下所部记录。这说明潘季驯在江西的整顿措施，是深得当时的执政张居正赞赏的。所以这一部分内容，不仅是研究明代中叶江西地方政局的有用材料，而且对于研究万历初年张居正的改革活动也有很好的参考价值。督抚江西奏疏四卷可能在万历七年就有刊印本，原奏疏之前还有李迁、万恭二人所作序言，但收入四库本《潘司空奏疏》之后，上述序言均被删掉。其兵部奏疏一卷，乃潘季驯万历九年任南京兵部尚书时所作。《四库全书总目》中称：“季驯虽以治河显，而所至皆有治绩。集中如查议弓兵之食，及损益南京兵政诸疏，皆足以补明会典所未备。又查解兵卫存留粮饷济边诸奏，亦深切当时弊政，足与史志相参考云。”这是对兵部奏疏的中肯评价。《潘司空奏疏》在《四库全书》(影印本)第430册中被全部收录。

奇怪的是，《四库全书》在收录潘季驯的非治河类奏疏时，恰恰将他任刑部尚书时的奏疏遗漏。是无意遗失，还是有意删除?笔者倾向于后一种判断。因为在潘季驯的刑部奏疏中,自始至终贯穿着一种慎决狱、宽考成;省刑法、广教化;广仁恩、重民命的宽恕观点。而这样一种观点是与清代乾隆时期统治者在政治上推行“高压”政策,在思想文化领域里推行文化专制主义,“寓禁于征”的社会氛围格格不入的,因此理所当然的要纳入毁禁之列。好在民间仍在流传。北京图书馆善本室就收藏有潘季驯《刑部奏疏》(两卷)的明代万历刻本。明史诸书中都记载有张居正死后,明神宗下令追夺张居正官阶,查抄张居正府邸,拘张氏家属使饿死十余辈,六卿大臣合疏请求缓之,其中刑部尚书潘季驯疏文“语尤激楚”的史实。潘季驯的疏文中究竟讲了些什么?他为什么被从刑部尚书的位置上罢斥为民?《刑部奏疏》(二卷)中都给我们提供了第一手的材料。从中我们还可以清楚地看到万历年间阁臣与言官之间的矛盾斗争状况。此书与《督抚江西奏疏》(四卷)合编,并保存有李迁、万恭二人序言的原文,在诸书目中均不见介绍,足见其珍希。

又《四库全书总目提要》卷一八七中在别集存目栏有潘季驯的《留余堂集》(四卷),提要称:“季驯平生功业,著于治河。所作《河防一览》已著录。是集诗一卷,文三卷,皆不见所长。千顷堂书目作五卷,或尚佚一卷?”潘季驯平生交结诗友颇多,像复古派的“后七子”,唐宋派的茅坤等人,都同季驯互相唱和,来往密切。他们一度曾联吟雅集,结成“同声社”,传为苕溪诗坛之佳话,可见季驯诗文并不少。但可惜多不可考。就连《留余堂集》,也未见踪影。今天所能寻觅到的,《明诗综》上有一首《咏除夕》:“行到海穷处,仍惊岁尽时。灯前谁共影,愁里强吟诗。游子何归日,芳春坐可期。满城萧鼓动,客思已凄其。”《古今图书集成》中有一首《济上怀昆山》:“溪盘苕水曲如龙,溪上山亭一径通。苍弁嵯峨春雨后,洞庭缥缈夕阳中。栽花已拟寻潘令,载酒谁当似柳公。太白楼前明月夜,不堪徒倚对秋风。”①这两首诗显然都是潘季驯在治河工地上所作,反映了他浓浓的思乡之情。另外,近代著名水利专家李仪址先生 20 世纪 30 年代勘查黄河故道时,曾在徐州云龙山草丛中意外地发现了一块刻有潘季驯两首诗文手迹的石碑,第一首《同江司徒小酌云龙山》:“握手论交今白头,天涯相对一樽留。帘前秀结千峰色,栏底声喧万里流。世事误人称老马,机心终久愧闲鸥。知君终有烟霞癖,还许相从范蠡舟。”第二首《再登云龙山》:“龙山再上思依然,千里河流自蜿蜒。畿向蒿莱寻山脉,翻从苍海见桑田。负薪十载歌方就,投书当年事可怜。为谢含沙沙且尽,归与吾已欲逃禅。”②诗文最后的落款是:“万历己卯七夕雪人潘季驯书。”由此可知,这两首诗是万历七年第三次治河,工程垂成之际,潘季驯同江一麟携手登徐州云龙山时所作的。潘公诗文得以见存者仅此数首,其他则俱不可觅矣。

除上述著作之外,还有一些书籍目录,俱不可考,疑已佚失。一曰《潘季驯奏疏》(卷二四),《湖录经籍考》(卷一)有录。后人分析,可能是包括《潘司空奏疏》(六卷)、《两河经略》(四卷)、《总理河漕奏疏》(十四卷),合编而成的刊本。一曰《留余堂名公尺牍八卷》,《湖录经籍考》(卷五)有录,并有李维桢序,其略云:“留余堂者,前大司马印川潘公绿野之署名也。留余

① 见韩仲文编《潘季驯年谱》。
② 见民国版《河防一览》插页。

堂名公尺牍，则公生平所交游天下贤士大夫邮筒往来之简札也。”据序，可知此书为潘大复所刊印。但是此书除湖志外，别无著录，也不见原书。一曰《永平录》，申时行的《潘公传》云：“巡按广东，……所兴汰厘剔，具为规条以奏，名曰‘永平录’，岭南奉为洁令。”按潘季驯巡按广东时，曾倡均平里甲法，具疏请著为功令，用便庶民，上从之。或许就是指“永平令”？此书现已不可考。此外，还有《芝林集》、《世德传》等，也已俱不可考。[1] 以上为潘季驯著述之大端。

① 参见韩仲文编《潘季驯年谱》。

第八章　工程技术思想

潘季驯从嘉靖四十四年(1565 年)开始治河生涯,到万历二十年(1592 年)以衰老病体去职还乡。其间他奉三朝简命,四称行河使者,栉风沐雨,陆盾泥橇,殚心力专河务者达 27 年,其“耳目之所狎,精神之所寄,若与水相忘者”[①]。在长期的治河实践中,他认真吸取前人治理黄河的积极成果,认真总结治黄实践中的丰富经验,形成了一套系统的“以河治河,以水攻沙”的治河理论和堤防修守的完备措施,深刻地影响了后世人们的治河思想和实践活动。本章就是试图从工程理论上对潘季驯的治河思想作一个总括性的介绍。[②]

---

① [明]于慎行《河防一览序》。

② 本章在写作过程中,参考并引用了郭涛同志的若干研究成果,特作说明。

一、“束水攻沙”理论的创立者

潘季驯治河工程思想的核心，是立足于解决泥沙问题。他在治河活动中，始终把握住黄河多泥沙的特点，试图通过解决泥沙淤积问题来增大河床的容蓄能力，从而达到防洪保漕的目的。他的基本工程措施就是束水攻沙、借清释浑和淤滩固堤。实行这些措施的根本目的是固定河床。而实现这些措施的工程手段便是坚筑堤防。

（一）把治沙提到治黄方略的高度

在潘季驯以前，中国历史上的治河家们一直是把治水作为治黄的主要目标。从大禹“疏九河”，战国时期兴筑堤防、壅防百川，到东汉时王景“十里立一水门”，都是为了分水势、消洪水。宋代人深受黄河之害，对于泥沙问题的严重性和泥沙淤积规律有了一定的认识，并且还提出了用机械手段（“浚川耙”）疏浚河道的建议，但是从基本治河思想上讲，仍然是以分河和改道消泄洪水，作为他们的主要目标。元代在治河方略上虽然较为系统地整理分析了前人疏、浚、塞等方面的治河措施，但其立足点仍然是分水势以杀河势。一直到了明代，潘季驯以前的主要治河家们，包括较有治绩的白昂、刘大夏、刘天和等人，也几乎都属于“分流”派，他们仅仅从“分杀水势”的角度出发制定治河方略，却完全忽视了黄河多泥沙的特点。在这方面，明代景泰年间（1450～1456 年）的一位治河官员徐有贞的观点最具有代表性。他认为，凡是水势大的河道就应该分流，黄河在汛期水势很大，当然也应该分流。

潘季驯是江南人，原来对黄河也没有多少认识。正如他自己所说的："居东海之滨，不知所谓黄与淮者。"后来考中进士做了官，奉使南巡，乘船经过黄河，"见河中沙渚累累，操舟者寻隙而进"。他才知道黄河里的泥沙是这样地多，河道淤积是这样地厉害。首任治河"总理"时，黄河在邳县决口，谷城、留城、境山一带河渠均被泥沙淤塞，他见此情景，竟"惶惧无措"。[①] 这是他首次同黄河打交道时泥沙给他的下马威。随着治黄实践的增加，他一次又一次地沿河踏勘，见黄河泥沙不断地淤塞徐邳河段，淤塞清口，淤塞淮扬运河，淤塞海口，淤塞它决口侵漫的一切地方。这样就使潘季驯深深感受到黄河泥沙问题的严重性，使他懂得了不能把黄河问题同一般清水河流等同起来，也不能完全采用适于清水河流的方法来治黄。他说："黄流最浊，以斗计之，沙居其六。若至伏秋，则水居其二矣。以二升之水，载八升之沙，非极汛溜，必致停滞。"[②]这就是黄河的特性。从这样一个特殊性出发，潘季驯坚决反对开支河以分流杀势的主张。他说："分流诚能杀势，然可行于清水河，非所行于黄河也。"[③]这是因为"水分则势缓，势缓则沙停，沙停则河塞"，"支河一开，正河必夺"。[④] 因此他批评主张分流的人是"徒知分流以杀其怒，而不知水势益分，则其力

---

① 潘季驯《刻河防一览引》。

② 潘季驯《河议辩惑》，见《河防一览》卷二。

③ 潘季驯《条陈熟识河情疏》，见《总理河漕奏疏》(四任)卷六。

④ 潘季驯《两河经略疏》，见《河防一览》卷七。

益弱,水力既弱又安望其能导积沙以注于海乎?”[①]

与传统的观点相反,潘季驯通过自己对黄河水流与泥沙关系的长期观察和实践,提出了“筑堤束水,以水攻沙”的治黄方针,提出了“借淮敌黄,以清刷浑”的治黄方略,还提出了“放水淤平内地”、淤滩固堤的治黄措施。他把治黄方略第一次落脚在“攻沙”、“刷沙”、“用沙”的出发点上,把几千年来单纯治水的主导思想,转移到了强调治沙,水沙并治的轨道上。这是潘季驯在治黄史上的一个重要贡献。

(二)筑堤束水,以水攻沙

在明代中叶,虽然黄河泥沙问题的严重性已被越来越多的人所认识,但是解决泥沙问题的途径、方式和见解却很不一致。当时比较普遍的一种意见,是主张依靠人力挑浚或原始的挖泥船疏浚。而潘季驯根据自己的认真观察,则明确提出利用水流和泥沙关系的自然规律来解决河床的泥沙淤积问题。“束水攻沙”就是这一指导思想的体现。

潘季驯为什么反对靠人力或简单机械的挑浚方式作为解决黄河泥沙问题的根本措施呢?他解释说,因为这么大一条黄河,就以徐州至淮安这段河面相对狭窄的河道而言,水深的地方有六七丈,浅处也有三四丈,河面宽的地方有一二里,窄的地方也有一百七八十丈。沙饱其中,不知有几千万斗,靠人力能挑挖干净吗?即使能够办到,如果不筑堤,下次洪水一到,又发生决口漫溢,河床很快又会被泥沙淤塞填满,这样下

① 潘季驯《河议辩惑》,见《河防一览》卷二。

去还有个完吗?[①] 他认为,如果依靠黄河水流的自然力,借水刷沙,则"如汤沃雪",完全可以避免上述难题。他说:"筑堤束水,以水攻沙,水不奔溢于两旁,则必直刷乎河底,一定之理,必然之势。"[②]这就是著名的"束水攻沙"理论。

由于"束水攻沙"的理论正确概括了人们对于水流挟沙能力与流速之间关系的认识,以及堤防可以能动地改变水流流态(流向、流速等)的认识,一开始投入实践,就取得了明显的效果。如隆庆五年(1571 年)春,潘季驯第二次主持治河期间,在一份报告中这样描述了束水攻沙的效果:徐州以下河段,宽二百余丈,深达三丈。去年河道决口,河床被泥沙淤满,几乎与河岸相平。今春挑浚河道时,仅在河中间开了一条小渠,不及河床断面的 1/10。但是,由于堵塞了决口,修筑了缕堤,水归河槽,结果"水冲刷沙,沙随水滚,跌荡成涂",在很短的时间内,河槽就被冲刷得深广如旧。潘季驯正是从自己的反复实践中看到了束水攻沙的显著效果,所以当时他就旗帜鲜明地提出"筑堤束水,治河要策"。"臣以为治河之策,无出于此。"[③]

"束水攻沙",在工程实践措施上,有一个从单一缕堤束水到双重堤防配合使用的发展过程。

首先是单一缕堤束水,这是束水攻沙理论提出和实践的最初阶段。用缕堤束水,固定中水位河槽,缩窄洪水期河床断

---

① 潘季驯《河议辩惑》,见《河防一览》卷二。原文是:"河底深者六七丈,浅者二三丈,阔者一二里,隘者一百七八十丈。沙饱其中,不知几千万斛,……纵使其能挑而尽之,堤之不筑,水复旁溢,沙复停塞,可胜挑乎?"

② 潘季驯《河议辩惑》。

③ 潘季驯《攒运粮储疏》、《正漕复通疏》,见《总理河漕奏疏》(二任)卷三。

面，增大主槽流速，提高水流挟沙能力，这是当时束水攻沙派的一般意见。与潘季驯同时的治河官朱衡和万恭等人对此都有过实践。特别是万恭，对于用缕堤束水攻沙在理论和实践上都作出了重要的贡献。据说隆庆六年(1572年)万恭接替潘季驯主持治河时，虞城县有一位秀才向万恭提出建议说：以人治河，不如以河治河。万恭很受启发，就问：怎样治呢？这位秀才回答说："黄河的特点是水流急。利用它的这一特点，凭借水流的力量，就可以把淤浅的河床冲深，这样主动权就在治河者手里了。具体办法是：要想使河槽的北面变深，就在南面修堤，北面自然会深；要想使河槽的南面变深，就在北面修堤，南面自然深；要想使河槽中间变深，就在南北两面同时修堤，使水流集中冲槽中间，河槽中部也自然会深了。利用河流的特性，借用水力的冲刷来解决河床中泥沙的淤积问题，其效果是人力远远莫及的。开始的时候，利用堤防约束水流，使河道变深；后来，河道成为地下河，堤防也就失去作用，有无也就不紧要了。"[①]这位秀才的建议中实际上阐明了这样一个道理，即：可以利用堤防按照人的意志改变水的流态。只要遵循了水流泥沙关系的运动规律，就可以借用水的力量冲走泥沙，最后达到治沙的目的。这是关于用缕堤束水攻沙的理论根据和实践措施的典型论述。万恭采纳了虞城秀才的建议，并进一步阐述说：水流集中，流速大；水流分散，则流速小，这是水流的基本特性。水流急，沙不停；水流缓，河床淤，这是泥沙运行的基本特点。如能因势利导，以堤束水，以水冲沙，地上河就可以变成地下河，黄河的水患就可以消除。根据这一认识，

① [明]万恭《治水筌蹄》。

万恭在徐州至宿迁之间的黄河两岸修筑缕堤达 370 里，在徐州以上也修筑了部分缕堤。这些工程在一般水情下都曾收到过“沙随水刷”的功效。但是为了束水，缕堤逼河而修，洪水期过水断面相对缩窄而不均一，遇到不能容纳的特大洪水，便重新漫堤溃决。堤防一旦溃决，河床马上淤积。这样，就产生了攻沙与防洪的矛盾。攻沙要求两堤之间断面尽可能小一些，以便流速大一些；防洪则要求断面大一些，以便容蓄的洪水多一些。怎样才能保证既可以束水攻沙，又可以容蓄一定峰量的洪水而不致溃堤呢？这就提出了合理堤距的问题。

潘季驯在实践中看到了单一缕堤束水的弊病和问题的严重性，指出：“黄河惟持缕堤，而缕堤逼近河滨，束水太急。每遇伏秋，辄被冲决，横溢四出，一泻千里，莫之底极。”[①]因此他多次强调：“缕堤束水，必难恃以为安。”[②]

限于当时的科学技术水平，潘季驯未能从理论上解决黄河下游的合理堤距问题。但是他把安全系数加大，提出了“双重堤防”的思想，即在原有缕堤之外，再远筑一道遥堤。他试图以缕堤束水攻沙，以遥堤拦洪防溃，靠遥堤和缕堤的配合使用来解决攻沙和防洪的矛盾。他概括说，“遥堤约拦水势，取其易守也”；“缕堤拘束河流，取其冲刷也”。[③]

所以说双重堤防的配合使用标志着束水攻沙的理论和实践已经发展到了第二阶段。潘季驯把这个思想喻之为“重门待暴”。

---

① 潘季驯《河工告成疏》，见《河防一览》卷八。

② 潘季驯《河防险要》，见《河防一览》卷三。

③ 潘季驯《恭报三省直堤防告成疏》，见《河防一览》卷一二。

他说:“今遥堤告竣,自徐(州)抵淮(安)六百余里,两堤相望,……蜿蜒绵亘,始如长山夹峙,而河流于其中。即使异常泛涨,缕堤不支,而溢至遥堤,势力浅缓,容蓄宽舒,必复归槽,不能溃出。譬之为重门待暴,则暴必难侵;增缕御寒,则寒必难入……虽不能保河水不溢,而能保其必不夺河;固不能保缕堤之无虞,而能保其至遥即止。”①

潘季驯认为,要实现“束水攻沙”,首先必须固定河槽,固定河槽又全赖堤防的巩固。“堤固,则水不泛滥而自然归槽。归槽,则水不上溢而自然下刷。沙之所以涤,渠之所以深,河之所以导而入海,皆相因而至矣。”②固定河槽的任务又不能单靠缕堤来完成,还必须靠遥堤作为后盾。“重门待暴”的措施,就是在当时的治河水平上,不能确定合理堤距而采取的解决攻沙与防洪矛盾的一个积极步骤。这一思想,潘季驯在隆庆年间第二次总理治河时就已经提出,主张要“筑近堤以束河流,筑遥堤以防溃决”③。但是由于财力和其他条件的限制,当时仅筑了缕堤。目睹缕堤决口,河道淤塞的患害,他在三任总河时,又再次提出并大力实践了这一方针。由于在徐州至淮安之间修筑了遥堤,徐州至邳州之间还实现了双重堤防,因此这段河道在10年之中出现了安澜无患,运道畅通的小康局面。这在整个明代也是少有的。

当然,由于当时科学技术水平和其他历史条件的限制,“筑堤束水,以水攻沙”方略还没有能够从根本上改变黄河下

① 潘季驯《河工告成疏》,见《河防一览》卷八。
② 潘季驯《申明修守事宜疏》,见《总理河漕奏疏》(四任)卷一。
③ 潘季驯《议筑长堤疏》,见《总理河漕奏疏》(二任)卷三。

游泥沙淤积的趋势。但是它的理论意义，是揭示了治理多泥沙河流的重要途径；它的直接实践意义，是黄河下游河道的相对稳定，河患相对减少。这对当时社会政治和经济发展的积极作用是毋庸置疑的。正是因为这个原因，后代对于筑堤束水的方针奉行不渝，视为圭臬。

（三）蓄淮刷黄，以清释浑

潘季驯的束水攻沙理论在实践方面的另一个创造性措施，就是"蓄淮刷黄，以清释浑"。

潘季驯在治河实践中很早就观察到了黄河水流与泥沙相互作用的规律。还在隆庆五年第二次主持治河时就指出了山东运河与黄河交汇处水流与泥沙相互驱赶的现象。他说："为照茶城乃漕水出口处所，正与秦沟黄河相接，每遇黄水大发，必倒灌入口，沙停河浅；黄水稍退，则漕水随之而下，沙随水刷，通深如故，粮运无阻。"[①]他由此推断，这是"势所必致，旋淤旋通，易地皆然"[②]。

根据这样一个基本认识，潘季驯在万历六年第三次主持治河时，形成并指挥实施了一个大胆的计划，这就是"蓄淮刷黄"，以河治河的方略。

本来，明代中叶以后至清代咸丰五年(1855 年)铜瓦厢大改道前，黄河下游正流一直行经今江苏徐州、睢宁、宿迁、泗阳、淮阴，由淮河入海故道入海。

---

① 潘季驯《河道疏》，见《总理河漕奏疏》(二任)卷三。

② 潘季驯《亟图疏治疏》，见《总理河漕奏疏》(二任)卷三。

到了万历初，黄河决崔镇而北，淮河决高堰而东，黄、淮、运交汇处的清口一片淤沙，清口以下的黄河入海尾闾也被严重淤塞，仅剩一沟之水。当时有不少人主张用人工浚清口、浚河道、浚海口。而潘季驯经过实地勘查后否决了这种意见。他提出除了堵塞崔镇决口，大筑黄河两岸遥堤缕堤、挽河归槽之外，还应在清口上游堵塞洪泽湖大堤决口，修筑高家堰大堤，把淮河水拦蓄在洪泽湖中，约束淮河的清水尽出清口，流入黄河，以达到冲刷清口的淤沙和下游入海河槽的目的。所以说这也是一种特殊的"束水"，它通过堤防措施，把黄、淮二河约束于一槽，以达到"攻沙"的目的。

据有关专家分析，在这里，"蓄淮刷黄"其实包含了两层意思：一是借淮水之"势"来冲沙，水合则势猛；二是借淮水之"清"以释浑，水清则沙刷。后者正是潘季驯的主要目的，是他在理论上的一个创造。他说：黄不旁决而冲槽力专，淮不旁决而会黄力专。如果"尽令黄淮全河之力，涓滴悉趋于海，则力强且专，下流之积沙自去。下流既顺，上流之淤垫自通，海不浚而辟，河不挑而深矣"[①]。他说："须合全淮之水尽由此（清口）出，则力能敌黄，不为沙垫。"[②]"且所借以敌黄而刷清口者，全淮也。淮若中溃，清口必塞。"[③]因为"水合则势猛，势猛则沙刷，沙刷则河深"。这是他一贯的"借势行沙"的思想。

但是，潘季驯"蓄淮刷黄"的基本目的，并不止于此。如果淮河不是一条清水河流而是一条多沙河流，潘季驯是决不会

① 潘季驯《两河经略疏》，见《河防一览》卷七。
② 潘季驯《申明修守事宜疏》，见《河防一览》卷一〇。
③ 潘季驯《河议辩惑》，见《河防一览》卷二。

借淮之势的。这里就体现了他的“以清释浑”以解决黄河泥沙淤积的思想。何以见得呢?

首先,潘季驯虽然强调“水合则势猛”,但他却坚决反对将两条多沙河流相汇合。当时有人曾主张引沁水入卫河,以便分杀黄河之势。潘季驯明确表示了反对意见。他说:“卫水固浊,而沁水尤甚,以浊益浊,临清一带必致湮塞,不可也。”①他在另一场合又重申了这一观点:“沁河之浊,不减黄河(卫河)。小滩见苦浅涩,增此一河,必致淤塞,不可也。”②由此可以看出,潘季驯确实已经认识到:两条多泥沙河流相合,特别是加入一条含沙量更大的河流,会增加河道的淤积。所以,他主张的“水合则势猛,势猛则沙刷”其实是有条件的。他既反对将一条多泥沙河流本身分流,因为“水分则势缓”;同时又反对将两条多泥沙河流相汇合,因为“以浊益浊”,“必至淤塞”。

但是与此观点相对应,潘季驯却多次主张将清水河汇入多沙河。如睢水是相对于黄河含沙量较少的一条清水河流,睢水沿岸有邸家湖、白鹿湖等,也都是清水湖。但是往年由于黄河泥沙淤塞了睢水入黄的口门,致使睢水往往潴于诸湖,溢入淮河。根据这种情况,潘季驯下令在睢水东岸修筑一条长达70多里的归仁集堤。他指出归仁堤的作用之一,就是“遏睢水、湖水,使之并入黄河,益助冲刷,关系最为重大”③。显然,这同前面反对引沁入卫,就构成了鲜明的对比:“以浊益浊”,必至淤塞;而以清释浑,则“益助冲刷”。可以看出,潘季

① 潘季驯《河议辩惑》,见《河防一览》卷二。

② 潘季驯《恭诵纶音疏》,见《河防一览》卷一〇。

③ 潘季驯《河防险要》,见《河防一览》卷三。

驯对于用清水释稀泥沙，可以加大河床冲刷的认识是很清楚的。同样道理，潘季驯也正是看中了淮水是一条清水河，所以一定要加以利用。他说："见今淮城以西，清河以东，二渎交流，严若泾渭。"①他把黄河与淮河比作泾水与渭水，一浊一清，泾渭分明。他认为，清口与黄河入海尾闾的淤塞，恰恰是由于高家堰决口，淮水东溃以后，失去了清水稀释和冲刷的结果。他分析说："云梯关外海口甚阔，全赖黄淮二河并力冲刷。若决高堰，清口必淤；止余浊流一股，海口必塞；海口塞，则下壅上溃，黄河必决，运道必阻，此前岁之覆辙也。"因此，他力主黄淮合流，认为"黄淮并注，水涤沙行，无复壅滞"②。

综上所述，可见潘季驯大筑高家堰，拦蓄淮水，"以淮敌黄"，其基本的思想动机就是希望能够以稀释浑，以清刷浊。凡是清黄交接处所，他都力倡此主张。按照他的观点，"此在清口、直河、小河口，凡是清黄交接处皆然"③。

从河流动力学的观点看来，用"以清释浑"增大河流冲刷的思想是符合泥沙运行规律的。引清水河流入黄河，不仅增大了整个河床的流量，加大了流速，从而提高了水流挟沙能力；同时，由于加大了清水流，使整个河流的含沙量相对减少，也提高了对河床的冲刷能力。所以蓄淮刷黄的措施被潘季驯提出后实行了近300年，虽然对泗州及淮河下游造成了一定的不利影响，淹没了洪泽湖周围和泗州城以上淮河两岸的一些土地，并留下了一些后患。但是，它在一定程度上却减缓了

① 潘季驯《河工告成疏》，见《河防一览》卷八。
② 潘季驯《高堰请勘疏》，见《河防一览》卷九。
③ 潘季驯《河议辩惑》，见《河防一览》卷二。

清口及清口以下至云梯关海口400里河床的淤积速度，对保证京杭大运河在300年左右的时间里基本畅通，起了积极的作用。更重要的是，用清水注入黄河，稀释泥沙含量，改善了原有河床的挟沙能力，这对后世人们治理黄河和其他多泥沙河流，无疑是一个宝贵的经验。

（四）利用泥沙，淤滩固堤

随着修筑双重堤防的实践过程，潘季驯对束水攻沙的认识又有了新的发展。过去对河槽中的泥沙，只是设法把它冲走，所谓"攻"就是"冲"。后来发现，泥沙留在主河槽固然有害，但是如果能够设法把它留在两岸的滩地上却很有好处。于是，他思路大开，及时总结出了一个利用泥沙的新措施：淤滩固堤。这一措施大大丰富了束水攻沙理论的内容，为解决黄河泥沙，治理黄河下游河道，提供了一条新的途径。

淤滩固堤的想法，是潘季驯从总结缕堤和格堤的经验开始的。潘季驯看到缕堤不足恃，就大力倡修遥堤。为了保护遥堤，又在遥堤和缕堤之间修筑了格堤。"纵有顺堤之水，遇格即返，仍归正槽，自无夺河之患。"[①]等到格堤一修成，才发现它还有淤高滩地的妙处："水退，本格之水仍复归槽，淤留地高，最为便宜。"这给潘季驯以极大启示：过去只想把泥沙冲走，现在才知道泥沙还可以留下来。留在河槽中有害，留在滩地上却有利。于是潘季驯下令在黄河南岸从徐州房村到宿迁峰山的遥、缕二堤之间，总共修了七道格堤，作为淤滩固堤

① 潘季驯《河防险要》，见《河防一览》卷三。

的措施。他认为:“倘岁岁增修高厚,可永无分流夺河之患。”因此,他不仅计划在南岸还要增筑格堤,而且在“北岸亦仿而行之”,并且说:“多多益善也。”①

据测算,从房村到峰山之间,大约相距有140里之遥。遥堤和缕堤之间的距离,约为一里左右。如果按一次大水淤留泥沙厚度为20厘米计算,那么仅这一段河道的南岸滩地,一次大水就可淤沙700万立方米左右。如果两岸同时落淤,则仅这一段河道滩地淤留泥沙就可以增加一倍。这样多的泥沙被截留在滩地上,不仅可以大大巩固堤防,而且也减少了河道主槽的淤积。其工程效果应当说是十分可观的。

随着治河实践中不断出现的新情况,潘季驯晚年的认识又有了新的发展。他发现宿迁一带只有遥堤,没有缕堤和格堤,同样也可以达到“淤留岸高”的目的。他说:“宿迁以南,有遥无缕,水上沙淤,地势平满。民有可耕之田,官无岁修之费,此其明效也。”②同时他又看到缕堤不但不足为恃,还有许多副作用。因此在万历十九年(1591年),他奏上《条议河防未尽事宜疏》,其中第一条就建议:“放水淤平内地(即遥缕二堤之间滩地),以图坚久。”即根据黄河多沙特点和泥沙淤积规律,正式提出把淤滩固堤作为利用泥沙、治理黄河的一条重要措施。其具体办法是:“先将遥堤查阅坚固,万无一失,却将一带缕堤相度地势,开款放水内灌。黄河以斗水计之,沙居其六。水进则沙随而入,沙淤则地随而高。”这里已不是等待洪水破堤,而是要主动决堤引沙淤滩了。他设想,“二三年间,

① 潘季驯《河防险要》,见《河防一览》卷三。

② 潘季驯《条议河防未尽事宜疏》,见《总理河漕奏疏》(四任)卷五。

地高于河，即有涨漫之水，岂能乘高攻实乎？缕堤有无，不足较矣。”他举例引证说：“即如前年单口一带，地遂淤高；今岁严铺一开，睢邳北岸皆为阜壤。”因此，潘季驯最后得出结论：“与其以人培堤，孰若用河自培之为易哉？至于人夫桩料，岁省尤为不赀，诚为上策。”[①]潘季驯在这里实际上提出了一个十分重要的思想，即试图利用黄河本身“大水淤滩”的规律，利用洪水挟带的大量泥沙，变害为利，有目的地加高滩地，巩固堤防。这是一个很有价值的大胆设想，标志着他对黄河水流和泥沙关系的认识又进入到了一个新的水平。可惜当时他已病入膏肓，未能进一步实践这一思想。但是他的后代人却大力推行了这一主张。到了清代乾隆、嘉庆年间，放淤固堤形成了高潮。不仅在黄河上到处使用，而且在永定河、南运河上使用也很普遍，并收到了良好的效果[②]（见示意图 8－1）。[③]

总之，上面的介绍可以清楚地告诉我们，潘季驯不同治河方法的依次提出，实际上真实地反映了他对于黄河水流和泥沙运动规律认识的逐步深化。束水攻沙的实践从修单一缕堤束水；到遥缕二堤配合使用，“重门待暴”；然后到蓄清刷浑，“以水治水”；最后发展到主动开决缕堤，引沙淤滩，“用河自培之”。这样一个认识过程不仅体现了活生生的辩证法精神，而且在其理论实质上与现代河流泥沙工程理论的基本观点也十分吻合。

---

① 潘季驯《条议河防未尽事宜疏》，见《总理河漕奏疏》（四任）卷五。

② 参见姚汉源《从历史上看多沙河流的水利特征》，见《中国水利》1981 年第 1 期。

③ 潘季驯主持创筑的淤滩固堤示意图，引自郭涛《潘季驯的治黄思想》，《水利水电科学研究院科学研究论文集》，水利电力出版社 1985 年版。

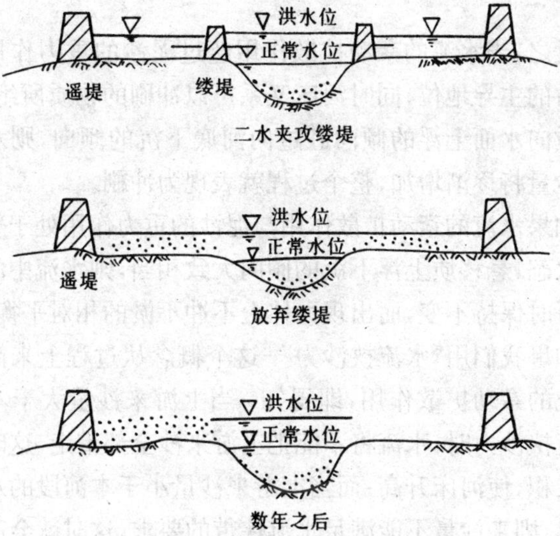

图 8-1　淤滩固堤设想示意图

根据现代河流泥沙工程理论，在多沙河流中水流与泥沙二元因素的矛盾关系实际上就是在河床背景上两种物质力的相互作用关系，即所谓水流的紊动扩散作用与泥沙的重力作用的相互作用关系：[①]

当河流中泥沙的重力作用超过水流的紊动扩散作用而居于主导地位时，泥沙悬移质[②]向河底下沉的倾向胜过向水面

① 参见武汉水利电力学院泥沙工程教研室编著《河流泥沙工程学》中有关章节，水利电力出版社 1981 年版。

② 悬移质，水力学概念，系指悬浮在水流中随水流运动的泥沙颗粒。

上浮的倾向，则水流中的含沙量将逐渐减少，整个过程表现为淤积。

反之，当水流的紊动扩散作用超过泥沙的重力作用而居于矛盾的主导地位，同时河床又系可以冲刷的物质所组成时，悬移质向水面上浮的倾向胜过向河底下沉的倾向，则水流中的含沙量将逐渐增加，整个过程就表现为冲刷。

如果水流的紊动扩散作用与泥沙的重力作用处于暂时的相持状态，悬移质上浮下沉的倾向大致相当，则水流中的含沙量将暂时保持不变，而出现大体上不冲不淤的相对平衡状态。

如果我们用"水流挟沙力"①这个概念从过程上来简单表示水流的紊动扩散作用，即得知：当上游来沙量大于本河段的水流挟沙力时，水流将不能把上游来沙全部带走，这时就会产生淤积，使河床升高；而当上游来沙量小于本河段的水流挟沙力时，则来沙量不能满足水流挟带的要求，这时就会产生冲刷，使河床变深。根据这个理论来分析潘季驯的上述方略，我们不难发现，"束水攻沙"(包括"蓄清刷浑")方略的实施，实际上起到了人为加强水流与泥沙矛盾关系中水流挟沙力的作用，促使水流的紊动扩散作用超过泥沙的重力作用，形成黄河河床的冲刷；而"淤滩固堤"方略的实施则起到了人为减弱水流与泥沙矛盾关系中水流挟沙力的作用，促使泥沙的重力作用超过水流的紊动扩散作用，而形成黄河滩地的有计划淤积。因此这两种方略的提出，都反映了潘季驯对于黄河

---

① 水流挟沙力，水力学概念。系指具有一定水力因素的单位水体所能挟带的悬移质泥沙数量。通常用符号 S_* 表示，即处于饱和状态的临界含沙量。常用单位为公斤/米。

水流与泥沙矛盾运动的深刻认识和自觉运用。

当然,16世纪的潘季驯还不可能用现代科学的语言表述河流泥沙工程理论。但是他通过自己的经验性认识猜测到了上述理论,并通过制定具体的治河方略,为明代中叶以后大兴黄河堤防工程建设提供了可信的理论依据。在潘季驯四次主持治河的前后27年中,正是在“束水攻沙”思想的指导下,黄河下游的堤防建设迅猛发展,很快形成了完善的堤防系统。因此,束水攻沙理论的直接实践意义,首先是通过促进堤防建设,固定了河床,使黄河河患相对减少。正因为如此,后代对“筑堤束水”的方针奉行不渝。每当人们提起潘季驯,马上就会想到“束水攻沙”,这是十分自然的。

二、以堤治河的大师

“束水攻沙”的主张是潘季驯在治河理论上的重要建树,而大力推进堤防建设,则是潘季驯在治河实践中的主要贡献。可以说,潘季驯是中国古代治河史上以堤治河的大师。

潘季驯认为,黄河的症结在泥沙,治沙的方略是束水攻沙,而攻沙的前提是固定河槽。因此在他看来,治理黄河的关键就在于堤防的巩固。依靠堤防束水攻沙,依靠堤防蓄清刷黄,依靠堤防保护运河的畅通,依靠堤防护卫滨河州县的大小城池。堤防成为当时的生产力和科学技术水平下,治河防洪最可行、最有效的手段。他曾开宗明义地阐述自己的治河方针说:“治河之法别无奇谋秘计,全在束水归槽。……束水之法亦无奇谋秘计，惟在坚筑堤防。”[①]因此，他对堤防建设竭心尽力，披肝沥胆，正如他自己所说的“于筑堤一节拳拳焉”[②]。

在中国水利史上，自从堤防出现以来，一直被认为是单纯防御洪水的消极手段。特别是西汉人贾让在其著名的治河三策中，曾把修筑堤防视为下策。他说：“若乃完善故堤，增卑倍薄，劳费无已，数逢其害，此最下策也。”[③]尽管贾让当时并不一定是泛指堤防建设，但是他的上述言论被后人抽象化了以后，常常被作为批评修筑堤防的一个重要理论根据，一直使人们奉信不渝。直到明代中叶“束水攻沙”的理论产生以后，潘季驯才赋予了堤防新的含义，即它不再是单纯消极防御洪水的手段，而是成为改造河流的积极工具。所以针对贾让之后的定论，潘季驯从自己的实践体会出发，针锋相对地提出了不同意见。他说：“惟有增卑益薄，缮缺补弊，古所称下策则今之上策也。”[④]这样，就把堤防建设放到了治河方略中的最重要位置，为他大兴堤防之役从理论上提供了可信的依据。从这个意义上，潘季驯完全可以说是中国河工史上以堤治河的杰出代表人物。

从中国坝工史的演化过程中来评价，使堤防的功能由防御扩展到治理，从单纯地对付水扩大到同时对付水流和泥沙，这确实是堤防思想上的一个重要发展。根据潘季驯的阐述，

① 潘季驯《申明修守事宜疏》，见《总理河漕奏疏》(四任)卷一。
② 潘季驯《乞留贤官疏》，见《总理河漕奏疏》(二任)卷三。
③ 贾让《治河三策》，见《汉书·沟洫志》。
④ 潘季驯《议筑长堤疏》，见《总理河漕奏疏》(二任)卷三。

这一发展主要表现在以下几个方面：

第一，运用遥堤和缕堤，作为固定河槽、束水攻沙的工具；

第二，运用遥堤和格堤，作为淤滩固堤的工具；

第三，运用顺水坝作为挂淤固堤、保护要害地段的防御工具；

第四，利用挑水坝作辅助堵口的措施。

以上几个方面，虽然并不都是潘季驯的创新，但是潘季驯在实践中把它们的作用发挥得淋漓尽致，同时在理论上加以概括、总结，使之相互配套，形成系统，就使得人类的堤防思想发展到了一个新的水平。

（一）精心组织堤防系统的建设

翻检一下中国水利史，我国的堤防建设种类在宋元时期已经名目繁多。但是一般地讲，在那个时候各种类型的堤工，大都分别被单独使用在不同的地方，各自孤立地起作用。

到了明代中叶潘季驯主持治河以后，随着束水攻沙实践的不断深入，潘季驯发现各种堤防已经很难单独完成束水攻沙的任务。于是在他的亲自主持下，沿黄河两岸出现了各种堤防配合使用的堤防系统或河工建筑群。其中，最基本的堤防系统是由遥堤、缕堤、格堤、月堤等组成。在潘季驯第四次主持治河以后，这样的堤防系统几乎遍及郑州以下的整个黄河下游，只不过各个河段的完善程度不尽一致罢了。

最典型的堤防系统被布置在徐州至淮安之间的河段。潘季驯在这一河段上不仅把遥、缕、格堤加以巧妙地配合，而且把它们同滚水坝、减水闸、涵洞等各种形式的水工建筑加以恰当的组合，形成了一个以遥堤为骨干、以束水攻沙为目的、综合发挥效益的河工建筑群。在这个建筑体系中，遥堤拦洪防溃，是堤防中的骨干；缕堤束水攻沙，直接与水沙搏斗；遥堤和缕堤之间是一个狭长的滞洪区，可以滞蓄一定的洪水；格堤横隔在遥缕二堤之间，既可保护遥堤堤根不受冲刷，又可以截留洪水挟带的大量泥沙，淤高滩地，巩固堤防；一般洪水，可以通过减水闸分泄一部分，如果遇到大洪水，则可以通过滚水坝泄洪；洪水消退以后，遥缕二堤之间低洼处的积水还可以由涵洞排走。如此周密完善的工程安排，可以说是 16 世纪时期世界上最完善的堤防系统了。它既是中华民族几千年来同多泥沙河流的洪水和泥沙作斗争的宝贵经验的结晶，也是潘季驯对堤防建设的杰出贡献。(见示意图 8－2)[①]

当然，潘季驯所主持创建的这个堤防系统也还存在着一定的局限性，主要是缺乏定量的科学依据。遥堤的堤距，缕堤的堤距，各类堤防的高度、断面的大小，滚水坝、减水闸布置的位置、溢流的高度和宽度等等大都是凭经验而定，这样就难免失当。另外这个系统中有的建筑，比如格堤和缕堤，虽然都有各自的重要作用，但也有一些根本的弱点：在非常洪水时期，他们会成为滩区行洪的障碍，容易导致河防失事，而缕堤又容易形成“悬河”中的悬河。所以，后来对这两种堤的利弊争议较大。对此我们应当采取历史唯物主义的态度，具体地分析和研究哪些工程是由于当时人们本身的设计布局不合理，哪些是由于当时科学技术水平的局限和其他历史因素的影响而

① 潘季驯主持创筑的堤防系统示意图，引自《黄河水利史述要》，水利电力出版社 1984 年版。

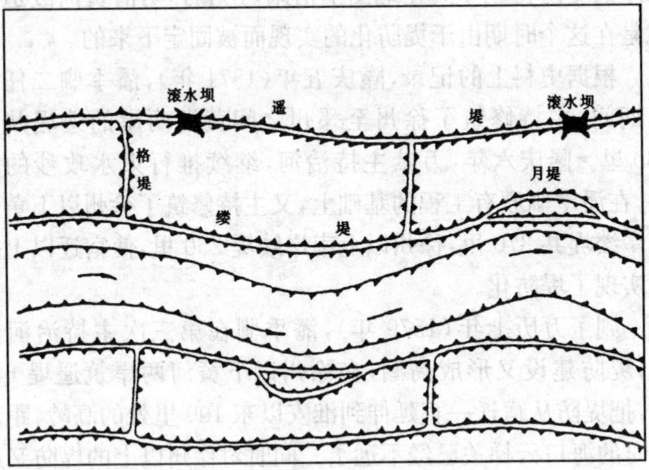

图 8－2　遥、缕、格、月四堤示意图

使原有的设计思想未能实现，而哪些措施是既有利又有弊，经过改造后可以继承。这样，中华民族几千年治黄的丰富经验就会重新焕发出青春的光彩。

经过潘季驯四任“总河”期间的精心组织，南流的黄河自郑州以下在历史上第一次实现了堤防化。黄河自 1194 年（金朝章宗明昌五年）南流夺淮，到 1855 年（清朝咸丰五年）铜瓦厢决口恢复北流，前后有 600 多年的时间是走的南流入海的道路。其中，在黄河南流的前 400 年间，黄河下游并无完全固定的河道，总是在不停地迁徙摆动。有时是大幅度的改道，有时是小规模的局部偏移。因此，部分地区虽然间断修有堤防，但整个黄河下游并无完整的堤防系统。直到明代嘉靖末年以后，推行了束水攻沙的治河方针，才实现了黄河南流期间下游两岸的堤防化。今天在地图上清晰可见的“明清黄河故道”，就是在这个时期由于堤防化的实现而被固定下来的。

根据史料上的记录，隆庆五年（1571 年），潘季驯二任总河期间，主持修筑了徐州至邳州之间黄河两岸的缕堤共长 160 里。隆庆六年，万恭主持治河，继续推行束水攻沙的方略，在潘季驯原有工程的基础上，又主持修筑了徐州以下黄河两岸缕堤共 370 里，徐州以上南岸缕堤 250 里，使宿迁以上基本实现了堤防化。

到了万历七年（1579 年），潘季驯在第三次主持治河期间，堤防建设又形成高潮，在徐州以下黄河两岸筑遥堤 660 里，把堤防从宿迁一直延伸到淮安以东 100 里处的高岭，距离当时的海口云梯关已经不远了。同时对徐州以上的堤防又进行了大规模的整治，整修太行堤 300 余里。这时黄河下游的完整堤防已具雏形了。

万历十六年（1588 年），潘季驯第四次主持治河，进一步强调堤防建设的重要性，提出全面整治黄河下游堤防的计划：上自河南武涉、荥泽，下至淮安以东，凡是所缺堤段，全部加以补筑连结；凡是薄弱的堤段，尽可能加修月堤、遥堤；对南北两岸旧有遥堤和缕堤，北岸之太行堤、长东堤等都进行全面的加帮修护。结果，在两年左右的时间里，徐州、灵璧、睢宁、邳州、宿迁、桃源、清河、沛县、丰县、砀山等州县共创筑、加帮遥堤、缕堤、格堤、月堤、太行堤、土坝等，长 540 里；创筑帮筑沛县、徐州缕堤、长堤、纤路、土坝等共长 120 里；创筑、帮筑、接补完荥泽、原武、中牟、郑州、阳武、封丘、祥符、陈留、兰阳、仪封、睢州、考城、商丘、虞城、河内、武涉等 16 州县的遥、缕、格、月各种堤防共长 750 里;修筑曹县、单县堤坝并加帮太行堤共长 140 里。总起来讲,潘季驯在第四次总理河道期间,主持兴建或加固整治堤防共长 1500 里。[①] 这确实是一次声势浩大的修筑堤防活动。至此,除了个别地段确系河岸地势较高没有筑堤外,从郑州到淮安以东靠近云梯关出海口的黄河两岸完全实现了堤防化。南流入黄海的黄河从此被夹束在两岸堤防之中。虽然决口时有发生,但总是决而复塞。河道主流终于被固定下来,二百多年没有发生大的改道。所以,同束水攻沙的思想一样,潘季驯的堤防思想和实践也是功不可没的。(参见图示 8-3)[②]

(二)全面总结河工技术

由于建设堤防,势必要解决一系列相关的河工技术问题,因此在潘季驯的著述中记述了大量的河工技术经验和原则,这些河工技术经验和原则不仅在当时是最先进的,就是在今天的河工实践中也仍然被广泛地遵循和运用着。

例如,对于修筑堤防,潘季驯根据前人经验和自己的实践提出了从规划堤距、堤高边坡到土方施工和验收的具体意见:黄河大堤应当远筑,大致离河岸二三里,以便滞蓄较多的洪水,“切勿逼水,以至易决”;堤的高度,不能一概以筑高若干丈尺为标准,而应当注意坡的比降,“如根六丈,顶止须二丈”;用

① 此数字根据潘季驯《恭报三省直堤防告成疏》一文中的统计,参见《河防一览》卷一一。

② 潘季驯治河后黄河下游堤防示意图,引自郭涛:《明代黄河堤防的建设》,见《水利水电科学研究院科学研究论文集》第 22 集,水利电力出版社出版。

水平法统一控制堤顶高程，低洼的地方多筑，高亢的地方可少筑；筑堤用的土料应当取“真正老土”，施工时，每加高五寸，就要夯筑二三遍，如果土中有淤泥，应当先晒干后，才能夯填；取土应当远离堤根，以免近堤处积水成河，危及大堤安全；堤防竣工以后，还要进行严格的验收，进行锥探和槽探。[①] 由于有了这样一整套严格的技术要求，当时的堤防质量是相当不错的。据解放后有关河工专家的分析鉴定，明清之际保留的黄河堤工质量，要远远胜过民国时期的堤工质量。

对于堵筑决口，潘季驯提出要掌握时机，酌情施工：凡堤初决之时，应急将决口两头下埽包裹，令官夫昼夜看守，不使决口扩大；等到水势稍微平缓，就可以从两边同时接筑进占，缩小决口；如果决口处水势太急，头裹不住，则应在决口上游先筑一道挑水坝，“分水势射对岸，使回流冲刷正河”，然后塞工可施矣；塞工将完时，水口渐窄，水势益涌，又有“合龙”之难，这时可用头细尾粗的“鼠头埽”堵筑，使上水口宽，下水口收，这样才不致使埽工滚失，而塞工易就也。卷埽工作也非常讲究，埽台须要卧羊坡，以便推挽；揪头绳须要扯紧，以防下滑；下埽之前，先要找来惯于泅水之人，入水探险；底埽着地，方下签桩，签桩须要酌中，埽埽钉着，方为坚固，“倘有数寸空悬，无有不败事者”。潘季驯还特别强调堵决下埽乃非常紧要之事，“此等事须要勇往直前，俗语谚谓之抢筑，稍稍逼溜，必有后悔”。因此在技术要求上一定要严格。如果马虎大意，不详查细审，施工时劳费无功，出了事情又辄怪鬼神，那就让人贻笑了。[②]

① 潘季驯《修守事宜》，见《河防一览》卷四。

② 潘季驯《修守事宜》，见《河防一览》卷四。

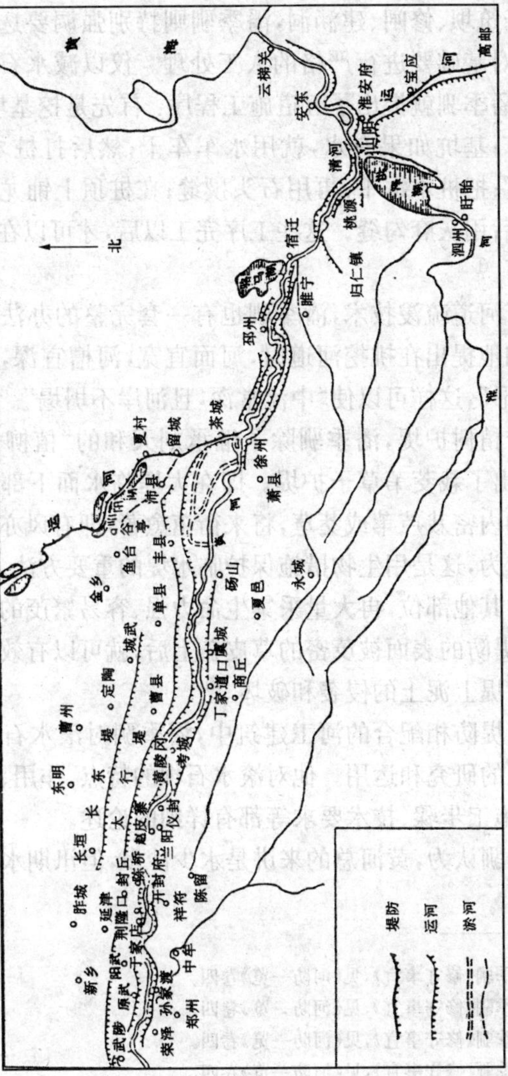

图8-3 潘季驯治河后黄河下游堤防示意图

对于筑坝、修闸、建涵洞，潘季驯则特别强调要选择坚实的基础，对基础要进行严格的人工处理。仅以减水石闸的处理为例，潘季驯就提出了五道施工程序：首先是挖基坑，叫作“固工塘”；基坑如果有水，就用水车车干；然后打桩木，称为“地钉桩”；把桩木锯平，再用石头楔缝；在桩顶上铺龙骨木和平板；最后用灰麻勾缝。这些工序完工以后，才可以在上面开始砌闸石。①

对于河道疏浚技术，潘季驯也有一套完整的办法和技术要求。如他提出在挑挖河道时，河面宜宽，河槽宜深，断面要像“锅底形”，这样可以使“中流常深，且河岸不坍塌”。②

对于植树护堤，潘季驯除了继承刘天和的“植柳六法”③外，又提出了栽茭苇草子护堤。即在大堤临水面下部宽约一丈的范围内密栽芦苇或茭草，将来衍茁愈蕃，即有风亦不能鼓浪。他认为，这是用生物措施保护临水堤的重要方法。另外，在大堤的其他部位，再大量采集生命力强、容易繁茂的草种播下，整个堤防的表面被茂密的草皮盖上后，就可以有效防止风刮雨淋对堤上泥土的侵袭和破坏。④

在与堤防相配合的河工建筑中，潘季驯对滚水石坝有着特别独到的研究和运用。他对滚水石坝的特点、作用、规划设计原则，施工步骤、技术要求等都有详细的论述。

潘季驯认为，黄河总的来讲是水少沙多，但汛期水量比较

---

① 潘季驯《修守事宜》，见《河防一览》卷四。
② 潘季驯《修守事宜》，见《河防一览》卷四。
③ 潘季驯《修守事宜》，见《河防一览》卷四。
④ 潘季驯《修守事宜》，见《河防一览》卷四。

集中。汛期来水,又有洪峰高而历时短的特点。因此,除了利用遥缕二堤之间的广阔滩地来滞蓄洪水之外,在非常情况下还应通过在遥堤的适当部位修筑滚水坝来宣泄洪水,以保证遥堤的安全。在阐明滚水坝的作用时,他特别指出用滚水坝分洪既与开支河分流不同,也与洪水决堤后造成的决口分流不同。开支河分流的结果,一是水分势缓,泥沙淤积加剧,容易导致正河浅涸,主流夺支而去;二是黄河洪、枯水量相差悬殊,一年之中绝大部分时间无水可分,浪费开河的巨款和劳力。而决口分流的结果,则决口处多为虚沙,水冲则深,容易造成全河由决口夺路而走,形成新的游荡。而用减水坝却可以避免上述弊病。它是在洪水上涨到堤防的一定高程时,滚水坝才开始泄洪,而一般的洪水则仍然令其专力冲刷河槽的泥沙。潘季驯强调指出,滚水坝"是防异常之涨,非减平槽之水也"。它可以使"归槽者常盈,而无淤塞之患;出槽者得泄,而无它溃之虞,全河不分,而堤自固"。此外,滚水坝还要用石头砌成,这样既不怕洪水的冲刷,亦不致溃决夺河。①

根据这个思想,潘季驯在徐州以下桃源(今泗洪)一带先后修筑了四座滚水坝。他对建坝的技术要求是:堤坝应比遥堤顶低七八尺,比滩岸或缕堤顶低三四尺,坝长三百尺。② 按此控制高程计算,当洪水位高于正常水位一丈左右,洪水才能上岸或越过缕堤,溢至遥堤堤根;当遥堤前的积水深约 3 尺左右,滚水坝就开始泄洪。如果遥堤顶预留 2 尺安全高度,则坝上水深可达 5～6 尺,相当于今制 2 公尺左右。如果泄洪

① 潘季驯《两河经略疏》,见《河防一览》卷七。

② 潘季驯《修守事宜》,见《河防一览》卷四。

流速以每秒 3 米计，则每座滚水坝最大泄洪量可达每秒 600 立方米，四座滚水坝泄洪总能力可达每秒 2400 立方米。这样一个泄洪能力，对于削减洪峰，保证遥堤安全，意义是十分重大的。

由于滚水坝是过流建筑，潘季驯对其结构和施工技术也提出了特殊要求。滚水坝全部要用石头砌成。坝基基础要用“拦门桩”数层；地钉桩必须用“鹰架”悬硪重打，深深插入土中。坝的边墩上下游八字墙应长一点，有一定斜度，这样进水条件好，冲刷小，出水扩散消能也好。“迎水”（坝前铺盖）不宜太长，以免浪费；坝后“跌水”（护垣与海漫）不能太短，否则，对坝址下游冲刷破坏大。坝前坝后过流底部要全部用石块竖向铺砌，以增强消能抗冲的能力。[①]（见图示 8-4）[②]

从潘季驯主持修建的滚水坝可以看出，不仅现代对溢流建筑的一般原则要求当时已经注意到了，而且现代滚水坝的各部分主要结构如坝身、翼墙、护坦、铺盖、海漫等，在 400 年前也已经有了成熟的工程技术。这是我国古代河工史上值得自豪的重要技术成就。

潘季驯工程思想的另一项宏大技术杰作，便是洪泽湖水利枢纽的形成。长期以来，在许多人的观念中，洪泽湖是一个自然形成的天然湖泊。其实大谬不然。今天的洪泽湖及其规模，是在明代中叶，潘季驯第三次主持治河、实行蓄淮刷黄的方针以后，人工形成的一个大型水利枢纽。它那时就已经包括了近代人工水库的主要组成部分：库区、挡水建筑、取水口、

---

① 潘季驯《修守事宜》，见《河防一览》卷四。

② 潘季驯主持创筑的滚水坝示意图，引自徐福龄《黄河埽工》。

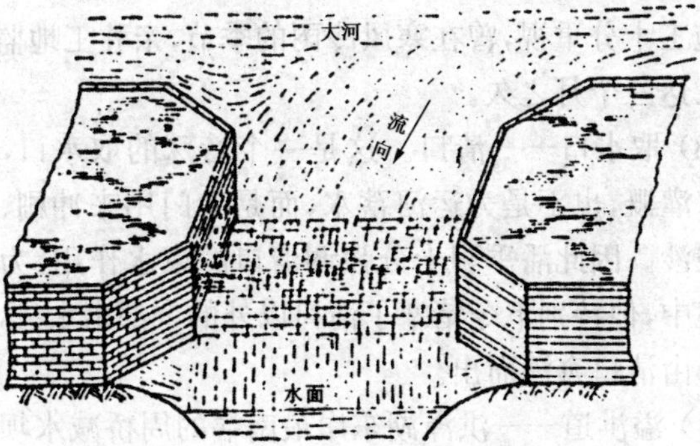

图 8－4　滚水坝鸟瞰图

溢洪道，体现出近代人工水库的雏形。其中：

(1) 库区——洪泽湖。原来这一带只是一些较小的湖泊。潘季驯第三次主持治河时，大筑高家堰，充分利用堤内万家湖、泥墩湖、富陵湖等洼地，使它们连成一片，极大地扩充了蓄水容积。它的功能不仅包括完成“蓄淮刷黄”的任务，而且在实际上又是淮河的调洪水库，可以大大减少淮河洪水对下游淮(安)扬(州)地区的威胁。

(2) 挡水建筑——高家堰大堤。洪泽湖东岸旧有一些破残的堤工，万历三年一场大水，几乎全被冲毁。潘季驯主持河工后，在原堰址上进行了规模宏大的整治和重建工作，修建大堤自湖北端的新庄运口至南部的越城 60 余里，又筑矮堤自越城至湖的更南端翟坝。其中，大堤中段的大涧口、小涧口一带修筑石堤 20 里，以后又计划将整个大堤完全改为石工。在整个枢纽工程中,高家堰大堤实际上就是一条拦河大坝,它对于形成洪泽湖大水库起了决定性的作用。所以潘季驯对这段工程的施工十分重视,曾在寒风冷雨的季节,亲驻工地监督并指挥施工达三个月之久。

(3) 取水口——清口。这是一个特殊的取水口,它不是为引水灌溉,也不是为运河蓄水,而是专门用来冲刷、稀释黄河的泥沙。因此潘季驯十分强调清口的束水作用,为了保证水力集中,他特别下令堵塞了清口以外的全部出水口,使淮河水全部由清口奔泻而出。

(4) 溢洪道——洪泽湖东岸最南端的周桥减水坝和周桥以南的天然减水坝是洪泽湖水利枢纽的溢洪道。潘季驯设想,当洪泽湖遇到特大洪水时,怕清口一时宣泄不及,洪泽湖水位急剧抬高,会危及高家堰大堤的安全,这时就可以由减水坝向东宣泄部分洪水,而一旦淮河洪水消退,就仍然使其全部北注清口。这样,既可以使高家堰大堤安然无恙,又可以使清口的水流冲刷力不受影响,"可为两利之计"(参见洪泽湖水利枢纽示意图)。[①]

洪泽湖水利枢纽的出现表明,在16世纪中叶,我国已具备了建设大型人工水库的初步概念和实践基础。它并非是西方引进的,而是在中国这块古老的土地上经过千百年来的实践和总结,由陂塘、水柜这些工程逐步发展和演变而来的。其中,潘季驯对总结、继承和发展关于人工水库的经验做出了特

① 万历七年(1579年)洪泽湖水利枢纽平面示意图,引自张卫东、姚汉源《洪泽湖水库的形成期》,见《水利水电科学研究院科学研究论文集》第31集,水利电力出版社出版。

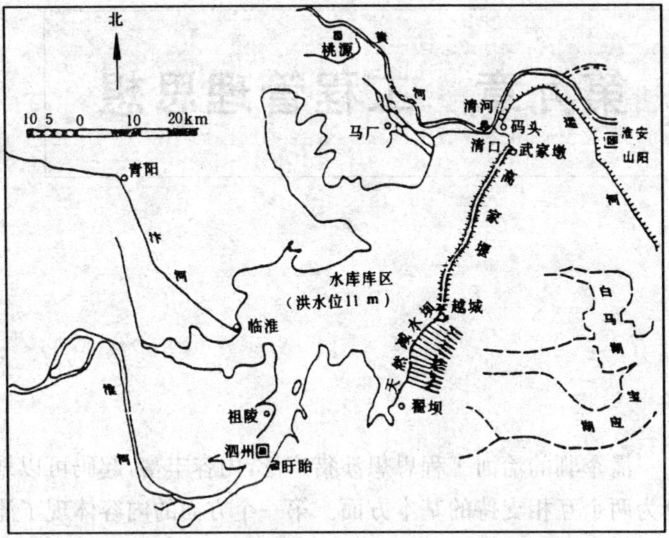

图 8-5　万历七年(1579 年)洪泽湖水利枢纽平面示意图

殊的贡献。在他逝世后不久,明末徐光启著的《农政全书》中,便出现了“水库”这个概念。

潘季驯总结的上述河工技术和措施,实际上成为明、清两代河防建设的基本技术规范,许多一直沿用至近代。

第九章　工程管理思想

潘季驯的治河工程思想涉猎广泛，内容丰富，起码可以划分为两个互相支持的基本方面。第一个方面的内容体现了潘季驯的工程技术思想，第二个方面的内容则体现了他的工程管理思想。从这个意义上讲，本章是上一章的姊妹篇。

潘季驯在治河领域能取得巨大的成功，除了他不囿于传统，率先提出符合黄河运行状况的新方略和新技术之外，在很大程度上还得益于他在长期的官宦经历中所积累的丰富的管理经验和才能。因为管理实践并没有特定的、有限的作用对象和活动领域，而是贯穿于人类社会的各种实践形式之中，这种横向性是它的首要特点。因此，当潘季驯一旦从其他工作领域转入到治河领域，就可以毫不费力地运用已有的管理经验和知识，来组织大规模的公共工程活动了。

作为一名大型水利工程的管理者，在潘季驯身上表现出许多优秀的管理素质和才能。例如，在德的方面，他任人为贤，荐贤举能，平易近人；在政的方面，他忠于大明王朝，立志富国强兵，锐意开拓进取；在专的方面，他认真调查研究，虚心请教专家，很快成为治河活动的内行；在博的方面，他长期担任监察、行政等部门和地方的行政长官，精通行政、监察、军事、经济、学政诸领域的管理；在管理技能和艺术方面，他掌握了善于调查研究，敏于洞察，富于创造，多谋善断的综合能力。这些闪光的品质，我们可以在本书的各章内容中处处体会到。本章仅从工程管理思想的角度，对潘季驯在治河活动中对堤防工程的管理，对劳动过程的管理，对运河水资源的管理诸方面的具体思想和行为，作一概要的介绍和分析。

一、对治河工程设施的管理：建立合理完善的堤防修守制度

潘季驯治河，除了精心组织堤防建设，精心构筑河工建筑之外，还特别重视堤防修守。他认为，历史上河堤频频决口，主要是由两个基本原因造成的：一是筑堤质量不好，工程技术不过关；二是修守制度不完备，工程管理没跟上。所以，他一方面强调筑堤的技术和质量，从基础到堤身均严格要求；另一方面，花大力气组织和完善堤防修守制度。他在强调建设这个制度的重要性时指出，“向来河堤之决，人皆归罪于河之猖獗”，而实际上“河势自无不猖獗者。譬之狂酋悍虏，环城而攻，惟在守城者加之意耳”。[①] 他在分析黄河经历了一段小

① 潘季驯《河议辩惑》，见《河防一览》卷二。

安之后河患又起的原因时说，自他三任总河，筑遥堤10万余丈，收到了河顺民安的效果。但是“如此者十年，而皆忘其为堤之功，尽弃之为车马蹂躏之场，风雨又从而剥蚀之，而河复四溃矣”①。他又举例说：“如近岁范家口之堤，汕刷者十八，管河官置之若弃。人以告者，辄重笞之，能无决乎？”②尖锐指出了堤防决口的人为因素就是制度不备，管理不善。潘季驯在认真总结前人经验的基础上，根据自己的长期实践，提出了一套系统的堤防修守和管理制度。这套制度除对筑堤、塞决、建闸坝、建涵洞、挑浚、扩堤等河工技术分别作了明确规定之外，对堤防的岁修守护，特别是防洪渡汛，也总结出一套行之有效的管理办法来。它们主要包括：

（一）铺夫制度

铺夫设置，万恭曾定为“每里三铺，每铺三夫”。万恭也强调：“有堤无夫，与无堤同；有夫无铺，与无夫同。”③但当时主要是在徐邳河段，为守缕堤而设。潘季驯采纳了这一措施并加以完善，作为制度推广到各处堤防。他认为：“守堤之役，有夫即守城之有兵。兵以御寇，夫以御河，必不可缺者也。”④铺夫的编制，因堤防的重要而区别。万历十六年（1588年），他提出大名长堤“每五里建铺一座”，“每铺设铺老一名，夫九

① 潘季驯《河防一览自序》。
② 潘季驯《河议辩惑》。
③ 万恭《治水筌蹄》，见水利电力出版社影印本，1986年版。
④ 潘季驯《议守大名长堤疏》，见《总理河漕奏疏》(四任)卷一。

名”。[①] 而黄河大堤则是每三里设铺一座，每铺设夫三十名，每夫分守堤十八丈。[②] 铺夫制度为黄河的堤防修守制度提供了长期性的专业队伍，是堤防安全的基本保证之一，一直为后代所沿袭。

（二）堤防每岁加固制度

堤防经常受到雨淋风刷，还受到许多人为的破坏，极易圮毁。潘季驯曾说过，徐、邳一带“每岁河决之由河流冲射居十之四，而居民盗决居十之六”。居民盗决河堤多为“贪水利避水害”，其中有一般百姓，也有世豪大族。潘季驯曾经列举了堤防盗决活动的四种主要表现：“坡水稍杠，决而泄之一也”；“地土硗薄，决而淤之二也”；“仇家相倾，决而灌之三也”；“至于伏秋水涨，处处危急，邻堤官老，阴伺便处，盗而泄之，诸堤皆易保守四也”。[③] 只要堤防巡守人员稍一怠懈，就有可能被钻了空子。更有甚者，有些地方奸民，买通管河官吏，暗开涵洞以淤田溉水，以至洪水来时酿成大祸。如万历八年(1580 年)有“奸民私嘱管河主簿”在徐、邳黄河南岸遥堤暗开涵洞数座，延至十七年(公元 1589 年)伏水从涵洞汹涌而出，“遂成大决”[④]。这“奸民”当为地方有势力者。另外，盐贩和商人为逃税也经常盗决河堤，如高家堰、柳浦湾二堤“俱属

① 潘季驯《议守大名长堤疏》，见《总理河漕奏疏》(四任)卷一。
② 潘季驯《修守事宜》，见《河防一览》卷四。
③ 潘季驯《修守事宜》，见《河防一览》卷四。
④ 潘季驯《修守事宜》，见《河防一览》卷四。

荒僻，人不及见，而盐徒私贩、奸商漏税利高堰之直达扬州，每行盗决”[①]。万历初，凤阳、泗州商贩也有在清河县一带堤防上“盗挖一渠，取便往来”[②]。对于这种人为的盗决行为，潘季驯多次援引明律，具文上奏，强烈请求朝廷申饬沿河各州县掌印官对于所属地段严加管束，对决河肇事者要坚决打击。如果管堤官吏知情不举，或受贿纵容，同肇事者一起以充军罪发落。

与此同时，为了减少自然界因素的汕刷破坏，长期保持堤防的巩固，潘季驯又下大力气建立了堤防每岁加固制度。他在二任总河时就已提出对堤防要“定立每岁加筑之法”[③]。在四任总河之初，他在一份题为《申明修守事宜疏》的报告中再次提出“立法增筑，以固堤防”。规定“将各堤坍塌卑薄者，以原堤丈尺为准，先行加帮取平”，然后“自(万历)十八年为始，每岁……加高五寸，不许夹杂浮沙，苟且塞责”[④]。这样，基本上就可以补偿一年内风雨的剥蚀和车马的破坏，维持原有堤高，部分地段还略有增高。这对巩固黄河堤防，无疑是一条重要的管理制度。

(三)“四防二守”制度[⑤]

潘季驯所总结的堤防修守制度中，一个著名的措施就是“四防二守”制度。这是关于黄河防汛的一系列重要规定。

---

① 《河防一览》卷一三，《条陈河工补益疏》。
② 潘季驯《申明修守事宜疏》，见《河防一览》卷一〇。
③ 潘季驯《议筑长堤疏》，见《总理河漕奏疏》(二任)卷三。
④ 潘季驯《申明修守事宜疏》，见《总理河漕奏疏》(四任)卷一。
⑤ 潘季驯《修守事宜》，见《河防一览》卷四。

根据潘季驯的解释，“四防”即昼防、夜防、风防、雨防。黄河汛期令守堤人夫每天卷土牛小埽，河堤“但有刷损者，随刷随补，毋使崩卸，有空则取土堆积堤上备用”，此为昼防；夜防专为“宙夜无防，未免失事”，设置五更牌面，分发两岸协守并管工官员，“由各铺传递，如有稽迟，即时拿究”；风防是大风猛浪时令堤夫捆扎龙尾小埽，“用绳悬系附堤水面，纵有风浪，随起随落，足以护卫”；大雨之时则令堤夫穿戴斗笠蓑衣，“时时巡视，乃无疏虞”，是为雨防。

“二守”是指官守和民守。官守是从堤防指挥系统上加以健全并责成专职，保证汛期不致失事的措施：每堤三里设铺一座，夫三十名，每夫守堤十八丈，每夫二名共一段，于堤上搭一窝棚日夜巡视，省祭、义官等亦划地日夜督率稽查，管河官与协守官则时常催督巡视，此为官守；民守是从人力配备上，在常年编制之外，汛期临时加派的民夫：水发时每铺在临堤乡村添派乡夫十名，与铺夫并力协守，水落回家。所以官守和民守二项规定，是从防汛队伍的组织上保证大堤安全渡汛的重要措施。

由于“四防二守”制度切中防汛要害而又切实可行，所以自潘季驯以后历代沿用不断。

（四）岁办待料制度

修筑堤防需要大量的土石木料，潘季驯在总结河防岁修的经验时指出：“河防全在岁修，岁修全在物料。”①而当时的

① 潘季驯《修守事宜》。

岁修经费十分匮缺,河官中又贪污成风。于是潘季驯专门建立办料制度,规定每年“十一月间,司道官估计停当,各掌印官领银收买”工料,把计划和采买分设专人,试图用这个办法来堵塞贪污漏洞。同时,他又规定了堤夫自备工料的制度。他认为,只要岁修工料有了保障,那么“埽护必固,冲决之患可免。即脱有不测,而物料在手计日可塞,何致延阔靡费?此河道第一吃紧功夫也”。

(五)防汛报警制度

防汛如救火,河防一旦出事,必须立即互相通报,以便救应和防护。潘季驯除了吸收前人飞马报汛的方法之外,还制定了一系列有效的新规定。他说:“各铺相离颇远,倘一铺有警,别铺不闻,有失救护。须令堤老每铺竖立旗杆一根,黄旗一面,上书某字某铺,灯笼一个。昼则悬旗,夜则挂灯,以便瞻望。仍置铜锣一面,以便转报。各铺父老,并力齐赴有警处所,即时救护。首尾相顾,通力合作,庶保万全。”[①]报警制度在渡汛季节非常重要,现代防洪也有此制度,不过方式和工具更现代化罢了。

上述铺夫制度、大堤加固制度、四防二守制度、岁修工料准备制度、防汛报警制度等组成了一个完整的堤防修守制度。其主要内容虽然并非都是潘季驯首创,但是经过潘季驯之手却更加系统化、完备化了,所以它同样是潘季驯治河思想的重要组成部分。潘季驯到了晚年,深感治河无一劳永逸之

---

① 潘季驯《修守事宜》。

功，更寄重望于堤防的修守。他曾设想，只要加强修守，则“岁岁修守，岁岁此河”，“世世修守，世世此河”。这种设想当然过于乐观。但是上述堤防管理制度对于保护黄河大堤，稳定河道，减少洪水灾害，确实起了重要作用。

二、对劳动过程的管理：建立系统有效的施工管理制度

在中国古代历史上，封建国家的治水活动，规模常常十分巨大。一次治河工程，动辄征集数万甚至数十万民夫，并力协作、集体劳动，可以在很短的时间内，把大批无组织、无纪律、无文化的农民，有机地组合成为一架非常有效率的“生产机器”，一支能够创造许多工程奇迹的劳动大军。这个历史事实表明，在中国古代的水利工程活动中，确实存在着相当丰富有效的施工管理思想和制度。潘季驯的治河思想和实践，就向我们充分地揭示了这一事实。

这里我们主要以万历六年潘季驯所奏的《河工事宜疏》为范本，来具体分析一下他的有关思想和实践。

万历六年的第三次治河，是潘季驯一生中最成功的一次治河活动。还在工程正式开工之前，他就通过广泛深入的调查研究，向朝廷奏上了题名为《河工事宜疏》[①]的决策报告，提出了著名的“河工八事”：一议支放；一议分督；一议责成；一议激劝；一议优恤各工夫役；一议改折；一议息浮言。他说：

---

① 见《河防一览》卷七。

"议得工役繁兴,料理宜预,官夫谓集,调度须周。若不先为申明,未免临时舛错。"①表明他对于施工管理工作的十分重视,同时也表明他的"治河八事"实际上是作为一套基本的管理制度提出来的。如果让我们用现代管理学的观点来审视一下潘季驯的"治河八事",就会发现他提出的这一套政策在许多方面实际上已经非常接近现代工程管理的基本原则了。

(一)"议支放",论施工活动中的经费管理制度

水利施工过程中的经费管理,直接关系到一项水利工程的成本和造价问题,属于水利经济学中的投资管理理论。潘季驯虽然还不懂得这些理论,但是他已经从经验上直观地认识到了加强财务管理工作的重要性。他说:"鸠工聚材,出纳甚琐;收掌销算,头绪颇多;稽核不严,必滋冒破。"②因此必须严格经费管理制度。

但是怎样强化这个管理制度呢?是不是必须由工程总指挥每天每事亲自过问,亲自核查才算是严格管理了呢?潘季驯对此作了完全否定的回答。他说:"臣与抚臣百责攸萃,兼以阅视不常,无暇躬亲经理。"他认为,真正严格的河工经费管理制度应当是由专门的办事机构,专人负责,专项开支,专款专用,按规定的财务手续支出发放。只有这样,才可以实现"臣等可以专心河工,而钱粮亦易于清楚矣"③。按照潘季

① 潘季驯《河工事宜疏》,见《河防一览》卷七。

② 潘季驯《河工事宜疏》,见《河防一览》卷七。

③ 潘季驯《河工事宜疏》。

驯的观点，在治河经费的管理活动中，管理者对于以下一些原则问题必须坚持：

第一，由国库拨下来的河工专款，朝廷必须放手，由组织施工的工程单位按照施工要求自己进行支配。实际上也就是要求减少行政干预。

第二，施工单位必须建立专门有效的财务制度和管理部门，旁人不得随意干涉。其中，发放取款票据与支出款项是由两个衙门分开管理的，他们各司其职，不相混淆，类似于我们今天的会计和出纳制度。如各工应给工食、应买物料，应由“各该分督司道官核实给票，赴两淮巡盐衙门复核挂号，方许关支”。另外，建立财务账册，规定二联发票及复核制度，“每季终该府将票类送巡盐衙门，比对号印数目相同，发回附卷，通候工完，类核造册奏缴”。这些制度的建立，无疑是有助于健全财务管理，可以防止冒领贪污的。①

第三，主张工程负责人要从上述具体财务管理活动中超脱出来，一心一意抓施工组织、抓工程管理。这样，才可以保证施工和管理工程的质量和进度。

今天看来，上述观点出自封建时代一位高级官吏的口中，确实令人赞叹。因为，封建时代的官员，从来是紧紧抓住财粮管辖权力不肯放手的。“三年清知府，十万雪花银。”舍此权力则无所收获。但是治河家潘季驯却一反常规，明确主张要把治河工程中的财务管理大权统统交给专门的部门去管理，申明自己要全力以赴“专心河工”。这个立场充分反映出他廉洁奉公的坦荡胸怀和治河专家的责任感。

---

① 潘季驯《河工事宜疏》。

其次，潘季驯的上述观点从管理思想的角度来讲，还体现了部门分工的客观发展要求。尤其是组织如此规模巨大的一项治河工程活动，涉及的工作千头万绪，如何能使工程的领导者真正超脱出来，在有条不紊协调各方面工作的同时，专心于治河工作的要务？这就要求工程活动本身必须要有明确的组织和部门分工，有关人员各负其责。这样才能实现领导者“得以专心河工，而钱粮亦易于清楚”的管理效果。其实在现代管理理论中，放权与抓权，超脱与介入，从来都是一对矛盾。按照辩证的管理观，一定意义上的放权可以更有效地加强管理权，从具体的事务性工作中超脱出来可以更有效地加强宏观管理。从这个道理上我们说潘季驯的管理思想是有借鉴价值的。

（二）“议分督”，论治河活动中的分工管理制度

在这里，“分督”是分工管理的同义语。在管理学上，“分督”与“统领”也是一对矛盾。在辩证的管理观看来，在大规模的工程活动中，有计划地实行分级分督管理，可以更有效地加强工程全局的统一领导。

潘季驯在治河活动中非常重视大规模工程协作中的分督制度，认为这是协调各个工地统一施工的有力措施。他说：“照得河工浩繁，道里遥远，若非多官分理，不免顾此失彼。分工之后，钱粮出入，工程次第，皆其首尾。”①这种管理制度，其实很相似于我们今天所讲的“科层制度”和分工责任制。在

① 潘季驯《河工事宜疏》，见《河防一览》卷七。

潘季驯看来,通过"分督"的措施,给各个不同分管工程和部门的领导者以相应的"自主权",可以有效地提高他们的工作主动性和责任心,减轻工程总负责人的工作负担。所谓"地有专司,人有专辖,利害切心,经理必慎"①。

根据这个设想,潘季驯在万历六年的这次治河活动中,根据整个工程的不同内容,将所做工作按施工地段均分为"八大工"。其中每一大工地,调司道官一员分督府佐二员;每府佐一员分督州县佐贰首领阴医省祭官员十员。整个工程共调用八名司道官员,十六名府佐官员,一百六十名下级官员,俱"听臣等于所在地方,论才调取"。潘季驯对他们的要求是:"分工之后,大小官员俱要悉心经理。纵有应理公务,止许工上干办,不得擅离工次。工完之日,通将效劳官员,分别等第,及怠玩误事者,一并题请处分,以昭劝惩。"②

这种把充分的工作自主权与严格的奖惩制度结合起来的管理措施,既有助于加强不同层次劳动部门领导者的工作责任心,也有助于上级管理部门的领导和指挥。

(三)"议责成",论专业施工单位活动与地方政府工作相配合的责任管理制度

"分督"是对专业施工部门而言,而"责成"则是针对工程所在地的地方政府而言。潘季驯认为,对于工程管理部门"分督"的政策必须要有对地方政府的"责成"政策相配合才是完整有效的,否则仍会导致工程的失败。他说:过去的相沿之

① 潘季驯《司道画地守巡疏》,见《河防一览》卷一二。

② 潘季驯《河工事宜疏》。

弊，就是“视河患如秦越，视管河官如赘疣，即以分司部属临之，蔑如也。妨工偾事，实由于此”。为了克服这种遇事推诿的官僚主义作风，他建议：可以在兴工之后，“一应派拨夫役，买办物料，俱以责之各掌印正官，躬亲料理”。完不成分派任务的，在承办过程中发生责任事故的，都要对分督者追究责任，“即时参呈，以凭奏治”。他认为，只有充分发挥专业部门和地方政府两个方面的积极性，把各方面的力量集中在一起，“庶事权归一，人无推避，而大工自易矣”①。潘季驯提出的这种思想，对于我们今天的工程活动也是很有指导意义的。

（四）“议激劝”，论施工管理活动中的劳动奖惩制度

潘季驯认为，做到了分工负责、各司其职，使大家“众务纷纭，如臂指使”，那样还不够，还应当在这个基础上建立恰当的激励制度，使各级管河官能够在施工活动中立足各自的工作岗位，充分发挥每个人的主观能动性，把工作做得更好。因此他认为这种激励制度的建立，对于搞好施工管理具有直接的影响作用。他说：“各官出入泥淖，栉风沐雨，艰辛毕萃，殊可矜悯。有功而薄其赏，误事独重其罚，此人心之所以懈弛，而事功之所以堕坠也。”因此他主张：“合无工完之后，容臣等逐一精核，如有实心任事，劳苦倍常者，俯赐破格超擢；……其阴医等官，原有部札冠带者，厚加奖犒；如系义民，准照题给冠带荣身，仍与阴医等官，一体免其本等差徭。庶人

① 潘季驯《河工事宜疏》。

心争奋，而百事易集矣。”①

（五）“议优恤各工夫役”，论对普通民夫的劳动奖励制度

如果说“议激劝”是对河工管理者“各官”所规定的奖励制度，那么“议优恤”就是对广大普通劳动者所规定的奖励制度了。尽管这里体现的仍然是一种不平等的劳动交换制度，但是它比起原来那种无偿服役的徭役制度来讲，还是一个很大的进步。潘季驯说：“贫民自食其力，冲寒冒暑，暴风露日，艰苦万状，纵使稍从优厚，亦不为过。合无每夫一名，于工食之外，再行量免丁米一年，容臣等出给印信票帖。审编之时，许令持票赴官告免，州县官抗违，许其赴臣告治。如此则惠足使民，忘其劳矣。”②可以看出，潘季驯在这些劳动制度的制定过程中，除了体现出激励人心的管理思想之外，还确实以某种不自觉的方式透露出一种古典意义上的人道主义精神，即重民、爱民、贵民的民生精神。

（六）“议蠲免”，论对河工役夫的劳动保障制度

除了对广大河工役夫实行劳动奖励制度，潘季驯还从劳动保障的角度提出了有利于劳动力征集的管理制度。他说：“照得淮扬河患频仍，民遭昏垫。称最苦者，如淮安所属山阳、清河、桃源、宿迁、睢宁、安东、盐城，凤阳所属泗州，扬州

① 潘季驯《河工事宜疏》。

② 潘季驯《河工事宜疏》。

所属兴化、宝应，徐州所属萧县，十一州县者，一望沮洳，寸草不长，凋敝极也。”沿河州县自然灾害如此严重，广大民众连生存的条件都不具备，又如何谈得上应征服役？要想征得足够的劳动力，首先必须采取措施解决广大劳动者家庭生活的后顾之忧。潘季驯清醒地认识到了这一点，因此他积极地建议：“姑将前十一州县本年见征夏秋起运钱粮，特蠲一半，行臣等揭示通知。俾催科少宽，人乐趋役。”[①]他的这个建议后来得到了朝廷的批准。

（七）“议改折”，论河工投资制度的改革

在中国封建社会，治河活动一直是一种由封建国家组织的巨大公共工程活动，资金、民夫、官吏是构成这种简单协作的三大基本要素。有了资金，工程的组织者就可以购买（或征集）河工材料，就可以募召民夫；有了民夫，疏河筑堤就有了劳动力的保障；而有了各级官吏的管理和监督，施工活动的各个环节就能保证有条不紊地进行。在明代嘉靖以后，随着商品经济的发展和白银货币的广泛流通，不仅各级官吏的俸禄要按“折色”计算支付，就是挖河筑堤的民夫也多以“募夫”的形式召来，只有一小部分仍属例年出力差的徭夫。如潘季驯在《勘估工程疏》中称：“议所用夫约八万名，除量调各处徭夫七千五百名外，议于庐、凤、淮、扬、徐、滁和各府州雇募。”[②]徭夫与募夫是1∶7的比例。按当时的官价规定：“河工募夫，

① 潘季驯《河工事宜疏》。

② 见《河防一览》卷七。

计土论方者，筑堤广一丈厚一尺为四工，每工给银四分；计日者每日给银三分；徭夫日给银一分。风雨量犒。此历年议工之成规也。”①因此河工资金的筹集就成为一件十分重要的问题。但是明制规定，每年国家征输的400万石漕粮，以及由漕粮中“折色”征收的金花银，是供皇家内廷、朝廷百官和军队边防使用的，其他方面不能挪用分毫。另一方面，朝廷加派在各地人民头上的赋税已是名目繁多，广大民众不堪忍受如此沉重的赋税负担，纷纷逃离家园，成为流民，许多地方社会矛盾加剧，已经酿成民变，严重影响到明朝政权的稳定。因此这时再以“河工银”的方式向人民加派赋税，也是封建政府不敢贸然去干的事情。因此河工资金的筹集又成为一件十分困难的事情。

潘季驯作为一名富有经验、又善于洞察社会形势的工程管理专家，并没有被这些巨大的困难所吓倒。他敏锐地判断正在变革之中的明代经济大势，利用明代赋税制度正在由实物地租向货币地租转变的有利契机，大胆提出了“议改折”的建议。他是这样阐述的：

照得大工肇兴，费用不赀，帑藏空虚，既难搜括，闾阎穷困，又难加派。臣等反复思维，无可为处，万不得已，辄有非分之请，而非所取必也。臣等窃闻太仓之粟，可备八九之食，积愈久而粟愈朽。故官军之请，有不愿本色，而愿折色者。稍加变通，未为不可。合无暂将今岁漕粮，除淮北及河南山东照旧兑运外，

① 见《勘估工程疏》。

其淮南并浙江等省，姑准改折。照例正兑每石连耗米未经轻赍折银七钱，改兑每石连耗米折银六钱，即以五钱给军，正兑尚余银二钱；改兑余银一钱。兑运停止，官军应得行月粮，俱可免给。以正额解京，而以余银并行月银，留发河工之用，总计可得九十余万两。以运军应得之数，而济国家大工之需，在内帑无支发之烦，在闾阎无征派之苦，在朝廷为不费之惠，在河工免缺乏之虞，而在工诸臣亦得悉心疏筑，可无顾此失彼之虑，所谓两利而俱全者也。[①]

明代经济制度，漕粮称本色，折算成白银的漕粮称折色，又叫金花银。征收漕粮本色时要附加折耗、轻赍及运军行粮等漕项，折耗是用银子折算的所征漕粮正项外的加征部分，用以弥补漕粮在称量、储藏等方面的损失；轻赍是漕粮耗米中扣除运军行粮后所剩折收银两的部分；运军行粮即运军的路费耗米。[②] 现在既然漕粮改折了，那么附征的折耗、轻赍、运军行粮也都被改折为银两。潘季驯就是企图要用这一笔银两来“接济河工”，既不取之内帑，又可宽东南民力，这确实是一个一举两得的可行办法。所以说潘季驯的建议其实就是主动适应明代中叶以后商品经济发展，白银广泛流通，封建的实物地租向货币地租转化的社会经济趋势，用改革的办法来为封建国家的治河工程募集经费。平心而论，潘季驯的这个

① 潘季驯《河工事宜疏》。

② 例如，征正粮一石，往往要附征折耗五斗，其中四斗称为运军行粮，剩一斗称为轻赍——笔者注。

主张在客观上顺应了当时这种进步的社会经济运动的发展，同时对于广大劳动人民来说也是有利的，更重要的是，他可以通过这种积极变通办法真正解决河工急需的巨额资金问题。据《明实录》上记载，潘季驯的这个建议奏上后，马上得到了当时的执政首辅、改革家张居正的赞赏和支持。万历六年六月，明神宗朱翊钧"召居正于文华后殿"，处理大臣们上报的奏疏。在问到河工经费问题时，居正遂言："今者修治河工钱粮不敷又不敢请帑（银），该臣议将江南漕粮通行改折一年，除正粮解部外，其折耗、轻赍及运军行粮等项，俱令接济河工，既不敢取之内帑，又可宽东南民力，似亦可从。"上允行之。① 可以说这是潘季驯治河在工程投资制度改革方面所获得的最大成功。

（八）"议息浮言"，论施工活动中的舆论管制

什么是"舆论"？所谓舆论就是一定的社会利益集团和社会阶层综合意见的公开反映。在古代汉语中，"舆"又训为"众"，"舆论"即是众人的意见。社会学认为，在阶级社会里，社会结构是由不同的民族和阶级所组成，其中每一个民族或阶级又包括了不同的阶层、集团、组织、群体。由于各种利益的向背，这些阶层、集团、组织、群体等必然要发表一定的观点，提出有关的意见，形成相应的舆论。因此，舆论的产生是一个客观必然的社会现象，舆论的多样化也是一个客观必然的现象。

① 见《明神宗实录》卷七六。

舆论作为一种社会意识现象虽然属于社会的上层建筑，但它与人类的水利活动同样有着直接的相互作用关系。因为水利活动作为人类改造自然界的群体性社会实践活动，在其运行过程中必然要不断地反馈于人类自身，导致不同社会群体的利益冲突。而这些利益冲突表现在观念上，通过特定社会人群内部社会心理的相互感染和激荡，再借助于一定的大众传播工具加以放大，就会形成一定的社会舆论。一旦这种社会舆论的产生形成了一个拟态环境①，就会反过来加速和扩大社会心理的传染范围，从而控制人们的思想和行为，起到影响水利活动的作用。所以在水利活动中舆论现象的出现是不可避免的，对于社会舆论的管制工作也是绝对不能忽视的。

潘季驯作为一名治河工程的高级管理专家，对于社会舆论的影响作用有着深切的体会。他认为，治河活动涉及到社会各方面的利益，是最容易兴起“浮言”的。这里的所谓“浮言”其实就是一种由小群体利益所驱动的由下而上产生的社会舆论。比方说：“劳民动众之事，怨咨易兴；而往来络绎之途，议论易起；至于将迎之间，稍稍简略，则以是为非，变黑为白者，亦不可谓其尽无也。”②可以说治河者稍一举动，就会有“浮言”问题接踵而来。故潘季驯曾感叹地说：“臣自治河以来，胼胝之力少，而笔舌之劳多，神销质耗，心悸魂惊，自知不

① 所谓拟态环境就是由舆论所制造的环境。这个概念最早由美国政治学家李普曼提出来。他把这种拟态环境称之为人们头脑中的影像，它往往脱离现实的环境条件，是舆论作用的产物。人们的行为往往是依据这种拟态环境给他提供的事实来进行的。

② 潘季驯《河工事宜疏》。

久于人世矣。”①

正是由于上述原因，潘季驯在“治河八事”的奏言中明确提出了“息浮言”的要求。他说：

> 窃惟治河固难，知河不易。故虽身临其地，犹苦于措注之乖舛，而况于遥度乎？但劳民动众之事，怨咨易兴；而往来络绎之途，议论易起；至于将迎之间，稍稍简略，则以是为非，变黑为白者，亦不可谓其尽无也。忧国计者，以急于望成之心，而偶闻必不可成之语，何怪乎其形诸章牍也。而不知当局者，意气因而消沮，官夫遂生观望，少为摇夺，堕败随之，勉强执持，疏遬难达，其苦有不可言者。伏望皇上，俯垂鉴照，容臣等殚心驱驰，悉心料理，宽臣以三年之期，如有不效，治臣以罪。②

透过这些恳请之词，潘季驯实际上提出了一个重要的问题：如何正确对待社会舆论现象？本来，“治河不易”。治河又牵扯到千家万户各方面的利益。产生议论，发出怨言，冒出一些似是而非、混淆黑白的“浮言”也不可避免。一些关心工程、忧国忧民的人士听到这些浮言，信以为真，具文上奏，亦属正常。问题在于朝廷内部的一些当权者竟也不辨是非，推波助澜，鼓噪朝中。这样就必然会对治河活动造成巨大的障碍。潘季驯要求息止的，就是这种来自朝廷内部的“浮言”。因为

① 潘季驯《高堰请勘疏》，见《河防一览》卷九。

② 潘季驯《河工事宜疏》。

这种浮言直接依附于某种国家权力,因而更具有欺骗性,更容易动摇施工队伍的军心,因而对于治河活动具有更直接的危害性。所以他在“治河八事”中特意疏请万历皇帝管制朝中舆论,息止各种浮言,为他全力以赴治河提供一个相对宽松的实践环境。他认为,这是治河能否成功的一个重要条件。

潘季驯要求“息浮言”,但他决不是同意压制舆论,搞所谓“一言堂”。他认为,在治河工程的施工过程中,放任敌对的舆论环境可能会导致某项工程活动的半途而废。但是在治河决策的形成过程中,创造良好的舆论条件却可以促进某项工程决策的合理化和完善化,防止决策失误。他说:“任事者固苦于道旁之筑,而成功者必期于佥谋之同。”①这里的“道旁之筑”就属于不良的舆论环境,而“佥谋之同”就属于良好的舆论气氛。在工程开工之前,治河者一定要广泛听取社会舆论,多方调查研究,鼓励人们充分发表意见,集思广益。用他自己的话说就是:“正欲以诸臣之见订臣之得失,为行止也。”因为“夫人之情,难于虑始,而天下之事,贵在广忠”②。所以他主张:“大工之兴,贵慎其始,而缓急之序,当酌其宜。”③但是工程决策一旦获得皇帝敕谕通过,治河者就要排除杂念,全力以赴,努力施工,决不可三心二意,阳奉阴违。“若面从后言,因循观望,非所以定国是而广忠益也。”④因此他在晚年厉声痛斥那种阳奉阴违,背后拆台,事先不讲,事后乱讲的“筑

① 潘季驯《会议徐北工程疏》,见《总理河漕奏疏》(三任)卷一。

② 潘季驯《申饬徐北要害疏》,见《河防一览》卷八。

③ 潘季驯《会议徐北工程疏》。

④ 潘季驯《会议徐北工程疏》。

室道旁”者们:“今日之案墨未干,明日之新议复起。无论衰病如臣,即壮猷任事,忠勤敏练如将来者,亦何所措手哉?!”[1]他所坚决反对的正是这样一种消极舆论。

潘季驯的工程管理思想相当丰富,以上只是列举分析了一个“治河八事”。但是仅从这里我们已经就可以清楚地看到,贯穿于明代治河各个施工环节的工程管理制度已经达到了多么完善的程度。从设计投资管理制度的“议改折”,到规范经费管理制度的“议支放”;从强调和规划施工管理制度的“议分督”,到坚持和完善劳动用工制度的“议激劝”、“议优恤”、“议蠲免”;从呼吁建立中央和地方协调一致的“议责成”,到呼吁实行朝野内外团结一心的“议息浮言”。其中的每一项制度都充分表现出它的合理有效性,即使是到了今天也仍然对我们具有重要的借鉴意义。

三、加强运河水源管理:建立严格的闸坝启闭制度

明代治河,保运优先。这其中就包括了对京杭大运河的管理。京杭大运河从明代永乐年间重新开通以后,首起北京大通桥,尾到杭州钱塘江口,沟通长江、黄河、淮河等数条大河,横贯华北、华东的 8 个省市,成为明代最重要的南北交通运输线。因此,明朝封建政府视运河如命脉,十分重视运河的管理。

---

① 潘季驯《并勘河情疏》,见《河防一览》卷一二。

管理运河，最大的问题就是控制水源。大运河南北延袤3500余里，所经地区地理条件差异很大，运河工程受其影响，形成了三个主要特点：(1) 由于大气降水自南向北递减，淮河以北降水偏少，不少河段水源紧张，需要沿河泉源湖塘补充调剂；(2) 由于沿河地势起伏不平，各河段地面高度不同。再加上水量不足，就要求人们沿运河全线修筑许多闸坝来调节运河水量以利通航；(3) 在全部运河河道中，从江苏扬州—淮安—徐州—汶上—临清一线的河段，由于受黄河等多泥沙河流的影响，成为明代运河管理中最受关照的一段。

明代的运河工程管理受自然和地理条件的制约，主要体现为水源、闸坝、堤防等三个方面的管理。其中，最重要的就是关于闸坝的管理，它是解决运河沿线地势不平和水源不均问题的最主要工程手段。

运河上的各种闸坝，据万历《明会典》中的统计，共222座，其中闸175座，坝46座，堰1座。运河闸坝可分为拦河修建与侧向修建两大类，都有严格的启闭制度，由朝廷专设的闸官和闸夫负责启闭。当时对于运河闸坝的启闭管理大致有这样几个方面的规定：

(1) 规定闸门最少积水量，即在各闸“置官立水则，以时启闭”，要积水及则方准开放。①

(2) 规定各闸开放间隔时间或一次经过船数。如永乐时规定淮安清江等五闸“五日发筹一放”。万历三年(公元1575年)改为回空漕船经过“每二日启放一次，随放，随闭”②。每

① 《明太祖实录》卷一一六。
② 《明神宗实录》卷四〇。

次均要“满漕方放”。

（3）建在与江河交会处的闸坝要根据江河汛期按时启闭。如地处淮安至扬州一线的“瓜（州）、仪（真）、天妃各闸，启闭不定期限，惟以江河消长为候”，江、河消则启板以通舟，江、河涨则闭板以障流。特别是淮安天妃闸以及后来改建的通济闸，每年伏秋“黄水盛则闭闸谢绝黄水以杜淤；黄水落又启闸以利官民”。其他如徐州镇口、古洪、内华三闸“每遇黄水爆发即下板以遏浊流之横，而闸内无壅阻之苦；黄水消落则启板以纵泉水之出，而外有洗涤之功。”①

（4）上下相邻各闸递互启闭，联合运用。万恭认为，山东运河各闸启闭“若潮信焉，如启上闸，则闭下闸；启下闸，则闭上闸”，此为“节缩之道”，可防止河水消耗过快。②

（5）上述闸坝管理制度虽然早在永乐时代就已开始建立，并不断得到完善，但是到了潘季驯治河时，由于连年水患，河堤败坏，再加上前任河官更换频繁，管理不善，已经破坏殆尽，亟需重新修补。

潘季驯主持治河以后，花费了很大的精力去做运河管理制度的恢复和修补工作。他阅历浩典，遍访耄老，对以往各朝的运河管理经验作了充分的调查研究。在广泛吸取前人经验的基础上，他撰写了一系列奏疏，从自然和人事两个方面对于运河的管理工作提出了自己的新鲜见解。

---

① 万恭《治水筌蹄》。

② 万恭《治水筌蹄》。

（一）认真研究水流泥沙运动规律，制定合理有效的水源管理制度

1. 制定两河交汇处的闸坝管理制度

大运河的水源条件虽然复杂多样，但归纳起来不外借黄济运、借淮济运、借湖济运、借泉济运几大类。所谓“自瓜仪至淮安则资湖，自淮安至徐州镇口闸则资河，自镇口闸至临清板闸地方则资汶”①。其中最受潘季驯关注的是黄河、淮河、运河的交汇问题。因为这些河流的交汇之处由于不同径流的水量、流速、含沙量大不相同，水流最为紊乱，泥沙经常迁淤不定，对运河的影响最大。因此他特别强调两河交汇处闸坝的建设和管理，多次明确指出：“启闭之法非严不可。”②

例如，他十分重视位于徐州之北运河与黄河交汇处的镇口闸的建设，多次上疏阐明其利害关系，指出：“此泉河与黄河交会之处，伏秋黄水大发，时多灌入，本口动至淤阻。”但是，只要建了镇口闸，就可以有效地防止这种灾害现象：“如遇水发，下板谨闭，伺黄水消落，即启闸纵水外冲，而漕河无淤垫之患。”这实际上是对“蓄清刷浑”技术的一种巧妙运用。

对于淮安清口地区运河闸坝的建设和管理工作也是一样，制定了“启一闭二”、蓄清刷浑的有效管理制度，“如启通济闸，则福、清二闸必不可启；启清江闸则福、通二闸必不可启；启福兴闸，则清、通二闸必不可启。”如此可以有效地防止黄河浊水倒灌运河，使“河水常平，船行自易”。同时，对于运河

---

① 潘季驯《河工告成疏》，见《河防一览》卷一〇。

② 潘季驯《河防险要》，见《河防一览》卷三。

的启闭时间也作出了严格的规定，“单日放进（船），双日放出（船），满漕方放（船），放后即闭（闸）”。潘季驯非常重视这些管理制度的建设，认为“其于河道关系不小也”①。后来他在《河议辩惑》中还系统总结了类似的经验，明确指出：“此凡系清黄相接处皆然，不独茶城也。”只要了解并遵循水流泥沙的运行规律，“黄涨则闭闸以避淤，黄退则启闸以冲刷”，就可以保证运河出口的畅通。他认为这是“极为便利”的运河管理之策，舍此则“本口无遗策矣”。因此他向朝廷大声呼吁：“永宜遵守可也。”②

2. 完善山东闸河的水源管理制度

京杭大运河自徐州镇口闸到北方临清一段河道长 700 余里，其间地势高亢，不通江河，以济宁南旺为山脊，形成运河沿线最高的隆起带，所赖以济运者，惟籍山东芜莱山区的诸泉水，建闸节制，形成著名的闸河。

山东诸泉水汇入汶水，在南旺山脊被人工分流，接济南北闸河，故南旺分水枢纽成为明代历任管河官最为关注的一处水利工程。潘季驯说：“南旺分水，地形最高，所谓水脊也。决诸南则南流，决诸北则北流，惟吾所用何如耳。”③由此可见南旺枢纽分水管理制度的重要性。

南旺水利枢纽虽然不是潘季驯的创造，但是他在完善配套工程和加强水源管理制度方面是有贡献的。如万历十七年他于坎河口创筑石坝一道，长 60 丈，“水涨则任其外泄，而湖

① 潘季驯《河防险要》。
② 潘季驯《河防险要》。
③ 潘季驯《河防险要》。

河无泛滥之患，水平则仍复内蓄，而漕渠无浅涸之虞，利赖甚重”。在管理水源方面，他也制定了周密的规章制度。如在《河防险要》中指出：“当春夏粮运盛行之时，正汶水微弱之际，分流则不足，合流则有余，宜效‘轮番法’。如运艘浅于济宁之间，则闭南旺北闸，令济尽南流以灌茶城；如运艘浅于东昌之间，则闭南旺南闸，令汶尽北流以灌临清。当其南也，更发滨南水佐之；当其北也，更发滨北诸湖水佐之。泉湖兼注，南北合流，即遇旱暵，克有济矣。”他认为这种水源管理制度充分体现了“以智役水，以人胜天”的积极主动精神，“力不劳而功倍，计无愈此”。

3. 完善湖泊水源管理制度

闸河除了借泉济运，还借湖济运。明代人把济运的湖泊形象地称之为“水柜”，认为湖泊之水可蓄可济，是运河水源的最佳存储场所，因此格外重视湖泊水源的管理工作。如潘季驯在运河修守条例中明确规定了“巡守五湖堤岸”的制度，指出“运艘全赖于漕渠，而漕渠每资于水柜，五湖者水之柜也”[①]。这里的“五湖”包括了山东闸河沿岸的南旺湖、蜀山湖、马场湖、马踏湖、安山湖。当时“五湖”在水源管理工作中遇到的最大难题是官民争地，官府想法保存湖地以蓄水，民间则频频侵占湖地以召佃耕种。虽然历任河道官员屡屡布告封界，禁止百姓越境耕种，但因湖中无法筑堤，界限不明，一遇枯水年份，百姓便依然乘机进占蚕食湖地，使“五湖”存水空间不断缩小。潘季驯上任之后，经过多方调查，提出了新的管理措施：高亢之地，仍可修复封界湖堤；至于湖中纳水处

① 潘季驯《修守事宜》，见《河防一览》卷四。

所，不便筑堤，可以“密栽水柳为界”。这样，“水至入湖，为运河之资，水退据柳，为民田之限”。既明确了公私经界，有效防止了民间越界侵占湖地，又可有效存蓄湖水，防止外溢，使“堤内蓄水，堤外召佃，官民两便”①。

由于潘季驯对于运河水源管理制度的精心完善，自万历六年以后，闸河运输一直比较畅通。

（二）严格依法治运，强化闸坝管理制度

保证运河畅通，除了加强水源管理，还要依法治运，强化运船过闸的管理制度。本来，为了加强运河的管理，明朝每一届政府都曾制定过严格的闸坝管理制度。但是具体在实行过程中，却又往往出现有令不行，有禁不止的越轨行为。河患发生时，大家紧张一阵，汛期过去后，严格的制度也就被许多人置于脑后。特别是驱运官吏，为了自己一家的眼前利益，往往公开藐视闸坝管理制度，随意违反漕规。有的人借助于官位权势，不守闸规，不听闸官劝告，强行开闸，走泄水源，导致大批船队搁浅；有的人打着给朝廷运送进贡鲜品的旗号，强行越帮，扰乱运输秩序，耽误正常漕运；还有的船只打着官船的旗号挟带私货，导致搁浅，阻断大批船队，给漕河管理造成混乱。更为糟糕的是，这种混乱局面的蔓延不仅耽误了正常漕运，而且直接影响到河床本身的稳定，使山东运河与黄河交汇处的闸口有被泥沙淤塞的危险。

潘季驯在巡视河情的过程中，深深为这种混乱的漕运局

---

①　潘季驯《修复湖堤疏》，见《河防一览》卷一一。

面所担忧，下决心予以整肃。万历六年他上书万历皇帝，明确指出："人情易玩，法禁易弛，势豪人员，任情自恣者，难保不无。地方当事之臣，稍稍阿徇，辄至滥觞。"因此他强烈"恳请皇上，特降严旨，容臣等刻石金书，垂示各闸之上。庶几人心有常目之警，而良法无久弊之患矣"①。

万历十六年他第四次主持治河，把治河的基本方针由创筑逐步转移到修守的重点后，更加强调了闸坝制度建设和管理的重要性。万历十六年闰六月，他上疏题请严肃运河入黄处的镇口闸规。按照河流的运行规律，"惟黄水暴涨，闭闸以待；黄水消落，启闸通行"②。决不能随意开人情闸。针对少数督运官员无视漕规、鞭打闸官、随意启闸、横行霸道的行为，潘季驯专门上疏予以严厉批评，要求彻底究治，以肃漕规。他说："闸座之设专为贡艘粮运，节宣水泽，俾利涉也。故每日启放一次，先尽贡运船只入闸，官座民船次第衔尾而进。如无鲜贡船只，官民船亦准启放。此谓之正漕也。"如若随到随启，漫无纪律，则谓之偏漕。走泄水利，搁浅船只，其患有不可胜言者。他说，近来人心玩愒，惟便已私，船到即命启板，稍迟辄打鞭挞。"夫闸官虽卑夫，牌至贱，然惟本管司道得以制之。若人人皆可鞭挞，是人人皆为专司，此乱道矣。"③对于此等豪强之人，只有依据大明律例，从重问治，予以严究。这样才能维护漕规的权威性。这样，在潘季驯的亲自主持下，当时大运河的运输秩序有了明显的改观。

---

① 潘季驯《查复旧规疏》，见《河防一览》卷八。

② 潘季驯《申严镇口闸禁疏》，见《河防一览》卷一一。

③ 潘季驯《豪强违禁启闸疏》，见《河防一览》卷一一。

第十章　科学思维方法

所谓科学思维方法，这里是指人们在从事科学活动时所使用的或体现出来的认识方法、研究方法和思想方法。长期以来，在中国科学思想史界一直流行着这样一种观点，即认为中国古代科学不发达是因为“没有工具思想的直观方法”，“没有逻辑”。① 20世纪50年代，美国著名学者费正清认为：“科学未能发展，同中国没有订出一个更完善的系统有关。中国人不会应用逻辑方法以一种思想来考验另一种思想，用一种说法系统地印证另一种说法。”②日本著名物理学家汤川秀树甚至提出并坚持了这样一种假设：东方人的思维方式总

① 陈立《我国科学技术不发达之心理分析》，《科学与技术》，1944年，第一卷第四期。此处转引自袁运开等编：《中国科学思想史论》，浙江教育出版社1977年11月版，第65页。

② 费正清《美国与中国》，商务印书馆1988年第4版。

的说来是非科学的，坚持东方人的看法只会阻碍自然科学的进步。在这些权威观点的影响下，我们国内也有一些学者认为，“中国没有产生近代科学技术的根本原因，不是没有资本主义经济，而是受自身思维方式的约束所致”①。

看来，这些观点所涉及到的都是同一个问题，即：中国传统科学的思维方式中是不是缺乏逻辑方法？是不是与科学技术的发展不相容？我想，对于这个问题的回答不能只从某种现行公认的原则或理论出发来进行演绎，也不能笼统地去假设。至少，应当遵循科学本身的要求，对所要探讨的问题先从事实材料上作一番实证的调查和分析。用经过科学整理的事实来回答上述问题，才是最有说服力的。所以，先让我们在下面的这一章里具体分析一下潘季驯治河思想中的一般思维方法。经过这样一个具体的分析和了解之后，我们也许就会对刚才所提出的问题产生一些初步的看法了。

一、实地勘验与历史考察相结合的实证调查方法

（一）笃信“勘验”的实践家风格

作为一名杰出的水利专家，实地勘验的工作方法在潘季

① 汤川秀树《创造力和直觉：一个物理学家对于东西方的考察》，日本讲谈社国际出版公司，1973年英文版。以上国内外观点均引自《中国科学思想史论》。

驯的治河思想中占有头等重要的位置。对此潘季驯是这样认识的："臣窃谓天下之事皆可以揣摩测度而得之，而惟治河一事，非亲自经历，足遍而目击之，则文移调动之间，终属影响。"[①]这段话深刻体现了潘季驯笃信"勘验"的实践家风格。

确实，从一个对于河流的特性一无所知，对于治河的方法更是一窍不通的普通政府官吏，很快转变成一个名声赫赫的著名治河专家，注重实证勘验，强调亲自实践，是他成功的重要秘诀。如他在回忆嘉靖四十四年第一次承担总河之命时，面对洪水散漫，泥沙淤塞的混乱局面，他"视之惶惧无措，道谋滋起，莫知适从"。这时，他首先树立的观念是："吾其问诸水滨乎？乃逆流而西，延袤荒度，故道新冲，炯然在目。所至则进田间老叟与长年三老而问之，乃知河性喜故。决而冲者，过颡在山之水也，非其性也，喟然叹曰：河在是矣。业有成议。"[②]不受舆论（"道谋"）的影响，将治河的良策问诸水滨；延袤荒度，实地勘查；每到一地则进田间老叟与长年三老而问之。这些活动显然都是朴实的唯物主义实践行为，在以后的治河工作中一直成为潘季驯始终不渝的基本工作方法。

万历六年，潘季驯在张居正的支持下第三次担任总理河道大臣。"时黄决崔镇而北，淮决高堰而东，清桃塞，海口湮，而淮扬高宝兴盐诸郡邑则汇为巨浸，怀山襄陵矣。"面对如此严重的水灾形势，潘季驯上任以后所做的第一件工作，就是亲临决河现场，全面踏勘被灾地区的实际地形，力求获得治

① 潘季驯《申明修守事宜疏》，引自《河防一览》卷一〇。

② 潘季驯《刻河防一览引》。

理“两河”（即黄河和淮河）的真知灼见。万历六年七月，他在向朝廷呈上的治河意见书《两河经略疏》[1]中，详细介绍了自己几个月来的勘查经过。他说，虽然河道衙门中存放着大量历年来各方面的治河建议，自己也都认真阅读过了。但是他坚持认为，别人的意见虽然不无参考价值，但毕竟都是时过境迁的间接知识，对于治河者深入了解变化多端的河流特性来说是远远不够的。要想真正地掌握黄河河性及其治理方法，还必须亲自实践，实地勘查，这样才能搜集到第一手的事实材料。所谓“大端委官之言，决不足凭，务必躬亲，庶有真见”。为此，他决定“躬亲督率，沿河荒度”，开展一场大规模的河情调查。结果，“南溯维扬”，看到仪真一带运河淤浅，宝应一带湖堤圮坏，黄埔决口，淹及数邑，高家堰水射淮扬，清江浦长堤卑薄，柳浦湾一带无堤障御；“西穷凤泗”，看到全淮不下清口，日益南徙；“北抵清桃”，看到崔镇诸决，水从旁泄，一望弥漫，正河浅阻，水行陆地；“东抵海口”，看到新挖的草湾河道，寻复淤塞，徐州到沛县以下的河道虽然河流复通，但不及故河的1/10，只是安东以下，河身渐广，河水东下，亦无阻碍。总之，这是一次范围广大的区域地理调查工作，北到黄河北岸的山东清（河）、桃（源）县，南临长江岸边，西抵淮河中游的凤（阳）泗（州），东达茫茫黄河入海口，足跨河、淮、江三大流域，走遍河南、山东、南直隶三个直省的数十个州县，将“随处患害，一一查阅明白”。这样深入细致的调查工作对于封建时代一位授职正二品俸禄的高级官员来说，确实是难能可贵的。

---

① 见《河防一览》卷七。

（二）重视历史经验的理论家素养

潘季驯在强调实地勘查的同时，也十分重视进行历史资料的调查。他试图通过这种办法来总结自然河流运动发展的规律和人类正反两方面的治河经验，为自己的治河实践提供借鉴。关于实地勘查与历史调查的关系，潘季驯是这样阐述的：

> 事师古者罔愆，智不凿者乃大。孟子论智一章，首以禹之治水为喻，而论为政，则曰为政不因先王之道，可谓智乎？是大智者事必师古，而不师古则凿矣。故治河者必先求河水自然之性，而后可施其疏筑之功；必先求古人已治之效，而后可效其平成之业。①

这段话直截了当地阐明了他对于科学认识过程中历史与现实、直接经验与间接经验相互关系的看法。

首先，他把借鉴历史经验（“师古”）与产生正确的科学观点（“大智”）直接联系起来，认为“是大智者事必师古，而不师古则凿矣”。这个看法是符合唯物主义认识论的。因为人的正确认识不仅来自个人亲身实践所得到的直接经验，而且也来自前人在书本上大量总结出的间接经验。从哲学的观点上讲，只相信书本上的古人治河之法而忽视对客观对象的亲身实践，那会走向教条主义；反之，只重视直接经验而忽视书本

① 潘季驯《两河经略疏》，见《河防一览》卷七。

上记载的历史经验，那也容易导致狭隘的经验论，同样是不可取的。直接的经验只有充分吸收历史上的认识成果才会产生普遍的意义；书本上的知识要与具体的实践相结合才会有活的生命力。潘季驯十分强调实地勘查的实证方法，同时又十分重视吸取古人的历史经验，认为这两种认识方法相互配合，并行不悖。这种思维方法较为正确地处理了历史与现实、直接经验与间接经验的关系，无疑包含着一定的辩证因素。

其次，潘季驯的论述中还包括了一层意思，就是"治河者必先求河水自然之性，而后可施其疏筑之功；必先求古人已试之效，而后可效其平成之业"的观点。这里不仅在唯物主义的立场上阐明了正确思想形成的认识来源，而且还通过"明自然"与"通古今"的观点涉及到对于自然界客观事物的规律性认识与人类世代积累的历史经验这两方面的知识相互结合的关系问题。

那么，什么是"河水自然之性"？什么是"古人已试之效"呢？潘季驯对此有明确的指向。他在描述了"黄河自昆仑入徐济，历邳宿桃清至清口会淮，而东入于海；淮水自洛及凤，历盱泗至清口会河而东入于海"的行经路线之后指出："此两河之故道，即河水自然之性也。"他又描述了明初陈瑄"始堤管家诸湖，通淮河为运道，然虑淮水涨溢，东侵淮郡也，故筑高家堰以捍之，……而淮水无东侵之患矣；又虑黄河涨溢南侵淮郡也，故堤新城之北以捍之，……而黄水无南侵之患矣。尤虑河水自闸冲入，不觉泥淤，故严启闭之禁，只许漕艘鲜船，由闸出入，钥匙掌之都漕，……是以淮郡晏然，漕渠永赖"的成功历史经验，认为这就是"古人已试之效"。潘季驯通过这两个方面内容的具体说明，其实表达了他的这样一种观念，即认为人们制定治河方略所遵循的理论依据,本质上应当是由两个方面的认识结果综合而成的。一方面是人们对河流自然规律的认识,在潘季驯的时代,主要是通过对自然河流运动的实际勘查得到的;另一方面是人们对于人类世代积累的治河经验的认识,它主要是通过对历史材料的占有、整理、分析、综合等一系列的主观考察过程而实现的。从实现的途径来看,前者主要是表现为感性的实践活动,后者则主要表现为理性的思考活动。从实现的目的来看,二者都是为了使人的目的对象化,使主观与客观达到统一。如果再从相互作用关系的角度来考察,任何实践活动的结果都会"沉淀"为经验,而任何有价值的经验都可以通过不同的途径"物化"为现实的内容,所以说古往今来任何有价值的治河方略都离不开这两方面思想材料的支持。这就是潘季驯通过对于具体治河理论的诠解,向我们揭示的一个科学道理。

基于上面的认识,潘季驯在制定和验证他的具体治河方略时,专门下大力气从黄河奔流的自然历史和人类治河的实践历史两个方面做了若干重要的历史考察工作,其代表作就是我们在《河防一览》第五卷中所看到的《河源考》、《历代河决考》和第六卷《古今稽正》中的全部文章。潘季驯自己在谈到进行上述历史考察工作的意图时说:"河源河决考,昭往鉴也。""古今稽正,备考核也。"[①]看来都是一个目的,就是为自己制定和验证治河方略提供历史的根据,其实明白地体现出他所谓"求河水自然之性"和"求古人已试之效"的基本思维方法。

如《河源考》中,就反映出潘季驯力求从空间拓展的角

① 潘季驯《刻河防一览引》。

度真实了解黄河渊源的基本思路，以及在材料取舍中所体现出来的实事求是态度。这篇文章中引录了四段河源史料，第一段出自夏书《禹贡》，从时间上属于先秦作品，在内容上称黄河源"导河积石，至于龙门"，从对当时社会的影响来讲，属于儒家经典；第二段引自《汉书·西域志》，在内容上称黄河出西域"葱岭山下"后"潜行地下"数百里，然后"南出于积石"。这个观点比《禹贡》中的讲法又前进了一步，虽然同样不科学，却统治了人们的思想有 1000 多年，一直到唐宋时期都没有突破；第三条史料是《山海经》上的，虽然成书于西汉初，但其内容上却称黄河源出自昆仑山下，距离又比葱岭远了许多，当然还是不科学的描述；第四条史料引自《元史·河源记》，是根据元代探险家都实的实地勘查报告撰写的，指出黄河源出自吐蕃"星宿海"。文中不但对星宿海的地形及黄河源的水系作了详细的介绍，而且探讨了以往历史上对黄河源做出不正确判断的认识论根源。这是当时封建社会历史上最接近于近代科学事实的河源考察结论，而且它第一次建立在亲身实地考察的基础之上，不像以前那样仅仅依靠传闻的材料。因此这个结论的提出不仅具有地理学史上的重大突破意义，而且在社会影响上也具有强烈震撼人们思想的作用，他可以使人们深深体会到儒学的"经典"，官修的"正史"，古代的圣贤之言也并非字字都是万世不竭的"绝对真理"，真正可靠的结论只能来源于实证观察。潘季驯本人当然没有明白地说出自己的感想，但是我们从他对上述材料中不同观点的取舍，却可以深深地感受到这个思想倾向。特别是他在编辑《河防一览》时，首先将自己所精心选绘的黄河《全河图说》排在全书的卷首，图中的地形完全是根据《元史·河源记》的考察结果绘制的，图中的文字说明也完全依据《元史》上的说法。这表明了潘季驯对于历史材料的求是态度：尊重历史，但不迷信古人，一切以符合客观实际为依据。

在《历代河决考》中，潘季驯力求从时间过程的角度真实了解黄河变迁的历史和规律。在材料的取舍上，也体现了他同样的治学态度。如文章中对于历代黄河决徙资料的取舍情况，两宋以前很简略，而自两宋以后，所辑录材料明显增加。为什么会有这个差别？原来两宋以后，是黄河泛滥最厉害的一个历史时期，无论是河道的自然变迁，还是人类的治河实践，都对明代的河势带来巨大的影响，故潘氏对这个时期的黄河历史作了格外仔细的研究。从对材料的记录中可以看出，潘季驯有追求黄河南移会淮的根本原因的意图。因为通过阅读这些材料，我们起码可以得出这样几点很深的印象：第一，黄河的冲决游荡，是自古以来就不断产生的客观自然现象。第二，自从宋神宗十年(1077年)黄河从河南荥泽决徙南流，到明万历六年潘季驯治河为止，黄河汇淮已成为一个不可抗拒的自然历史事实。任何个人都决无回天之力，使河北徙，只能顺应黄河大势，尽量减少损失。第三，明代中叶以前的治河史说明，“多穿支河，以分水势”的治河方略不但不能稳定黄河河势，反而会带来更大的淤塞和游荡。所以潘季驯在“嘉靖三十七年”史料的结尾处评语说：“然分多则势弱，势弱则并淤之机也。”第四，潘季驯鉴于历史经验，一反旧规，采取了“以堤束水，借水攻沙”的方略治河，结果取得了初步的成功，并在治河史上谱写了新的一页。总之，如果将《河源考》和《历代河决考》结合起来阅读，我们就会感觉到，潘季驯进行这样的历史考证，其实正是试图从时间和空间两个方面对黄河运动的自然历史作一个全方位的调查，并试图从中探寻根治黄河的措施。因为如果仅仅考虑到保护漕运的需要，他就根本没有必要去考证黄河源，也没有必要对于起自周定王以来的数千年黄河变迁史产生浓厚的兴趣。

最后，从《河防一览·古今稽正》卷中我们看到的则是直接为他的思想作论证的历史材料。如为了论证他的筑高家堰以障淮汇黄的方略，潘季驯引述了宋代欧阳修撰写的《泗州先春亭记》，并加按语说："阅此则知淮涨于泗(州)，自古为然，又何咎于高堰也。"为了论证"复故道"方略的必要性，他又引述了元代欧阳玄的《贾鲁河记》，并加按语说："阅此，则见鲁之治河，亦是修复故道，黄河自此不复北徙。盖天假此人，为我国家开创运道，完固凤泗二陵风气，岂偶然哉?"这当然是一种借历史为现实服务的比附手法。同时它也表明，封建时代的科学家们由于历史的局限性，还不可能自觉运用近代意义上的科学理论和科学实验进行论证。为要证明自己的观点，并让众人普遍地接受，他们只能采取：第一，使自己的观点尽可能真实地符合感性的现实世界。这样，他们就必须广泛地调查研究，以力求获得第一手的经验材料。第二，把自己的观点尽可能的与历史记录挂上钩，以便证明自己的方略不过是历史经验的延续。为此他们就必须大量地考证历史资料，甚至不惜采用比附的方法来寻找有利于自己的历史根据。第三，把自己的观点尽可能地纳入古代哲学思维的范围，以便证明自己观点的普遍意义。为此，他们不惜大量借用古代圣贤的言论来为自己的观点作注释。而潘季驯就是通过这样一个传统的认识程序，较为合理地处理了"求河水自然之性"与"求古人已试之效"之间的辩证关系。

二、博采众议与逻辑论辩相结合的逻辑思维方法

这一对方法涉及到学与思即纳忠与独慎的关系问题，在一定程度上反映了潘季驯在工程活动中的某种民主性精神和初步的逻辑思维方法。

（一）博采众议，“贵在广忠”

博采众议，“贵在广忠”，这是潘季驯所倡导的一种重要思维方法。他主张治河者应当把治河方案交给众人，首先让大家都来身体力行，献计献策，通过共同的勘查和辩论来取得一致的意见，决不能因为自己是河道总督而独断专行。他认为，这是明辨是非，平息浮言，团结众人，协同一致的极好方法。潘氏的这个观点，突出地表现在他对于“复故道”方案的具体实施过程中。

潘季驯一贯主张为了确保运河的畅通，应对黄河的治理作全面的考虑，不仅要治理徐州以下与大运河相关的河段（即“徐南黄河”），而且还应当治理徐州以上与运河似乎关系不大的黄河河段（即“徐北黄河”），特别是应当把恢复“新集故道”[①]作为一项重要的工程来搞。这在当时是相当大胆的观

① 关于恢复新集故道的内容，详见本书第四章。另见潘季驯《河防一览》卷八《黄河来流艰阻疏》中的论述。

点。但是正因为观点新奇，所以报告呈上去后尽管有首辅张居正的支持，朝廷内外响应他的人并不是很多，相反怀疑指责的言论倒是不少。在这种情况下，潘季驯又上书朝廷，明确提出既然大家意见不统一，那就暂时不要以他个人的意见为规范，可以发动大家一齐来讨论，通过共同的勘查和辩论来取得一致看法。他认为这样既可以平息朝野“浮言”，也是订正和检验自己观点的极好方法，所谓“以诸臣之见订臣之得失，为行止也”①。

首先，他从认识论的角度对这种现象作了分析，指出：“夫人之情，难于虑始，而天下之事，贵在广忠。”②承认人们的认识有先有后，主张用集思广益的办法来办“天下之事”。根据这个见解，潘季驯提出了如下的观点：

诚见新集故河淹塞已久，一旦创为开复之说，殊骇观听，且臣愚一人之见，诚不自信，而欲求协于佥谋之间耳。今该(工)部称科臣不必议遣，而复习臣会同各该抚按，是又以臣为主议之人，而以各该抚按为附矣。诸臣纵有异同，其谁能逆睹黄河之无恙，遂决然于拂臣之情乎？亦孰肯面斥臣言之非，而昌言其不必复乎？至于心知其当复，而深畏其劳费之难，因循不敢言者，即司道之中难保其无也。少有依违，后言滋起，偾事之由，端在于是。且自徐州直至虞夏商丘等处，臣俱足蹈而目击之，而臣之愚见肤说，

① 潘季驯《申饬徐北要害疏》，见《河防一览》卷八。

② 潘季驯《申饬徐北要害疏》，见《河防一览》卷八。

亦尽于前疏矣。未经勘议者，在河南山东诸臣耳。伏望敕下该部，催行各该抚按及淮扬巡盐御史，经自会期，躬赴浅阻及应开复处所，逐一踏勘。如果臣言可采，不嫌于徇同，臣言乖违，不妨于互异，……虚心讲求，务求协一，……则人心早定，而河患可弭矣。臣非敢有所推避也，正欲以诸臣之见订臣之得失，为行之也。①

这段话告诉我们：第一，对于一个新观点的提出，殊骇观听，大惊小怪是不稀奇的，即使是第一个认识到它的人，一开始也都有“诚不自信”之感觉，更何况是“欲求协于佥谋之同耳”。认识有先后，不存在料事如神的先知先觉，更不能强求大家一开始就意见统一。第二，不能用行政命令的办法强制推行自己的观点，不能造成“又以臣为主议之人，而以各该抚按为附”的局面。因为正确的观点只有在辩论中，在相互矛盾的看法中，才能明确，而搞一言堂，以权势定真理，就必然会压制大家的意见，使人们当面不敢讲真话，而在背后传闲话，最后导致“浮言”盛行，所谓“少有依违，后言滋起，偾事之由，端在于是”也。第三，为了辨明是非，应当把自己的见解介绍给河道各官，特别是河南、山东诸臣，让他们结合本地区的实际情况，逐一踏勘，务必在实际调查的基础上集思广益，充分发表意见，“如果臣言可采，不嫌于徇同；臣言乖违，不妨于互异”。只有这样“虚心讲求，务求协一”，才能使“人心早定，而河患可弭矣”。第四，潘季驯明确表示了自己这样提议的真实

① 潘季驯《申饬徐北要害疏》，见《河防一览》卷八。

动机和坦荡胸怀:“臣非敢有所推避也,正欲以诸臣之见订臣之得失,为行止也。”并非有什么私心在内。显然,在潘季驯的上述论述中体现出某种朴素的民主性因素,反映出在他身上已经具有了一些市民主义的思想气质。如果再结合明代中叶资本主义萌芽蓬勃兴起的社会历史背景进行考察,我以为这样的评价并不为过。

潘季驯作为一名杰出的治河专家,最鲜明的特点就在于他首先是一个身体力行的实践者,而不仅仅是一个高谈阔论的理论家。万历七年五月,当他关于发动各有司会勘“新集故道”的建议(即《申饬徐北要害疏》)上奏后,立即得到张居正内阁的赞同。六月初,奉圣旨:“开复新集等项事宜,即便会同各巡按御史躬亲踏看,虚心勘议,务求经久长策,毋得依违两可。”[①]但是,河南巡抚周鉴、山东巡抚钱岱、两淮巡盐御史姜壁等经过实地踏勘后,却得出结论:开复新集故道有三大难题:“财用不敷,一难也”;“民力不堪,二难也”;“水性叵测,三难也”。[②] 实际上就是反对兴建这项工程。面对这些反对意见,潘季驯没有食言,他上书朝廷,诚恳地表示:虽然自己力主开复新集黄河故道,但是既然大家意见都不统一,既然“诸臣之议大略谓,开复故河,苦于工费之艰巨;疏浚下流,苦于功力之难施;惟有各抚臣画地修守一节,庶几可行。……徐观来流之势,未必非计之得也,臣何敢固执己见哉?”“至于新集应否开复,责成于彼中之会勘,今至延久不决者,诸臣以议论

---

① 此“圣旨”《河防一览》中未录,见《总理河漕奏疏》(三任)卷二,原文为《会勘新集旧河疏》,《河防一览》改名为《申饬徐北要害疏》。

② 潘季驯《会议徐北河工疏》见《总理河漕奏疏》(三任)卷三。

同异为嫌耳。臣则以夫国家之公心议之。如新集可开，何嫌于徇同；如不可开，何嫌于互异？如开新集之外，别有长策，何妨于直陈？古大臣协恭谋国，类如此。若面从后言，因循观望，非所以定国是而广忠也。”[①]这些议论掷地有声，充分表现了潘季驯在治河事业上竭诚广忠，坦率相见，不计较个人名誉得失的坦荡胸怀，说明在他身上确实体现出某种民主性的科学精神。

（二）勇于辩惑，善于推理

勇于辩惑、善于推理的逻辑思维方法，在潘季驯的治河论述中也有相当广泛的运用，尤其突出地表现在他的一系列论战性文章中。

潘季驯治河一生，以善于驳论敌、息浮言著称。他曾经说过：“臣自治河以来胼胝之力少，而笔舌之劳多，神销质耗，心悸魂惊。”[②]当时那种政敌林立、浮言盛行的社会环境，迫使潘季驯不得不在研究治河方略领导治河活动的同时，还要分出很大的一部分精力来加强自己的逻辑论辩，以对付社会上各种各样的诘难和诽谤。因此他的治河著述中有相当一部分文章是以论战的形式写成的，如《河议辩惑》、《河上易惑浮言疏》、《并勘河情疏》、《高堰请勘疏》、《两河经略决堤白》、《备陈议河始末疏》等等，都表现出很强的论辩性。下面仅以《高堰请勘疏》一文为例，让我们来看看潘季驯是怎样运用正确

① 潘季驯《会议徐北河工疏》见《总理河漕奏疏》(三任)卷三。
② 潘季驯《高堰请勘疏》，见《河防一览》卷八。

的论辩方法与诘难者作斗争的。

万历六年，潘季驯第三次主持治理“两河”工程期间，有一项关键工程，就是沿洪泽湖东岸修筑一条高家堰大堤以蓄淮刷黄。建设这项工程，对于国家保漕治河当然有利，但是也损害了地方上的一些利益，因此遭到地方豪强的强烈反应。以泗州乡官常三省[①]为代表的一帮人上书朝廷，攻击潘季驯的治河方案是威胁“祖陵”，破坏泗城，引起了淮河水灾。一时间朝野上下议论纷纷，筑堤工地人心浮动。在这种紧张情况下潘季驯果断奏上《高堰请勘疏》，在建高家堰是否与淮河的水灾有直接关系这个关键问题上，对诘难者的言论作了有力的反驳。他所运用的一个基本论辩方法就是“让事实来说话”的逻辑原则。

首先，在淮河涨水是否淹没了明“祖陵”这个最敏感的问题上，潘季驯先以亲自勘查到的事实材料来驳斥对方，指出：“今据匠役王良等量得自淮河见流水面，至陵地共高二丈三尺一寸，百余年来每岁水溢，未闻冲决。”进而揭露对方立论的根据不实，“止据小人相构之语，遂形纸笔耳”，是毫无根据的以讹传讹。然后他以高家堰建成以后的实际效果来驳斥对方，指出：“臣……未至之时，称淮水为害之大，高堰当复之由者，不知其几千万人，而形之抚按奏牍，台省之条陈者，又不知其几千万人也。”结果，“大工底绩，数十年沮洳之乡，一旦膏壤，诸名公必溃之役，倏而告成”。说明对方所谓毁高堰代表了老百姓利益的说法是站不住脚的。

---

① 常三省，字希曾，泗人。嘉靖三十五年进士，授吉水知县，擢户部主事，官至湖广参议，卒年 79 岁。

其次，抓住对方观点上的自相矛盾，用推理和事实驳斥对方。如他抓住对方揭文中承认“自今淮流少减，遂谓祖陵无恙”这句话，尖锐地指出：“诚然矣。然既称少减，则消而复涨，涨而复消，乃水性必然之理，即徐邳间皆然，不独泗州为然也。即山陕河南皆然，不独徐邳为然也。有今岁异常之雨，则有今岁异常之水，三省等能使天之不雨乎？南都濒临大江，苏浙逼近沧海，五六月间街市可舟，一望巨浸，又闻承天显陵，水深六七尺，岂亦有高堰阻之乎？”这里试图揭露对方是在用虚假的联系（筑高堰与淮河涨水）来代替真实的联系（天降大雨与淮河涨水），所以是站不住脚的。从文中的内容来看，潘季驯的推理过程是这样的：

对方的论点：建高家堰必然引起淮河涨水，它们二者之间存在着直接的必然联系；

潘氏的观点：建高家堰与淮河涨水并无直接的必然联系，天降大雨才是造成河水上涨的直接原因。

潘氏的推理：你常三省先提出建高家堰必然引起淮河涨水，然后你又承认淮河水有涨有消，是由于天下大雨这个自然现象引起来的。这样一来，你说淮河涨水是因为建了高家堰，当然就是无稽之谈了。

显然，潘季驯在这里是运用逻辑推理中的矛盾律来迫使对方接受天下雨必然引起淮河涨水的结论，从而揭露了对方在淮河涨水的直接动因问题上的自相矛盾性。应当说这个分析在逻辑上是合理的。不过，由于当时科学技术条件上的局限性，潘季驯还没有认识到高家堰的建设虽然没有构成淮河在泗州涨水的直接动因，但是它对于妨碍淮河上游洪水的迅速排泄和沿河水位的尽快消退，还是负有相当责任的。因为他设计建造高家堰的本来目的就是要通过壅高淮河水来“蓄清刷浑”。特别是他没有想到这项工程建成数十年后，由于清口地区黄河泥沙的壅阻作用，还确实会对100多里以外的泗州城和明祖陵产生不良影响。这倒也说明，逻辑分析本身的结果最后还是要受客观的事实来检验。潘季驯大概是感觉到了这一点，因此他并不满足于逻辑上的辩谬，而是又进一步引证历史事实说：“汉唐无考矣，我朝正统以后无论矣，即志刻所载自宋淳祐至我朝正统，泗州每为水困。而揭云万历以前，堰未筑则鲜害，果何说耶?”把泗州水灾的全部责任都推到建高家堰上，这显然是不符合客观历史事实的。再说，“(高家堰)堑外护沙，原非人力，自开辟以来有之者，即志刻所载历朝大水，较之今岁不啻三倍，护沙固无恙也，乃今遂洗荡乎?”这里再次用客观事实证明万历六年高堰未筑之前，泗州洪水就从未间断过；同时堰外浮沙的位置未变，也证明今年的洪水并未超过历史最高水位，更谈不到淹没祖陵。这几条事实材料都很有说服力，补充了前面论理上的不足。应当说潘季驯的这些论据在万历八年那个时候还是能够站得住脚的。①

第三，透过对方的言论揭示其背后的真实意图，在逻辑上一举置论敌于死地。潘季驯仍然采用的是“让事实说话”的

① 根据张卫东、姚汉源《洪泽湖水库的形成期》一文中的研究，万历七年洪泽湖上游水位低于泗州地面。万历八年淮河大水期间，洪泽湖上游水位与明“祖陵”前石像群地基高程相当。但一般汛期水位均低于石像地基高程一米。泗州城与明祖陵的被淹没，是由于清代康熙十八年(1677年)靳辅加高了高家堰大堤高程，并堵塞了“天然减水坝”以后，才造成的。由此可知，常三省对潘季驯的指责不符合事实。参见《水利水电科学研究院科学研究论文集》第31集，水利电力出版社1990年版，第184页。

思想原则。他说："臣谛思之，三省辈宁无人心者，何其变乱黑白至此哉？且其揭不行于高堰初议之时，而行于高堰久成之后，不行于淮水暴涨之时，而行于淮水消落之余。何哉？盖缘泗州巨商私贩，北自河南，南至瓜仪，势必假道清浦运河，而各闸不免稽留，分司不免税権，人甚苦之，数年以来，皆从高堰直达，为利甚大。"揭露常三省等人的真实意图就是为了维持地方豪强的私利，并不是为了国家的利益，"忘大体而行私臆者"。出于这个目的，他们完全可以无视客观事实，故意危言耸听，任意造谣惑众，似乎把问题说得越严重就越能争取人心。"盖不言祖陵之伤，无以动人；不言清口之塞，难以毁堰。而不自知其大非士人举动矣。"但是这种行为的最大弱点就是怕见事实，在客观事实面前，再耸听的危言也会现出原形。可见，用事实来驳斥对方，是潘季驯论辩方法中的最基本内容。这种论辩方法毋庸置疑是与他的朴素唯物主义思想一脉相承的。

当然，如果用现代科学逻辑的观点来分析，"让事实来说话"的论辩方法基本上还是属于朴素经验论的逻辑方法。如果我们认真地分析一下潘季驯与常三省等人辩论的内容，就会发现两个人的交锋其实是由于他们站在不同的参考系基点上看问题所造成的，并非是纯粹的思想辩谬。潘季驯之所以指责对方的观点荒谬，是因为他站在封建国家的立场上分析问题；而常三省等人攻击潘季驯的治河方略，也是因为这个方略触犯了地方豪强的利益，并且也确实给地方商业活动带来一定的不利。这就很难用一般的逻辑论辩方法来辨明问题，甚至于用"让事实说话"的论辩方法本身也带有很强的倾向性。这就是所谓证伪的复杂性问题。从传统的经验论观点看来,“事实胜于雄辩”,只要确凿的经验证据就可以否认理论;但是在现代科学逻辑看来,一个事实之所以能够作为排斥某个理论的证据,这是另一个理论给予解释的结果。因此理论证伪并不简单地取决于事实如何的问题,而是直接涉及到对事实如何解释的问题,涉及到不同的解释性理论本身究竟谁是谁非的问题。① 根据这个观点来评论潘季驯与常三省等人的辩论,我们就会发现,他们的争论实际上涉及到对高家堰工程的社会效益的评价问题,涉及到明代国家漕运的需要与地方利益的矛盾问题。这些问题的解决对于潘季驯来讲,用逻辑推论的办法实现不了,用事实证明的办法也解决不了,只能依靠封建国家的权力来实现。而对于我们今天的评论者来说,只有借助于历史发展的事实结果和科学的分析方法才可能对此做出客观的评价。当然,我们不能苛求古人,潘季驯在论辩中所体现的逻辑思维方法,所坚持的朴素唯物主义立场还是应当被肯定的。

在更多的情况下,潘季驯所运用的逻辑方法并不仅仅是对诘难者斗争的辩论武器,而是深化自己治河思想的认识工具。根据对有关材料的分析,我们可以看到潘季驯治河言论中的逻辑方法主要体现在以下几个方面:

(1) 归纳的方法。这是从个别的单称陈述推导出一般的全称陈述的经验推理方法,它是以观察事实的陈述为前提的。潘季驯在论证自己的治河方略时,熟练地运用了这一方法。他对于归纳方法的运用主要有两种具体形式:

一种是历史事实枚举法。如他在万历十九年所写的《河

① 参见张巨青主编《科学逻辑》,吉林人民出版社 1984 版,第 218 页。

上易惑浮言疏》[1]中，就阐述了清河与浊河交汇处水流与泥沙运动的二个“理势之必然”的规律：“夫镇口闸内为汶泗清流，镇口闸外为黄沁浊流，平时清浊相当，内水外出颇顺，惟黄水一发，则黄强清弱，倒灌入漕，而河渠淤淀，此理势之必然者。上源山陕以西，雨少则黄水易消，而内水之出速，上源雨多则黄水难消，而内水之出迟，此又理势之必然者。”为了证明这二个“理势之必然”的规律，潘季驯在文章中特意花了很大篇幅引用历史事实证明之，他从嘉靖四十一年开始，逐年枚举，一直枚举到万历十年，共计 18 个年头的事例，因此具有很强的说服力。在《历代河决考》[2]一文中，潘季驯通过对历史经验的总结，指出：“然分多则势弱，势弱则并淤之机也。”在证明他的治河方略的作用上，也属于历史事实枚举法的应用。

另一种是自然事实枚举法。例如他在黄河与运河交汇处的治理问题上批评某些目光短浅的人说：“今之议者，不查水势，不鉴往昔，偶见淤垫，议论风生。如臣昏庸，无足论矣，向来总河诸臣，岂无一人高才郎识者乎？而卒无如之何也。大小溜沟淤矣，改而为梁山北，淤亦如之；梁北淤矣，改而为茶城，淤亦如之；茶城淤矣，改而为张孤山东，淤亦如之；张孤山东淤矣，复改而为茶城，淤亦如之；茶城复淤矣，改而为古洪，淤亦如之。劳民伤财，毕竟无益。”由此他得出了一个一般性的结论：“看得闸河出口，无往而不会黄，则无往而不受淤。”[3]

① 见《河防一览》卷一二。
② 见《河防一览》卷五。
③ 潘季驯《河上易惑浮言疏》，见《河防一览》卷一二。

根据这个经验结论,他主张不必徒费人力财力迁移闸河入黄口门,而应当把主要精力用在建闸滞沙、借清刷浑的工程上。

从认识论的观点看来,通过实践和观察的经验,归纳出一般的认识结论,再用于指导下一步的行动,这是人类认识的一般程序。但是在没有自觉掌握到这个认识程序之前,人们对于个别经验的归纳往往带有很大的盲目性。在某一项实践活动中碰了壁,得了一点经验,再一次实践又碰了壁,又总结到一点经验,最后碰的壁多了,才模糊地体会到其中一般的必然性。这是没有掌握理论思维之前人们认识的一般程序。但是如果自觉地掌握了理论思维,那么就可以运用归纳的方法主动地概括事物的本质,从而减少实践的盲目性,增加实践的效益性。潘季驯的认识方法恰恰体现了由前者向后者的转变过程。

(2) 演绎的方法。这是潘季驯运用归纳法从个别经验总结出一般观点之后,再应用于解决实际问题时所常用的逻辑思维方法,如他在反驳论敌时运用最多的是"证伪法"(归谬法)。仍以他对黄河与运河交汇处治理问题的思辨为例,开始,他用归纳法总结了"无往而不会黄,则无往而不受淤"这个一般性的结论,然后他又从这个一般性结论出发,运用演绎的方法来判谬其他观点的不合理:"如谓镇口逼近浊河,故易灌塞,要得别寻一道。则邳州之直河离浊河二百里矣,而何其淤也?宿迁县之小河口,去浊河三百余里矣,而何其淤也?清河县之清口,去浊河五百余里矣,而全淮之力,十倍于漕,何以黄发即涩,而每岁初伏,通济闸外卷筑软坝,以防其倒灌也?要之黄强清弱,随处相接,则随处倒灌,随处淤塞。

总之不出……无往而不会黄，则无往而不受淤，两言尽之矣。”[①]这实际上就是采取先假定对方的论点，然后再用这个论点解释事实，最后推出对方的论点谬误的假言推理方式，从而证明自己观点的正确。因为在演绎推理中，根据推断的事实命题被否定了，那么作为解释性的假说（前提）也就无法成立了。由此可见，作为一种从一般推向个别的必然性推理，演绎方法对于论证和检验理论都有着重要的作用。潘季驯正是借用这种逻辑思维方法，在纷繁复杂的论战中驳论敌，息浮言，确立了自己的治河方略的理论地位。

(3) 因果推理的方法。潘季驯在谈到“筑堤束水、借水攻沙”方略的客观效果时曾指出：“故堤固则水不泛滥，而自然归槽，归槽则水不上溢，而自然下刷，沙之所以涤，渠之所以深，河之所以导而入海，皆相因而至矣。”[②]这里实际上体现了因果相继的联系思想。因为潘季驯是这样对水流、泥沙与河床相互作用的运动过程作出连续推理的：堤防巩固→水流顺而自然归槽→水不上溢→自然下刷→泥沙涤除→河床变深→黄河来水皆导而入海。此“皆相因而至矣”。相反的情形是，如果不事筑堤，任河分流，那就会导致逆推理：“分而势缓，势缓则沙停，沙停则河饱，河饱则水溢，水溢则堤决，堤决则河为平陆，而民生之昏垫，国计之梗阻，皆由此矣。”[③]其因果联系是这样的：水分→势缓→沙停→河床淤高→水溢→堤决→河流迁徙→阻断漕运，危害民生。这实际上也是“皆相因而至”

---

① 潘季驯《河上易惑浮言疏》，见《河防一览》卷一二。
② 潘季驯《申明修守事宜疏》，见《河防一览》卷一〇。
③ 潘季驯《恭诵纶音疏》，见《河防一览》卷一二。

的。在认识论上,对客观对象运动过程的因果推理,是建立在对于客观对象各个内在因素之间相互关系的深刻认识的基础之上,因此它是导向系统思想和辩证思维的必由之路。潘季驯之所以能够自觉运用因果性推理的方法对客观对象的运动过程做出合理的推测,这说明他已经比较深刻地认识到了自然河流运动过程及其与人类社会活动的必然联系。

总之,潘季驯治水言论中的认识论思想是相当丰富的,他对于许多逻辑思维方法的运用也是非常自觉的,其中的一些方面已经非常接近近代科学的思维方法。当然这并不等于说他已经懂得了认识论和逻辑学的概念体系。潘季驯的全部著述告诉我们,他只是一个注重实践善于总结的治河家,而并非是一个坐而论道的理论家。他的科学和哲学思想也仅仅是体现在他的具体治河言行中,通过具体的思想方法表现出来。忽略了这一点,我们就无法对潘季驯的有关思想作出科学的评价。

三、整体思考、统筹兼顾的系统思维方法

潘季驯作为中国水利史上的著名治河家,他的思想中还显示出可贵的整体思考、统筹兼顾的系统治河观念。这种系统治河观念集中地体现在他对于"上游"与"下游"、"创筑"与"修守"、"运道"与"民生"诸关系的正确处理上。这几对范畴关系的着眼点都在于治河,但是"上游"与"下游"的关系是从空间角度谈治河,着眼于面上的扩展;而"创筑"与"修守"的

关系是从时间过程的角度谈治河，着眼于程度上的深化；至于“运道”与“民生”的关系则是从社会效益的角度谈治河，着眼于工程效益的全面性。治河的内容和方式有多种多样，从空间范围的角度来讲，可以从全流域的范围谈治河，也可以只着眼于一个局部河段谈治河；从时间过程的角度来讲，大动干戈，改变河流现状的大型活动是治河，修修补补，维持现状的小型工程活动也是治河；从社会效益的角度来讲，保护漕运的工程活动属于治河，保护民生的工程活动也属于治河。唯物辩证法在处理这些自然和社会活动的矛盾关系时，主张在空间上，在全流域与局部河段综合治理的基础上，更要注意全流域的治理；在时间过程上，主张在大工程与小工程相结合的基础上，特别注意平时小工程的作用；在社会效益上，主张在兼顾国民经济各个部门和行业利益的基础上，更要把人民群众的切身利益放在一切工作的首位。

那么，16 世纪的治河家潘季驯是怎样认识和处理这些矛盾关系的呢？让我们在下面作一些分析和介绍。

（一）对“上游”与“下游”关系的深刻认识

这里“上游”与“下游”的概念都打了引号。因为潘季驯的著述中所指的“上游”和“下游”都是具有特定含义的，“上游”主要指徐州以上（“徐北”）河南境内的黄河河段，还未包括山陕以上的河段；“下游”则是指徐州以下（“徐南”）山东和苏北地区的黄河河段，包括黄河入海口。在潘季驯那个时代，由于人们对黄河认识的局限性，再加上封建朝廷的严格约束，还谈不上对黄河进行全流域治理的规划，治河活动还主要是为了保护漕运,因此还基本上集中于华北冲积平原,即现代意义上的黄河下游地区。真正认识到黄河全流域的治理问题并做出相应的整体规划,那已经是20世纪以来的事情了。因此我们在分析潘季驯关于"上游"与"下游"关系的观点时,不能不首先做出上面的区分和界定。

如前文所述,潘季驯在治河期间十分重视对黄河作全面的考察。虽然历史条件的限制使他还不能提出全面治理的观点,但是全面认识的思路却是早已有之,像《河源记》、《历代河决考》、《黄河全图》等文章和图表,都反映了他在这方面的基本认识。观察的全面性,使潘季驯对于河流上下游河段的制约关系比起他同时代的人能有更深刻的认识。如他在分析河道壅积现象的时候并不就事论事,而是明确地指出:"盖上决而后下壅,非下壅而后上决也。"①这是用上游河段的决口来说明下游河段的壅积。他又指出:"下流既壅,上流自溃,此崔镇诸口所由决也。"②这是用下游河段的壅积说明上游河段的决口。其实上游河段的决口与下游河段的壅积确实是一个相互制约和相互影响的反馈关系,上游决口,河水旁泄,水流挟沙力减弱,必然导致下游泥沙壅积;而下游淤塞,水位壅高,河床承受不下,必然导致上游河水决堤旁泄。所以说潘季驯对于自然界多泥沙河流的这种反馈现象认识得相当深刻。他曾明确指出:"臣等乃思欲疏下流,先固上源,欲遏旁支,先防正道。"因为"盖筑塞似为阻水,而不知力不专则沙不刷,阻之者乃所以疏之者也。合流似为益水,而不知力

① 潘季驯《河议辩惑》,见《河防一览》卷二。
② 潘季驯《两河经略疏》,见《河防一览》卷七。

不宏则沙不涤，益之者乃所以杀之也。”[①]这些观点说明潘季驯在认识和实践能力所及的范围之内，很注意站在全局的立场上用联系的观点考虑问题。

鉴于这种认识，潘季驯十分重视对黄河“上游”地区的河防工作，他的著述中有相当一部分重要文章都是围绕这个问题展开的，其中鲜明地展现了他的善于从全局的角度观察事物的远见卓识。

明代中叶，“借黄济运”，主要指从江苏淮安的清口到徐州的小浮桥这500里长的一段黄河水道。再顺流折向南，进入淮河水系的里下河地区；如逆流折向北，则进入山东境内的“闸河”。当时的封建统治者虽然也都十分清楚黄河对于保运的重要性，但是各种政治和经济的利益，使他们目光短浅，往往只注意治理直接通运的这500里黄河水道，而极少注意与漕运关系不大的上游河道。潘季驯主持治河以后，曾多次率员到“上游”实地勘查，深感治理“徐北”黄河的迫切重要性，更痛心当政者只图眼前、不谋远利的短视政策。故尔，他先后奏上了《黄河来流艰阻疏》、《申明河南修守疏》、《申饬徐北要害疏》、《恭陈远地修守当严疏》等一系列文章，详细陈述了自己对“徐北”黄河河防工作的担忧。特别是万历六年第三次主持治河期间，正值“两河”工程刚刚开始施工，朝野上下，人们都把注意力放在徐州以下黄淮交汇处的清口地区。潘季驯却独具慧眼，把目光投向徐州以北的河南境内，提出黄河决口的最大危险是在人们所不注意的“徐北”地区。因为这一段黄河近几十年来还未出什么大问题，所以人们往往心安理

---

① 潘季驯《河工告成疏》，见《河防一览》卷八。

得，以为再不会有什么危险了。（按：明代嘉靖初年以后，黄河的河患重点已逐步下移到徐州周围地区；万历初，又逐渐下移到江苏的宿迁一带——笔者注。）

但是潘季驯是一位善于观察和很有远见的治河家，他并没有因为徐北地区的相对安流而放松警惕，也并没有因为人们对这个地区的忽视而放弃自己的责任。他经过多次实地调查后，发现这段河道的堤防情况很糟，险工险段很多。因此他于万历六年七月奏上《黄河来流艰阻疏》[①]，请求朝廷在重视下游漕河的同时，也能够对于上游的河防工程给予支持。他指出，自己的这个意见并不是随意提出来的，而是经过深思熟虑的结论："臣等……昼夜思维，欲求万全之策，……食不甘味，寝不贴席者三月矣，而卒未能快于心也。"是什么原因呢？他说，今之谈河患者，莫不大谈特谈"徐邳河身垫高，水易溢也；崔镇堵口未塞，桃清浅阻也；高堰黄浦淮水横流，淮扬之民久为鱼鳖也；淮黄之水漫无归宿，海口沙垫也"。其实这些都是人们容易看到的灾害现象，早已在实际的治理过程之中了，因此也早已不在他的思考范围之内了："此徐州迤南之患耳，耳目之所睹记，运道之所必资，故人人得而言之也。臣等已于前月（按指万历六年六月，——抄者注）合本具题陛下。俯从臣请，两年之内，或可脱淮扬昏垫之苦，免运道梗阻之虞……。然其大可忧者不在此也，敢敬陈之。"他详细介绍了自己的实地勘查过程之后，尖锐地指出："夫黄河并合汴、沁诸水，万里湍流，势若奔马，陡然遇浅，形如栏限，其情必怒，奔溃决裂之祸，臣等恐不在徐邳，而在山东河南也。止缘徐州

① 见《河防一览》卷八。

以北非运道经行之所,耳目之后,人不及见,止见其出自小浮桥,而不考小浮桥之所自来,遂以为无虞耳,岂知水从上游决出,运道必伤。”

在这里,他特别批评了治河工作中的目光短浅者,只见眼前的局部利益,却不善于从全局考虑问题,“只见其出自小浮桥,而不考小浮桥之所自来”。只以保漕运为要务,却把治河救民的大事抛在脑后,“非运道经行之所,耳目之后,人不及见”。结果上游黄河一决,下游漕运必伤,不仅丧失了长远利益,连眼前利益也没有保住。因此他大声疾呼朝廷督促上游沿河各县掌印官员加紧堤防工作,防河患于未然之中。

上述例子说明,潘季驯在治河问题上确实体现出整体思考、统筹兼顾的系统治河观念,其中突出表现在他已敏锐地注意到了黄河的“上游”与“下游”河段的相互制约关系,能够不受局部环境的制约,站在全局的高度观察问题。这样就使他的治河思路比别人站得更高一些,看得更远一些,具有更深远的预见性。

（二）对“创筑”与“修守”关系的正确处理

创筑即是创新,修守即是保守。潘季驯对它们之间的关系有着明确的观点,一贯认为“成功不难,守成为难”[1];“创筑不易而保守尤难”[2]。他把着眼于“创”,立足于“守”,看作是保持河道相对稳定,保证河防工程长治久安的一个重要原

① 潘季驯《河议辩惑》,见《河防一览》卷二。
② 潘季驯《乞留贤官疏》,见《总理河漕奏疏》(二任)卷三。

则。他举例说："使禹之成业，世世守之，盘庚不必迁也，周定王以后，河不必南徙也。"[①]正是由于"人亡岁久，王迹熄灭而文献无征，故业毁而意见杂出"，才导致了黄河游荡不居的现象。议河者不从人类自身的主观方面找原因，"又何怪乎河之无常也?"因此，当议河者攻击他"欲以区区堤坝之工，遂为长久之策乎"，反对他积极筑堤的政策，主张对河流变迁"任之而已"的时候，潘季驯针锋相对地指出："河南为城郭所拘，徐邳为运道所籍，堤而束之，势不得已也，世世守之，世世此河也。"由此可以看出，潘季驯注重修守的"守成"思想，是与他的创新改革思想相辅相成的。潘季驯主持治河后，一反过去治河者只知分河以疏水的陈规旧矩，果断地把立足点建立在筑堤束水使水沙并治的基础上，并且旗帜鲜明地提出："古所称下策，则今上策也。"从而开创了治河史上全新的一页。这是他在思想和实践上坚持"创新"的一面。但他同时又认为，"创"而不"守"，则与不创同。在继承和发展的意义上，"守成"具有更为重要的作用。唯有在"守成"的基础上，才会有"创新"的开拓。故潘季驯又经常将自己的治河主张与古代大禹、孟子、贾让等治水人物的有关思想相联系，认为自己的观点不过就是对古人的继承。这里又体现了他在思想和实践上对"守成"一面的重视。

潘季驯的"守成"思想不是保守，不是一成不变的守旧，而是发展，是在相对稳定基础上不断的量变。他常常强调"重修守"，修与守是密切相关的两种行为，修守与创新也是密切相关的两种状态。无修则无守，要守住河堤，就要不断地修

---

① 潘季驯《河议辩惑》。

修补补，修便是补充，便是发展，修的日月久了，积累的多了，便发生质变，成为创新。例如，潘季驯所提倡的堤防技术，便是在不断巩固和加强的修守过程中，逐步完善，实现创新的。开始，他只知道沿河建筑“缕堤”，但缕堤迫水而建，易于冲决；后来，他第二次主持治河时借鉴历史经验，提出要于缕堤之外，再建“遥堤”，形成“重门御暴”的堤防措施；万历十六年以后，他鉴于加强遥、缕二堤之间联防的稳固性的想法，又进一步提出了建“格堤”的观点并付诸实施；在观察使用格堤的过程中，他又发现了淤滩固堤的现象，并进而设想出了弃缕守遥，“淤滩固堤”的可行性方案。正是在这种不断变化和发展的修守过程中，潘季驯实现了他的堤防设想由借堤束水攻沙的方略向借沙束水攻沙方略的变革，大大丰富了他的治河思想。故他强调指出：“臣惟治河有定议而防河无止工，工之不可止者，乃所以成其议之一定而不可扰也。何也？治河之道，惟有救偏补弊之法，必无一劳永逸之事也。不然，则禹之治水，可称万世永赖矣，何不数百年，至商之祖乙而都圮于河，荡析离居，遂有盘庚之迁也？盖禹法不守，而河防久弛也。”[①]这里的“救偏补弊之法”其实便是积极有为的修守，它与“一劳永逸”的消极保守态度，自然是针锋相对的。

根据上述原则，潘季驯与一切轻视“修守”工作的观点进行了不懈的斗争，甚至一度“犯上”，把批评的矛头直接指向万历皇帝。万历十七年秋，明神宗朱翊钧降下“圣旨”，要求河道官员“务一劳永逸，勿劳民伤财”。实际上就是要求治河者们一次治河而成万世之功，反映了封建统治者轻视修守，企图

---

① 潘季驯《申明修守事宜疏》，见《河防一览》卷一〇。

毕其功于一役的一贯政策。接此“圣旨”后，潘季驯马上奏上《恭诵纶音疏》[①]，在对万历皇帝关心河工的行为表示赞颂的同时，也对他的上述观点进行了委婉的批评和抗争，他指出：“治河之法，唯有慎守河堤，严防冲决，而圣谕经理防御倍宜加慎之外，再无它策。舍此而别兴无益之工，即为劳民，舍此而别为无益之费，即为伤财，然总之在于得人而已。臣自六月至今日，与司道诸臣叮咛告诫，唯以修防为事，……直至河南阅视之后，渺无它道可寻，故益信防御之当慎矣。”你看，一个要求“一勤永逸”；一个则主张“惟以修防为事”，表示要慎守河堤，世世防御之，这里实际上就已经反映出他们在治河政策上的根本分歧。因为治河在封建王朝的经济活动中一直是一项沉重的负担，仅万历六年的治河，就筹集白银达80余万两，按当时的官价计算，每石漕粮折银五钱，那么全部河工经费就是100多万石漕粮，几乎占当时漕粮总数的1/3。[②] 如果你再坚持每年进行河防修守，那就必须由户部每年从国库额外拨款，这对于经济凋敝、入不敷出的明王朝来说，是一项极不情愿支出的生产性经费。因此封建统治者常常乞求一次治河而成永逸之功。而这种短视政策又常常导致了这样一种奇怪的经济现象，即大运河在明代经济活动中所占的十分重要地位与封建王朝所拨给的河防经费极不相称；治河经费的数额与修防经费的数额极不平衡。由于平时很不注意修守，这就常常导致已建成工程年久失修，功亏一篑，造成更多的资金财物和人力的浪费，形成恶性循环。这其中的矛盾，似乎只

① 见《河防一览》卷一一。

② 见潘季驯《勘估工程疏》中的工程预算，《河防一览》卷七。

有关心河事，愿将毕生精力尽献河工事业的治河家潘季驯才深深体会到了。

（三）对“运道”与“民生”关系的统筹兼顾

重视民生，体恤民情，历来是中国古代进步思想家和政治家所推崇的优良传统。宋代哲学家朱熹有一句名言：“天下之务莫大于恤民。”[①]说明在中国古代社会的政治事务中“民生”问题的极端重要性。但是在绝大多数情况下这个道理只是被当作一种宣传口号来使用，它在封建统治者的私欲面前常常显得软弱无力、没有地位。因此这时候就往往会有一些进步的思想家和政治家勇敢地站出来，对统治者的私欲提出大胆的批评，并利用自己所能调动的有限权力尽可能为人民的疾苦呐喊、呼吁，谋些利益。潘季驯就是这样一位进步的治河家。

潘季驯治河，有一句名言：“治河之法，当观其全。”他批评那些只从眼前的利益出发，一叶障目，不辨全局的短视者是“人一其见，则一其言。淫潦一番，勘议一番，劳费一番，未知何所底极”[②]。确实，面对黄、淮、运三河河流交叉的复杂自然地貌，面对治河活动中护皇陵、保漕运、救民生三种尖锐冲突的社会矛盾，潘季驯没有从孤立的对象出发把各种自然和社会矛盾对立起来，扬此贬彼，而是力图把它们联系起来，统筹兼顾，全面思考，力求从中找出使各方面都感到满意的解

① 见《宋史·朱熹传》。

② 潘季驯《上阁下书》，见《留余堂尺牍》。

决办法。

例如当时在对待护陵、保漕、民生三者之间的关系时，一直存在着这样一种权威观点，就是只从封建王朝的私家利益着眼，只强调护陵和保漕，而严重忽视沿河百姓的民生问题，认为“以淮城较运道，则运道重；以运道较祖陵，则祖陵尤重”[①]。用这种观点来指导治河，就把治黄、治淮和保漕对立起来，主张先保祖陵，先通漕运，然后再谈疏通河流，堵塞决口，拯救民生。更有甚者，还有主张为保运道之利，可以放纵黄河漫流，“当冲郡邑，作堤障之，不坏城郭已矣，被灾军民，免其租役，不致流徙已矣”[②]。但这种观点遭到了当时许多治河家的反对。尤其是潘季驯，他认为，护陵、保漕与民生，治黄、治淮与治运，必须统一起来进行考虑，决不能割裂它们之间的相互联系，搞非此即彼的推论。虽然潘季驯的治河活动在封建王朝的支配下仍不得不把护陵和保漕放在首位，但是在护陵和保漕的前提下，他尽可能地注意到了沿黄地区的民生问题。在先后四次担任总理河道大臣期间，他经常深入灾区，调查民生，对灾区人民的悲惨遭遇有着深刻的体会。他说：“臣等受事之初，触目惊心，所至之处，孑遗之民，板舆号泣，观者皆为陨涕。萧县地方，一望弥漫，民无粒食，号诉之声，令人酸楚。”[③]所以，他坚持要把拯救民生作为治河工作的一项重要内容，再三强调治河工作必须同时“于祖陵、运道、民

① 参见《祖陵当护疏》，见《河防一览》卷一四。

② 上述观点参见《明孝宗弘治实录》卷七二，明孝宗朱祐樘给治河总督刘大夏的敕谕。引文参见刘天和：《问水集》卷二中所引睢人蔡石岗之言。

③ 潘季驯《河工告成疏》，见《河防一览》卷八。

生有裨”，必须“为国计民生深长之虑”。[①]

在这种“于祖陵、运道、民生有裨”的综合治理方针指导下，潘季驯特别强调了治河与保运的不可分治关系，认为：“黄河之与淮河，其流虽二，其为运道相维系贯通者则一，未有黄不治，而可以治淮，亦未有淮不治而黄可以无事者也。”[②]“通漕于河，则治河即以治漕；合河于淮，则治淮即以治河；合河淮而同入于海，则治河淮即以治海。”[③]主张要“以治河之工而收治漕之利”，获“一举两得”之功。[④] 虽然这个方略从具体技术措施的角度来讲，还有不少值得商榷的地方，但是潘季驯在其中表现出来的整体规划思想和统筹兼顾国计与民生利益的大思路却是十分清晰的，体现了中国古代人本主义思想和科学思维方法的基本特点。

总之，由于潘季驯所坚持的运道与民生两利的治理方针在一定程度上反映了当时自然和社会的实际情况，因此在他担任总理河道大臣期间，黄河与运河的治理工作都取得了明显的效果，“上有济于运道，下有裨于民生”[⑤]，“民获安堵，漕得顺利，已逾八载，其功昭昭在人耳目”[⑥]。

---

① 参见《祖陵当护疏》，见《河防一览》卷一四。
② 参见《派遣大臣治河疏》，见《河防一览》卷一三。
③ 引自《行水金鉴》卷三二。
④ 潘季驯《河议辩惑》，见《河防一览》卷二。
⑤ 潘季驯《河上易惑浮言疏》，见《河防一览》卷一二。
⑥ 尹瑾《科道会勘河工疏》，见《河防一览》卷一三。

（四）普遍联系、系统运行的有机自然图景

以上，我们从成对范畴相互联系的角度对潘季驯治河思想中的科学思维方法进行了若干分析。如果再将上述内容按其内在的逻辑关系综合起来进行研究，我们就会发现在他一系列文章的具体表述中实际上向我们展示了一幅宏伟壮观的自然—社会有机图景。这个包含了众多要素的宏大图景，有秩序、有层次，而且又处在动态运行之中，可以说相当深刻地反映了这位著名治河家对于客观世界整体面貌的辩证思考。下面就是我们经过理论抽象以后所看到的这幅有机自然图景，它起码包含了三个相互制约的基本层次：

第三层次：祖陵←→漕运←→民生←→其他

↑↓

第二层次：黄河←→运河←→淮河←→其他

↑↓

第一层次：水流←→泥沙←→堤防←→河床

其中，第一个层次，水流、泥沙、堤防、河床这四个自然因素的相互作用关系，构成了黄、淮、运等相关河流运动变化的内在矛盾，以及人类进行综合治理的客观依据。潘季驯说："（水）分则势缓，势缓则沙停，沙停则河饱，河饱则水溢，水溢则堤决，堤决则河为平陆，而民生之昏垫，国计之梗阻，皆由此矣。"[①]就极为清晰地表达了这一层次各种因素的相互制约关

① 潘季驯《恭诵纶音疏》，见《河防一览》卷一〇。

系，以及它的运行对于其他层次的基础作用。

第二个层次，黄、淮、运等自然河流的相互制约关系，它们既受到第一个层次水流和泥沙矛盾运动的支配，同时又反过来对第一层次的矛盾状况产生影响；同时它们之间相互关系的协调与否，也直接影响到第三个层次，即朱明祖陵、国家漕运、人民生活、政治稳定等社会运动的正常运行。例如，“通漕于河，则治河即以治漕，合河于淮，则治淮即以治河，合河淮而同入于海，则治河淮即以治海”。这里实际上讲的就是第二层次内部各种河流之间的相互制约关系；而合河于淮，“逼淮注黄”方略的实施，又会起到“以清刷浑”的作用，直接对黄河的水流泥沙关系产生重大影响，所谓“黄淮分流，淤沙罔涤，云梯关入海之路，坐此浅狭，而运道民生俱病矣”[①]。反过来，使“全淮之水尽由此(指清口)出，则力能敌黄，不为沙垫”[②]。这里讲的是第二层次对第一层次以及第三层次的影响关系。

至于第三个层次，漕运、民生、明祖陵，这些社会因素的相互矛盾关系，同样也会反过来影响第二个层次的制约关系，并通过这个层次影响到第一个层次的矛盾运动。例如，在治理黄河对策问题上的“分”“合”之争，究竟是分流好，还是合流好？在明代对于这个问题的解决往往并不是根据自然河流本身的要求，而是取决于它对漕运的影响，取决于封建王朝的根本利益。有人曾明白指出，整个明代的治河就是为了保漕。这个评价并不过分。潘季驯的进步之处就在于他在执行这个钦定政策的同时，还极大地注意到了“民生”问题，认为

① 潘季驯《河工告成疏》，见《河防一览》卷八。

② 潘季驯《申明修守事宜疏》，见《河防一览》卷一〇。

漕运、祖陵和民生诸问题都是同等重要而不能随意舍弃任何一个方面的，所谓治河工作必须“于祖陵、运道、民生有裨”即是此意。正是由于这些复杂社会因素的相互牵制和要求，才导致了明代借黄济运、黄淮合流、黄淮运诸河交叉的复杂自然格局，并导致了上述诸河流中水流、泥沙、河床、堤防诸自然因素的十分复杂关系。这说明在人类的治河工程活动中，社会因素的介入和干扰从来都是一个不容忽视的重要因素。

总之，潘季驯在他的丰富的治河著述中，通过对一系列重要河工范畴之间内在联系的描述，为我们展示了一幅宏大的、体现出自然界和人类社会普遍联系特征的复杂图景。在这里，一切要素都在与他物的关系中发生着自己的特殊功能，每一个基本层次都是在不停的矛盾运动中发挥着自己的重要作用。尽管它们在细节和精确度方面还显得很幼稚、很粗糙。这里的情况正像哲学家恩格斯所具体描述的那样：“当我们深思熟虑地考察自然界或人类历史或我们自己的精神活动的时候，首先呈现在我们眼前的，是一幅由种种联系和相互作用无穷无尽地交织起来的画面。”[①]通过对潘季驯治河思想的剖析，我们所看到的不正是这样一幅壮观的有机自然图景吗?!

① 《马克思恩格斯选集》第三卷，人民出版社1972年版，第60页。

第十一章　基本哲学倾向

有一位科学家曾经这样讲过：科学研究中最基本的指导思想就是科学家的哲学观点。

潘季驯成长在江南地区一个世代书香的家庭里，自幼接受的系统教育是"四书"、"五经"一类的儒家经典著作。这虽然使他从小就接受了齐家、治国、平天下的忠君爱国思想，但却没有告诉他任何有关水利学方面的科学知识。30岁那年考中进士以后，他又受命长期供职于江西、广东一带，处理的是刑名钱粮、兵戎诉讼一类的地方事务。因此可以说他在嘉靖四十四年十一月第一次受命担任总理河道大臣之前，对于河流的特性一无所知，对于治河的方法更是一窍不通。正如他自己晚年所回忆的："季驯生而颛蒙，居东海之滨，不知所谓黄与淮者。"对于黄河仅有的一点印象，是他成年以后北上进京赶考，随又奉使南巡的路上，泛舟黄河所得到的。那时只不过是一种好奇心，"亦贸贸然惟舟子之所之耳。河中沙渚累累,操舟者寻隙而进。窃谓河道固然也”[1]。

那么,是什么原因使潘季驯由一个对河流特性一无所知的政府官员很快变成一个著名的治河专家呢?

这确实是一个有趣的问题。对此,潘季驯的挚友万恭的一番分析也许会给我们以某种启发。万恭说:按照常理,你不能使吴地的舟船在燕地游弋,你也不能使晋地的车挽在越地行驶;你不能让天上的蛟龙在陆地上奔跑,你也不能使陆地上的猛虎在天空中飞翔。之所以如此,是因为它们各自使用的专业技能不一样,它们所依据的知识体系也不能贯通。但是如果现在有人能够“涉乎不相通之技,而游乎不相贯之识”,那他就一定是掌握了“道”的真谛,达到了哲人的思想境界。他说,当年我接替潘中丞治河时,就曾对潘公治河的技能和知识之渊博感到十分惊讶,但那时还以为这仅仅是他特有的一种专长。可是几年以后当他再次被召为江西巡抚后,不过一年的时间,就把当地那种“大吏束手莫能制,小吏掩耳莫敢问”的混乱局面一举扭转,使江西成为全国的模范省,而且他上奏的50余篇疏文,皆获朝廷批准,成为各省学习的范文。一年以后,运河告急,天子又将潘公召为总河,不久,运道又告平安。那么,是什么力量使潘季驯有了这么大的神通,呼风得风,唤雨得雨,治国国安,治河河平了呢?万恭最后得出了一个结论:“潘公能以吴舟之燕,晋挽适越,又能以龙驰以虎腾,技涉乎相通之渊,识游乎相贯之原,非技亦非识,畿乎道矣。”[2]这

① 潘季驯《刻河防一览引》。

② 万恭《督抚江西奏议序》,见潘季驯《督抚江西奏疏》,明万历刻本,北京图书馆善本库藏书。

个神秘的“道”,既非专门的技术知识,也非专门的管理知识,显然只能是指具有最普遍意义的哲学道理了。

下面,就让我们具体透视一下隐藏在潘季驯治河理论之中的哲学思想究竟有什么鲜明特色。

一、以人力为本、人定胜天的唯物思想

(一)对“天”、“神”观念的基本看法

人定胜天,这个中国传统的唯物主义朴素思想反映了人类征服大自然的决心和对自然对象进行改造的胜利。它同时也是人类对于自身的认识能力和实践能力自信心的一种表现。潘季驯之所以能在治河事业上“壮于斯,老于斯,朝于斯,暮于斯”,不懈地努力,无畏地进击,做出自己独特的贡献,正是由于他坚定地信奉了这个不朽的格言。他在晚年系统总结自己一生治河经验的理论著作《河议辩惑》中,开篇即阐明了自己对于这个哲学问题的基本立场。它是通过对于“神”和“天”这两个古老哲学范畴的思考,以一问一答的辩说形式展开的。

首先,潘季驯阐明了对“神”的看法:

> 或有问于驯曰:河有神乎?驯应之曰:“有”。化不可测之谓神,河决而东,神舍西矣;河决而南,神舍北矣。神之所舍,孰能治之?
>
> 驯曰:神非它,即水之性也。水性无分于东西,而有分于上下,西上而东下,则神不欲决而南,北上

而南下，则神不欲决而北。间有决者，必其流缓而沙垫，是过颡在山之类也。挽上而归下，挽其所不欲而归于其所欲，乃所以奉神非治神也。孟子曰：禹之治水，水之导也。道即神也。聪明正直之谓神，岂有神而不道者。故语决为神者，愚夫俗子之言，庸臣慢吏推委之词也。①

我们知道，"神"是中国古代思想史上一个古老的哲学范畴，其中鲜明地体现出唯物思想与唯心思想、无神论与有神论观点的尖锐对立。在治河观上，唯心论者常常把"神"看作宗教崇拜对象的专有名词，是在冥冥之中主宰河流运动的最高精神实体。故他们称"化不可测之谓神"，"神之所舍，孰能治之?"这是一种宿命论的自然观。体现在治河方略上就是消极治河的方法，主张不疏淤浅，不堵决口，不筑堤防，只是任河流自然泛滥，迁徙游荡，还美其名曰顺其自然，"以不治治之"。与此相反，古代唯物主义的治河家们却有着自己的不同理解：

第一，他们认为"神"并不是什么控制万物的精神实体，而是客观的自然规律。具体在河流运动中，"神非它，即水之性也"。具体地说，河流中水流与泥沙的矛盾运动规律：水性就下，故有分于上下，而无东西；沙随水行，故流缓而沙垫，流疾而沙刷。

第二，既然是自然规律，那就可以由人们去认识，去掌握。潘季驯说："道即神也。"这里的"神"即是指已被人们认识并掌握了的河流运动规律，它是以主观形式反映出来的："聪明

① 见《河防一览》卷二。

正直之谓神，岂有神而不导者。”何谓“道”？“道”即是“导”，“导”就是治水的方略。而治水的方略就建立在对“神”的正确认识上。故曰：“禹之治水，水之导也。”

第三，自然规律可以被人们认识和利用，但是不能被改造。“挽上而归下，挽其所不欲而归于其所欲，乃所以奉神非治神也。”这里的“奉神”就是顺治；而“治神”就是逆治，也就是违背客观规律的唯意志论。

不难看出，上述论述巧妙地表达了潘季驯对于天人关系的辩证认识，其涉及范围几乎涵盖了人与自然界关系中的基本哲学要义。这种哲学观念无疑构成了潘季驯积极治河、勇敢创新的精神支柱。故他严厉地批评了把“神”这个范畴神秘化的观点，指出它在实践中只能成为悲观主义和无所作为思想的辩护词：“语决为神者，愚夫俗子之言，庸臣慢吏推委之词也。”

然后，潘季驯又通过对“天”这个范畴的思辨，进一步阐明了自己的基本哲学立场：

> 问者曰：“彼言天者，非欤？”
>
> 驯曰：“治乱之机，天实司之，而天人未尝不相须也。尧之时，泛滥于中国，天未厌乱，故人力未至，而水逆行也。使禹治之，然后人得平土而居之，人力至而天心顺之也。如必以决委之天数，即治则曰玄符效灵，一切任天之便，而人力无所施焉，是尧可以无忧，禹可以不治也。归神归天，误事最大，故驯不敢

不首白之也。”①

这段话实际上强调了在尊重自然规律前提下，人的主观能动性的作用。本来，“天”也是中国古代思想史上一个古老的哲学范畴。天与人，是信天命，还是相信人的实践力量？换句话说，是把自然界的现状偶像化，还是通过认识自然界的规律去能动地改造它？这里也同样体现出两种自然观的尖锐对立。

治河观上的唯心论者把“天”看作统治人世间万事万物的神秘上帝，他们总是把自然现象的发生，如河道决溢，泥沙淤塞，通统“委之天数”，而且把人类实践的成果也通统归咎为上帝的显灵，“既治则曰玄符效灵，一切任天之便”。与此相反，唯物主义的治河家们则认为“天”不过是客观的自然界，它根本不受什么超自然的神秘力量支配，它有自己的运行发展规律。例如在潘季驯那里，“天”的实际含义就是河流运动规律，所以对于“天”的问题不是谈不谈，而是应当怎样去谈？潘季驯说：“治乱之机，天实司之。而天人未尝不相须也。”这里的“天人相须”，用现代哲学的语言来表达，就是人类在认识和掌握了自然规律的前提下对自然界的改造运动，它的原始涵义类似于唐代哲学家刘禹锡的“天与人交相胜”说，以及宋代哲学家张载的“天与人有交胜之理”的观点。潘季驯认为，对于导致河道安流或者决溢的根本原因，当然要从自然河流本身的运动过程中去找，一要从它流经的地域条件上去寻找，二要从它的迁徙历史中去寻找，这两方面的变化之中总是会表现出某

① 见《河议辩惑》。

种密切相关的内在联系。但是,由于自然河流本身是不依赖于人的意识而存在的,在人的实践力量还没有改造它之前,它不会对人类社会做出多少有益的贡献,“故人力未至而水逆行也”。只有当我们通过劳动实践改造了河流以后,才能指望它为人类的目的服务,故“人力至而天心顺之也”。这里的“人力”无疑就是指人的实践能力;而“天心”显然指的就是河流运动的必然性。纵观古今,一部悠悠中国水利史,实际上也就是人类治理河流的实践史,从尧禹的时代起就是如此。如果抹杀了这个基本事实,把一切通统归之于“天数”,那么“尧可以无忧,禹可以不治也”,中华民族的历史就会中断。所以潘季驯十分痛恨治河观上的唯心主义天命观的说教,明确指出:“归天归神,误事最大。”他之所以要把澄清“神”、“天”观念上两种对立的认识观,作为总结自己一生治河经验的理论著作《河议辩惑》的卷首开篇语,其目的正在于肃清归天归神的消极态度,树立人定胜天的积极有为精神,为他具体阐述治河方略打下牢固的哲学基础。

例如,在“塞决口”问题上,有人借历史上治水失败的事例辩称:“决口不可塞”,“塞决之难,难于升天”,何必“好为艰难之事,自取劳苦哉?”主张留下决口,任决水自行冲刷成河,“以不治治之”。[①] 潘季驯对这种消极治河的观点进行了严肃的批评。他首先指出,塞不塞决口,要看它是否有利于黄河主流的稳定运行,如果主流不变,可不塞;如果主流顺决口尽出,成为一条稳定的新河流,亦可不塞。但如果决口后一片汪洋,

① 潘季驯《两河经略堤决白》,见《河防一览》附存,民国版,资源委员会印本。

不辨正流，且妨害漕运、淹害民生，数百里间散漫无归，那就必须塞住决口。为什么？因为“水分则势缓，势缓则沙停也。”上游一决，下游必壅，“上愈决则下愈壅”，下愈壅而上愈决，必然造成恶性循环。如果再以不治的态度待之，那就会对国家的漕运和沿河百姓的生命财产带来更大的灾难。这样，治与不治，后果一目了然。①

有人恐怕塞决筑堤，秋后洪水暴发，会引起新的溃决。潘季驯则针锋相对地提出，可以采用建减水坝的办法，“水至堤半，即任其滚出堤外也。……减水堤高出于岸，故只减盈溢之水，水落河身如故也”②。说明只要针对存在的问题，积极主动地采取有效工程措施，就可以控制河流，除害兴利。故当有人诘问他说：古代大禹“虽以治河称神”，也未能整治住黄河，他死后，黄河“或南或北，迁徙不常。而驯欲以区区堤坝之工，遂为长久之策乎？”潘季驯坚定地做出回答说：“成功不难，守成为难。”难的是人类如何采取措施不断地保持和发展自己的劳动实践成果。“使禹之成业，世世守之，盘庚不必迁也，周定王以后，河不必南徙也。”而实际上，“人亡岁久，王迹熄而文献无征，故业毁而意见杂出，又何怪乎河之无常也”③。不从人类的主观方面找原因，而怪黄河迁徙之无常，认为人类不可能治理黄河，这种消极无为的观点是不可取的。

故当有人诘问他：“河既堤矣，可保不复决乎？复决可无患乎？”潘季驯断然回答说：“纵决亦何害哉？盖河之夺也，非

① 潘季驯《两河经略堤决白》。
② 潘季驯《河议辩惑》。
③ 潘季驯《河议辩惑》。

以一决即能夺之。决而不治，正河河流之日缓，则沙日高，沙日高则决日多，河始夺耳。今之治者，偶见一决，凿者便欲弃旧觅新，懦者辄自委之天数，议论纷起，年复一年，几何而不至夺河哉？今有遥堤以障其狂，有减水坝以杀其怒，必不至如往时多决。纵使偶有一决，水退复塞，还槽循轨，可以日计，何患哉？……故治河者惟以定议论，辟纷更为主，河决未足深虑也。”①可见问题不在实际存在的困难有多大，而在我们有没有信心去克服它，相信不相信自己的实践力量。“臣窃谓天下之事，不日益则日损，而夫人之情，不日检而日弛。”②干什么事情都是一样的，只要我们闻决不丧志，采取高筑堤防，综合治理的积极措施，千秋万代地实践下去，“世世守之，世世此河也”。这正是潘季驯积极治河，人定胜天思想的生动体现。

（二）藐视鬼神、巧借鬼神的无神论思想

众所周知，治河工作所面对的常常是复杂多变的动态运行的自然河流。封建社会落后的生产力和科学技术水平又为人们探索河流运动规律设置了重重障碍，因此在封建社会的治河活动中，拜神谒庙、祭祀鬼神的现象是屡见不鲜的。人们普遍认为江河变化无常暴涨决溢的灾害现象都是由水里的神灵决定的，人力根本无法抗衡。由此人们塑造了一个又一个“江神”、“河伯”、“海龙王”，认为在这些神灵面前顶礼膜拜求得平安是天经地义的事情。且不说早在中国历史上最古老的

---

① 潘季驯《河议辩惑》。

② 潘季驯《申明修守事宜疏》，见《河防一览》卷一〇。

卜巫著作《周易》中就已经记载了君王率领民众进行抗洪活动之前先要祭祀王庙的史影；[①]也不说在春秋战国时期许多地方盛行的为“河伯”娶亲的习俗；亦不用说西汉初期因黄河瓠子决口20余年.汉武帝亲率文武百官赶赴治河工地负薪堵瓠子决口，也要先行祭祀“河神”，沉白马玉璧，以示恭敬；就是到了明、清时期，拜神庙祀河神也仍然被看作是决不可忽视的重要礼仪。新来河官上任，先要统帅文武随从赴河神庙（龙王庙）贡献祭品，通报姓名，求得通融。一项治河工程举行开工典礼，也要由治河主官督率众人在河神塑像面前献上“三牲”贡品，再三祷告，求得谅解。这种情形在明清时期的河务活动中已经成为一种官方的礼仪制度，谁若轻视河神，违反了这个规矩，他就会受到上至衙门官员，下到普通夫役众口一词的指责唾骂。因此在中国古代水利史上虽然曾经出现了一个像西门豹那样敢于藐视河神，不许为“河伯”娶妇的著名人物[②]，但是在后世中，像他那样立场鲜明的无神论者仍然还只是少数。那么，潘季驯在这个问题上是如何认识的呢？

前面我们已经介绍了潘季驯在晚年对于“神”观念的唯物主义见解。[③] 其实这个见解的形成并不是他一时的心血来潮，而是有着长期的思想基础。因为长期的治河实践使他深刻认识到要想把治河工作做好，使河道安流漕运畅通，首先就必须面对客观实际，正确把握河流与泥沙相互作用的运行规

---

① 《易·涣卦》中有：“涣。亨。王假有庙。利涉大川，利贞。”其中，涣，指水流散乱，江河横溢。亨，祭祀。遇到江河决溢，君王先要去神庙祭祀，求得洪水早日平息，以利于出门。

② 见《史记·滑稽列传》。

③ 潘季驯的《河议辩惑》写于万历十八年，那一年他已年届70岁。

律。只有抓住了客观规律，方能为己所用，达到治河的目的。所以尽管潘季驯不是一个哲学家，但是长期的治河生涯却使他能够自发地形成一种朴素的唯物主义和无神论的立场。同时潘季驯的思想又不是固执的。作为一名杰出的河工管理专家，他十分懂得善于利用不同的激励手段来调节群众的情绪，调动广大河夫和督率官吏的积极性，其中甚至包括主动参加并制造祭祀神灵的活动。这种表现于世界观上的无神论立场和表现于具体实践活动中的尊神行为的奇特结合，常常使研究他的人们感到大惑不解。其实这正是潘季驯的无神论思想的一个突出特点。下面仅举数例说明。

隆庆五年八月，潘季驯第二次治河时所奏的《乞崇庙祭祀疏》[①]，就是这种奇特矛盾现象的典型表达。事情起因于对河神的态度。文章一开始就指出：

> 臣谬承明命开复旧河，董率百执事于正月十六日兴工。或告臣曰："邳有金龙四大王与部将柳张支九诸将军，并武安王之神，实司此土，过者祷之，其应如响，兹大事宜有所叩。"臣素木僵，答之曰："臣知奉国，不知奉神。且未能事人，焉能事鬼？计工立程，矢众惟谨。"所赖风日晴和，官夫兢劝，不一日而渠浚告完。

这一段话可以说真实地反映了潘季驯当时的基本思想态度。迷信鬼神的人劝告他于工程开工之前先祭祀一下当地的

① 见潘季驯《总理河漕奏疏》(二任)卷三。

鬼神，以求得神灵的保佑。而潘季驯却干脆地回答说：臣但知奉国，不知奉神；未能事人，焉能事鬼？治河能否成功，全看众人的努力，哪有什么鬼神显灵的事情？更有甚者，在工程进行的过程中，有一天河道忽然淤积，河塞不流，令人着急。潘季驯恼火之极，竟挥笔写下了一篇责骂河神的微文，令人送到金龙大王庙的神座前焚毁，"为文责神"，当然河塞依然如故。

根据明代野史中的记载，金龙大王庙乃当时邳地一座十分有名气的河神庙，历史上无论官民百姓无有敢不敬的。但是潘季驯就任河道总督之后，却一反前人习惯，公然对河神大不敬，不仅开工典礼时不祭祀大王庙，而且还敢得寸进尺，写文章指责大王神。这种非神非礼的态度在当时可能激怒了当地的士民，人们编造出种种谣言对他的非神行为进行指责。有一个谣言是这样讲的，说潘季驯"为文责神"后不久，他手下的一名书吏，因事过洪，天将暮时，书吏被小鬼擒以见神，神坐庙内，诘问书吏曰："若官人胡得无礼，河流塞亦天数也，岂吾为此厉民？为语(潘)司空，吾已得请于帝，河将以某日通矣。若掌书不敬，当罚。"书吏诉不得，受扑去，以告司空。已而河果以某日通。于是司空祗事神益虔。[①] 由于金龙大王庙地处当时的运河要道，为当地一大名胜，潘季驯此举影响很大，以至当时许多文人墨客都在自己的文集中记载了这件事情。

但是在《乞祟庙祭祀疏》的后半部分，潘季驯笔锋一转，却带头提出了请额建庙、竭诚致祷于神的倡议。疏文中是这样

① 见[明]朱国桢《涌幢小品》卷一九："金龙大王"。另外如王世贞的《弇州山人四部稿》，申时行的《潘公传》，以及《浙江通志》、《湖州府志》等史志书中都有此事的记载，足见其影响之大。

写的：

> 至二月二十三日，河流忽涨，势不可遏，纵水入渠，沉舰俱出。臣窃幸之。寻至二十九日，风雨大作，三日夜不止，平地水深数尺，东冲西决，莫可支持。嗣后不时水发，每至倾败。此固堤岸未成，河身沙垫，难免漫溢。而时未伏秋，风雨暴烈，若或使之，且形诸梦兆，降诸巫祝，人情汹汹不安。臣不得已，乃率郎中张纯……等竭诚致祷于神，且许以请额建庙，血食兹土叩拜。甫毕，忽有村童年可十余岁，舞蹈而前，大作神语，具言河决之由，与旧河必复之故，某日决塞，某日刷沙，某日河成，皆凿凿可听，而臣尤未之信也。自是人心稍安，作事颇顺，而所许时日，累有征应。今幸漕渠通复，河水安流……。

表面看起来这是很奇怪的现象，为什么在同一篇文章里会同时表露出两种对立的观点？难道潘季驯真的被河神显灵的现象所迷惑而转向有神论的立场了吗？其实，我们只要对上述文字稍作一些分析，就会完全明白，潘季驯的立场并没有改变，他只不过是玩弄了一些应付舆论、激励民心的小小把戏。本来，狂风暴雨，天气突变，洪水导致河流决溢，在潘季驯看来，完全属于正常的自然现象："此故堤岸未成，河身沙垫，难免漫溢"，用不着大惊小怪。但是对于无知无识，辛苦了半天的普通河夫和下层官员来讲，眼看他们艰苦劳作了数十日的工程被一场大水付之东流，人心浮动欲哭无门，赴庙拜神，也就成为唯一的安慰理由了。在这种沮丧的气氛中，对于潘季驯来讲，害怕的不是自然的灾异，不是鬼神，而是河工队伍的军心不稳，人心不齐，舆情“汹汹不安”。在这种情况下，“臣不得已”，只好顾全大局，亲率百官祭神于王庙，做样子给大家看看。而实际上他心里很清楚，对于所谓“民间牧童”的那一派冒充鬼神的胡言乱语，“臣尤未之信也”。不过潘季驯的“拜神”行为也确实在客观上起到了很成功的安抚人心的作用：“自是人心稍安，作事颇顺，而所许时日，累有征应。”由此看来，作为一项大规模治河活动的领导者和管理者，及时了解群众的群体心理，并善于采取措施加以积极的引导，对于提高工程活动的生产效率是十分重要的。潘季驯在根本的立场上应当说是一个无神论者，但是这并不影响他在具体策略上利用鬼神的威慑力量来安抚人心，团结群众。

类似的情况还表现在其他一些疏文中。如万历六年他第三次主持治河期间，手下的夫役在黄淮交汇的清口附近挖出了许多“龙骨”，结果在役夫当中引起了广泛的议论，有人就借题发挥，认为这一定是挖河筑堤，惊动了水中的蛟龙，龙借雷雨蜕骨而去。针对这个情况，潘季驯一方面亲自来到挖骨现场查验实情，另一方面又根据调查的结果奏上了《报水孽既除疏》。[①] 他在疏文中指出：“臣闻之荀卿曰：‘积水成渊，蛟龙生焉。’又闻之欧阳修曰：‘泽养千年龙脱骨。’则龙之居于渊而能自脱其骨亦理所有然者。然以臣愚之见，言之其为龙与否，新蜕与否，若何而去，俱不敢以臆度之说告之君父之前，而总之水孽既去，水患自除，庶几自此可慰我皇上南顾之忧矣。”这里同样表现出潘季驯以人事为本，不敬鬼神的无神论立场。在

① 见《总理河漕奏疏》(三任)卷二。

别人看来，挖出“龙骨”是灾异，是由于浚河塞决，破坏了地脉，惊动了蛟龙，蛟龙震怒，才腾飞而去，因此当务之急是停止有关的治河工程。而在潘季驯看来，“龙骨”显形是好事，它表明水下的妖孽被人类的治河壮举所骇怕，脱身逃跑了，这不正说明人力可以战胜灾害，正义可以压倒邪恶吗？所谓“先筑高堤以杀其势，既筑两坝以断其流，积水顿涸，蛟龙无以藏身，蜕骨腾身”而去，从此“堤防永固，地方永赖”。对于治河人来讲，不管挖出来的骨头是否“龙骨”，也不管是否真有蛟龙升飞，这些都是不重要的，重要的是“水孽既去，水患自除”。这才是大快人心的好事情。

万历十八年六月，就在写下著名的《河议辩惑》的同一年，潘季驯又奏上了一篇《神功保护疏》[①]。从奏请的内容来看，是有感于关公显灵，屡屡保护高家堰堤防，当地官民情绪高涨，纷纷要求朝廷加封敕文，遣地方官赴庙祭祀的事情。其实透过表面的文字我们可以很清楚地看到潘季驯是如何聪明地利用鬼神偶像来激励群众的情绪，求得治河工程一举成功的。事情可以追溯到12年前的万历六年，当时他正主持第三次治河工作，在经过了周密的实地调查之后，他认定黄、淮交汇之处的高家堰堤防工程为整个治理工程的关键，所谓“西障诸湖，东保淮扬；北通清口，并黄归海；运道生灵，命脉维系”。同时这一工程又是全部工程中最难修筑的工段，“堰长六十余里，从水筑堤，取土于数里之外，如燕垒巢”。因此工程进展十分缓慢，而且屡筑屡决。在这种形势下参加施工的大部分人员心情沮丧，思想混乱，各种谣言纷至沓来，“观望者龃龉龁

① 见《总理河漕奏疏》(四任)卷三。

愕，佥谓工必难成”，“告以必不可成者，万口一词，臣之心亦稍馁矣”。怎样扭转这种被动不利的局面，重新振作大家的积极性呢？首先，潘季驯决定将指挥部搬到工地，“躬往督之，茇舍而居，誓以不成勿归”。但这还不够，还应当有一个能振作起众人士气的精神支柱。到哪里去寻找呢？经过一夜的冥思苦索，潘季驯终于向众人宣布：“夜梦一大将军赪面欣髯，引臂题石示臣以必成之意，一老兵持帚扫地谓臣曰：‘此云长关公也。’臣瞿然起曰扫者埽也，其谕臣以负薪乎？遂为席官举一像禋祀之，则宛若梦中所见矣。”语罢，“众皆鼓舞”。于是潘季驯趁热打铁，儆令所属司道分工并举，“以六十余里之决，弥月断流”，高堰大堤很快筑成，其速度之快连他本人都未料到。所以当时“司道诸臣与地方耄老，靡不合口乞臣题请封祭，臣以疏涉鸱张而幽怪之事，不宜陈于君父之前”，只是顺水推舟，与共事诸僚捐资建庙，岁奉香火，以示纪念。本来，关公就是中华民族历史上一个负乾坤刚大之气的社稷忠臣，其忠肝义胆，万古如生，潘季驯对他敬佩得很。因此借用关公的形象来托梦，既可振奋众人的激情，又可表达自己为朝廷社稷肝脑涂地的决心。这种做法与其说是宣传神灵，不如说是表白心迹。这也就不难理解，12 年之后，当他在理论上对“神”做出纯粹唯物主义解释的同时，又会畅快地答应众人封祭关公庙的再三请求，并代为具文上奏。用潘季驯本人的话来讲，他的目的，就是借用神灵，表明心迹，应付舆情，以俾国计民生，所谓“庶几神贶可酬，而人心自慰，堰工增重，而群力益奋矣”。

总之，以上的介绍告诉我们，潘季驯的治河思想中确实表现出很鲜明的唯物主义思想和较浓厚的无神论观念。但是我们也要看到，潘季驯是一个治河家，他的唯物主义思想和无神论观念主要不是通过理论上的逻辑演绎和系统阐述，而是通过他的治河实践，通过他对具体事务的处理过程表现出来。这就决定了他在理论思维水平上难以有更深入的分析，而在实践活动中亦常常会表现出一种似乎很矛盾的现象，即在世界观的表述上他坚信人的实践力量，坚信人定胜天；而在一些具体的行动上他又做出许多敬神祭祀的姿态。这样就不可避免地使他的无神论思想蒙上了一层不彻底性的阴影。当然，对于这种思想和实践上的矛盾现象，我们只有站在他的全部治河思想的高度才能做出合理的判断并得出正确的结论。

二、追求"顺治"、锐意创新的辩证观点

（一）主张借用自然力，反对靠人力硬拼的"顺治"思想

与人定胜天的基本精神相对应，潘季驯在治河实践中又反复提出了"求顺治"的观点。他在评述自己的治河专著《河防一览》时明确指出：《一览》"为卷一十有四，要之皆所以求顺治也"[①]。何谓"顺治"？它的含义其实很广泛，我们可以从不同的角度，如自然的角度、社会的角度来谈"顺治"。顺应自然河流的运动规律而治之，可称为顺治；顺应广大人民群众的愿望，代表了社会发展的潮流，亦可称为顺治；工程方法对头，工程措施得当，思考问题合乎实际，也都同样可以称为顺治。概括言之，顺应自然界和社会的发展趋

① 潘季驯《刻河防一览引》。

势而治之，即可称为“顺治”。潘季驯说：“水有性，拂之不可；河有防，弛之不可；地有定形，强之不可；治有正理，凿之不可。”[①]又说：“因时审势，随地制宜。”[②]我们都可以将它们看作是“顺治”观念的同义语。

求“顺治”是潘季驯治河理论中的基本原则，与人定胜天思想相辅相成，构成他的治河思想中的哲学基础。如果说潘季驯的人定胜天思想是他对于人类自身的认识和实践能力的自信心的表现，那么这种自信心就奠基于他对自然规律的正确认识和利用。所以他在对“神”、“天”范畴作唯物主义的诠解时，要把“神”解释为“导”，“导”是什么？就是顺治，“挽上而归下，挽其所不欲而归于其所欲，乃所以奉神非治神也”。正是从这个基本的哲学信念出发，潘季驯提出了一系列独出心裁、行之有效的治河方略。

如他根据对黄河河流泥沙运动现象和黄河迁徙历史的研究，一直主张“复故道”以稳定河势的治河方略。正如我们在第四章中所介绍的，嘉靖四十四年第一次参加治河决策时，针对朱衡避开黄河而另凿新河的方略，他就提出了“复故道”的观点，要求河、运兼治；隆庆五年第二次主持治河时，针对翁大立弃黄河而另开泇河的方略，他再一次提出了“复故道”的观点，要求借黄济运；万历六年以后的两次主持治河，他仍然坚持着这个既定的立场毫不动摇。那么潘季驯为什么要坚持“复故道”的观点？这个观点的立论根据又是什么呢？

---

① 潘季驯《并勘河情疏》，见《河防一览》卷一二。

② 潘季驯《恭报续议工程疏》，见《河防一览》卷八。

原来，在潘季驯治河以前，由于历代治河家们都把注意力放在治“水”的基础上，故多以“开支河”分杀河水，或“开新河”避开故道为其主要的方略。但由于他们忽视了黄河水中多泥沙的特性，长期以来虽耗费了大量的人力财力，仍未能扭转黄河“忽东忽西，靡有定向”的游荡特性。潘季驯主持治河以后，通过持久的调查研究和广泛的征求意见，一改过去的传统观念，提出了治河须治沙、治沙须借水的著名思想。根据这个思想，他认为只要是一条土质良好、地形顺达、有利于泄水排沙的河道，即便这是一条老河故道，也同样可以借水攻沙，刷深河槽，稳定河势，杜绝游荡。他举例说：“老河故道，自新集历赵家圈、萧县蓟门出小浮桥一向安流，名曰铜帮铁底。后因河道水患，另开一道出小河口，本河渐被沙浅。”如果现在借黄河之水力重新开复这条故道，不仅河水顺流，势若建瓴，而且“河南无梗阻之虞，徐邳有冲刷之利，水之道也”[①]。对于潘季驯的上述“复故道”观点，具体工程技术上的问题完全可以姑置质疑，但是他在论证过程中所体现的顺治思想确是明白无误的。他认为，河道形成，水脉贯通，原是大自然力量的作用，并不假于人力。

故他一直反对不顾河流的历史走向，以人力另开新河的做法，他说：“藉令欲弃故道而凿新河，无论其无所也，即使得便宜之地而凿之，人力能使阔百丈以至三百丈，深三四丈以至五六丈如故河乎？即使能之，将置黄河于何地乎？如不可置黄河，何置乎新故？”[②]明确批评了那种硬与大自然的力量相

① 潘季驯《申明河南修守疏》，见《河防一览》卷一一。

② 《河议辩惑》。

对抗的愚蠢观点。他还进一步指出，“开新河”观点的一个错误原因，就在于它不懂得河流泥沙的运动规律，在认识方法上只停留在事物的表面，只看到“沙垫底高”，故道难复，却不去深入探讨造成这种现象的内在根源，以致得出错误的结论。他说：“河底甚深，沙垫则高，理所有也。然以之论于旁决之时则可，非所论于河水归槽之后也。盖旁决则水去沙停，其底自高，归槽则沙随水刷，自难垫底。”这恰恰是“开新河者”所没有认识到的，所以他们一见“沙垫底高”，河道淤浅，便手足无措，试图放弃旧河，强用人力另开一条新河来代替。潘季驯反问道，“故则淤，新则不淤，驯不得而知也”，“旧则塞，新凿者则不塞，非驯之所解也”[①]，一针见血地切中了“开新河说”的弊病。相反，潘季驯根据自己对河流泥沙运动的正确认识，阐述了自己“复故道”观点的理论根据：“即一河之中溜头趋处则深，平缓处则浅，此浅彼深，总不出我范围。此挽水归槽之策必不可缓，而欲挽水者，非塞决筑堤不可也。”[②]这就是说，即使是在老河故道上，只要掌握了河流泥沙的运动规律，采取相应的“塞决筑堤”措施，挽全河归于主流河槽，就可以借水刷沙，防止沙垫底高的现象发生。这个思路应当说是比较合理的，充分体现了潘季驯的“顺治”思想。

为了充分论证自己的观点，潘季驯还引经据典，列举大量历史材料来反驳诘问者。他说：“盖天地开辟之初，即有百川，四渎原自朝宗于海，高卑上下，脉络贯通，原不假于人力，岁久湮淤，至尧时泛滥之极。禹不过审其高卑上下之势，去其壅塞

---

① 《河议辩惑》。

② 《河议辩惑》。

湮淤之处,以复天地之故道耳,固未常创掘一河也,吾人知识不逮神禹远甚,乃欲舍故道而另凿一河可乎?”[1]明确表示了自己要顺应自然规律的趋势而治之的基本立场。

当然,潘季驯的顺治思想并不仅仅体现在“复故道”的方略中。有人曾诘问他:既然你反对开新河,又反对浚支河分疏河水,为什么不用人力去挑浚老河河道,却非要用筑堤的办法开复故道呢?潘季驯回答说:靠人力去挑浚大河之沙,实在是得不偿失,劳民伤财,而且工效低劣。“河底深者六七丈,浅者三四丈,阔者一二里,隘者一百七八十丈,沙饱其中,不知其几千万斛。即以十里计之,不知用夫若干万名,为工若干月日,所挑之沙,不知安顿何处?纵使其能挑而尽也,堤之不筑,水复旁溢,则沙复停塞,可胜挑乎?”他尖锐地反问道:既然水可以刷沙,为什么不借用水力来挑浚河道呢?“以水刷沙,如汤沃雪,刷之云难,挑之云易,何其愚何其拗也?”[2]可见潘季驯并非反对浚河之法,他只不过反对强用人力去傻干、硬干,而主张借用自然之力巧干。故当有人诘难他以堤治河的方略不是“导”,而是“障”,是强水所欲时,潘季驯做出了自己深刻的辩证回答。他说:“以邻为壑,是谓之障”,“若顺水之性,障以防溢,则谓之防,防之者乃所以导之也”。[3] 由此可见,所谓顺治并非就是消极无为地顺应自然。如果那样理解,就是对潘季驯治河思想的极大误会。顺治的落脚点在于积极的“治”。问题是怎样治?是无视自然规律盲目地去治,结果导致人类

---

① 《河议辩惑》。
② 《河议辩惑》。
③ 《河议辩惑》。

社会和自然界之间的不和谐状况？还是按照客观规律的要求巧妙地去治？这里面就体现了深刻的哲学道理。潘季驯是这样作出回答的：

> 水有性，拂之不可；河有防，弛之不可；地有定形，强之不可；治有正理，凿之不可。故厌常者，每欲弃旧以更新，而臣则以为祖宗二百余年之故道，必不可失也；泥成说者，每欲分支以杀势，而臣则以为黄河之浊流，必不可分也。臣执此以治河者，前后一十二年矣。①

这里明确表示了他与两种片面观点的原则区别：一是与"厌常者"——即开新河论者的区别，他们"每欲弃旧以更新"，却不愿从具体的河情出发考虑问题，故听起来激动人心，实际上劳民伤财，并不能解决实际问题。所以潘季驯提出"祖宗二百余年之故道，必不可失也"。这个观点对于我们今天治理黄河的战略决策也是具有一定启发意义的。二是与"泥成说者"——即开支河论者的区别，他们"每欲分支以杀势"，只图消极地分疏河水，却忽视了黄河的多泥沙特性，也就是脱离了黄河的具体河情考虑问题，所以听起来有理而实际上行不通。所以潘季驯说："黄河之浊流，必不可分也。"在他看来，无论是"泥成说者"，还是"厌常者"，他们的观点实际上都违背了黄河自然之性，都不能算"顺治"，只有他的筑堤束水、借水攻沙的治河方略才算是真正达到了这个标准。

---

① 《并勘河工疏》，见《河防一览》卷一二。

总之，上述分析告诉我们，潘季驯实际上通过他的河防述言指出了人们对于客观对象所应该树立的正确的思想态度：不按自然规律办事，只顾强调自己的主观能动性，盲目实践，就必然导致失败；反之，被大自然的力量所吓倒，丧失自己的信心，不敢于实践，也必然走向失败。只有在正确掌握规律的基础上发挥人的能动作用，才能驾驭自然，取得胜利。如何在不同的生产实践中正确处理人与自然的关系？这是一切实践的人们都不能回避的认识论问题。我们看到，通过与不同治河观点的论辩，人定胜天与顺治，有为与无为，主观与客观，这些矛盾的两端在潘季驯那里都被有机地结合在一起了。“盖天时地利，本自相资，而人力天工，不可偏废者也。”[①]尽管这种认识还仅仅处于一种朴素的、感性的阶段。

（二）以“防”为“导”，辩证施治的堤防思想

“防”是堤防，“导”是疏导。这两个看起来性质完全不同的范畴被潘季驯辩证地结合起来，构成他治河主张的理论支点。

潘季驯治河一生，追求的是“以水治水”、“借水攻沙”的“顺治之法”。但是他实践这个目标的基本措施却是修筑堤防。他是这样论述导河与筑堤之间关系的：“臣窃谓治河之法，别无奇谋秘计，全在束水归槽，……束水之法亦无奇谋秘计，唯在坚筑堤防。”[②]这里实际上反映出人类对于堤防在治

① 潘季驯《旱久泉微祷雨疏》，见《河防一览》卷一〇。
② 潘季驯《申明修守事宜疏》，见《河防一览》卷一〇。

河中的作用从认识上达到了一个新的高度。

在潘季驯以堤治河的方略提出以前，在中国治河史上，人们多对靠堤防治河的方法持怀疑或否定的态度。因为传说中的治河先人崇伯鲧就是因为“壅防百川”而导致失败，他的儿子大禹也因为“疏治九河”而取得成功，这些都是儒家经典中反复记载的“经义”。所以以疏以导的分疏之法似乎就成为后世人们治河的唯一法宝。西汉时期，待诏贾让在其著名的《治河三策》中虽然提出用堤防治水亦不失为河防一策，但他同时又认为“若乃缮完故堤，增卑培薄，劳费无已，数逢其害，此最下策也”。这个观点被后世人们抽象化了以后，也对后世产生了很大的影响。所以当潘季驯提出堵塞决口、高筑堤防、以河治河的方略之后，立刻引起了人们的普遍怀疑与反对，许多人直接引证古代大禹、贾让的治河理论来质问他。面对这些质疑，除了从实践上做出事实上的回答，潘季驯还从理论上对自己的堤防思想进行了系统的论证。

首先，潘季驯承认自己所提出的治河方略与古代治河家所提出来的观点确实有相区别的地方，他说，“为照筑堤束水，治河要策”，“古所称下策，则今之上策也”。[①] 但同时他又指出，自己的堤防战略不过是对历史上治河经验的积极继承，它与贾让的观点在本质上是一致的。他说：“臣唯河渠之塞，必先旁决，防决之策，要在堤防。昔者贾让言之详矣。故臣于筑堤一节，独倦倦焉。”他还举例说：“不然何自我国家以来，河患不在河南，而独在徐邳之间耶？有堤无堤故耳。”[②]其实潘季

① 潘季驯《议筑长堤疏》，见《总理河漕奏疏》(二任)卷三。

② 潘季驯《乞留贤官疏》，见《总理河漕奏疏》(二任)卷三。

驯的这个说法还是有道理的，如果我们认真分析一下《治河三策》，贾让所提上、中、下三策的实施，无一不是以堤防的构筑为其手段的，他并没有明确表示反对筑堤防河。至于贾让所称的“下策”是指“完善故堤”，这里“故堤”是专指特定地区的堤防而言，并非泛指一般束水导流的筑堤方法。后世的治河者多认为“下策”是贾让反对堤防的一个证明，其实这是很大的误解。所以潘季驯认为贾让的治河三策中有主张筑堤防决的要义，认为自己在筑堤防决这一点上与贾让陈陈相因，确实是颇有见地的分析。

针对反对者对以堤治河思想的抨击，潘季驯更多强调了他对堤防之“障”、之“防”、之“导”三种功能关系的辩证认识。批评者认为堤防的作用仅仅是“障水”，除了阻挡一下洪水之外，没有什么特别的用处。潘季驯从“以堤束水、借水攻沙”的治河观点出发，则提出堤防的作用不仅仅在“障”，而且还在“防”、在“导”，“防之者乃所以导之也”①。潘季驯与反对者的这个争辩表面上谈的是堤防的功能问题，实际上涉及到对中国水利史上两种对立的战略思想的不同评价问题，即治理黄河究竟是以“障”为主？还是以“导”为主？还是兼而有之？障河之法，被认为是高筑堤，防川溃，违反了自然界的本性，因而是大多数治河家所不取的；而导河之法，则被理解为浚川、开河、疏通水道，因为顺应了自然河流的本性，因而被人们奉为治河的上上之策。其实贬“障”褒“疏”的争论一方面确实深刻反映了中华民族经过几千年的治水实践，历经千辛万苦，付出极大代价才总结出来的一个重要的思想原则，即认为自然规

① 《河议辩惑》。

律不可违背，唯有因势利导，顺其自然，才能使实践获得成功。但是在另一方面也反映出古代的治河家们在选择具体的治河方略时，太多地受到古代儒家经典中"禹治九河"经义的影响和束缚。这种"按经义治河"的观念无形之中阻碍了人们治河思想的创新，助长了治黄议论和实践活动中的主观主义作风。其实无论是障河之法还是导河之法，在特定的治河条件下都有它们的用武之处，我们今天在治河方针上不是一再强调要"蓄泄兼筹"吗？这里的"蓄"从某种意义上讲就是障，但决不是违背自然界本性的障。所以说对于障河之法也要作具体分析。

潘季驯恰好深刻地认识到了这一点。他根据自己长期的治河实践，认为过去人们在批判逆水之性的错误观点时，往往把"障河"的抽象含义——逆水之性，与它的具体含义——防御和控制洪水混为一谈，而实际上它们是两个意义完全不同的层次。过去被人们指斥为障河之法的筑堤防，其实倒与导河之法有着不可分割的关系。所以当有人指责他的方略是障水之法而非导水之法时，他作了这样的回答：

> 臣曰：昔白圭逆水之性，以邻为壑，是谓之障。若顺水之性，以堤防溢，则谓之防。河水盛涨之时，无堤则必旁溢，旁溢则必泛滥而不循轨，岂能以海为壑耶？故堤之者欲其不溢，而循轨以入于海，正所以导之也。①

① 潘季驯《并勘河情疏》，见《河防一览》卷一二。

什么是障?“逆水之性,以邻为壑,是谓之障。”但是堤防本身并不能简单地等同于障:“若顺水之性,以堤防溢,则谓之防。”防的工程意义是什么呢?“河水盛涨之时,无堤则必旁溢,旁溢则必泛滥,而不循轨……故堤之者欲其不溢,而循轨以入于海,正所以导之也。”在这里,潘季驯向我们宣布了他的三点重要思想:

第一,他完全承认有两种根本不同的治河原则,即“逆水之性”与“顺水之性”。他认为这二者确实是不可调和的,一个优秀的治河家必定是坚持后者而反对前者。

第二,在具体的治河方法上,则要坚决打破过去数千年以来人们在理解“障”与“导”的关系上所坚持的传统观念,以“顺水之性”,还是“逆水之性”作为评价一切治河方略的原则标准。这样可以深化人们对于治河规律的认识。过去人们把筑堤理解为障,或把障归结为筑堤;把开河规定为导,或把导归结为开河,以偏概全,易于导致片面化的结论。现在则认识到,只要是符合“顺水之性”,那么筑堤防也属于导河之法;而违背了顺治原则,那么即使是开河疏导的方法也只能被认为是“逆水之性”的活动。

第三,在思维逻辑上,由于将“防”与“障”的概念含义作了严格的区分,以导释防,以防训导,也使过去长期以来被认为是不能相容的“防”和“导”辩证地结合在一起。这个结合关系正像潘季驯的同僚所正确评价的:“若谓胡不用浚而纯用筑也?则筑坚而水自合,水合而河深,是藏浚于筑矣。”①浚即是导,筑即是防,防坚水合河自深,正好是藏导于防之中。

①　潘季驯《古今稽正·佘毅中全河说》,见《河防一览》卷六。

从上述辩证认识出发，潘季驯还在一系列的文章中都尽情发挥了自己的基本观点。

首先，他指出，筑堤导河，必须坚持“顺水之性”的原则，反对“逆水之性”的做法。如在堤距宽窄的问题上，他说：“照得堤以防决，堤弗筑则决不已。故堤欲坚，坚则可守，而水不能攻；堤欲远，远则有容，而水不能溢。”①他批评过去的筑堤者不仅在堤防质量上弄虚作假，而且在堤防距离的选择上也违背水性：“夹河束水，窄狭尤甚，是速之使决耳。”②因此他提出应以贾让的“宽堤”思想作为后人筑堤的原则：“凡基必从高厚，又必绎贾让不与水争地之旨，仿河南远堤之制。”③“凡黄河堤必远筑；大约离岸须三二里，庶容蓄宽广，可免决啮，切勿逼水，以免易决。”④这里令人注目的是潘季驯的“远堤”原则恰与他的“束水攻沙”理论形成一个鲜明的对照，充分地体现出他的顺治观念的实际运用。因此他批评那些目光短浅、思想僵化的人不懂障、防、导三个概念的辩证关系，却一味攻击筑堤防的措施，是根本站不住脚的，“顾频年以来，无日不以缮堤为事，亦无日不以决堤为患，何哉？卑薄而不能支，迫近而不能容，杂以浮沙而不能久，堤之制未备耳。……议者不咎制之未备，而咎筑堤为下策，岂得为通论哉？”⑤

其次，他也大力发挥了防河即导河的辩证观点，多次指出：“河未易以人力导，唯缮固堤防，使无旁决，水入地益深，则

① 潘季驯《两河经略疏》，见《河防一览》卷七。
② 潘季驯《两河经略疏》，见《河防一览》卷七。
③ 潘季驯《两河经略疏》，见《河防一览》卷七。
④ 潘季驯《修守事宜》，见《河防一览》卷四。
⑤ 潘季驯《两河经略疏》。

治防即以导河也。”[①]“职等故谓今日浚海之总务，必先塞决以导河，尤当固堤以杜决”，“固堤即所以导河，导河即所以浚海也”。[②] 又说：“盖筑塞似为阻水，而不知力不专则沙不刷，阻之者乃所以疏之也。”“合流似为益水，而不知力不宏则沙不涤，益之者乃所以杀之也。旁溢则水散而浅，返正则水束而深。水行沙面，则见其高，水行河底，则见其卑。此既治之后，与未治之先，光景大相悬绝也。”[③]显然，这里对“阻”与“疏”、“益”与“杀”、“浚”与“导”、“高”与“低”等成对范畴的具体运用，实际上都是对于“防”与“导”的辩证观点的实际展开。

总之，欲导河而必须高筑堤防，欲堤防而必循远堤之制。在这些看来十分矛盾的具体观点背后，恰恰透露出潘季驯对于“制天”与“顺天”这个传统哲学问题的深刻辩证思维。

三、“劳心”与“劳力”相结合的人本思想

“劳心”与“劳力”相结合的观点实际上也就是脑力与体力、知识与劳动相结合的观点。这里不是讲它们的相互作用关系，而是讲它们在一定条件下能否实现结合的问题。因此这里就不能不引进“人”的范畴。因为从事实践和认识活动的主体是人，我们讲“劳心”与“劳力”的结合，当然是指在“人”这个认识主体上的结合。正是在这个问题上潘季驯做出了他的独特回答。

① 《行水金鉴》引《南河全考》卷二九。
② 潘季驯《两河经略疏》。
③ 潘季驯《工程告成疏》，见《河防一览》卷八。

（一）在治河活动中对人的作用的规定

潘季驯治河，十分重视“人”的因素。他认为能否调动治河人员的积极性，使人与堤紧密结合，是治河工作有没有时效，能不能持久的一项重要保证，他说：“臣惟河防在堤，而守堤在人。有堤不守，守堤无人，与无堤同矣。”[①]他认为：“管河之官必以河为责，而它务俱所未遑；防河之夫，必以河为事，而诸工有所不逮。朝于斯，暮于斯，饮食起居必于斯，功以久积，业以专成，如此而犹有颓败之患者，臣所未解也。”[②]他比喻说，这就好像防御敌人进攻，“环城而攻，惟在守城者加之意耳”[③]。由此可见，潘季驯在这里所指的“人”是一个范围广泛的概念，既包括各级治河官吏，也包括普通的河工役夫。

由于治河工作的性质，潘季驯比较接近实际，所以他能够注意到处于社会最底层的广大劳动群众的疾苦，认识到改善广大河工的生活待遇会给治河工作带来极大的效益。因此他向朝廷建议说，国家应当“优恤各工夫役”，蠲免他们的科税。他说：“贫民自食其力，冲寒冒暑，暴风露日，艰苦万状，纵使稍从优厚，亦不为过。”[④]因此他提出：“合无每夫一名，于工食之外，再行量免丁米一年，容臣等出给印信票帖，审编之时，许令执票，赴官告免。州县官抗违，许其赴臣告治。如此则惠

① 潘季驯《申明河南修守疏》，见《河防一览》卷一一。
② 潘季驯《申明修守事宜疏》，见《河防一览》卷一一。
③ 潘季驯《河议辩惑》，见《河防一览》卷二。
④ 潘季驯《河工事宜疏》，见《河防一览》卷七。

足使民，忘其劳矣。”潘季驯的上述建议很快得到了当时的首辅张居正的支持。[①] 为了加强堤防修守队伍的建设，潘季驯除了规定严格的组织措施之外，还主张对普通的堤夫改善生活条件，因为他们“终岁劳苦，虽得官给工食，糊口不敷。合无令三府掌印官，即于近堤处所，勘刷地段，堡老每人给予六亩，堡夫五亩，以便耕种，稍种食用，……免其粮差，则人心乐为之用，而堤防可久矣”[②]。这些请求都反映了潘季驯在某种程度上对普通劳动人民的同情心，反映了他重视人的因素，特别注意从加强工程管理上发挥劳动者积极作用的基本措施。但是从封建士大夫的立场出发，潘季驯更主要的还是依靠作为管理者阶层的管河官吏队伍的建设，他认为这是驾驭和驱使广大河工役夫协力工作的最关键因素。他是这样表述其重要性的：“议照治河不难而守成为难，守成不易而得人自易。然所谓得人者，司道固为提纲挈领之官，而画地责成则全在管河官也。臣等每见伏秋之时，堤防之有疏虞者，必其所管之官奸欺闾阎者也；而其官之贤有才者，虽当要害之处，异常之水而必不致有疏虞之患，此其屡试屡征者也。”因此他得出结论：“由此观之，河之系于人也，诚切矣。”[③]由此可知，潘季驯虽然承认作为治河活动的实践力量，劳动者和管理者都是应当重视的，但是他的阶级立场又规定了他往往只是把管理者阶层作为认识和改造客观对象的能动主体。在他心目中，劳动者只不过是被驱从的实践力量，他们并无主动认识和实践客观对

① 张居正《答河道潘印川》，见《张太岳集》卷三一。

② 潘季驯《申明河南修守疏》，见《河防一览》卷八。

③ 潘季驯《议补管河官员疏》，见《总理河漕奏疏》(三任)卷四。

象的欲望。所以在更多的场合,潘季驯所力陈的“人”的作用,实际上主要局限于河官队伍的范围。

(二)在用人上提倡重用内行,主张以实践经验作为考核和提升河官的基本标准

综览潘季驯的著述,举荐、甄别、保留、铨补、举劾管河官员的奏疏有六七十篇,约占他全部治河奏章的 1/4 强。他有这样一句名言:“夫知人贤而不以告之君父,非君道也;生则籍其力而死不扬其美,非友道也。臣窃附大臣之末,而何忍以非臣非友之道自处也。”[①]生动地反映了他为河防建设举荐人才的拳拳之心。

潘季驯举荐河官的一个最基本条件,就是“重久任以便责成”。他在万历八年的一篇奏疏中写道:“河道关系最重,类非可以穿凿于聪明,勾干于仓促者,全在得人任久,乃可责成。”认为这“最为治河先务”。因为通过长期的治河实践,他已深深体会到这样一个道理:“治河固难,知河不易。”[②]只有经过长期治河实践,对河性了如指掌的人,才能充当治理和管理河防的重任。这种治河工作的实践特性,显然是由被治理对象的复杂特性所决定的。自然河流是一个无时不变、无处不变的运动客体,所以人们的治理措施也只能相应地不断变化,才能产生最佳的工程效果。而这二者之间互相适应的直接途径,便是治河者事无巨细、长期不懈地亲自观察和实践。因此潘季驯认为,越是接近河防前沿,深入河防工地的人们,越懂得

① 潘季驯《优恤病故忠实大臣疏》,见《总理河漕奏疏》(三任)卷五。

② 潘季驯《复议善后疏》,见《河防一览》卷九。

治河的真谛；治河越久，实践经验越丰富，则越有利于治河事业。所谓“职守益专，而河防允赖矣。”而那些高高在上的人，由于成天泡在“文移调动之间”，或“控制于数千里之间”，只能依靠基层河工部门汇报的情况来制定政策，其认识的偏差就相对大一些。因此对于统帅全局的总河衙门来说，任用好基层河官具有头等重要的意义。为此潘季驯向朝廷大声呼吁：“凡遇各官升调去任，即便就近推补勒限赴任。”他说：“部臣初至地方，未知原经首尾，岁月稍久，头绪颇知，而转擢之报又至矣。臣于万历八年具疏题请久任，奉有成命，而数年之间，卒未有能行者，又何怪乎河工之作辙也。伏望敕下该(工)部，再加查议，如遇中、南两河郎中员缺，即于工部主事，查有曾经分司河上及历俸未及三年者，邻选推补，查照旧规，新旧交代，以河上事体，转相转告，代后克修职业，任内并无疏虞，容其历俸九年，方为破格开擢。则练习久而河防自熟，区划当而河患可弭矣。”[①]他还从理论上阐发了之所以这样要求的理由：“以大禹之智，必十有三年而后成功，盖其诹咨荒度，非假以岁月之久，不得也。何也？水性有顺逆，河情有分合，地势有夷险，堤形有高卑。某处迎溜，作何卷筑，以当其冲；某处扫湾，作何帮护，以防其汕。至于分派官夫，皆有定额，置办器具，各有攸宜，储蓄物料，栽插柳株，一切琐屑事宜，种种皆经料理。总理衙门，眇然一身，控制于数千里之间，岂能一一亲为之哉？所恃分司与该道而已。故总河所恃以干济者，分司官为多也。”[②]

① 潘季驯《复议善后疏》。
② 潘季驯《复议善后疏》。

这就是潘季驯在用人问题上的基本观点，它完全建立在重视以实践经验作为评价标准的思想基础上。当然，潘季驯的这个观点还很不彻底，他虽然表面上意识到了治河主体的实践性优点，但是却把它仅仅局限在一个小小的治河官群体“分司与该道”之间，这样就很难产生普遍的社会意义，使他上述观点的价值大为降低。但是对于一个封建时代的高级官吏来说，主张以实践经验作为考核河官的基本标准，认为下属比上司更接近实际和了解情况，认为领导者只有依靠基层部门的工作才能做出正确决策，这些见解却是难能可贵的。所以当时他的许多同僚和下属都高度评价他“公之能知人也！”①感到在他手下工作很愉快。

（三）大胆提出“劳心”与“劳力”相结合的观点，触及到“人”的全面发展问题

所谓“劳心”是指人的脑力活动，或曰从事精神生产活动的人；所谓“劳力”是指人的体力活动，或曰从事物质生产活动的人。关于“劳心”与“劳力”的关系，在中国古代的思想家那里一直是被颠倒认识的。从哲学家孔子开始，几千年来，历代的儒士们都对此做出大致相同的形而上学解释：“唯上智与下愚不移。”“劳心者治人，劳力者治于人。”在他们看来，“劳心”与“劳力”这两种活动在一个人身上不可能实现统一，它们只能分属于不同的社会阶级或阶层，成为各自所独占的特权。

但在辩证唯物主义的认识论看来，人既是认识的主体，又是实践的主体，他与自然界的事物之间同时发生着两重本质

① ［明］李迁《督抚江西奏疏序》。

的关系：一是主体改造客体，形成二者之间的实践关系；二是主体反映客体，形成二者之间的认识关系。因此从人的认识本性来说，不存在"劳心"与"劳力"的绝对分割，更不存在"劳心"就比"劳力"尊贵的规定。脑力劳动与体力劳动在人对客观世界认识过程中的作用是同等重要的，它们之间也是互相依存、互相转化的。只是在谁是本原的意义上劳动实践才具有更为深刻的涵义。虽然在生产力水平低下的古典阶级社会里，社会分工把这两种属性对立起来，强制剥夺了大多数人从事脑力劳动的自由，而使它成为极少数人的特权和压迫人的工具。但是随着生产力水平的提高和社会的进步，这种强制的分工必然会逐渐地克服，人类本身终将会得到全面的发展。

生活在明代的封建官吏潘季驯当然不可能自觉认识到辩证唯物主义的这一深刻思想，但是他认为治河家身上既具有"劳心"的特点，又具有"劳力"的特点，认为河官群体既与无知无识的普通百姓相区别，又与那种不事劳动坐而论道的儒生阶层相区别，却在现象上模糊地触及到了人的全面发展问题。早在万历七年他就形成了这一重要思想，认为管河官员是一种集劳心与劳力于一身的特殊知识分子。他说："窃照天下之事，劳心以治人者，其力或可少憩；劳力以治于人者，其心或可暂闲；维兹河工必须心力俱瘁，方克有济。故虽以大禹之智，犹不免手足胼胝也。"①

正是本着这一信念，潘季驯每一次治河工毕，总要不厌其烦、事无巨细地将每一位效劳河臣的功绩列表上奏，并且用最美好的语言赞扬他们，说他们"心存河务，志在急公，当祁寒暑

① 潘季驯《病故管工官员疏》，见《总理河漕奏疏》(三任)卷二。

雨之际，昼夜栖身于河浒，险阻何辞？值工繁期迫之时，朝夕董役于风霾，容颜俱瘁”。称赞他们“殚力奉公，小心尽役，取土则如垒巢之燕，惜之不啻黄金；运石则如负重之蚤，视之真如白璧。止宿狂风烈日之内，形神俱敝于焦劳；出入泥滓淤浊之中，筋力已疲于奔走”。这些发自肺腑的赞美之言，深刻地折射出潘季驯自己的世界观和人生观。说明他把“劳心”与“劳力”相结合看作是治河者身上所独有的一种思想美德，一种崇高的精神境界来颂扬的。潘季驯能提出这样的观点其实并不奇怪，这完全与治河工作的高度实践性密切相关。而且他本人也就是率先这样做的。他曾不止一次地谈到自己在河工繁忙的时候“日蓬头垢面与役夫相从于畚锸之间”。“自受事以来，日与夫为伍，以舟为家，冲寒触暑，宿水食风，虽尺寸之堤，竹头木屑之事，皆臣所目击而心惟者，二千里堤防庶几稍称有备也。”①在这种特殊艰苦的工作环境中，潘季驯是完全可以得出上述深刻观点的。

万历十七年，他的一位忠实僚属南河工部郎中罗用敬，因积劳过度，在工地上以身殉职。当人们为他衾殓遗体时，竟发现他囊无余资，一贫如洗，只是在潘季驯和同僚们的曲为捐助之下，始就棺殓。罗用敬的死，给河官们以很大的震动，他们纷纷上言，要求追赠死者。接受僚属的委托，潘季驯特意奏上《赠恤司官疏》，借罗用敬之死，感慨地陈述了他心中的思念和担忧。他首先怀着沉痛的心情追述了罗用敬的勤奋一生，称赞他：“朝于斯，暮于斯，饮食起居于斯，已绝生人之乐；寒不息，暑不息，烈风暴雨不息，常怀殉国之心。……形神俱敝，智

① 潘季驯《患病乞休疏》，见《总理河漕奏疏》(四任)卷三。

力两穷，寸心如焚，诸火并发”，最后以身殉职。“又闻本官未死之二日，犹扶疾遍历诸工，口不能言，惟以手指。医人立劝归署，就榻即仆。古人所谓鞠躬尽瘁，死而后已者，非其人哉？身死之后，囊无余资，臣等与地方诸察，曲为捐助，始就棺殓，又可知其生平矣。兴言及此，不觉泪下”。①

语云愤怒出诗人，悲伤悟哲理。正是在这样一种将心比心的沉痛回忆中，潘季驯的思想又一次得到升华，他动情地写道：“臣再照天下之事，劳心以治人者，其力或可少憩；劳力以治于人者，其心尚有余闲。维兹河工必须心力两尽，方克有济。故虽以大禹之智，犹不免于手足胼胝也。”可以说这是中国古代水利思想史上最早明确谈论知识分子劳动化的观点。走这条路是十分艰难的。潘季驯深沉地回忆道：“十年之内，但经河工大举，必有殉身之臣。两淮运同赠行太仆寺少卿黄清、中河郎中佘毅中、山东参政冯敏功、徐州道副使莫与齐、河南佥事余希周、南河郎中罗用敬，相继客死工所，臣等皆所目击。而其他卑官散佚，泯没无闻者，未可悉数。”②正是由于河官工作的十分艰辛，却又俸禄微薄，所以难倒了封建官僚队伍中的绝大多数人。对于他们来讲，学习知识不过是为了谋得高官厚禄，而决不是为了再去吃苦，与广大河工役夫厮混在一起。所以潘季驯痛斥那些只想劳心、不屑劳力的大小官员们“视河官如桎梏，偶得脱免，若释重负”③。尽管他十分痛恨这种局面，但是却无回天之力。在封建社会里，他找不到使

① 潘季驯《赠恤司官疏》，见《河防一览》卷一一。

② 潘季驯《赠恤司官疏》，见《河防一览》卷一一。

③ 潘季驯《赠恤司官疏》，见《河防一览》卷一一。

士大夫乐意趋从河工的良方，只好求助于封建伦理道德的激励，求助于封建皇帝“俯赐矜怜，曲为优处”①。用表彰逝者的办法来激励生者的道义感，这种办法所造成的影响实际上是微乎其微的。

不过对于后世的评论者来讲，我们正是从这里窥见了潘季驯那丰富的内心世界。我们看到，潘季驯虽然也是一个进士出身的高级儒家知识分子，但他是很看不起社会上那种空谈心性义理、不尚社会实际的儒者，而是一再地强调注重践履，强调务实。而且，他所务的“实”，跟当时一般进步思想家们所讲的“务实”也不完全一样，就是直接的治河活动，也就是他所讲的“劳力”与“劳心”相结合。这样一种务实的思想，不仅在当时程朱理学和阳明心学广为传播的明代社会环境下显得极为珍贵，就是在整个封建社会的知识分子中间，都是极为可贵的。

四、潘季驯哲学思想形成的文化氛围

众所周知，明代学术界的历史一直是程朱理学和王阳明心学占统治地位的时代。在这样一种学术氛围中，潘季驯的唯物主义哲学思想又是怎样形成的呢？其实，潘季驯上述哲学观念的产生并不奇怪。除了他长期从事治河活动这个最根本的实践性因素之外，从文化氛围的角度来讲，它实际上还是这个时期明朝思想文化领域里实学思潮蓬勃兴起，并得到

① 潘季驯《赠恤司官疏》，见《河防一览》卷一一。

仕宦阶层广泛支持的一个突出表现。

因为当明朝进入正德、嘉靖年间，朱氏家族的政治统治已经开始由盛世走向衰亡。各种社会矛盾空前尖锐，出现了严重的社会政治危机。农民战争风起云涌，民族矛盾日益激化，而朝廷内部政治腐败，中央集权与地方藩王之间的矛盾、宦官集团和官僚集团之间的矛盾、内阁与言官之间的矛盾也越演越烈。面对这种“世风日下”的严峻形势，在统治阶级内部有一批正直的知识分子敢于正视社会矛盾，寻找新的思想武器，提出新的“拯救之策”，积极推行“新政”改革，以实现富国强兵、足食足兵的美好愿望。与此相应，在文学领域，就出现了不满意“台阁体”诗文派粉饰现实、歌功颂德的庸俗风气，大力提倡说实话、记实事、抒真情的创作风气，在创作风格上主张“文必秦汉，诗必盛唐”的“复古”诗文思潮；在思想领域，就出现了不满意程朱理学和阳明心学中那种空泛迂腐、脱离实际的僵化学风，而提倡“经世致用”、“崇实黜虚”的实学思潮。一度，实学成为人们文章言语中经常使用的时髦字眼。

所谓实学，按照当时人们的理解，它的基本含义就是指“实体实用之学”；它的核心内容就是主张“经世致用”，即在揭露和批判田制、水利、漕运、赋税、荒政、吏治、科举、边防、兵制等方面社会弊病的基础上，提出和实施各种旨在改革时弊的救世方案和“新政”措施；它的基本特点就是“崇实黜虚”，处处突出一个“实”字。如强调以“实理”为本的自然观，以“实践”为基础的认识论，以“实性”为基本内容的人性论，以“实功”为主要修养方法的道德论。故称之为实学。①

① 参见葛荣晋《实学研究的现状与展望》，《哲学动态》1994年第10期。

在明代中叶“实学”思潮兴起的过程中，文坛“前七子”和“后七子”的思想活动在其中起到了十分重要的支柱作用。特别是“前七子”当中的主要成员王廷相[①]，更是从哲学思想的高度为实学思潮的兴起与传播奠定了扎实的理论基础。王廷相是明代中叶著名的唯物主义哲学家。他在政治上强调“厘革积弊”的政治思想，主张“居重以驭轻，督内以制外”，认为“修政之要，莫先于任贤”；在经济思想上提出“宽赋税，轻徭役”，主张“藏富于民”的经济观点；在自然观上吸取前人的优良思想传统，进一步发挥了“天人交胜”的光辉思想；在认识论上他提出了“知行兼举”的认识观，强调“讲得一事即行一事，行得一事即知一事，所谓真知矣”的实践观点，在认识标准上提倡“随时体察，以验会通”，把“参验”看成判定是非曲直的基本标准，等等。在一系列重要哲学问题上发挥了唯物主义的观点。如果我们把潘季驯的思想同王廷相的观点作一个对比，就会惊奇地发现，他们两人的思想和观点在许多方面都表现出惊人的相似，以至于我们可以肯定地认为他们两人完全属于同一个思想流派。

确实，潘季驯与王廷相基本上是属于同一时代的人。嘉靖六年(1527 年)王廷相第一部哲学著作《慎言》辑成时，潘季驯刚满七岁，“补博士弟子”。王廷相嘉靖二十三年(1544 年)病逝时，潘季驯已是一个风度翩翩的青年学人。以王廷相在朝中的地位和名声，以王廷相的《慎言》于嘉靖十二年正式刊

① 王廷相(1474～1544)，号浚川，河南仪封人。明孝宗弘治十五年进士，官至兵部尚书。王廷相哲学思想的详细内容，可参见葛荣晋《王廷相和明代气学》一书。

行后在社会上引起的轰动[1]，潘季驯不可能对王廷相的著作和观点不了解。特别是作为文坛“后七子”的亲密朋友，他对于包括王廷相在内的文坛“前七子”的著作和思想，更应当是了如指掌并深受影响。所以我们在他的有关著述中间，很难发现当时理学思想对他的影响，却可以处处感受到王廷相的思想精粹在他笔下的不断复活。

同时我们看到在他所结交和熟识的政坛同僚和文坛朋友中间，也很少有专门的理学家混迹其中。如在文坛中同他关系最为密切的王世贞兄弟都是当时著名的诗人、文学家和史学家，他们在文学创作中醉心于魏晋掌故、盛唐诗文的“复活”，而对于程朱理学的研究不感兴趣。在政坛上，潘季驯当年廷试时的座师之一，对他的仕途产生过很大影响的同乡和前辈徐阶，虽然长期研习理道良知之学，在明儒学案中也占得一席位置，但史书上却评价他是“以躬行为实际，以经济为真诠”[2]，所选用保荐的人才如张居正、海瑞、王世贞、万恭、潘季驯等，也多为躬行实干之人。所以徐阶的思想倾向与实学思潮是很接近的。另外，根据专家的研究，在潘季驯治河活动中曾产生过很大政治影响的内阁两首辅高拱和张居正，实际上也是当时实学思潮中的重要人物。其中高拱是王廷相思

① 明嘉靖十三年，王廷相谈到《慎言》时曾说：“臣自晓读书以来，观物穷理，即事体验，凡有所得，窃效古札记之意，积二十余年，言及数万，不遗遗弃，遂成卷帙。近有好臣之言者，乃遂刊布，今在京学士大夫之家，亦多有之。”见《浚川奏议集》卷一〇，《辩劾巡抚周金疏》，由此言足见王廷相著作流传之广泛。

② 见《明史·徐阶传》。

想的直接继承者，与王廷相一家有着密切的关系。[1] 他不仅是嘉、隆之际的著名政治家，同时也是一位反理学的勇敢思想家，他在学术上“倡务实之风”，在政治上“举务实之政”[2]，断然批判了理学家“理先事后”的玄虚说教，明确指出：“夫理也者，事之理也，既无其事，理于何有？”[3]至于潘季驯第三次治河期间在政治上助了他一把力的张居正，更是一个强调经济实用，追求富国强兵的实践家。张居正曾直截了当地表达过对于明代心学的厌烦态度，说：“虚寂之说，大而无当，诚为可厌。然仆以为，近时学者，皆不务实，得于已而，独于言语色色中求之，故其说屡变而愈淆。”[4]张居正论学问的标准就是：“仆愿今之学者，以足踏实地为功，以崇尚本质为行，以遵守成宪为准，以诚心顺上为忠。”[5]还有在治河思想上与潘季驯息息相通的治河家万恭，也是一个很少侈谈心性义理之学的人。明人邓以赞评价万恭的学术思想，说他“于书无所不谈，尤喜庄、列、秦、汉诸家言，故为古文辞，开大奇崛，如怒浪惊涛，骇人心目，要之不诡于理”。又说他“性警敏，善思索，当世大利病日周徊其心中。又熟本朝典故，故所擘画多切事情，当于功实，非漫决于冥冥而庶几于或然”[6]。说明他也是一个

① 参见葛荣晋《王廷相和明代气学》第十五章，《王廷相继承者的气学》，中华书局1990年版。

② 高拱《政府书答》。

③ 高拱《本语》卷三。

④ 张居正《答楚学道胡庐山论学》，见《张太岳集》卷二二。

⑤ 张居正《答南司成屠平石论为学》，见《张太岳集》卷二九。

⑥ 邓以赞《两溪万公墓志铭》，见《邓定宇先生文集》，《治水筌蹄》（影印本）附录。

关心时事的实学派。像这样一批儒家知识分子，在程朱理学和阳明心学广为流传的明代中叶，竟然没有为之所惑，而是针锋相对地树起了“事功”、“实学”的大旗，埋头于社会的经济事务。这种社会思潮实在值得研究。潘季驯只不过是他们中间的一位在特殊的环境中更优秀的成员罢了！

第十二章　不朽的历史地位

我国著名水利专家汪胡桢在评价近代水利大师李仪祉先生的事迹时曾说过："人少有不朽的，只有立德、立功、立言才可以不朽。"[①]其实用现代语言来解释，立德就是以自己的做人品行对社会的精神文明有所贡献；立功就是以自己的实践活动对社会的物质文明有所贡献；立言就是以自己的文章和言论对促进社会的文明进步有所贡献。用这样的标准来评价潘季驯，我们可以肯定地说，潘季驯的一生也是不朽的。

从历史地位的角度来评价，潘季驯的治河思想在中国水利思想发展史上占有极为重要的位置。潘季驯可以说是中国古代治河战略大辩论的历史总结者。

潘季驯"以堤治水，借水攻沙"的治河理论提出来以后，不

---

① 汪胡桢《李仪祉先生永垂不朽》，见《李仪祉水利论著选集》序言，水利电力出版社 1988 年 11 月版。

仅从根本上动摇了千余年来人们在治黄问题上的传统观念，而且对于此后 300 多年来人类治理黄河的工作产生了巨大的影响。对于他的治河主张，赞扬者有之，批评者也有之，但赞扬者一直是主流。有人称赞他的治河思想“远胜过西汉贾让的治河三策”，有人认为他的治河方略“尽变元代以前治河之论”，也有人评价他的理论和实践“标志着中国的传统治河工程理论和实践进入了完全成熟的时期”，还有人惊叹“现有的种种治黄方案并没有超出潘季驯早已论述过的原则”，等等。

我认为，排除了具体技术措施方面的失误，从思想历史发展的逻辑顺序上来观察，潘季驯治河思想和实践的形成，确实可以标志中国古代传统的治河理论和实践已经进入了一个全面总结的历史时期。为什么这样说？因为从水利思想史的角度来分析，中国古代的水利历史基本上是以治理黄河的活动为其主导内容的，而在历史上人类对于黄河的大规模治理活动主要经过了这么几个高潮阶段：原始社会末期的“禹治九河”；两汉时期的治河；宋代治河；明清治河；近代治河等。除了“禹治九河”因时代久远，史实不可考外，与其他几次人类治河的实践高潮相适应，在理论上都产生了治河方略的大辩论。这几次大辩论可以说分别体现了人类认识和驾驭自然河流的不同历史发展阶段，而潘季驯的治河理论一反千余年来以分疏为主的治河观念，在水利思想史上逻辑地构成了明代中叶以前治河思想的理论终点和明代中叶以后治河方略的理论起点。下面试分别概述之。

一、一反千余年来的治河原则

要想恰当评价潘季驯治河思想的历史地位，首先必须对明代中叶以前治黄历史的特点有一个大概的了解。这个历史时期的时间跨度很大，我把它分为以下几个重点阶段来评价。

（一）远古时代“壅防百川”与“疏川导滞”的争论

大量的传说表明，早在4000多年以前，炎黄子孙就开始了同黄河洪水作斗争的实践。与此相适应，也就产生了最初的治水方案的争论。传说“当尧之时，……洪水横流，泛滥于天下”①。“河出孟门，大溢逆流，无有丘陵、沃野、平原、高阜，尽皆灭之”。《史记》中的《五帝本纪》和《夏本纪》都反复提到尧、舜、禹时代洪水泛滥的严重情况。这些记载表明，当时黄河中下游的洪水泛滥，给生活在这一地区的各个先民部落，造成了极大的危害，成了严重阻碍这一地区农牧业生产发展和威胁人类生存的主要矛盾。从大量的历史记载来看，尧和舜都对洪水灾害十分关注，在部落联盟议事会上一再提出派遣专人领导治水，把治水作为部落的大事来抓。可见治水防洪在这时已经成为摆在各部落人民面前的共同的紧迫任务了。

首先，是共工氏治水。共工氏是我国历史上据传最早同

① 《孟子·滕文公章句上》。

水害作斗争的氏族部落。共工氏大约生活在今河南辉县一带，这个地区靠近黄河，洪水灾害首当其冲。据《管子·揆度》记载："共工之王，水处什之七，陆处什之三。"说明洪水危害的严重性。

为了抵御洪水危害，共工氏开创了我国历史上最早的以防洪为目标的堤防工程，或者说防洪工程的萌芽。据传说，共工氏防洪的办法是"壅防百川，堕高堙庳"①。就是把高处的泥土和石块搬下来，在离河一定距离的低处，修一些简单的土石堤埂，将人类居住区和附近的耕地保护起来，以抵挡洪水的蔓延。共工氏"壅防百川"表明人类在洪水面前不再是无能为力，而是积极防御，揭开了我们的祖先与水争地的历史，表明人类对洪水的认识和与洪水作斗争的能力都进入了一个新阶段，即对洪水的态度从无为进入到有为的阶段。从这个意义上说，"壅防百川"不仅是我国水利工程的萌芽，而且也是水利决策思想的萌芽。但共工氏"壅防百川"还只是一个部落小范围的治水活动，还只是一些极为简单的小堤埂，只能阻拦一般年份的洪水蔓延。这种治水方法在当时，人口不多，部落稀少，且范围很小的情况下也许是可行的，同时和当时生产力的水平以及人们的认识水平也是相适应的。

其次是鲧障洪水。历史资料表明，这是一次历时九年的大规模的治水活动。相传在严重的洪水危害面前，尧召开了部落联盟议事会议，提出治水的人选问题，大家推举了鲧。鲧接受了治水任务之后，虽然艰苦奋斗，但墨守成规，仍沿用共工氏"壅防百川，堕高堙庳"的老办法，这就是历史上记载的所

① 《国语·周语下》。

谓“鲧障洪水”、“鲧作城”①，即用堤防把居住地区和耕地围起来，以保护房屋和农田不受水淹。但由于这时人口增殖，村落众多，耕地扩展，这种治水方法实施的结果，反而带来了更严重的水灾，对人们的生命和财产造成了更严重的损失。因此，鲧治水九载，功用不成，被殛死于羽山，受到了最严厉的处罚。②

然后是禹治九河。鲧治水失败后，部落联盟议事会议又推举鲧的儿子大禹继续主持治水工作。据史书载，“禹伤先人父鲧功之不成受诛”，决心治息水患，于是“身执耒锸，以为民先”，“劳身焦思，居外十三年，过家门不敢入。薄衣食，……卑宫室，致费于沟壑”。③ 率领广大群众尽力治水。

如何尽快平息严重的洪水灾害？这是当时摆在人们面前的一个严肃而紧迫的问题，需要迅速作出决策。原始社会末期的人们虽然不可能同时提出几个治水方案进行比较，但是如果历史地来看，从共工氏“壅防百川”、“鲧障洪水”，到大禹治水，实际上已有两种治水方法可供选择：一种是走前人的老路，继续沿用“障”的治水方法，实践证明它是失败的；一种是走自己的路，创造新的治水方法。实践的成功和失败，启迪了人们的认识和行动。大禹在治水活动中认真吸取了其父“壅障洪水”、“功用不成”的教训，根据“水无有不下”的朴素认识，创造了以“疏导”为主的治水新方法。据史书记载：“当斯之时，四渎未通，洪水为害，禹乃决江疏河，通之四渎，致之于海，

① 《国语·鲁语上》，《吕氏春秋·君守》等。

② 《尚书·虞夏书》：“殛鲧于羽山”。

③ 《韩非子·五蠹》。

大小相受，百川顺流，各归其所。然后人民得去高险，处平土。""决九川距四海，浚畎浍距川。"[①]这个记载，首先说明了大禹认识到黄河中下游洪水横流的一个重要原因是河道壅塞，四渎不通，超量洪水无法宣泄，四处散流泛滥；其次说明了大禹针对河道壅塞、四渎不通的实际情况，采用的治理对策是开挖沟渠，疏通河道，使田野的洪涝积水排入河川，河川的洪水畅通入海；最后，说明了大禹采用"疏导"方法治水的结果是收到了"水由地中行，……人得平土而居之"的良好效益。

在《孟子》一书中曾有这样一段著名的对话："白圭曰：丹之治水也，愈于禹。孟子曰：子过矣。禹治水，水之道也；是故禹以四海为壑。今吾子以邻国为壑。水逆行谓之洚水，洚水者，洪水也。仁人之所恶也。吾子过矣！"[②]白圭大约是战国时期一位自命不凡的政治家。白圭说：我对洪水的治理，超过了大禹。孟子反驳说：你错了。大禹治理洪水，是遵循水流的规律加以疏导，因此大禹把四海作为消纳洪水的地方。水不遵循故道而四处泛滥叫作洚水。洚水，也就是洪水。仁德的人因为它危害百姓而深深地憎恶它。所以说你的观点错了！其实这里所争论的，正是"壅防百川"与"疏川导滞"孰优孰劣的根本问题。它说明进入春秋战国时期以后，中原各诸侯国以邻为壑，各以自利，"壅防百川"，在"以河为境"的特定社会历史条件下，曾一度成为各国竞相选择的主导治河方略。但是这种治河方略广泛实施以后，一方面加剧了黄河沿岸地区的洪水灾害，另一方面也激化了黄河沿岸各国之间的社会和

① 《尚书·益稷》。
② 《孟子·告子下》。

政治矛盾。所谓“齐与赵、魏，以河为境，赵、魏濒山，齐地卑下，作堤去河二十五里。河水东抵齐堤，则西泛赵、魏，赵、魏亦为堤去河二十五里”①。因此受到诸侯各国的广泛谴责，人们纷纷会议盟约，提出“无障谷”②、“毋壅泉”③、“无曲防”④、“毋壅利”⑤、“毋曲堤”⑥之类的信守原则。而孟子对白圭的批评也正是基于这样一种社会的大趋势而提出来的。总起来讲，在中国古代水利思想史上治河原则由“障”到“疏”的转变是人们在治水观念上的一个重大进步。从此，大禹的治水方法就成为千余年来不可更改的治水原则而被人们所遵循。

（二）两汉时期以“贾让三策”为核心的治河方略大辩论

前面所介绍的大禹治水以及由此产生的“障”“疏”之争，还仅仅属于远古传说中的史影。我国古代真正见诸史籍并得到了详细记录的第一次治河方略大辩论是兴起于西汉末年，其高潮以王莽新政时期的治河专门会议为中心，代表作以贾让的《治河三策》为标志。

西汉黄河从汉武帝建元三年（公元前138年）“河水溢于平原”以后，河患越来越重，以至在王莽始建国三年（公元11年）发生了历史上第二次黄河大改道，给居住在黄河下游地区

① 《汉书·沟洫志》载《贾让三策》。
② 《春秋公羊传·鲁僖公三年》记阳谷之会。
③ 《春秋谷梁传·鲁僖公九年》记蔡丘之会。
④ 《孟子·告子》记蔡丘之会。
⑤ 《春秋左传·鲁襄公十一年》记亳盟。
⑥ 《管子·露形》记召陵之会。

的人民生命财产造成了重大损失,也给汉王朝的统治造成了极大的政治压力。面对如此严峻的局面,无论是民间百姓还是朝中大臣,无不感到莫大的忧虑烦恼。人们要求治理黄河的呼声一浪高过一浪,皇帝也亲下诏书,博求能治河者。在这样一种历史条件下,治黄逐渐被推到了当时社会问题中的突出地位,探求治黄方略的人大为增加,逐渐形成了一些治黄的理论观点。特别是到了王莽新政时期,朝廷"征能治河者以百数"①,并召开了讨论治河方略的专门会议,使关于治河方略的大辩论达到最高潮。

根据史籍的记载,当时提出的不同治理方案中,有代表性的观点包括：冯逡、韩牧所提出的分疏治河说;关并提出的"滞洪治河说";齐人延年、孙禁、王横等提出的"改道治河说"和张戎提出的"水力刷沙治河说"。

"分疏治河说"的主要观点是：主张用开支渠分疏的办法,来消减主河道的洪峰流量,改善黄河下游河道的泄洪能力,减轻洪水对主河道两岸农田和民居的威胁,防止河患的发生。其着眼点是分疏的减洪作用。

"滞洪治河说"的主要观点是:"空此地以为水猥,盛则放溢,少则自索,虽时易处,犹不能离此。"②即选择黄河灾害经常侵扰的地方,为超量洪水留一存蓄空间,一旦洪水暴涨,泄入其间,就可以减轻下游河道的负担,减少河水泛滥的机会。其着眼点是滞洪的缓冲减洪作用。

"改道治河说"的主要观点是：放弃原来排沙输沙能力大

---

① 《汉书·沟洫志》。
② 《汉书·沟洫志》。

大减弱的旧河道，选择距海流程近，河流比降大，有利于洪水和泥沙宣泄的理想河道，解决河患频发的问题。其着眼点是改道所带来的行洪便利的效果。

“水力刷沙治河说”的主要观点是：“河水重浊，号为一担水而六斗泥。”“行疾则自刮除成空而稍深。”[1]因此可以借助河流本身的水流挟沙力，冲走泥沙，刷深河道，从而改善河道的行洪能力，减轻洪水灾害。其着眼点在于冲沙深槽所带来的行洪便利的效果。

以上汉代各派治河观点，从每一个侧面看，都有自己的独到之处，特别是大司马史张戎的观点，首次从水流泥沙的角度分析河患的成因，并提出了借水攻沙的治河主张，可以说是束水攻沙理论的最早发端。所以当时的著名学者桓谭在评价这次治河方案的争鸣时说：“凡此数者，必有一是。宜详考验，皆可豫见，计定然后举事，……可以上继禹功，下除民疾。”[2]可惜当年它们都只是停留在议论阶段，并无一件付诸实行。

在汉代各派的治河方略中，唯有待诏贾让的“治河三策”比较全面地体现了各家观点之长，达到了当时治黄思想的最高水平。贾让治河观点的要旨就是“不与水争地”。他认为，古代黄河之所以安流，原因就在于“古者立国居民，疆理土地，必遗川泽之分，度水势所不及”。所以他主张“人与水不相争”，“人水各处其所”。从这个大原则出发，他提出“治河三策”的基本内容就是：

上策主张“徙冀州之民当水冲者，决黎阳遮害亭，放河使

① 《汉书·沟洫志》。
② 《汉书·沟洫志》。

北入海。河，西薄大山，东薄金堤，势不能远泛滥，期月自定”。实际就是主张采用人工改道的办法，为黄河选择一条宽河行洪的理想河道。他认为，这样可使“河定民安，千载无患”。

但是实施上策，淹没区的损失代价太大。因此又提出了中策：“多穿漕渠于冀州地，使民得以溉田，分杀水怒。”这是上策的蜕变。实际上仍是以解决冀州河患为重点，把改河变成了穿渠分流、利用分水的办法，把多余的洪水从旁渠引走，以减轻下游河道的行洪负担。贾让认为，采用分疏之法，除了可以保证黄河下游河道的安全，而且还具有“灌溉”、“通航”和“洗碱”改造农作物的作用。

下策的内容是：“若乃缮完故堤，增卑培薄，劳费无已，数逢其害，此最下策也。”意思是说，如果继续加高培厚原来黄河两岸的堤防，而不采取其他治理办法，即使花费再多的劳力和财力，也难以改变黄河泛滥的局面，因此只能作为治河的下策。因为在贾让看来，原有的河床已经浅涩，原有的河道过于弯曲，原有的堤防又宽窄不一过于凌乱，它们已经成为阻碍洪水顺利下泄，导致河患频发的重要原因。在这样险恶的旧河形势下，还一味去加高培厚原堤防，至多只能暂时稍稍缓和河情，结果必然是加剧河道的衰老，造成黄河的又一次大改道。

贾让的治河三策在汉代的自然和社会历史条件下也许各有其立论的根据。但是思想历史继承的特点是由特殊趋向一般，由个性趋向共性，而且持续的时间越久，这种抽象和蒸馏的程度越高。贾让的治河三策也不例外，经过千百年来的蒸馏，治河三策遗留给后人的“精髓”就是，上策：改道；中策：分流；下策：堤防。再加上它的总原则是“不与水争地”。这样，贾让的治河思想也就被合理地解释为大禹“疏川导滞”思想的进一步拓展了。

所以人们公认，在西汉以来提出的各种治河思想中，占主导地位的仍然是疏分治河的学说。这个学说的核心就是主张在适应自然的基础上改造自然，即治河首先要顺从黄河的自然特性，给黄河的洪水以足够的出路，保持自然的生态平衡，减少人为的干扰和侵袭，掌握水流的形、势、法度，做到"因时为主"、"因物与合"。用贾让的话来说就是"不与水争地"，"人水不相争"。所以，西汉时期疏分治河的思想，已不是对大禹疏导法的简单重复，而是在更高的基础上，即在进一步认识和掌握黄河河性的基础上，产生的一种全新的积极主动的治河思想，其杰出的代表就是贾让所提出来的"治河三策"。70 多年以后，东汉明帝永平十二年(公元 69 年)，治河家王景据说采用了类似贾让中策的治河方略，一方面，筑黄河大堤"自荥阳东至千乘海口千余里"；另一方面，采取多穿漕渠的办法，在汴渠引黄分水口修筑引水口门，"十里立一水门，令更相洄注"。结果黄河面貌大改观，出现了东汉以后 800 年相对安流的局面。①

(三) 北宋时期的"回河之争"

水利史上第二次治河方略的大辩论兴起并贯穿于北宋时

① 王景事迹见《后汉书·王景传》。关于"十里立一水门"的含义，历史上有许多不同的解释，本文主要采用了《中国水利史稿》(上册)中的观点。另外，东汉以后黄河"八百年安流"，学术界也有诸多解释，可参见《中国大百科全书·水利卷》，以及《中国水利史稿》(上册)。

期。在黄河究竟是“北流”还是“东流”的对策问题上，先后曾发生了三次回复故道的大辩论，以及在实践中强行回复故道的大失败。这就是北宋历史上有名的“回河之争”。回河之争的内容看起来很复杂，但其实质就是：让黄河主流走唐代延续下来的“京东故道”呢？(宋景祐元年以后为“横陇故道”；宋嘉祐五年以后为“二股河”)，还是走宋庆历八年(公元1048年)以后形成的“商胡大道”？由于前者被宋人称为“东流”，后者被宋人称为“北流”。因此简而言之，“回河之争”的焦点就是让黄河回“东流”故道，还是走“北流”新河？

这本来是一个很清楚的工程技术问题，只要治河者独立认真地勘测对比一下新旧河道的河流大势，问题并不难解决。但是由于当时的治河与北宋社会的政治、经济、民族矛盾复杂地交织在一起，再加上朝廷内部党争的成见，竟使得治河问题变得异常复杂，在整个北宋王朝(主要是仁宗、神宗、哲宗三朝)一百多年的历史上，三次用人力强行逼河东流，三次在实践中遭到惨败。

第一次“回河之争”发生在宋仁宗庆历八年至嘉祐元年(公元1056年)期间。这时黄河主流已走“商胡大道”，但京东故道和横陇故道河势尤存，“横陇故道水存止三分”。而在宋朝的大部分君臣看来，大河北流危及他们“据河守险”抵御辽骑的军事战略，因此挽河东行自然就成了他们宁愿选择的治河方略。开始是奏请回河京东故道，因朝廷内部的党争而罢。随后又赞同回河横陇故道，并得到了当朝宰相富弼的支持。第一次回河之议起后，大学士欧阳修多次上疏请罢回河之议，指出：“横陇湮塞已二十年，商胡决又数岁，故道已平而难凿，安流已久而难回。”“欲以五十步(二百五十尺)之狭容大河之水”，将是十分危险的。[①] 但由于回河建议得到了当权派的支持，回河工役仍得以进行。嘉祐元年四月塞商胡北流，开六塔河引黄河水入横陇故道，由于水流宣泄不及，河“不能容，是夕复决，溺兵夫，漂刍藁，不可胜计。……水死者数千万人”，淹没河北数千里地。第一次回河工役宣告失败。

第二次“回河之争”发生在宋仁宗嘉祐五年（1060 年）至宋神宗元丰四年（1081 年）之间。第一次回河东流失败以后，黄河恢复北流。嘉祐五年，黄河又于大名府的魏县决口，派分出一支约 200 尺宽的岔流，行 130 里，经魏、恩、德、博等州境内走四界首河，下合笃马河，又东北经沧州的乐陵入海，宋人称为二股河。为了区别于商胡北流，宋人称其为“东流”。黄河分成北流和东流以后，由于屡屡溃决，于是在朝廷内部引起了治黄史上有名的“北流”与“东流”之争。在争论中主要有三种意见：一种是维持二股河与商胡大河的二河分流之势，以为“分而为二，则上流不壅，可以无决溢之患”[②]；一种是主张沿河筑堤以救河北水患，“筑生堤，去河远者至八九十里”，其用意是维持北流；一种是主张再次塞商胡北流，将黄河引入二股河东流。三种对策相持不下，争得非常激烈。最后，在宋神宗和当朝宰相王安石的坚持之下，宋熙宁二年正月开始第二次回河工役，并于该年八月闭北流。与前一次回河之争的一个显著不同在于，第二次回河并未立足于“以大河之险”御辽，而是出于“理财富国”，发展农业的考虑，企图通过逼河东流来根治黄河河患。闭河北流后，“水或横决散漫，常虞壅遏”。虽然

① 《宋史·河渠志》卷九一。
② 《宋史·河渠志》卷九一至卷九二。

采取了许多措施维持东流，但是黄河仍多次决口，最后于元丰四年(1081年)复归北流。第二次回河失败。

第三次"回河之争"发生在宋哲宗元祐元年(1086年)至元符二年(1099年)。元丰四年大河北流之后，一段时间内无人再提及回河之事。虽然每逢夏秋涨水之际，河仍有水决口东流，朝廷也只立堤防以御之。但到了元祐元年宋哲宗即位以后，回河东流之议又死灰复燃，不过，这一时期的回河东流主张已是明显地出于"御辽"的目的。为了争执回河东流，当时的回河派代表王岩叟还专门列举了河走北流会导致的七大危害。[①] 文彦博、吕大防、安焘等人更声称"河不东，则失中国之险，为契丹之利"。对于回河派的这些议论，苏辙、曾肇、范纯仁等曾多次上疏加以驳斥。这样，治黄方略上的分歧越来越大，"河议大臣可否者相半"[②]，一直争论了好几年。最后，闭北回东的意见到底还是迎合了北宋统治者的御辽意图，遂于元祐八年(1093年)采取了回河措施。结果回河工程实施以后，黄河涨水壅溃，横流四溢，比熙宁二年塞北流后的灾情还要严重。虽然回河派继续闭塞北流，但已无济于事。元符二年六月，"河大决于内黄口，东流遂断绝。……大河水势十分北流"[③]。第三次回河失败。

北宋三次回河的兴起及失败，既有其复杂的政治、军事和社会制度方面的原因，也有自然因素和工程技术方面的原因，还有认识上的原因。其中，在治河战略方面，无视黄河本身的

---

① 《宋史·河渠志》卷九二至卷九三。

② 《资治通鉴长编》卷四一六。

③ 《宋史·河渠志》卷九三。

河流运行规律，主观主义的运用“分流—改道”的工程措施，结果逆流而动，必然导致失败。

从认识内容的角度来看，北宋的治河议论甚多，开始是采取塞决固堤的办法，即面对大河决溢，堵塞决口，加固堤防。结果经过几十年的河防恢复工作，到太宗后期，黄河曾出现了一个安流的短暂“小康”局面。然后在塞决筑堤的基础上，又出现了减水河的措施，即在大河涨水时开减河分泄河水，以救一时燃眉之急。但至此以后，分减大河涨水成了一个时期内治河的主导思想，被认为是“折水势，省民力”的唯一良策。①正是在这一指导思想影响下，在宋真宗时期，出现了李垂的将大河派分为六支、大分大疏的治河主张。随后在这个主张的基础上，李垂又提出派分一支，回复澶渊故道的改道措施。②李垂这一治河主张的变化，其实深刻反映了这个时期北宋王朝“恐辽”情绪的影响作用。尔后发生的三次回河之争实际上就是李垂观点的发展。即长期减水分流已经失效，保持原来的河道又时常发生决溢，于是一部分人在两难之外，提出了“改道”这一方针，引河走新的流路，而把其他分流河道堵塞。但另一部分人反对这样做。再加上军事形势和内部党争的促进作用，回河之争便发生了，所以近代水利专家李仪祉先生在评价宋代治河大势的时候，曾多次指出：“宋时黄河受分疏之害最多。”③“宋时河道之弊，以分之过多也。”④可谓一针见

① 《资治通鉴长编》卷七六。

② 《宋史·河渠志》卷九一。

③ 李仪祉《函德国恩格斯教授关于黄河质疑之点》，见沈怡《黄河问题讨论集》，台湾商务印书馆 1971 年 3 月版。

④ 李仪祉《后汉王景理水之探讨》，见沈怡《黄河问题讨论集》。

血之言。

从认识论根源上来讲,治河工程是一门经验成分相当浓厚的应用科学,要求有十分丰富而又系统的实际观察材料作为制定具体治河对策的基础。北宋时期,虽然在治河理论和实践上都开始了一个大发展的阶段,出现了诸如遥堤约水宽河缓流之说[①]、局部减水之说、全河分流之说、改道之说、疏河浚淤之说、顺水性利导之说、放任行流之说、塞决固堤思想等等。[②] 但是,由于秦汉时期所传下来的治河经验不多,东汉王景治河以后,"八百年安流",史载河事极少。直到唐五代时,河患才又突然大增,但又因封建割据而无力治理(致使无甚经验可言)。所以北宋建朝以后,对于治河,无论是从思想上还是从经验上都缺乏必要的准备。这样,尽管当时出于政治、经济、军事等各方面的需要,宋人曾"倾半天下之财力"对黄河进行治理,但是他们对于黄河河性的经验认识方面,对于各种治河方针的实践效果的检验校实方面,却几乎得从头做起,几乎一切都是在摸索中前进。这样就决定了其众多的治河都只能是一种带有一定主观盲目性的探索活动。这是北宋治河的一个先天被决定了的历史局限性。这样在实际的治河活动中就难免产生主观臆断、屡屡失败的悲惨结局。

(四)明代的"分流"与"合流"之争

对于中国传统治河理论和实践的全面总结,是在明代中

① 观点均见《宋史·河渠志》及《资治通鉴长编》。
② 见《宋史·河渠志》及《资治通鉴长编》。

叶以后，通过治黄史上第三次治河方略的大辩论而实现的。这次大辩论与前两次相比在历史背景上又有自己的独立特点：首先，表现在黄河南流汇淮，黄淮运三河交叉的自然格局要比以前任何一个时代都复杂得多，对国家的社会经济和政治生活的影响也都比以前大得多。其次，是在治河工作上经历了宋、金、元等几个朝代的数百年历史，积累了相当丰富的经验材料，在实践和理论上对这些经验材料进行系统整理，融会贯通的条件已经成熟了。特别是明代治河官员的著述之风十分盛行，据近人茅乃文所辑《中国河渠水利工程书目》[①]中的记录，明人光治河方面的图书、奏疏和论集就有数十种之多。这样也为先前治河经验的继承和实现系统化奠定了基础。第三，发生在明代历史上的第三次治河方略大辩论，其争论的焦点就是“分流”治河还是“合流”治河。

主张分流的观点在明代中叶以前一直占主导地位，从明初起到嘉靖年间，治河者几乎都主张分流以杀势。对于分流者的观点，我们已经在第三章叙述治河背景时作了专门介绍。我们知道，明代中叶以前分流思想的形成，除了封建王朝在政治上和军事上的保漕需要之外，治河者们对于黄河河性，特别是多泥沙的特性，一直缺乏清醒的认识，也是一个基本的原因。由于明代前期的长期分流，黄河河况出现了前所未有的紊乱状态，黄河从弘治初的分流二三支，到嘉靖末年分流已达13支，丰、沛、徐、砀一带成为糜烂之区。正是由于分流无效，河患愈烈，人们才不得不重新认识黄河河性，去探讨新的治河方略。

---

① 茅乃文《中国河渠水利工程书目》，民国二十四年出版。

鉴于分流说在治河实践上的屡屡失败，隆庆、万历年间，合流说乃应运而生。其首席代表和在实践上、理论上的系统总结者就是潘季驯。当然，与他同时期的万恭、朱衡等人，也为提出和完善这个理论做出了各自的贡献。合流说与分流说相比的最大一个优点，就是正确地认识了黄河的河性，切实注意到了对黄河泥沙的治理，采用了以堤防束水攻沙的办法来稳定河道。这样，在治黄的理论和实践上就实现了从分流到合流，由单纯治水到重点治沙两个重大的转折。抓住了黄河泥沙淤积这个根本问题，总结和运用了水沙运行规律，这是潘季驯超出前人的地方，在治黄史上是一个历史性的进步。这样，自从嘉靖四十五年以后，黄河一举结束了数百年来多支分流的局面，开始以单一河道的形式运行。此后近 300 年间，虽然黄河沿线时有决口溃溢的灾害发生，但黄河的主流一直是相对稳定的，这个大趋势的出现，不能不说是“以堤束水、借水攻沙”的方略，即合流思想得到贯彻的一个功绩。所以，自潘季驯以后，400 年来，虽然对“束水攻沙”思想的批评不绝于耳，但是实际的治河家们却始终以不同的方式采纳了潘季驯的治河之法。

从具体的治河主张上来讲，潘季驯是“合流说”的主要代表。而从中国水利思想历史发展的逻辑进程上来讲，潘季驯治河理论中所包含的思想精髓，却是对整个明代治河理论的总结，甚至是中国古代传统治河理论的总结。这首先表现在总的思想进程上，中国古代治河思想的演变，大体上是经历了从“壅障→分疏→束水”这样一个辩证的发展过程，而潘季驯的思想和实践刚好完成了从“分疏”到“束水”的第二个否定过程，在更高的基础上运用了障水之法中的合理因素，但又决不是回到障水之法的老路上去。这样一个跨越了数千年治河历史的伟大的否定之否定过程，显然只能建立在对于各个历史时期人类无数治河经验的高度总结的基础之上。其次，他的总结性还表现在具体的治河方法上，他的方略中包含了对前人几乎所有基本治河方法的吸收。我们在前面各章的具体分析中已经深刻地感受到了这一点，潘季驯对于各种治河方法的综合运用，像治水与治沙的关系、堤防与疏导的关系、束河与减河的关系、遥堤与缕堤的关系、上游与下游的关系、开创与修守的关系、分权与集权的关系、胜天与顺治的关系、求自然之性与明古人之效的关系等等，都反映了他对于以往各种对立观点的兼收并蓄，说明中国古代传统的治河理论到了潘季驯时代已经达到它的成熟时期，开始形成系统化的经验性理论了。

当然，从思想历史发展的进程中来评价，形成系统化的经验性理论，这既是潘季驯治河理论的基本特点，也是他的局限性。因为从总体上看，他的理论还是处于传统的认识阶段，并没有达到近代意义上的科学认识阶段。正像后人所具体评价的那样，他的治河理论中还缺乏定量的分析，缺乏近代意义的科学试验，在总体规划上还没有全流域综合治理的思想，对黄河的治理始终局限在下游，并且只立足于“排沙”治标，而不懂得“拦沙”治本。潘季驯的上述局限性在封建时代不可能根本克服，只是到了 20 世纪初，在引进西方进步的科学技术以后，通过水利思想发展史上第四次治河方略的辩论，才在以李仪祉为代表的近代治河专家的努力下得到根本的克服。正是通过这次大辩论，中国传统的治河理论开始摆脱朴素经验性的特性，进入科学的认识阶段。

二、为近代中外水利专家所瞩目

潘季驯去世以后，他的治河思想一直为后来的治河家们所推崇。特别是在有清一代，治河家们几乎全盘承袭了他的治河主张。在这方面的突出代表有靳辅、陈潢、包世臣等人。① 这个时期的治河虽然在许多具体的河工技术上有了不少发展，但是在基本的思路上却一直没有能够超过潘季驯。这种状况一直到了民国时期，才有了重大的改观。

民国时期，我国水利工作的重点仍然是治理黄河。而在二十世纪二三十年代，由外国工程师参与的治黄大讨论中（我把它看作治黄史上的第四次大辩论），潘季驯的有关治河观点又一次成为中外治河专家争论的热点。

自从 1855 年黄河从铜瓦厢决口北流以后，中国社会的门户渐开，黄河的多泥沙特性亦逐渐为国际河工学界所了解和瞩目。西方的工程师们纷纷来到中国，考察和研究这条举世闻名的河流，并站在各自的立场上提出了一些治理的措施。与此同时，当时在中国最早派往西方学习先进科学技术的留

---

① 靳辅（1633～1692），中国清代著名河臣。字紫垣，汉军镶黄旗人。康熙时长期担任河道总督，主持治理黄河、淮河、运河，采用幕友陈潢的主张，取得了重要成绩。

陈潢（1637～1688），字天一，浙江钱塘人。为靳辅幕友十七年，在协助靳辅治理黄、淮、运河方面做出了重要贡献。

包世臣（1775～1855），清安徽泾县人。嘉庆举人。曾官江西新余知县。工文章书法，好经世之学，反对汉宋儒学的空疏迂阔。先后为陶澍、裕谦、杨芳幕僚，究心农政、河工、漕运、盐政，赞助林则徐禁烟抗英，颇有贡献。

学生中间，也出现了一批学习土木工程技术的有识之士，他们中间有李仪祉、沈怡、郑肇经、张含英等人①。这些人在从西方发达国家学来了先进的水利工程理论和技术的同时，也充分地注意到了中国古代治河经验的诸多合理性。他们学成归国后，大都努力工作，尝试将西方先进的水工技术与中国古老的治河方法相结合，提出了治理黄河的新主张。这就是上、中、下游统筹兼顾，综合治理的思想。其中李仪祉是这个思想的最主要倡导者。他认为："治黄意见，自古至今，主张不一，总其扼要不外疏导防束，大都皆以囿见，不能全面顾及，此所以河患不已也。"因此他提出了全面治理黄河的基本要点，这就是："蓄洪以节其流，减洪以分其流，亦各配定其容量，使上有

① 李仪祉(1882～1938)，中国近代著名水利科学家。原名协，字宜之，陕西蒲城县人。曾参与创建南京河海工程专门学校(今河海大学)并任教务长。出任陕西省水利局长兼渭北水利工程总局总工程师；历任中国水利工程学会第一至第六届会长；黄河水利委员会委员长兼总工程师；导淮委员会委员兼总工程师；长江水利委员会顾问等职。首次提出治理黄河应上中下游并重，防洪、航运、灌溉、水电兼顾，主张防洪要固定下游中水位河槽，整治海口，开辟减河，并在中游干流修建蓄洪水库和进行水土保持实验等，从而改变了历来单纯着重黄河下游的治河思想，成为中国近代水利界的先导。

张含英(1900～)，中国现代水利专家。山东菏泽人。1949年前，先后担任黄河水利委员会委员，秘书长，总工程师，委员长等职。建国后，历任水利部和水利电力部副部长兼技术委员会主任。1979年起任水利部顾问。

沈怡(1901～1980)，中国近代水利专家。字君怡，浙江嘉兴人。德国德累斯顿工业大学工学博士。1949年前，先后担任上海市政府工务局长、资源委员会主任秘书、南京市长等职。1949年春，受聘为联合国远东防洪局长。1960年到台湾，任台湾"交通部"部长等职。著有《市政工程概论》、《黄河年表》、《黄河问题讨论集》等书。

郑肇经(1894～1989)，字权伯，江苏泰兴人，中国著名水利学家，我国近代水利科学事业的奠基人之一。

所蓄，下有所泄，过量之水有所分。”[①]相应在具体措施上，他提出要在黄河上、中游植树造林，在黄壤地区（即黄土高原）修筑梯田，行沟洫漫柳之制；在支干沟打坝留淤，建库蓄水，达到蓄水拦沙，有利于农业的目的。在下游则应尽量给洪水筹划出路，务使平流顺轨，安全排泄入海。其基本点是开辟减河，以减抑涨；整治河道，固定中水河槽，以求河槽刷深，滩地淤高，河道整一，帆楫无阻。可以说，上、中、下游综合治理的主张在内容上糅进了近代西方工程科学的先进理论，在视野上从黄河下游拓展到全流域，从而构成了中国治河思想史上的第四个里程碑，成为近代中国治黄实践的基本指导原则。

但是李仪祉等人在提出先进的治河思想的同时，并没有忘记对中国古代治河思想的继承关系，特别是在黄河下游河道的治理问题上，他们始终认为潘季驯的筑堤合流、“束水攻沙”的思想是古代水利史上保留下来的最合理、最有价值的治河思想，完全可以直接继承之。如李仪祉在《黄河根本治法之商榷》一文中明确指出：“明代，潘氏之治堤，不但以之防洪，兼以之束水刷沙，是深明乎治导原理者也。”故“治河之术，潘氏得其要领。盖自王景之后，贾鲁虽智术胜人，而遭逢乱世，未能扩展，乃至潘氏，而再收治河之功者也”。他说，清代治河二百年，功绩最为显著的唯有靳辅，但是“靳氏之功，在修复潘氏之黄淮故道，通漕。……其治导原理，亦一本诸潘氏”。为什么潘季驯的治导原理就值得推崇呢？李仪祉说，因为潘氏的治导原理做到了“因乎自然以治水”。而这个治水原则与近代欧

① 李仪祉《黄河治本计划概要叙目》，见《李仪祉水利论著选集》，水利电力出版社 1988 年 11 月版。

美等国的治河原则是相一致的,"今之欧美治河(亦)大抵崇自然之论"。例如在疏浚黄河下游河道的方法问题上,李仪祉就坚决反对那种企图依靠进口国外挖泥机械,用人力来疏浚河道的办法,认为这种做法是违背自然之性的。他说:"如用人力浚挖河槽,以完成此项使命,事绝难成。但借河水自然之力,谅非难事,因黄河本来具有如此能力,只须驾驭有法必可达此目的。"这就是采用以堤束水的有效方法,来达到导流及疏浚河槽的作用。① 这个方法显然是对潘季驯的直接继承。

另一位著名的水利科学家沈怡在谈到潘季驯的历史功绩时也极为钦佩地说,潘季驯的治河是中国古代河工史上最光辉的一页,"潘季驯是我国近五百年来最杰出的治河人物"。因为他认识到"水分则势缓,势缓则沙停,沙停则河饱"以及"水合则势猛,势猛则沙刷,沙刷则河深",因此认为"河之性宜合不宜分,宜急不宜缓"。由于他的这一认识,一举廓清了千余年来我国河工上的分水谬说。② 沈怡还指出,潘季驯最大的功绩,乃是在理论上说明了堤防的需要,在实用上证明了堤防的价值。"我们要知道潘氏以前,堤防问题时常成为争论的中心,聚讼纷纭,莫衷一是。譬如明人邱浚,就说古今治河,无出贾让三策;换言之,筑堤是下策,万不可用,附合这种见解的人,倒也不在少数。谁也说不出究竟造堤好,还是不造堤好,一时河工上思想的庞杂,可说达于极点。及至潘季驯出,才把

---

① 李仪祉《黄河概况及治本探讨》,见《李仪祉水利论著选集》。

② 沈怡《潘季驯治河》,见《黄河问题讨论集》,台湾商务印书馆,民国六十年三月版。

这个问题，由事实上的证明，明白解决下来。”①

其他如张含英、郑肇经等，也给予潘季驯以很高的评价。如张含英在《治河论丛》里曾说：“潘季驯倡以堤束水，以水攻沙之议，一改疏、浚、塞并行之说，开明清治河之新途径，潘氏对于治河研究之精深，为历代最。”同时他也对潘季驯的不足之处提出了批评，说：“潘氏论堤之重要，极为精辟，足征堤防不可尽废，惜只有堤防，仍不以治黄河也。”“例如束水攻沙之策，颇可采用，然欲解此问题，则流量、速率、冲积、糙率、地形、切面等等，无一不需长时期之研究，若仓促就事，则难免贻误将来。”②这个评价是比较公允的。

有趣的是，就在同一时期，国际上许多著名的水利工程专家也对潘季驯的治河主张产生了浓厚的兴趣，并做出了很高的评价。

自从 20 世纪 20 年代以来，为了得到更为完善的治黄规划，我国水利部门先后邀请了一批国际上著名的水利工程师来华考察黄河，请他们提出各种建议。这些著名的专家包括荷兰工程师单百克（P. G. Vanscherm Heek）、美国工程师费礼门（Tohn Ripley Freemen）、德国工程师方修斯（Otto Franziso）、罗定（Adolf Ludin）等人。这些外国著名水工专家在考察了黄河下游的河道状况之后，几乎都不约而同地提出了用筑堤的办法来束水攻沙、刷深河槽的观点。同时，他们对于中国早在 16 世纪中叶就有人提出这方面的治河理论均感到十分惊讶和敬佩。

---

① 沈怡《防洪与治河》，见《黄河问题讨论集》。

② 张含英《治河论丛》，商务印书馆民国二十五年版。

1917～1920 年，美国工程师费礼门应中国政府之聘，两度来华考察黄河，随后撰写了《中国之洪水问题》。他认为黄河之所以为患，主要原因之一是由于下游堤距过宽。他提出“黄河下游河床若有 1/3 英里之宽度，已足以供应任何最大洪水之顺利通过”①。而当时黄河下游河床有的甚至宽过好几英里，在费礼门看来显然过宽。他说，“黄河在洪水时能自行刷深”，而这种自行刷深河床的功能是黄河的一种伟大的自然力量，应该充分地加以利用。于是他提出了一个大胆的治黄方案，即筑一直线射堤，以约束此窄而且直之新槽使不迂回曲折。久而久之，现有内堤与新堤之间的隙地，将逐渐为泥沙所填满，成为一道抗洪有力坚固的堤防，于是水皆由新槽中行矣。他认为：“此新槽本身有迅速自己校正之功能，以供巨大洪水量之顺利通过。”②

费礼门的治黄观点发表以后，立即引起了世界上许多著名水利科学家的注意，使黄河问题的讨论一时成为国际性的学术问题。其间，近代国际水利界的权威之一，以在世界上首创大型水工模型而著名的德国德累斯顿大学教授 H. 恩格斯就黄河下游的治理问题与费礼门进行了热烈的讨论。H. 恩格斯本人没有来过中国，但是他的高足方修斯此时正被聘为导淮委员会顾问。③ 美国的费礼门夫妇考察了黄河以后，也曾赴欧洲与他面谈过，而且他身边的外国留学生中间，有好几

① 沈怡《黄河问题讨论集》。

② 沈怡《黄河问题讨论集》。

③ 参见李仪祉《三省会派工程师往德国作治导黄河试验之缘起》，《李仪祉水利论著选集》。

位都是中国人，特别是沈怡和李赋都，直接就在他的身边作博士论文。因此他对于中国，对于黄河的了解并不比其他外国专家生疏。H.恩格斯认为，费礼门的治黄主张在实际的河道中是行不通的。黄河之所以为患，其主要原因并不在于堤距过大，而在于缺乏固定的中水位河床，因而致使河流在两堤之间左右移动而得不到有效的控制。一旦中泓逼近河身，淘刷河底，则决口之祸势在难免。可见，中泓得不到固定，所谓刷深河床也只能是一句空话。因此，他主张治理黄河应在现有两堤之间对弯曲过甚的河床要缓和其弯度，堵塞其支流，并相应施以合适的护岸工程，以达到固定中水位河床的目的。①

但是H.恩格斯的观点提出后，却遭到他的学生，曾任导淮委员会顾问的德国汉诺威大学教授方修斯的反对。方修斯倾向于费礼门的意见，认为黄河的河床过宽仍是全部问题的关键所在。但他也看到了费礼门的主张在实施上的困难，因此主张在现有黄河大堤之内新筑一条直而窄的河堤，不必高，也不必坚固，倘若洪水超过了一定限度，则可任其漫溢于新旧堤之间，使之逐渐淤高。他认为这样经过10年左右，河槽便可刷深到相当的深度，待新、旧堤之间的大片滩地形成后，即使最大的洪水，也不会超过新堤堤顶，黄河的问题也就解决了。所以他说："我人对于治理黄河之主要目标，应作如下之要求，即：洪水河床经过改善以后，在尽可能短之岁月，使洪水位有显著之降落，且须降落至某种程度，使最大洪水不复有漫溢堤旁高地之可能。至于使洪水位降落之唯一方法，厥为藉

① H.恩格斯《读费礼门中国洪水问题书后》，参见沈怡《黄河问题讨论集》。

黄河本身之力,自行刷深其河底。”①

其实,费、方二氏与H.恩格斯的根本分歧就在于:黄河为患的根本原因是河床太宽,还是无固定的中水位河床?彻底治理黄河下游河道是从束窄河床入手,还是应从淤高滩地入手?由于双方都不能说服对方,因此他们都主张把这个问题交给中国的水利工程师来裁决,特别是要听听李仪祉的意见。

对于外国工程师的这场争论,我国水利工作者一直保持着冷静的态度。他们认为,这是一个严肃的科学问题,只要双方把讨论的问题约束在学术范围之内,这个争论是有助于加深对于黄河的认识的。同时在人们对黄河的认识还没有达到一定深度之前,任何人都无权,也不可能对上述争论做出公正的裁决。鉴于国内还没有可用于水工试验的大型试验室,他们决定通过当时的国民政府,建议并正式委托争论双方分别进行大尺度模型的黄河试验,用实践来回答这个问题。

这样,从1932年起,H.恩格斯在德国巴燕邦瓦痕湖畔的奥贝那赫大型水工试验场先后主持进行了关于缩窄堤距的两次黄河试验。与此同时,方修斯在德国汉诺威大学的水工试验场也做了关于黄河问题的有关模型试验。

有趣的是,在这场科学论战中,潘季驯的治河思想再次引起中外水利专家们的共同注意,人们似乎都从这里找到了有关的历史根据。

譬如,当方修斯等人的观点提出来之后,人们马上就注意到,他们的治河主张与400年前中国河臣潘季驯的“重门待暴”观点非常相似,就连外国同行也为此感到惊讶。1931年

① 方修斯《黄河及其治理》,引自沈怡《黄河问题讨论集》。

11月,德国著名水利学家罗定教授在中国工程师协会会议上发表演讲特别指出:

> 就余所知,过去所有对本问题发表意见之专家(如单百克、维善、费礼门、方修斯等,——原注),均一致主张缩窄堤距,使河道作有利的冲刷。衡以19世纪欧美所得之治河经验(莱茵河及波河等)与事实均属相符。
>
> 自余读沈怡博士论文之后,发现一字事实,即当19世纪初期,在欧州尚无人转念到缩窄洪水河床后所起之影响,而在中国当时之河工界,即已有人注意及此。以下为1748年潘季驯所发之议论。(原文时间有误,——抄录者)
>
> “筑遥堤以防其溃,筑缕堤以束其流。”一个半世纪以后,1888年包世臣之主张更有见地。(原文时间有误,——抄者)
>
> 遥堤相去千丈,中有缕堤,相对三百丈。河槽在缕堤之中,急流东下,日刷日深。其初有大汛一二次,溢出缕堤,漫滩直逼遥堤。三年之后,河槽刷深至五丈(约十六公尺),不复漫过缕堤矣。
>
> 对于刷深黄河所需之时间,余虽另有意见,但包氏所称之十六公尺(即五丈),以与其他方面所得之结果相印证,实有惊人巧合。此辈河工界先哲,凭其直觉,虽未尝假手数理,但其观察之锐敏,已深入本问题之堂奥,而了解于如何解决之方法,诚令人叹异

不置也。[①]

另一方面，人们注意到，H. 恩格斯固定中水位河床的主张与潘季驯一贯强调的堤防观点实际上也有不谋而合之处。为此，李仪祉特意致函向 H. 恩格斯请教，并提出：方修斯缩小堤距、束水刷深河床之说固然偏于理论，但我国 400 年前明代潘季驯亦主张此说，并实行之，虽未全部奏功，却也部分生效，功绩彰著。后清代靳辅依其理论治河，也颇见功效。这种经验是否表明以堤束水对于黄河河床也可望有治导之功？[②]

H. 恩格斯对此最初的答复，是偏于否定。他认为束窄河身的缕堤完全是为了保护农作物着想，只有防洪的功能，而与河流的治导全无关系，因此不能称之为“治河工事”。因此缕堤对于黄河下游之治理，殊不适用。[③]

接到 H. 恩格斯的复函，沈怡又提出了新的疑问：在 16 世纪以前，堤防在中国一向被视为有害无益，反对造堤者，甚至将其保护农田的价值也一并抹杀，论调之偏激，一至于此。自明代潘季驯出，观点始为之一变。潘氏筑堤，有遥缕之分，其论堤之功用如云：“筑遥以防其溃，筑缕以束其流。”又云：“遥堤约拦水势，取其易守也；缕堤拘束河道，取其冲刷也。”由此可见潘氏当日治河，亦尝有固定河道之意，惟其所采方法有所不同耳。考潘氏固定河道之法，乃在假手相距一公里之缕堤。

① 罗定《中国之水患及防洪》，见沈怡《黄河问题讨论集》。

② 李仪祉《论沈君至德国向恩格斯质疑之点》，引自沈怡《黄河问题讨论集》。

③ 参见 H. 恩格斯《为答问致李协书》，引自沈怡《黄河问题讨论集》。

此项缕堤之作用，在潘氏心目中与遥堤截然不同。潘氏尝以其主张付诸实施，颇奏功效。李协（仪祉）先生于其质疑中，亦提及之。如果说缕堤对于治导河床全无价值，则当年潘氏所收之效果，就难以解释了。故特向先生请教，以求释然。[1]

李仪祉、沈怡等人的介绍，使 H. 恩格斯茅塞顿开。他马上又复函沈怡等，重新表述了自己的观点：

> 由子之言，余方完全明了缕堤之性质，依潘季驯原意，此项缕堤乃在寻常水位时作为固定河道之用者。似此之工事，如此之使用，其性质已不能以堤（Deich）或坝（Dam）视之，而应看作固定中水河道之护岸工事（Uferschutzwerk）。果真潘氏当年假手此等缕堤以为固定约宽一公里之中水河槽之用，就余所凭藉之资料加以判断，此中水河槽犹未免过宽。但潘氏分清遥堤之用为防溃，而缕堤之用为束水，为治导河流之一种方法（Mittel der Flussregelurg），此点实非常合理。[2]

这样，方修斯和 H. 恩格斯，争论的双方居然都在中国 400 年前的潘季驯的治河思想中找到了自己的共同语言。对此，沈怡后来有个评价，他说："中外古今水利学者，自潘季驯、陈潢以至单百克、费礼门、恩格斯、方修斯等，对于治理黄河，所采之方针，在原则上实无二致。……所不同者，在各人所主

① 沈怡《为治河问题向恩格斯请益书》，见《黄河问题讨论集》。
② H. 恩格斯《复前二书》，见《黄河问题讨论集》。

张之治河方法，如费礼门、方修斯咸主修新堤以缩窄河床，如潘季驯则为筑缕堤以拘束河道，如恩格斯则为筑护岸工程以固定中水位河床。就定义言，似费、方、潘站在一起，但从实际工程性质言，则又以恩、潘同其意见。”①

这样，深受古今中外治河观点的启示，运用实验结果与历史经验相互印证的方法，以李仪祉为代表的我国近代水利科学家们集思广益，遂将“使河滩长高，河床刷深”一事，采为当时黄河水利委员会治理下游河道的基本方针。② 潘季驯的治河思想在 400 年后，又一次放射出其夺目的光辉。

三、在当代治河实践中的特殊历史价值

历史已经过去了整整 400 年，潘季驯当年的治河思想对于我们今天的治河实践还会有借鉴意义吗？当代水利科学已对此做出了肯定的回答。

首先，潘季驯一反过去的治河原则，在治河活动中，始终把握住黄河多泥沙的特点，把全部工程措施都立足于解决泥沙问题。这个宝贵的历史经验仍然是我们今天在治理开发黄河的工程活动中所应大力吸取的。因为，直到现在，泥沙仍然是治理开发黄河的一个主要制约因素。

据治黄部门多年水文统计，黄河下游多年平均输沙量达到 16 亿吨以上，含沙量为 35 kg/m^3。与世界上的其他多泥沙河流相比，孟加拉国的恒河年输沙量为 14.5 亿吨，与黄河相

---

① 参见沈怡《黄河问题讨论集·绪言》。

② 参见沈怡《黄河问题讨论集·绪言》。

近,但其水量较多,含沙量只有 3.9 kg/m^3,远小于黄河。美国科罗拉多河的含沙量 27.5 kg/m^3,略低于黄河,但年输沙量仅 1.35 亿吨。由此可见,黄河输沙量之多,含沙量之高,在世界江河中都是绝无仅有的。其中,上游输水输沙不平衡,水少沙多,泥沙强烈堆积,是黄河下游河道的主要特点之一。特别是进入 20 世纪以来,黄河下游河道平均每年淤积抬高 3～5 厘米,近些年来的淤积速度加快,平均每年淤积抬高 10 厘米左右,使之成为举世闻名的"悬河"。因此,对黄河泥沙问题的了解和重视,是认识黄河和治理黄河的重要环节。①

1949 年中华人民共和国成立以后,人民政府很快组织编制了治理黄河的规划。新规划特别注意强调对水资源综合利用的原则,对于洪水和泥沙问题的解决,要从整体出发,上、中、下游统筹兼顾的治理方针。在上、中游,在大力进行水土保持工作的前提下,按照规划,在干支流上修建水库,"节节蓄水,分段拦泥",进行蓄洪拦沙,防止水害;在下游,充分利用现有河道的排洪排沙能力,整治河道,集流排沙,因势利导,排洪入海。40 多年的治黄实践证明,"上拦下排"的规划思想是符合黄河特点的正确方针。②

但是在这个规划的形成过程中也有过失误之处,其中一个重要的方面就是忽视了泥沙的因素。这主要反映在 20 世纪 50 年代建造的三门峡水库工程上。三门峡水库是黄河规划选定的第一期工程,原规划试图通过设置一个巨大的库容来蓄水拦

---

① 参见黄河水利委员会治黄研究组主编《黄河的治理与开发》,上海教育出版社 1984 年 12 月版。

② 参见《黄河的治理与开发》。

沙，实现黄河水沙的综合利用。但是工程建成以后，很快暴露出一系列问题，主要是水库淤积迅速，库尾末端淤积上延，淹没范围扩大，严重威胁八百里关中平原。结果水库被迫改变运用方式，降低水位排沙，使原设计效益不能发挥。后来在周恩来同志的亲自主持下，决定对三门峡工程进行改建。

三门峡水库为什么会出现这些失误？产生的原因有很多，但其中最主要的原因，就是当时在外国专家主持下的水库设计不符合黄河的河情。黄河是多泥沙河流，而水库的设计方案却采用了一般清水河流的经验，选取窄口大肚的坝库，进行蓄水调节，势必造成库区淤积，而且排沙十分困难，有效库容损失很快，势必影响水库寿命和综合效益的发挥。① 可见，黄河的根本问题是泥沙。治理黄河的任何环节和措施都不能忽视这一点。否则，就会导致失败。

其次，潘季驯所创建和倡导的一系列治河工程措施，其中包括束水攻沙、蓄清刷浑、淤滩固堤等，至今仍然是我们治黄的重要工程措施。例如，根据多泥沙河流"大水淤滩刷槽"的河床演变规律，在上、中游修建控制性的大容量水库，蓄水拦沙，人造洪峰，进行调水调沙，增水减沙，以达到冲刷河床主槽、淤积滩地的目的。这在某种程度上其实就是"束水攻沙"和"蓄清刷浑"思想在新的社会历史条件下的再运用。同时，为了巩固堤防，减少泥沙，目前在黄河下游地区广泛实施的"淤背固堤"和"放淤改土"等措施，实际上也是潘季驯淤滩固堤思想在当代的一种延伸。潘季驯当年在实践中发现了"淤留地高"的现象，积极建议"放水淤平内地，以图坚久"，认为

---

① 参见《黄河的治理与开发》。

“与其以人培堤，孰若用河自培之为易哉”。如今这些大胆的设想已经得到了普遍的运用。据统计，1949年建国以来，我国治黄工作者利用泥沙淤背固堤已有很大发展，且取得了显著效果。从1969年至1977年，黄河山东河段放淤加固堤防总长达200多公里，经过洪水考验，证明是安全有效的方法。黄河下游沿河地区的放淤改土面积已达到300多万亩，使原来产量很低或颗粒不收的盐碱荒地变成了良田。[①] 这些现代“治黄”措施的广泛运用，从一个侧面印证了历史上潘季驯有关治河措施的先进合理性。

应当指出的是，潘季驯的上述工程思想不仅在当代治黄的实践中，而且在当代治理其他江河的实践中，也都得到了很有价值的借鉴和推广。最典型的例子，就是在20世纪70年代，在长江干流葛洲坝工程的实践中，以著名河流泥沙专家、武汉水利电力大学名誉校长张瑞瑾教授和谢鉴衡教授为代表的我国水电工程技术人员，巧妙借鉴潘季驯“蓄清刷浑”的治河思想，提出了著名的“动水冲沙、静水过船”工程设计方案，一举解决了葛洲坝工程建设中的重大技术难题。

第三，潘季驯所精心设计的堤防工程思想，特别是关于遥堤和缕堤“双重御暴”的思想，对于当代人类治黄仍然具有重要的借鉴意义。虽然，在当代治河实践中，堤防已不再是人类防御洪水的唯一手段。但是，为了保持河道主槽的稳定，防止洪水四处漫溢决口，堤防仍然是一种最基本的工程措施。尤其是对于黄河这样一条游荡性的地上“悬河”，历来都是依靠两岸大堤约束河水，稳定河槽。由于黄河下游未来的趋势仍

---

① 参见《黄河的治理与开发》。

然是继续淤积抬高，从长远看，堤防还要继续加高，两岸大堤还要作为定槽、排沙、约束洪水的最可靠工程手段。因此，不仅在历史上要依靠堤防，现在要依靠堤防，而且将来仍然要依靠堤防排洪排沙入海。从这个意义上讲，堤防仍是一项现实的长期的治河措施，是黄河下游防洪工程体系的基础。

第四，潘季驯所总结和阐发的一系列工程管理思想，至今仍然可以为我们所借鉴。其中像堤防工程管理中的每年加固制度、四防二守制度、防汛报警制度，事实上自潘季驯以来，在各个历史时期一直被很好地坚持和继承下来，成为历代劳动人民治理黄河的基本制度。当然，在内容和手段上更丰富、更具现代化了。在对劳动过程的管理思想中，虽然潘季驯所总结的内容在许多基本方面尚留有深刻的封建社会的烙印，需要鉴别。但是不可否认，他所提出的许多具体管理措施对于我们今天的工程管理活动仍具有一定的参考价值。例如，关于严格工程经费管理制度的思想；关于工程管理者应当抓“大事”的思想；关于工程活动中强调分工管理、使责权利相结合的思想；关于工程建设部门和地方政府要互相配合、协调一致的思想；关于施工管理活动中应当重视对管制者和劳动者的劳动奖励和生活保障的思想；关于施工活动中的公共宣传和舆论管制思想，等等。它们不仅在封建时代，就是在当今的现代化大生产条件下，也仍然是需要深入研究的重要管理问题。所以，全面总结潘季驯的工程管理思想，无论对于总结历史，还是昭示后人，都是十分必要的。

第五，在潘季驯治河思想和实践中所体现出来的丰富的科学思维方法和哲学思想观点，是中国历史思想文化宝库中不可多得的珍奇瑰宝；潘季驯在四次治河实践中所体现出来的鲜明人格精神，是中华民族伟大精神洪流中的一个突出典范。在这里特别需要强调的是他不信鬼、不信邪、不迷信历史定论，自觉将“人定胜天”的创造精神和顺应自然规律而治之的“顺治”思想有机结合的基本哲学信念，因为他以自己独特的实践方式正确地回答了人类与自然界的关系问题；还有他的注重调查、强调事功，自觉将实地“勘验”与历史经验、博采众议与逻辑论辩相结合的科学认识观点，因为他用自己独特的思维方式正确地回答了人类认识世界的基本途径；还有他的辩证处理“堤防”与“疏导”、“创筑”与“修守”、“上游”与“下游”等一系列重要治河观念，善于整体思考、统筹兼顾的系统思维方法，因为他用自己独特的工作语言巧妙地表达和充实了中华民族自古以来就已形成的辩证智慧；最后，还有他全身心热爱自己的工作，不惜栉风沐雨，手足胼胝，为治河事业“朝于斯，暮于斯，壮于斯，老于斯”的感人敬业精神，因为他以自己的一言一行再现了中华民族千年不衰的优良传统精神。对于这样一位杰出的治河家，我们有理由去宣传他，敬仰他。综上所述，无论从立言、立功、立德上讲，潘季驯在中国历史上都是不朽的！

附　录

明史·潘季驯传

潘季驯，字时良，乌程人。嘉靖二十九年进士。授九江推官，擢御史，巡按广东，行均平里甲法，广人大便。临代去，疏请饬后至者守其法。帝从之。进大理寺。四十四年，由左少卿进右佥都御史，总理河道，与朱衡共开新河。加右副都御史，寻以忧去。

隆庆四年，河决邳州睢宁。起故官，再理河道，塞决口。明年工竣。坐驱运船入新溜漂没多，为勘河给事中雒遵劾罢。

万历四年夏，再起官巡抚江西。明年冬，召为刑部右侍郎。是时，河决崔镇，黄水北流，清河口淤淀；全淮南徙，高堰湖堤大坏，淮扬高邮宝应间皆为巨浸。大学士张居正深以为忧。河漕尚书吴桂芳议复老黄河故道，而总河都御史傅希挚欲塞决口，束水归槽。两人议不合。会桂芳卒，六年夏，命季驯以右都御史兼工部左侍郎代之。

季驯以故道久湮，虽浚复其深广必不能如今河，议筑崔镇以塞决口，筑遥堤以防溃决。又淮清河浊，淮弱河强，河水一斗，沙居其六，伏秋则居其八，非极湍急，必至停滞，当藉淮之清以刷河之浊。筑高堰束淮入清口以敌河之强，使二水并流，则海口自浚，即桂芳所开草湾亦可不复修治。遂条上六事。诏如议。明年冬，两河工成。又明年春，加太子太保，进工部尚书，兼左副都御史。

季驯初至河上，历虞城、夏邑、商邱相度地形，旧黄河上流自新集经赵家圈、萧县出徐州小浮桥极深广，自嘉靖中北徙，河深既浅，迁徙不常，曹、单、丰、沛常苦昏垫。上疏请复故河。给事中王道成以方筑崔镇，役难并举，河南抚按亦陈三难，乃止。迁南京兵部尚书。十一年正月，召改刑部。

季驯之再起也，以张居正援。居正殁，家属尽幽系，子敬修自缢死。季驯言：居正母逾八旬，旦暮莫必其命。乞降特恩宥释。又以治居正狱太急，宣言居正家属毙狱者已数十人。先是，御史李植、江东之辈，与大臣申时行、杨巍相讦。季驯力佑时行、巍，痛诋言者。言者交怒，植遂劾季驯党庇居正，落职为民。

十三年，御史李栋上疏，讼曰：隆庆间，河决崔镇，为运道梗。数年以来，民居既奠，河水安流，咸曰：此潘尚书功也。昔先臣宋礼治会通河，至于今是，赖陛下允督臣万恭之请，予之谥荫。今季驯功不在礼下，乃当身存之日，使与编户齿，宁不坠诸臣任事之心，失朝廷报功之典哉？御史董子行亦言：季驯罪轻责重。诏俱夺其俸。其后论荐者不已。

十六年，给事中梅国楼复荐，遂起季驯右都御史，总督河道。自吴桂芳后，河、漕皆总理，至是复设专官。明年，黄水暴涨，冲入夏镇，坏田庐居民多溺死。季驯复筑塞之。十九年冬，加太子太保、工部尚书兼右都御史。

季驯凡四奉治河命，前后二十七年，习知地形险易，增筑设防，置官建闸，下及木石桩埽，综理纤细。积劳成病，三疏乞休，不允。二十年，泗州大水，城中水三尺，患及祖陵。议者或欲开傅宁湖至六合入江，或欲浚周家桥入高宝诸湖，或欲开寿州瓦埠河以分淮水上流，或欲弛张福堤以泄淮口。季驯谓祖陵王气，不易轻泄。而巡抚周寀、陈于陛、巡按高举谓：周家桥在祖陵后百里，可疏浚。议不合。都给事中杨其休请允季驯去。归三年卒，年七十五。

——引自《明史》卷二二三

潘季驯年表

一　　岁　1521年(明武宗正德十六年辛巳)

四月二十三日出生在浙江省湖州府乌程县。父潘夔，母闵氏。家中兄弟四人，他排行第四。“公生而颖异”。

七　　岁　1527年(明世宗嘉靖六年丁亥)

治春秋，能文章，补博士弟子。

十 三 岁　1533年(明世宗嘉靖十二年癸巳)

公以高才生廪于学。

十 四 岁　1534年(明世宗嘉靖十三年甲午)

公之二兄潘仲骖举于乡。

二十一岁　1541年(明世宗嘉靖二十年辛丑)

公二兄潘仲骖登进士第。

二十九岁　1549年(明世宗嘉靖二十八年己酉)

中举，获乡试第一。

三 十 岁　1550年(明世宗嘉靖二十九年庚戌)

三月，登进士。

十二月，授九江府推官。上任后，因为能明察冤案，主持公道，改革驿站制度，罢免繁重的工役，颇受当地人民欢迎。“民大德之”。从31岁到33岁，均在九江府任推官。

三十四岁　1554年(明世宗嘉靖三十三年甲寅)

正月,以能名,升任江西道监察御史。四月二十三日,其父做庵公卒,年63岁。

五月,公回籍守制三年。

三十七岁　1557年(明世宗嘉靖三十六年丁巳)

正月,守孝期满,起授河南道监察御史。

四月,京师三殿遇火灾。公奉诏核大木于南都。或云巨材多湮地中,撤民居数十可尽得。公则请无毁民居,按籍钩稽,果得万木于荷池中,民皆安堵。同年,公之二兄潘仲骖自刑部郎中被贬大名通判,修大名府志。

三十八岁　1558年(明世宗嘉靖三十七年戊午)

仍官河南道监察御史。该年七月,黄河大决溢,从新集至小浮桥故道250余里淤塞。

三十九岁　1559年(明世宗嘉靖三十八年己未)

调任广东巡按御史。到任后,首先逮捕了贪官潮阳县令,在当地引起强烈反响,"风裁肃然"。

四十岁　1560年(明世宗嘉靖三十九年庚申)

仍任广东巡按御史。行"均平里甲法",广东士民大便。破海寇,不言功。能虚心待下,倾听来自不同社会阶层的各种意见,"使人人得尽所欲言,民隐吏弊无隔阂者"。临离开广东时,当地群众遮道挽留,并肖像以祠之。

四十一岁　1561年(明世宗嘉靖四十年辛酉)

六月,改调河南道御史,提调北直隶学校,督学顺天,好友徐中行、王世贞以诗赠之。到任后,主持选拔考生,秉公办事,不徇私情,所奖拔士多斌斌显者。

四十二岁　1562年(明世宗嘉靖四十一年壬戌)

仍官顺天。五月,内阁首辅严嵩被劾罢,严嵩之子世蕃亦被逮下狱,后又放归南昌家中。随后,朝中诸官如鄢懋卿、万宷、唐汝楫等纷纷被劾革职闲住,“俱坐严嵩父子党也”。

四十三岁　1563 年(明世宗嘉靖四十二年癸亥)

十二月,被升任为大理寺右寺丞。同年,好友李迁为工部侍郎,总理河道。

四十四岁　1564 年(明世宗嘉靖四十三年甲子)

十月,升大理寺左寺丞。十一月,严嵩子世蕃因图谋不轨再次被逮下狱。

四十五岁　1565 年(明世宗嘉靖四十四年乙丑)

六月,升任大理寺右少卿。同年三月,御史林润上疏数严世蕃父子罪。疏入,上怒,诏下三法司讯状。潘季驯此时作为大理寺高层官员,无疑直接参与了这桩案件的审理工作。

七月,黄河决邳县飞云桥,东注昭阳湖,运道淤塞百余里。

十月,公升大理寺左少卿。

十一月六日,自少卿擢督理河道右佥都御史,佐工部尚书朱衡治河,从此开始治河生涯。七日廷谢,二十二日到济宁任所。时黄河泛滥,朱衡主开新河,与公意见相左。

四十六岁　1566 年(明世宗嘉靖四十五年丙寅)

二月,朝廷遣工科给事中何起鸣勘河。潘季驯仍力请恢复黄河和运河故道未被采纳。在他的一再请求之下,才同意恢复留城以下运河旧道 50 余里。留城以上运河改道昭阳湖东岸,开南阳至留城新河 140 余里。

九月,新河工程基本告竣。新河既成,公又疏请勘查黄河上游情况,因工部尚书朱衡不同意而作罢。

十一月,潘母去世,公遂去官回家守孝。

四十七岁　1567 年(明穆宗隆庆元年丁卯)

丁母忧，家居课子，“浑似一老学究”。五月，新河工成，上有诏褒奖，晋公右副都御史。公仲兄潘仲骖因事被逮下狱，公奔走诸当事者以救之。

四十八岁　1568年（明穆宗隆庆二年戊辰）

公家居守孝。时翁大立任总河。首辅徐阶致仕。张居正晋礼部尚书。

四十九岁　1569年（明穆宗隆庆三年己巳）

四月，王世贞抵湖州任知府，与公来往甚密。

七月，黄河决邳县，自考城虞城曹单丰沛抵徐州，千里之间，俱受其害。总河都御史翁大立请于梁山之南别开一河以避秦沟浊河之险，即所谓开泇河议是也。诏令相度地形，未成。

五十岁　1570年（明穆宗隆庆四年庚午）

春，家居。常与王世贞陆理之辈登岘山，登飞英塔，王世贞有诗记之。不久，王世贞卸任回家，公过弇园访之，世贞纪以“十韵”诗，并以书报。

同年秋七月，黄河决下邳，注睢宁，出小河口，淤运道百余里。八月，公奉诏以原官第二次出任总理河道。十一月十一日与翁大立交接。十二月赴邳州料理河工。

五十一岁　1571年（明穆宗隆庆五年辛未）

正月十六日，开始兴工，大治邳睢决河。塞决筑堤，开渠引水攻沙。

四月，工将竣，黄河又自灵璧双沟而下大决口，北决三处，南决八处，以及其他小决口四十余处。公上书自劾。遂又奏上《议筑长堤疏》，提出“欲图久远之计，必须筑近堤以束河流，筑遥堤以防溃决，此不易之定策也”。

六月，奏上《正漕复通疏》，阐述束水攻沙思想之来源，陈述他反对留决口使两河并行的观点。邳睢间工程稍稍就绪，他又以山东久旱，拨棹而西，策划闸河水源工程。整个治河工程于十月完毕，河归故道，漕运又通。是役，公率丁夫五万，浚匙头湾以下正河 80 里，筑缕堤三万余丈，先后塞诸决口。共费帑金 92000 两，十月工毕，出官民之舟于积淤者以数万。工毕，公请录效劳诸臣，遭工部尚书朱衡批驳。

十一月，勘河给事中雒遵还，在张居正等授意下，劾季驯驱运船入新溜，多漂没。公被罢官冠带闲住。公即归，好友徐中行为诗慰之，王世贞为序赠之，以重公行。

五十二岁 1572 年(明穆宗隆庆六年壬申)

春，朝廷命工部尚书朱衡经理河工，以兵部侍郎万恭总理河道。二人至，罢泇河议，专事徐邳河工，修筑长堤自徐州至宿迁小河口 370 里，并缮丰沛大黄堤。正河安流，运道大通。

公被劾回家后，构成毗山草堂，筑祝亲家庙，日读书其中。王世贞辈赋诗赠之，次和颇多。当时为诗题咏者，如吴国伦王世贞王世懋董份诸人，皆足称道。

同年五月庚戌，明穆宗去世。六月十日，明神宗朱翊钧即位。六月十六日，在内官冯保的参与下，首辅高拱被罢官回籍闲住，张居正被擢为首辅大学士，开始了他 10 年改革的生涯。

五十三岁 1573 年(明神宗万历元年癸酉)

河道总督万恭因与漕督王宗沐发生矛盾，被弹劾罢官。

五十四岁 1574 年(明神宗万历二年甲戌)

秋，河、淮并涨，傅希挚由山东巡抚调任总理河道。

五十五岁 1575 年(明神宗万历三年乙亥)

二月，总河都御史傅希挚请开泇河，未能批准。八月，河决砀山一带而北；淮亦决高家堰而东。黄、淮两岸漂没千里，河道淤浅，阻漕数年。冬，吴桂芳以兵部左侍郎总督漕运，接替原漕督王宗沐。

五十六岁　1576年（明神宗万历四年丙子）

三月二十三日，潘季驯奉圣旨以原职巡抚江西。六月二十九日赴江西上任。抵任后，清邮传，省徭役，皆以谕旨通行，为海内式。

五十七岁　1577年（明神宗万历五年丁丑）

在江西兴钱法，辟书院。又组织修筑德化县桑落堤70余里，五月告成。

七月，公长兄潘伯骧于湖广桂阳县令任上去世。公具疏乞休未允。十二月，因巡抚江西政绩卓著，被召为刑部右侍郎。公在江西任所具奏疏，凡50篇，俱载于《潘司空奏疏》。

同年，河、漕衙门矛盾激化，河道傅希挚议塞崔镇决口束水归槽；而漕督吴桂芳欲冲刷成河以为老黄河入海之道。廷议以二人意见不合，改傅希挚巡抚陕西，而以山东巡抚李世达代。未几，又改世达他任，命吴桂芳兼理河漕。未逾月，卒。

五十八岁　1578年（明神宗万历六年戊寅）

二月丁酉，升潘季驯为都察院右都御史兼工部左侍郎，总理河漕事务兼提督军务。公第三次主持治河。

三月初十，朝廷正式颁布“敕谕”。

四月，季驯疏辞，上以河漕多虞，总理任重，不许。

六月，公赴任济宁，随即沿河勘查灾情，然后提出了全面治理黄、淮、运河的总体规划书《两河经略疏》，条陈了“治河六事”。

七月，奏上《河工事宜疏》，提出了工程管理方面的“河工八事”。

八月，上疏请求勘查河南境内的黄河故道，争取上下游全面治理。后遭地方官吏的反对未成。

九月十五日，“两河”工程正式开工。

十月，先是潘季驯交章论劾徐州道副使林绍治河无状。继而林绍散布浮言，反诬季驯。其议相左，各相论列。张居正亲自出面支持潘季驯，“著林绍冠带闲住”。

十二月，公在高家堰工地上亲自督工。沐雨栉风，冲寒触暑，与夫役日相从于畚锸之中。

五十九岁 1579年(明神宗万历七年己卯)

二月，“两河”工程初见成绩。三月戊申，奉圣旨：赏潘季驯江一麟银各30两，纻丝二表里，潘季驯还加赐大红獬豸纻丝衣一袭，以示优劳。

十月，两河工成，潘季驯奏上《河工告成疏》，报告治河始末及完工情况。朝廷以两河工成，赏总督河道官潘季驯等银币有差。

是役也，筑高家堰堤60余里，归仁集堤40余里，柳浦湾堤东西70余里，塞崔镇等决口130余处，筑徐州、睢宁、邳州、宿迁、桃源、清河两岸遥堤56000余丈，砀山、丰城大坝各一道，徐、邳、丰、砀缕堤140余里，建崔镇、徐升、季泰、三义减水石坝四座，淮安、扬州间堤坝无不修筑，费帑金56万有奇。

六十岁 1580年(明神宗万历八年庚辰)

二月，因河工告成，工部开叙效劳诸臣，朝廷降旨加总河潘季驯太子少保、工部尚书兼都察院左副都御史，荫一子入监读书。

四月二十三日，公60岁生日，王世贞和世懋兄弟等为诗文寿之。

夏五月，淮河雨涝，洪水直薄泗州城。御史徐用宾给事王道成等请敕河臣治之，公具疏以辩。公任总河，每被谗毁者，多以此故。

六月，朝廷命凌云翼以兵部尚书兼都察院右副都御史，往同潘季驯经理未尽事宜。不久，改季驯为南京兵部尚书。季驯上疏辞谢，朝廷不准。张居正去信道明其中原委，以示安慰。

十月，泗州乡官常三省等人联名上揭诬告潘季驯治河不当，威胁泗州及“祖陵”安全。公上《高堰请勘疏》，驳斥常三省等人的浮言。朝廷卒如公议，革常三省职为民，命公继续修筑高家堰石堤以终前功。

六十一岁 1581年(明神宗万历九年辛巳)

任南京兵部尚书，参赞机务。公致信王世贞兄弟述近况：“弟白下之游，视昔劳逸顿除，而愁楚之怀，较胼胝时更切。酬恩未能，还家未得，忧谗畏讥，日坐魔障中，无可为翁道者。”

六十二岁 1582年(明神宗万历十年壬午)

任官南京兵部尚书。南京悍卒久习公名，无哗者。会京口告变，公不为动，人情恃公而安。

公之子潘大复中举。

六月，内阁首辅张居正去世。万历七年潘季驯第三次治河成功，与张居正的支持有直接关系，“季驯之再起也，以张居正援”。张居正一死，他所导演的改革活动也就宣告中断。

冬十二月，张居正在内宫的得力助手太监冯保以罪谪奉御，被安置南京。张居正在朝中的支持者也纷纷被劾得罪去。“于是弹击居正者纷起矣”。

六十三岁 1583年(明神宗万历十一年癸未)

正月，潘季驯改官为刑部尚书，加太子少保。公具疏辞免,上不许。

二月,公入京陛见。他曾亲自记录了这次陛见的感受:“不佞于此月十二日入城,偶值廷试诸事。今方得覲天颜。入籍 34 年,始见朝仪。窃以为荣矣。”

召为刑部尚书后,仍不安现状,锐意改革,“公谓法例参错,吏得以意轻重。乃折衷划一,琐科条以请。遂著令颁行之”。

随旨天寿山,上赐麒麟服。

十月,上以漕河工完,赐公及凌云翼等,赏赉有差。公虽已身离河工,但心仍时时牵挂之。同年某月,他写信给吏部尚书,恳请尽快拔擢河官张誉。他说:“仆以此河相为命,故虽去任,而犹寝食此于河也。”

六十四岁 1584 年(明神宗万历十二年甲申)

仍官刑部尚书。

三月,公倾其橐资为家乡人民设计兴建的潘公桥正式动工。桥长 140 尺,宽 20 尺,为五孔涵洞。共耗银 2500 余两,历时五年后才建成。

五月,已故首辅张居正家被抄,其家属尽被禁锢,其长子敬修亦自缢死。事闻,申时行等与六卿大臣合疏请少缓之。刑部尚书潘季驯复持疏言:“居正母年逾八旬,旦暮莫必其命。”语尤激楚。于是神宗诏留空宅一所,田 10 顷,赡其母,而尽削居正官,夺玺书诏命,以罪状示天下。

先是,御史李植、江东之辈与大臣申时行、杨巍相讦,季驯力右时行、杨巍,痛诋言者,言者交怒,遂劾季驯党庇居正,落职为民。

七月十七日,神宗命黜刑部尚书潘季驯职为民,夺其诏命,从江西道御史李植劾也。从此,潘季驯在家闲居四年。

公罢官后,友人王世懋等纷纷来信慰问之,称:“海内旁观人自有公论”,“我翁但静观终有天定之日”。为他抱不平。

六十五岁 1585年(明神宗万历十三年乙酉)

公家居。同年,御史蔡系周、李栋、董子行等纷纷上疏为季驯鸣不平。称:“陛下欲雪枉,而刑部尚书之枉先不得雪。”“功臣被逐,外议不平,恳乞洞察,以昭公论,以快人心事。”上诏俱夺其俸。其后论荐者仍不已。

六十六岁 1586年(明神宗万历十四年丙戌)

公家居。其子潘大复登进士弟。

六十七岁 1587年(明神宗万历十五年丁亥)

公家居。其子潘大复出任溧阳县令。

同年,戚继光卒。海瑞卒。

六十八岁 1588年(明神宗万历十六年戊子)

四月庚午,工科给事中梅国楼举荐原任刑部尚书潘季驯堪总河之用。时季驯已镌职为民,而科臣谓其向在河上有筑浚功,会李栋、董子行、蔡系周、常居敬等亦先后荐之,故部复起潘季驯都察院右都御史总督河道兼理军务。

五月十一日,明神宗敕谕,第四次任命潘季驯总理治河。自吴桂芳后,河漕皆总理,至是复设专官。

五月十六日接到部咨,十七日接到首辅申时行的书牍,二十日即收拾行装,告别家人,昼夜兼程,赶赴上任。

六月一日抵淮安,次日便到任受事,并随即将高(邮)宝(应)柳湾清(江)浦及邳(县)徐(州)一带湖河诸堤,各处闸坝,逐一查阅。随后赴济宁总河衙门。

七月,公巡视“两河”工程。在给申时行的信中写道:“奔走弥月,南北2000里间河堤闸坝,种种在目,兴废举坠,俱有条理。”

九月九日,神宗皇帝驾幸大峪山临阅寿宫,并观永定浑河水情,问治黄情况。潘季驯闻讯后奏上《恭诵纶音疏》,力陈“治河之法，惟有慎守河堤，严防冲决”。

十月，奏上《申明修守事宜疏》，陈述“河工八事”：一久任部臣；一责成长令；一禁调官夫；一预定工料；一立法增筑；一加帮真土；一接筑旧堤；一添设堤官。上命依拟行。

十月丙午，公请罢开复黄河故道及凿支渠、合泌、卫诸议，一意修筑堤防。上报可，违者听总河参治。

十二月，公奏上《申明河南修守疏》，再次指出：河南黄河上流因非运道所经，往往忽视，以为无虞，而不知上源既决，运道未有不阻者。故修守之法，在河南尤属紧要。

同月，公上疏请求停寝訾家营支河工程。这是一项分洪工程。

六十九岁　1589 年(明神宗万历十七年己丑)

四月，部分河工告竣。

六月，黄水暴涨，汹涌异常，决开数处堤防，冲入夏镇运河，浸坏田庐，溺死居民，造成很大的损失。潘季驯闻讯马上赶赴灾区组织抗洪抢险。六月十八日，闻夫人去世消息，不胜伤悼。但仍茹痛奔驰于治河工地。

七月，泗州城护堤竣工。

十月，黄河决口尽塞，河工告竣。工部叙治河各官，潘季驯等受到嘉奖不等。

十一月，潘季驯奏劾嘉兴府部运通判刘应台于济宁启闸，福建进表都司邢坦于汶上县启闸，走泄水利，搁浅粮船，乞并究治，以肃漕规。上允之。

七 十 岁　1590 年(明神宗万历十八年庚寅)

正月十五日，巡视邳睢间河工。

二月，遵例请求致仕，上不允。

四月二十三日，公 70 岁生日。诸名公来信祝贺之。

夏，黄河水大溢。洪水漫过徐州城堤，徐州城内积水者逾年。众议迁城改河，潘季驯则据理反对，并请开魁山支河以泄城中积水。

八月十六日，因病发，回济宁调理。

九月，泗州城堤工竣。

十月十一日，公疾病再次发作，上疏请求退休养病，奉旨仍不准辞。

十一月十日，再次上疏乞休，仍未获得批准。同月，公之密友王世贞卒。

十二月壬申，原任工部尚书朱衡治河有功，土人立祠。至是，都御史潘季驯请加修葺，改为敕建祠宇。上从之。

该年底，在潘季驯的亲自主持下，治河专著《河防一览》辑成。

该年内，共计筑成单口、幸安、双沟、马家浅、洋山、峰山诸格堤。潘季驯认为，缕堤即不可恃，万一决缕而入横流，遇格而止，可免泛滥；水退，本格之水仍复归槽，淤留地高，最为便益，永无分流夺河之患。实际上就是淤滩固堤之策。

七十一岁　1591年（明神宗万历十九年辛卯）

二月，潘季驯再次上疏乞休，两经票拟，俱不批发。大学士申时行等以漕运将行，河防甚急，本官既已告病，恐循误事，为患匪轻，具题请旨。

三月，潘季驯题称河防吃紧，伏秋为严，而臣三疏乞休，病已阽危。故请求着各司道河官画地分管，分段巡行。如有疏虞，照地参究。上从之，仍着潘季驯在任调治，用心经理督察。

闰三月初三，徐州魁山支河竣工，这是一项排泄城市积水的工程。历时一月，费仅数百，却可省迁城改河之累。公上疏归功于司道诸官。

同月，大学士申时行寄书慰问。公亦致书大学士许国，述衰病之状，并论继任人选。

九月，泗州水患异常。公署、州治水淹三尺。其城内原有水关，后因淮水高于城壕，故筑塞水关以防淮水内灌，以至城内积水不泄，居民大部淹没。

十月，潘季驯带病亲赴泗州勘视河工，赈济灾民，商量对策，主张移泗州于盱眙县，而反对掘开高家堰导淮入江。

十一月，上《河防未尽事宜疏》，正式把淤滩固堤作为一个基本的治河方法提出来，主张"放水于平地内以图坚久"。认为沙随水入，地随沙高，庶消患而费可省。

十二月初九，公二品职九年考满，诏复原官，为太子少保，工部尚书，兼右都御史，阶资德大夫，勋正治上卿，予三代诰。潘季驯仍具疏乞休，凡四上。上难其代，固留之，不准辞。

七十二岁 1592年(明神宗万历二十年壬辰)

正月，因上《议处泗州积水疏》与诸臣意见不合，上书大学士，自请罢黜。南京河南道监察御史聂应科弹劾潘季驯衰老无裨，疲驽负乘。潘季驯上疏辩护，并请求罢免自己的总河职务。工科都给事中杨其修也上疏认为潘季驯勋茂劳久，呕血骨立，被言请告，当允其归。

四月，总督河道尚书潘季驯被罢归乡。将去，条上《并勘河情疏》，对自己治河的具体经验进行了全面阐述，重申："臣领河事凡四任矣，壮老于斯，朝暮于斯，耳闻目击，稽往验来。总之，水性不可拂，河防不可弛，地形不可强，治理不可凿。人欲弃旧以更新，而臣谓故道必不可失也；人欲分支以杀势，而臣谓浊流必不可分也。"

潘季驯四任治河，前后27年，习知地形水势，以借水冲沙，筑堤束水，为河漕兼利之策。下至木石桩埽，综理纤悉。以劳疾，累疏乞休，不允。至是，泗州大水，与抚按议浚治不合，得请归。而分黄导淮之议起矣。

七十三岁　1593年（明神宗万历二十一年癸巳）

公家居，得风痹病，半身不遂。

七十五岁　1595年（明神宗万历二十三年乙未）

四月十二日，潘季驯病逝于家，葬于三墩（在乌程县北二十五里）

潘季驯别号印川居士。娶施氏，封夫人。有四个儿子。长子潘大复，万历十四年进士，为溧水、东明二县令；次皆以文学世其家。

参考书目

传主本人著作

《潘司空奏疏》六卷　［清］《四库全书》本
《两河经略》四卷　［清］《四库全书》本
《河防一览》十四卷　［清］《四库全书》本
《河防一览》十四卷　民国二十五年水利珍本丛书
《总理河漕奏疏》(四任)十四卷　北京图书馆善本室万历刻本
《宸断大工录》四卷　《明经世文编》影印本
《留余堂尺牍》六卷　北京图书馆善本室万历刻本
《督抚江西奏疏》四卷　北京图书馆善本室万历刻本
《刑部奏疏》二卷　北京图书馆善本室万历刻本
《两河管见》三卷　《四库全书总目·存目》卷七五有录
《留余堂集》四卷　《四库全书总目·存目》卷一七八有录
《潘司空奏疏》二十四卷　《湖籍经籍考》中有录
《留余堂名公尺牍》八卷　《湖籍经籍考》中有录

其他主要古籍书目

《明实录》　中华书局影印本

《明通鉴》 [清]夏燮编 中华书局本
《明文海》 [清]黄宗羲编 中华书局影印本
《明会典》(影印本) 万有书库本
《明经世文编》 [明]陈子龙编 中华书局影印本
《明儒学案》 [清]黄宗羲著 中华书局校点本
《续文献通考》 [明]王沂编 中华书局影印本
《明史》 中华书局本
《明人传记资料索引》 中华书局本
《四库全书总目》 中华书局影印本
《史记·河渠书》 [汉]司马迁著 中华书局本
《汉书·沟洫志》 [汉]班固著 中华书局本
《宋史·河渠志》 中华书局本
《元史·河源记》 中华书局本
《清史稿·河渠志》 中华书局本
《天工开物》 [明]宋应星著 中华书局标点本
《吴兴备志》 [明]董斯张著 《四库全书》(影印本)
《召对录》 [明]申时行著 《丛书集成初编》第三六九五册
《国朝献徵录》 [明]焦竑著 台湾学生书局影印本
《万历野获编》 [明]沈德符著 中华书局铅印本
《治水筌蹄》 [明]万恭著 水利电力出版社影印本
《张太岳集》 [明]张居正著 中华书局影印本
《涌幢小品》 [明]朱国桢著 中华书局铅印本
《见闻杂记》 [明]李乐著 上海古籍出版社影印本
《弇山堂别集》 [明]王世贞 《四库全书》影印本
《弇州山人四部稿》 [明]王世贞著 《四库全书》影印本
《弇州山人续稿》 [明]王世贞著 《四库全书》影印本
《广东通志》 [清]《四库全书》影印本
《江西通志》 [清]《四库全书》影印本

《浙江通志》 [清]《四库全书》影印本
《湖州府志》 [清]《四库全书》影印本
《乌程县志》
《行水金鉴》 [清]傅泽洪编 水利珍本丛书
《河渠纪闻》 [清]康基田编 中国水利工程学会影印本

近现代主要著作

《潘季驯年谱》 韩仲文编 民国国立北平华北编译馆馆刊(1942年)V.1 NO.1—3
《中国河渠水利工程书目》 茅乃文著 民国二十五年铅印本
《李仪祉水利论著选集》 李仪祉著 水利电力出版社出版
《治河论丛》 张含英著 商务印书馆 民国二十五年
《历代治河方略述要》 张含英著 商务印书馆出版
《明清治河概论》 张含英著 水利电力出版社出版
《黄河问题讨论集》 沈怡著 台湾商务印书馆1971年版
《中国水利史纲要》 姚汉源著 水利电力出版社出版
《中国水利史稿》(上、中、下册) 水利电力出版社出版
《梁方仲经济史论文集》 梁方仲著 中华书局本1989年版
《中国历史上的基本经济区与水利事业的发展》 冀朝鼎著 中国社会科学出版社1981年版
《明代江南市民经济试探》 傅衣凌著 上海人民出版社1957年版
《明清社会经济形态的研究》 上海人民出版社1957年版
《明清社会经济史论稿》 秦佩珩著 中州古籍出版社1984年版
《明代社会经济史料选编》 谢国祯主编 福建人民出版社1981年版
《万历十五年》 [美]黄仁宇著 中华书局本1982年版

《张居正大传》　朱东润著　湖北人民出版社 1957 年版
《潘季驯》　郭涛著　水利电力出版社 1985 年版
《戚继光》　谢承仁著　上海人民出版社 1978 年版
《海瑞》　蒋星煜著　上海人民出版社 1979 年版
《黄河变迁史》　岑仲勉著　人民出版社 1957 年版
《黄系年表》　沈怡编　国民政府资源委员会印行 1935 年版
《淮系年表》　武同举编　台湾文海出版社 1971 年版
《黄河的治理与开发》　黄委治黄研究组编　上海教育出版社 1984 年版
《黄河水利史述要》　黄河水利委员会编　水利电力出版社 1984 年版
《中国历史纪年表》　方诗铭编　上海辞书出版社 1982 年版
《明清进士题名碑录索引》　上海古籍出版社 1980 年版
《近世中西史日对照表》　郑鹤声编　中华书局本
《中国历史地图集》　谭其骧主编　中华地图学社 1975 年版
《中国文化地理》　陈正祥　三联书店 1983 年版
《中国地理学史》　王成组　商务印书馆 1982 年版
《河流泥沙工程学》　武汉水利电力学院泥沙工程教研室编　水利电力出版社 1981 年版
《科学逻辑》　张巨青等著　吉林人民出版社 1984 年版
《科学研究论文集》　水电部水电科学院编　水利电力出版社 1982 年及 1985 年版
《中国运河变迁的基本特点》　马正林著　陕西师范大学学报 1978 年第 2 期
《河工史上的固堤放淤》　姚汉源著　水利学报 1984 年第 12 期
《中国近代水利史论文集》　河海大学出版社 1992 年版
《京杭运河治理与开发》　邹宝山等著　水利电力出版社 1990 年版

索 引

人名索引

五　画

六　画

七　画

八　画

九　画

十　画

十一画

十二画

十三画

十四画

十五画

十六画

十七画

词语索引

五　画

六　画

七 画

八 画

九 画

十　画

十一画

十二画

十三画

十四画

后　记

这部书稿，是在我10年前所撰写的硕士毕业论文的基础上形成的。写完书稿，掩面沉思，心中不禁感慨万千。回忆10年前，我考入武汉水利电力大学，师从王规凯教授，从事中国水利思想史专业方向的研究，导师交给我的学位论文题目，就是潘季驯的治河思想及其在中国水利思想史上的地位。在我三年的研究生生涯中，规凯老师手把手、心贴心地教育我，开导我，终于使我掌握了思想历史研究的基本方法，顺利地完成了毕业论文，获得了学位，并且成长为一名光荣的人民教师。而他却带着一身疲倦，过早地离开了我们。我首先要以这部书稿的出版，祭奠规凯老师，感谢他对我的谆谆教诲。

在理论研究的道路上，我还是一名年轻的探索者。在各方面的经验还很不成熟，更谈不到什么名气。但使我深受感动的是，在本书稿的写作过程中，我始终受到了有关专家的扶植和鼓励。特别是南京大学中国思想家研究中心的领导同志得知我正在从事这方面的研究工作后，马上来信热诚地同我联系，签订合同，丝毫没有因为我是个名不见经传的年轻人而有所怠慢。这里确实体现了“中心”所一再强调的，不论年资与职称，只注重水平，在质量面前一视同仁的宗旨，忠实地体现了“中心”对于广大中青年作者的热情扶植与厚爱。

在这里，我还要特别感谢武汉大学哲学系的唐明邦教授，唐先生一贯热心扶植青年学人的锻炼成长，早在我攻读研究生期间，唐先生就热情鼓励我站在文化史的高度全面深入地探讨潘季驯的治河思想。之后，唐先生又将我的研究课题积极引荐给“思想家研究中心”和匡亚明教授，使我的书稿得以列入二百部《中国思想家评传》之列，使中国水利史上的人物第一次跻身于中国思想文化名人的行列。我认为，这不仅是对我个人带来的荣誉，而且也是对整个中国水利史研究工作的支持。同时，在搜集资料和书稿写作的过程中，我还一直受到水利史界有关专家的关注和大力支持。如北京水利水电科学研究院的周魁一教授、武汉水利电力大学的黎沛虹教授等，他们或者热情地赠予宝贵资料，或者慷慨地提供研究成果，都曾给予我的写作以特殊的指点。此外，还有武汉大学哲学系的宋开素同学，以及武汉水利电力大学党委宣传部的各位同事们，他(她)们也都以不同的方式给予我的写作以特殊的帮助。最后，还需要特别指出的是，《中国思想家评传丛书》主编、德高望重的匡亚明教授，《丛书》的副主编潘富恩教授和蒋广学教授，他们作为“中心”委托的审稿人，认真负责、严格把关，一丝不苟地反复审阅我的书稿，也为本书的出版花费了大量的心血。如果没有来自各方面的老师和同志们的帮助与支持，这部书稿的完成将是不可想象的。为此，特向所有支持过我的工作的人士表示衷心的谢意！

贾　征

1995 年 6 月于武汉水利电力大学

图书在版编目(CIP)数据

潘季驯评传 / 贾征著. —南京：南京大学出版社，1996.5(2006.12 重印)
(中国思想家评传丛书)
ISBN 978-7-305-02878-6

Ⅰ.潘… Ⅱ.贾… Ⅲ.潘季驯(1521～1595)—评传 Ⅳ.K826.16

中国版本图书馆 CIP 数据核字(2006)第 021121 号

中国思想家评传丛书
潘季驯评传
贾 征 著

南京大学出版社出版发行
社址：南京市汉口路 22 号 邮编：210093
电话：025-83596923 025-83592317 传真：025-83328362
网址：http://www.NjupCo.com
电子邮箱：Press@NjupCo.com
Sales@NjupCo.com(市场部)
南京爱德印刷有限公司印刷
开本 850×1168 1/32 印张 14.125 字数 204 千
1996 年 2 月第 1 版 2006 年 12 月第 3 次印刷
印 数 4001—5000
ISBN 978-7-305-02878-6

定价：42.00 元